钟山文脉

汪东明　王广勇　主编
刘江峰　著

南京出版传媒集团
南京出版社

图书在版编目（CIP）数据

钟山文脉 / 汪东明主编 ; 王广勇, 刘江峰著. 南京 : 南京出版社, 2025. 6. -- ISBN 978-7-5533-5408-8

Ⅰ. K295.31

中国国家版本馆CIP数据核字第20251Y4Y57号

书　　名	钟山文脉
主　　编	汪东明
作　　者	王广勇　刘江峰
出版发行	南京出版传媒集团 南 京 出 版 社
社　　址	南京市玄武区太平门街53号
邮　　编	210016
联系电话	025-83283873、83283864（营销）　025-83112257（编务）
策划统筹	潘　珂
责任编辑	潘　珂
装帧设计	赵海玥
责任印制	杨福彬
排　　版	南京新华丰制版有限公司
印　　刷	南京新世纪联盟印务有限公司
开　　本	787 毫米 × 1092 毫米　1/16
印　　张	25.5
字　　数	410千
版　　次	2025年6月第 1 版
印　　次	2025年6月第 1 次印刷
书　　号	ISBN 978-7-5533-5408-8
定　　价	38.00 元

孙权雕像

梅花山（孙陵冈）

东吴大帝孙权纪念馆

陈列展厅

蒋王庙旧影

三绝碑

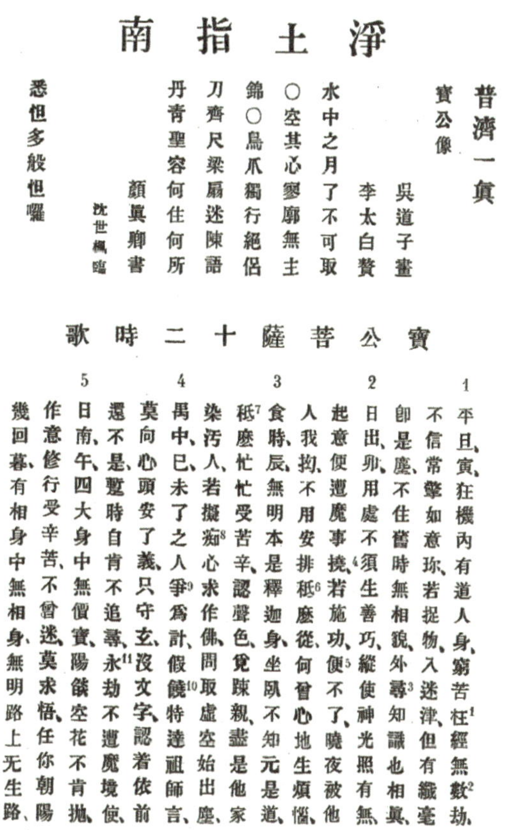

淨土指南

普濟一眞
寶公像
吳道子畫
李太白贊
水中之月了不可取
○空其心寥廓無主
錦○鳥爪獨行絕侶
刀齊尺梁扇迷陳語
丹青聖容何住何所
顏眞卿書
沈世楓臨
悉但多般但囉

寶公菩薩十二時歌

1 平旦寅、狂機內有道人身、窮苦枉[1]經無數[2]劫、
不信常擎如意珎、若捉物、入迷津、但有纖毫
卽是塵、不住舊時無相貌、外尋[3]知識也相眞、
2 日出卯、用處不須生善巧、縱使神光照有無、
起意便遭魔事撓、[4]若施功、便[5]不了、曉夜被他
人我拘、不用安排祇[6]麼從、何曾心地生煩惱、
3 食時辰、無明本是釋迦身、坐臥不知元是道、
祇[7]麼忙忙受苦辛、認聲色、覓踈親、盡是他家
染汚人、若擬痴[8]心求作佛、問取虛空始出塵、
4 禺中巳、未了之人爭[9]爲計、假饒[10]特達祖師言、
莫向心頭安了義、只守玄、沒文字、認着依前
還不是、暫時自肯不追尋、永[11]劫不遭魔境使、
5 日南午、四大身中無價寶、陽燄空花不肯拋、
作意修行受辛苦、不曾迷、莫求悟、任你朝陽
幾回暮、有相身中無相身、無明路上无生路、

《今昔南京——历史地理概貌》“三绝碑”说明

宝公塔

定林寺遗址

钟山建筑遗址

“三教会宗堂”石坊

颜真卿碑林

半山园故址

王安石故居

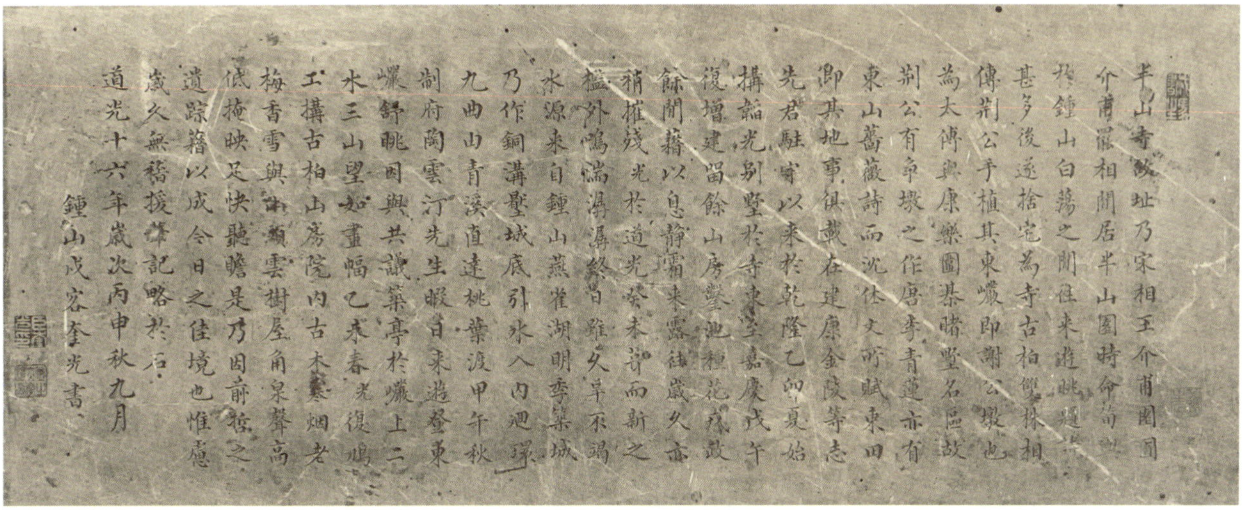

半山寺故址乃宋相王介甫園囿介甫罷相閒居半山園時命名與於鍾山白蕩之間往来遊眺題詠甚多後遂捨宅爲寺古柏與林相傳荊公手植其東巘即謝公墩也爲太傅與康樂圖碁賭墅名區故荊公有爭墩之作唐李青蓮亦有東山薔薇詩而沈休文所賦東田即其地事俱載在建康金陵等志先君駐甯以来於乾隆乙卯夏始搆船光別墅於寺東室嘉慶戊午復增建留餘山房鑿池種花爲藏餘閒藉以息靜霜来露往歲久亦稍摧殘光於道光癸未葺而新之檻外鳴湍潺潺終日雖久旱不竭水源来自鍾山燕雀湖明季築城乃作銅溝壓城底引水入內迴環九曲由青溪直達桃葉渡甲午秋制府陶雲汀先生暇日来遊登東巘歸眺因與共議築亭於巘上二水三山望如畫幅乙未春光復鳩工搆古柏山房院内古木参烟老梅香雪與晴雲樹屋角泉聲高低掩映足快聽瞻是乃因前哲之遺蹤藉以成今日之佳境也惟慮歲久無稽援筆記略於石

道光十六年歲次丙申秋九月

鍾山戍客奎光書

钟山戍客奎光书半山寺故址碑

梁鼎芬、况周颐、徐乃昌、刘世珩、郑孝胥游定林题名

赵希堅、李谓道题名

赵方诗作题刻

赵方诗作题刻

陆游题刻

韩元吉等人游钟山题刻

陆游题刻拓片

朱元璋像

世界文化遗产——明孝陵

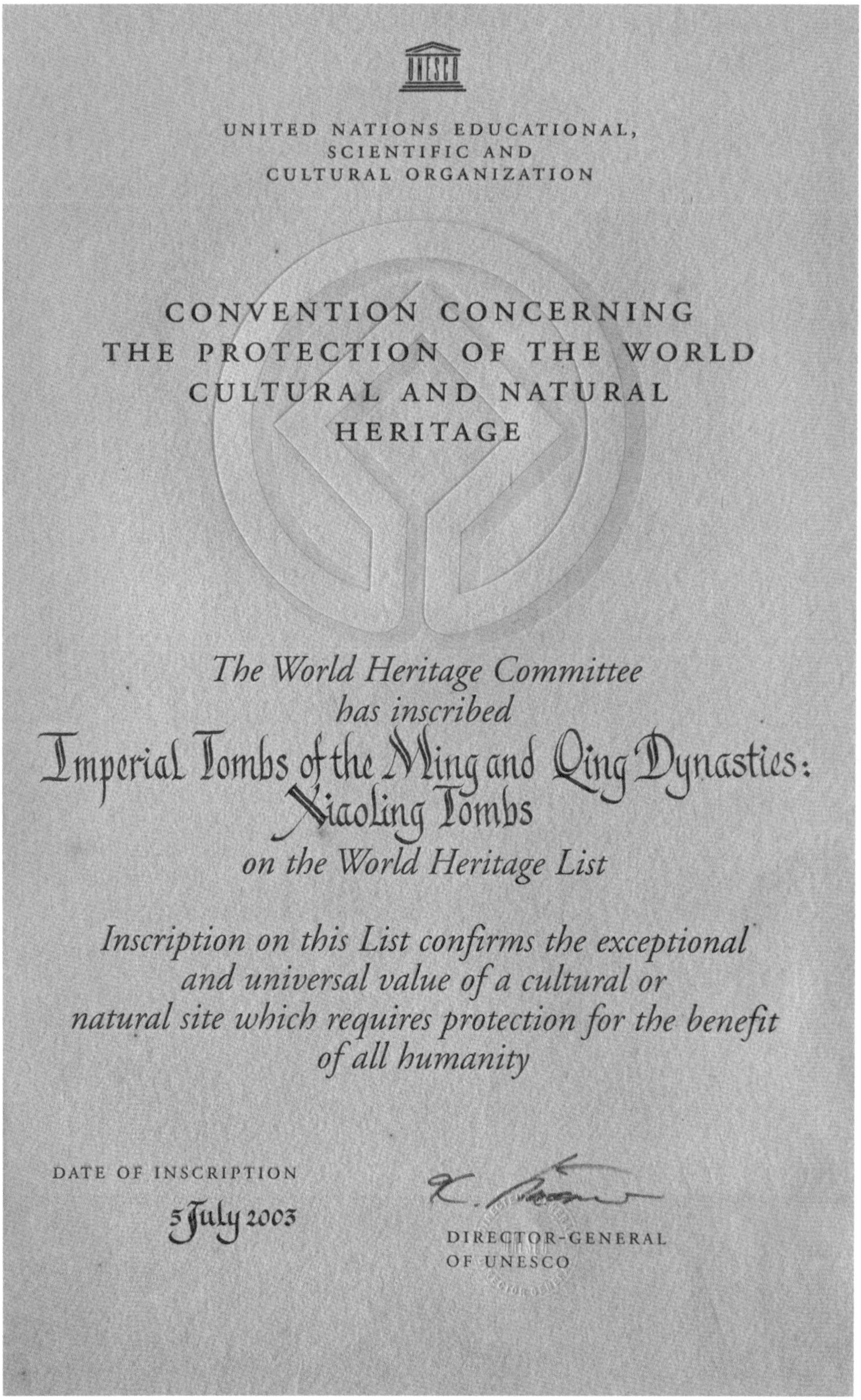

UNESCO

UNITED NATIONS EDUCATIONAL,
SCIENTIFIC AND
CULTURAL ORGANIZATION

CONVENTION CONCERNING
THE PROTECTION OF THE WORLD
CULTURAL AND NATURAL
HERITAGE

The World Heritage Committee
has inscribed
Imperial Tombs of the Ming and Qing Dynasties:
Xiaoling Tombs
on the World Heritage List

Inscription on this List confirms the exceptional
and universal value of a cultural or
natural site which requires protection for the benefit
of all humanity

DATE OF INSCRIPTION
5 July 2003

DIRECTOR-GENERAL
OF UNESCO

明孝陵列入《世界遗产名录》证书

下马坊

下马坊坊额拓片

神烈山碑

神烈山碑拓片

下马坊、神烈山碑、禁约碑（民国时期）

禁约碑

禁约碑拓片

大明孝陵神功圣德碑

阳山碑材

神道石刻·狮

神道石刻·獬豸

神道石刻·骆驼

神道石刻·象

神道石刻·麒麟

神道石刻·马

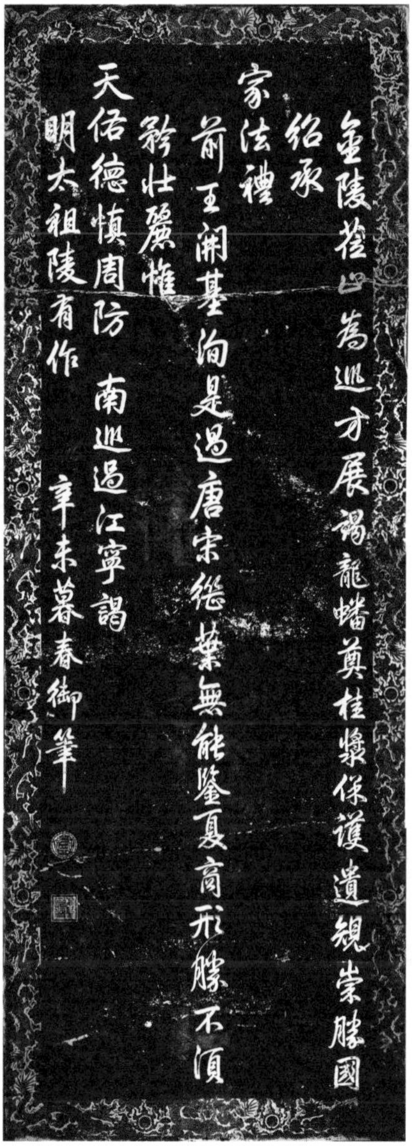

乾隆题诗碑西碑拓片

治隆唐宋碑拓片

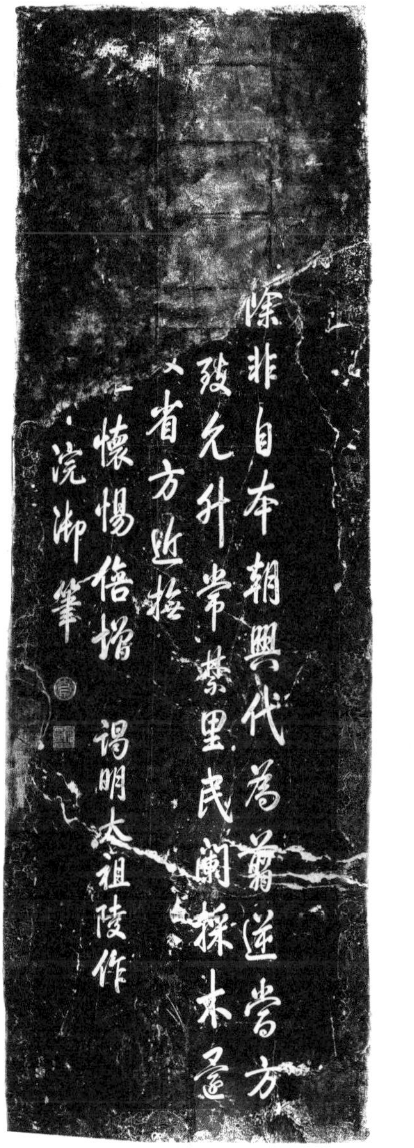

乾隆题诗碑东碑拓片

碑殿石刻（清末）

升仙桥

享　殿

方城明楼

长生鹿

无梁殿

灵谷寺

万工池

八功德水

灵谷塔

灵谷深松

妣孝慈高皇后普度天下一切幽靈自永樂五年二月
紛騰湧凝聚狀若如意復有舍利見光塔頂如明月初升皎潔流動又見金色光二道

十二日有天花大如錢許彌滿虛空繚繞飛舞是夕佛頂見紅光狀若紅蜺相連
有五色毫光環于
如來壇殿塔頂見舍利一猶旭日東升周迴上下傍照草木榮華增色已而復然

如來將遊五臺山文殊菩薩化現之所是日早發靈谷寺五色
如來寶樓塔頂見金色光一道壇殿見五色光三道

初七日甘露降色如凝酥味香而美俄五色雲見金

普渡明太祖长卷图
（局部）

中山陵

中山陵

祭　堂

陵　门

博爱坊

音乐台

光化亭

行健亭

仰止亭

紫金山天文台

永慕庐

藏经楼

流徽榭

曹雪芹雕像

林黛玉雕像

红楼艺文苑

栊翠庵

山水含春

钟山文学馆开馆仪式

钟山文学馆

钟山文学馆展厅

雪竹亭

昭文斋（王安石读书处旧址）

《钟山文脉》编辑委员会

序 言

钟山古称“金陵山”，南京古称“金陵”便由此山而得名。钟山与石头山遥遥相对，俨然两座天然屏障，扼守金陵门户，诸葛亮口中的“龙盘虎踞”，成为南京的象征。钟山又称蒋山、北山、紫金山、神烈山等，为南京众山之宗，巍峨耸峙，蜿蜒盘伏，吐纳风云，饱经沧桑。钟山风景优美、陵谷深秀，名胜汇聚，古迹繁多，传承着悠久的历史文脉。历代诗人韵士，望风倾慕，游览卜居，相率而来，其中不乏一代文宗、诗坛巨匠。钟山，见证了南京作为“世界文学之都”千百年来的“诗情画意”。

自战国时期出现南京“王气”的传说，钟山便以融结地气的山川形胜受到关注。楚王埋金以镇王气、秦始皇凿损钟山地脉改“金陵”为“秣陵”，固属迷惑流俗的虚妄之举，钟山文脉却借以发萌。吴主孙权以金陵“地有其气，天之所命”，改“秣陵”为“建业”，定都于此，让这座本属默默无闻的长江下游城市很快崭露头角，一跃成为南北分裂、对立状态下南方的政治文化中心。政治中心与经济区域融合而与军事中心分立，这一点为东晋、宋、齐、梁、陈所沿袭，深刻影响六朝历史发展。安葬孙权的钟山蒋陵，成为今天的“天下第一梅山”——梅花山，孙权为尊崇蒋子文而立的祠庙，历史上备受尊崇、声名煊赫，后称“蒋王庙”，今天地名尚存。

自汉末三国以来，天下大乱，学术文化主要依赖各地世家大族得以传授。西晋末年，衣冠南渡，在首都洛阳任职的各地官僚和河南、山东的世家大族几乎悉数南移，所谓“中州士女避乱江左者十六七”，北来大族人士成为司马睿、王导以南京为都城建立东晋政权的主要支柱。王、谢等大族在远离宫城的秦淮河南岸乌衣巷落脚，又到浙东拓植产业，从而形成了建康与浙东两大文化区，逐渐孕育出灿烂辉耀的“六朝文化”，与晦暗混乱的政治形成鲜明的对比。东晋时期，建康城的文化中心在乌衣巷及其邻近的贵族宅第和瓦官寺、长干寺等佛寺。刘宋之后，都城文化中心则渐次从秦淮河南岸转移到钟山及山麓、钟山余脉覆舟山与鸡笼山一线以南的广阔区域。皇室、贵族、名士、隐士和僧人，往来于钟山王侯宅邸、大臣园宅、隐舍学馆、深山古刹与皇宫大内之间，或为文赋诗、清谈玄言，或讲经论道、品藻人物，使“钟山文化区”逐渐成为都城文化的重心所在，

南朝宋文帝刘义隆在“钟山文化区”内的鸡笼山设立玄、儒、文、史四学馆，为第七子建平王刘宏在鸡鸣山建造王邸，在钟山西岩下为雷次宗建造“招隐馆”。周颙在钟山儒学馆旧址为慧约法师建造草堂寺，号为“山茨”。齐明帝的侄子始安王萧遥光为聚徒教学的吴苞建立了学馆，鸡笼山、覆舟山一带后来也成为南朝诸王宅第的集中区之一。

“钟山文化区”第二个区域自建春门、清明门向东、东北延伸到钟山脚下，这里地形平坦开阔，溪泉密布，北有钟山林壑之美，南得秦淮水道之便，成为皇室和大族土地占有的重点。东晋丞相王导在钟山有赐田八十余顷，谢安有别墅在东郊土山，刘宋的沈庆之也在此广开田园之业。随着建康郊外空间逐渐园宅化，齐武帝萧赜次子竟陵王萧子良所建“西邸”和园墅聚集的“东田”对举，成为钟山文化区的双子星座。朝士大臣范云、伏挺、徐工、朱异、徐勉等在东田园宅流连情赏，怅望钟阜，谢朓名篇《游东田》体现了摆脱玄言诗影响后清新俊秀的风格，沈约《郊居赋》展现出他晚年的内心世界，颇获时誉。

山崖幽僻、树木蓊郁的钟山也是僧众禅修、隐士避世、居民游赏的绝佳之处，寺院、隐舍、道馆遍布其间，使得钟山这一汇聚权力与信仰的空间，显现出更复杂的文化内涵。自南朝宋时在钟山之阳创建了下定林寺，临川公主在蒋陵里建立竹园寺，佛教寺院就开始以今天的明孝陵紫霞湖一带为中心在钟山及东郊蔓延。南朝齐世在钟山所建寺院，除了周颙为慧约所立草堂寺，还有齐武帝萧赜敕立的集善寺、释僧侯所建石室寺、南海王萧子罕所建胜善寺（上云居寺）等。南朝梁世，后阁舍人王昙朗在钟山造明庆寺，比丘净洁舍钟山宅建本业寺，永定公主在钟山独龙阜为宝志建开善寺，梁武帝在钟山竹涧建大爱敬寺，尼修义在钟山之后建福静寺，舍人石兴在钟山头陀岩前建头陀寺，到梁朝时钟山已有七十寺，达到鼎盛。齐竟陵王萧子良还在钟山规划出一个区域，专门用以安葬名僧大德。

昙摩密多在钟山所建的上定林寺，名僧辈出，译经传法，成为建康佛教的中心之一，北凉王族安阳侯沮渠京声在这里译出《佛母般泥洹经》；释僧柔的弟子法云撰《成实论义疏》、智藏撰《成实论义疏》十四卷、僧旻著《成实论义疏》十卷，合称“成实论三疏”；律学大师僧祐在这里完成了中国现存最早的佛教文献目录《出三藏记集》，临川王萧宏和南平王萧伟、永康公主萧玉环、丁贵嫔等皇族都以僧祐为戒师，萧宏所造上定林寺经藏，使上定林寺与华林园、建初寺成为建康三大佛教经藏收藏之所；刘勰在这里完成了文学理论巨著《文心雕龙》；编纂我国最早的古诗文总集《昭明文选》的昭明太子萧统，常在钟山主峰太子岩读书著述；南朝审音文士与善声沙门在这里合作发明“四声”，推动了中国古体诗向格律诗演变的关键转折。

梁吏部尚书何敬容曾寄住在蒋山道士馆，钟山明庆寺前还有一处“道士坞”，对面则是梁武帝时侍中周舍所立的静坛。宋时与齐高帝俱为中书舍人的孔嗣之、梁代侍中王规、南朝名将刘怀珍的族孙刘歊都以钟山作为栖隐僻静之处，周颙在钟山建隐舍，孔稚珪为戏弄他而作的《北山移文》更是骈文名篇。六朝时期钟山的众多名胜，如萧思话的弹琴石，因名士阮孝绪为母采参而来的“随鹿谷”，陆修静的茱萸坞、崇虚馆，以奇、险、小、趣而知名的“一人泉”，与江潮盈缩增减相应的应潮井等等，都成为世代传承的文化记忆。

“国之大事，在祀与戎”。古代帝王郊祀有南郊与北郊之分，南郊祭天，南郊之地称作南郊坛；北郊祭地，北郊之地称作北郊坛。南、北郊坛，是西汉之后都城建设中地位最为崇高的礼仪性建筑。孙权迁都建业后曾有南郊活动，东晋定都建康，晋元帝设立南郊坛，“合北郊于一丘”，南、北郊坛的位置在建康宫城东南。东晋明帝设立独立北郊坛，未及建设。晋成帝在覆舟山南建立独立的北郊坛，南、北郊坛正式分开。南朝宋文帝刘义隆将北郊坛移至覆舟山西北，宋孝武帝刘骏大明三年（459）移北郊于钟山北原道西，与南郊相对，大明八年（464）迁移。1999 年，南京市文物研究所与中山陵园管理局文物处在明孝陵陵域内作文物调杳时，于钟山海拔 266.45 米处的从林深处，发现了一处石墙建筑遗存，经 2000 年联合发掘、研究，认定为南朝刘宋孝武帝所建国家北郊坛遗存。2001 年 8 月，南京钟山六朝坛类建筑遗址的考古发现被国家文物局公布为“2000 年全国十大考古新发现”。2006 年 6 月，遗址定名为“钟山建筑遗址”，被公布为第六批全国重点文物保护单位。

从六朝到隋唐，南京经历着频繁的改朝换代，强烈的兴衰荣辱和沧海桑田的历史变迁，留给唐代文人足够的情感刺激，拓宽了他们的书写视野和空间。唐人或生长于此，或仕宦于此，或羁旅于此，或途经于此，都被古都金陵独特的气质吸引，留下了数不尽的诗文遗迹、佳话传说。而在这些对金陵篇帙浩繁的吟咏中，钟山往往是不可或缺的抒情背景。李白《金陵歌送别范宣》中的“钟山龙盘走势来，秀色横分历阳树”、《金陵三首》中的“地即帝王宅，山为龙虎盘”、《金陵听韩侍御吹笛》中的“风吹绕钟山，万壑皆龙吟”，李嘉祐《送韦邕少府归钟山》中的“万卷长开帙，千峰不闭门”，郎士元《送韦逸人归钟山》中的“柴扉多岁月，藜杖见公卿”，温庭筠《访知玄上人遇暴经因有赠》中的“缥帙无尘满画廊，钟山弟子静焚香”，李商隐《咏史》“三百年间同晓梦，钟山何处有龙盘”等，早已是世人耳熟能详的名句。

唐代金陵文风鼎盛，名家辈出，其中就有以节气、书法名世的颜真卿。乾元二年（759），颜真卿由饶州刺史转任昇州刺史，乾元三年（760）被召入朝任刑部侍郎。颜真卿任昇州刺史时间不长，却在钟山文脉中留下了深刻的文化印记。他为钟山开善寺吴道子所画宝志像题写了李白所作《宝公赞》，寺僧刻为一碑，世称“唐贤三绝碑”，后屡毁屡刻，现存钟山灵谷寺。他还与唐代道教上清派茅山宗十三代宗师李含光有书信往还，后曾撰写《茅山玄靖先生广陵李君碑铭》，世称《李玄靖碑》，碑文中提到了自己和李含光门人中林子殷淑、遗名子韦渠牟尝“接采真之游”。颜真卿还为韦渠牟在钟山的隐居之所题写了“遗名先生三教会宗堂”匾额。1992 年，日本书道协会捐款在钟山建造颜真卿碑林，以志纪念。

唐代江南地区不断开发，金陵地位愈益重要。安史之乱后，天下裂于方镇，江南成为中央的主要财赋来源地。唐末杨行密掌控淮南，于昇州建大都督府。后其养子徐知诰掌控杨吴大权，并将治所迁到自己经营多年的金陵，在此称帝，复姓李，改名李昪，建立了南唐政权。李昪“以文艺自好，招徕儒俊，共论治体”，并创延宾亭，以待四方之士。北方南渡的士人韩熙载、孙晟、江文蔚等，与本土士人宋齐丘、冯延巳、徐铉等，共同创造了金陵光彩夺目的文化成就。金陵文学以词的成就最为突出，南唐中主李璟和后主李煜身体力行，提倡诗词创作，又以后主李煜成就最大。李煜为安定公时，畏太子李弘冀，不敢预事，以经籍自娱，自号“钟隐”“钟峰隐者”“钟山隐者”“莲峰居士”“钟峰白莲居士”，对钟山的向往自不待言。

隐居钟山，只是李煜的一种理想，千里江山是他的家业，也是他的负担。他私下羡慕的，应该是那位主动放弃权势，选择终老钟山的“钟山公”——南唐宰相李建勋。

五代时期承唐启宋，崇拜白居易写作之风，代表人物孙鲂、沈彬居金陵时，便与李建勋创建诗社，互相品题。李建勋保大四年（946）为右仆射兼门下侍郎，累表称疾乞赐骸骨，在钟山营建亭榭，放意山水，自称“钟山公”（一说赐号“钟山公”），留给后世一部二十卷的诗集《钟山公集》和一个“钟山诗人”的名号。

金陵本以自然形胜见长，嵯峨的钟山见证着这座城市自六朝以来的几多风雨，江山形胜与历史沧桑相互呼应，使诗人的笔下平添深沉豪壮、抑郁苍凉之气。其中，又尤以隐居于此多年、歌哭于斯的北宋名相王安石最能得钟山之情致。王安石于宋景祐三年（1036）随通判江宁府的父亲王益赴任江宁（今南京），从此，南京成为王安石的第二故乡，他从这里出发，开始了起伏不定、波澜壮阔的宦海生涯。从少年、青年到壮年、老年，王安石与钟山之间建立起了割不断的生活联系与情感契合，无论世事如何变迁，钟山始终在他的心头，无条件地向他敞开怀抱，为他提供庇护和慰藉。二次罢相后，彻底厌倦政坛的王安石选择归隐钟山半山园。他在钟山定林庵建昭文斋读书休憩，米芾为其题额，李公麟为他画像，钦佩其人品学问的黄庭坚也曾到访，从前的政敌苏轼专程来访，两位文化巨人在这里一笑泯恩仇。王安石漫游钟山，寻幽探胜，举凡治园凿池、移柳栽松、观云步月、听风看雪、读书听琴、欹眠露坐、题画书壁、登山临水、泛舟骑驴、招客访友、迎来送往，无不一一入于诗，流传至今的王安石诗歌有数百首与钟山有关，蔚为大观。王安石的词作，雅洁清隽中有一种桀骜不凡的风韵，成为苏轼、辛弃疾等大家的先导。

王安石不但葬父母、兄弟于南京，葬四弟王安国、爱子王雱于钟山，还将钟山作为自己的百年之地。北宋末年以后，奠谒王安石墓成为风俗，士大夫行经金陵，无不上荆公坟者。南宋乾道元年（1165），王安石学生陆佃的孙子陆游经过建康，为寻访王安石遗迹冒雨游定林庵，题壁文字被僧人移刻摩崖，留存至今。陆游题刻所在的石壁上，还有其他四处南宋题刻，其中一方是韩元吉（字无咎）等人题写，一处是以擘窠大字书写的南宋抗金名将赵方诗作。元、明两代，定林庵名迹不显，陆游题刻摩崖也逐渐湮没无闻。直到顺治二年（1645）在定林庵遗址上创立龙泉庵，附近的陆游题刻摩崖才又被寻访者发现，康熙年间流寓金陵的先著、晚清上元诸生吴继曾都曾来此寻访。陆游题刻的右上方一处晚清题刻，为光绪二十二年（1896）梁鼎芬、况周颐、徐乃昌、刘世珩、郑孝胥等人同游访得陆游题刻后的题名，徐乃昌还先后特请翁绶琪、汪洛年绘成《定林访碑图》《定林访碑后图》，遍请缪荃孙、易顺鼎、陈散原、张謇等数十位海内名士题咏，成就一段文苑佳话。

明代初年，明太祖朱元璋亲赴钟山选择独龙阜玩珠峰为万年吉地，修建孝陵。将原在独龙阜的宝志和尚墓塔及蒋山寺（原开善寺）东迁建灵谷寺，赐号“第一禅林”，后以“灵谷八景”闻名遐迩。朱元璋出身贫寒，刻苦自学，也喜欢作文赋诗，常带刘基、宋濂等文臣儒士到泉石优美的钟山寻幽探胜，诗酒唱和。朱元璋去世后，与马皇后合葬孝陵，许多嫔妃殉葬。皇太孙朱允炆即位，年号“建文”。燕王朱棣发动“靖难之役”，攻下南京后登基称帝，改元“永乐”。朱棣登基前特意躬谒孝陵，登基后也多次到孝陵祭谒。朱棣之后的明朝皇帝中，直到明武宗朱厚照才有躬祭孝陵的记录。永乐五年（1407）二月，朱棣命哈立麻在钟山灵谷寺为明太祖朱元璋和马皇后建普度大斋以资福。此图名为《普渡明太祖长卷图》，又称《噶玛巴为明太祖荐福图》，现藏西藏博物馆。其后在第五世噶玛巴的影响下，西藏政教势力领袖纷纷进京朝觐，从而有效继承和取代了元朝对西藏地区的主权管辖，维护了国家统一，促进了经济文化交流，增进了民族感情。朱棣还在孝陵为父亲朱元璋树立了大明孝陵神功圣德碑。

明朝谒陵制度严格，各亲王自封藩国进入南京，俱须谒陵。据《大明会典》记载，弘治十七年（1504）明文规定，到南京赴任或路过官员，必须先谒孝陵，离开南京时还要辞陵。谒陵者中不乏文坛巨子，留下了众多诗文佳作。明末清初，南京钟山孝陵、北京天寿山明帝王陵成为明遗民寄托旧有政治认同和前朝记忆的符号，从而被赋予了与新王朝的统治秩序隐然对抗的意味。作为明遗民的代表，顾炎武几度卜居南京，七谒孝陵，在屈大均、卓尔堪、方文等明遗民的谒陵诗作中，无可挽回的家国之悲与无能为力的郁闷悲愤相交织，流露出壮志未酬的苍凉底色。

清朝建立后，为巩固其统治，缓和民族矛盾，清政府采取各种怀柔政策，多次派遣官员祭谒明孝陵，清圣祖玄烨、清高宗弘历甚至在南巡时亲自前往明孝陵行礼拜谒。与清圣祖玄烨南巡重在笼络江南人心、体察江南民生民情、视察河务相比，弘历的南巡虽也有治河、绥服江南社会等目的，却增添了更多游玩巡幸色彩，所作谒陵诗中有了更多的批评意味。清朝末年，许多反清志士如于右任、高旭、何亚君等来到钟山，拜谒明孝陵，借以抒发反对清朝统治的革命义愤。

清末以来，人们逐渐将元明鼎革视为一场伟大的民族革命。以孙中山先生为代表的革命党人，从一开始就以“光复中华”相号召，把明太祖朱元璋作为他们的精神偶像。1912 年 1 月 1 日，孙中山在南京宣誓就职临时大总统； 2 月 15 日，亲自率领临时政府文武官员赴明孝陵，祭奠明太祖朱元璋，发表了一篇祭文，并宣读了一篇谒陵文。此后的明孝陵，政治意味逐渐淡化，成为东郊风景名胜，吸引着越来越多的人到此发思古之幽情。

南京，是孙中山生命记忆的凝结、人生意义的象征和未竟期望的寄托。1925 年 3 月 11 日，孙中山临终前一天，遗言明确提出要葬在紫金山。孙中山在北京逝世后，遗体暂厝北京西山碧云寺，遵照孙中山先生的遗愿，北京治丧活动结束后，即着手在紫金山兴建中山陵。1926 年 1 月动工，1929 年春主体工程建成，全部工程至 1931 年底完工。中山陵由吕彦直设计，祭堂模仿了林肯纪念堂的空间构图，采用了坡檐、曲面屋顶、斗拱等传统装饰母题，赋予祭堂中国古式外观。为了突出祭堂规模和高度，吕彦直的设计借鉴罗马凯旋门传统，总体构图与凯尔西和克瑞设计的华盛顿泛美联盟大厦尤其相似。当时高层集体参谒中山陵是常事，各级、各地党政军警机关和学校以及社会团体自行组织的不定期的集体参谒活动更加频繁，且往往夹杂着休闲、观光的因素。经由日常生活的循环往复，中山陵所承载的政治内涵逐渐嵌入日常生活，沉淀为一种集体记忆，乃至一种文化传统。1949 年 4 月 23 日夜，解放军占领南京。毛泽东听到消息后，欣然写下了《七律 · 人民解放军占领南京》：“钟山风雨起苍黄，百万雄师过大江。虎踞龙盘今胜昔，天翻地覆慨而慷。宜将剩勇追穷寇，不可沽名学霸王。天若有情天亦老，人间正道是沧桑。”

钟山，是古都南京的山之主脉、水之源头、城之依托、林之渊薮。钟山文化，产生于南京，发展于南京，辉煌于南京，是南京文化最集中、最典型的代表。钟山文脉与城市文化水乳交融，浑然一体，故有中国“城中人文第一山”的美誉。钟山一岭一壑，一草一木，一碑一碣，一泉一石，无不引起历代文人墨客的幽想遐思，他们的诗文与作者自身际遇相关，又反映着时代的政治、经济和文化风貌，或赞钟山形胜，或追慕前贤，或悲怀故国，或优游隐逸，其中寄意最深沉、境界最阔大、感情最跌宕、笔墨最凝重的，往往是对时代更替、历史废兴、世事沧桑所产生的认识、评价、咏怀和感兴。从他们的讽咏中，可以看到钟山魅力无穷的风韵情致，窥见南京城市变迁的大致轮廓，也能感受中国历史发展的跌宕风姿，时刻鼓舞着我们陟彼高阜，瞻望晴岚，创造新时代更辉煌的篇章。

历经数千年文脉的滋养与文化精神的洗礼，钟山依然焕发出勃勃生机。2003 年 7 月 3 日，经联合国教科文组织世界遗产委员会第二十七届会议审议，明孝陵以其独有的建筑体制、极高的历史地位、永恒的文化价值、完整的空间序列、优良的生存环境和周全的保护体系赢得全票赞成，被正式列入《世界遗产名录》。近年来，中山陵园管理局系统梳理钟山文脉，推出了《极美钟山》《明孝陵新志》《钟山志》《钟山诗文集》等数十种文化图书，评选出新时代“钟山十八景”，将位于明孝陵景区定林山庄的“刘勰与文心雕龙纪念馆”改陈扩建为“钟山文学馆”，于2024年3月1日正式面向公众开放。钟山文学馆入选“世界文学之都地标网络”，成为南京的又一处重要文化地标。2024年12月，中国现代建筑先驱代表作（中山陵及其附属建筑）列入更新后的《中国世界文化遗产预备名单》。

我们将深入学习领会习近平总书记对江苏工作重要讲话精神，深入践行习近平生态文明思想和文化思想，始终坚持高质量发展这一首要任务，全面对标世界级旅游景区标准，守正创新、优化结构，升级文化旅游产品和供给模式，满足市民游客多样化需求，塑造钟山风景区国际化形象，提升生态保护和文化旅游融合的综合效益，推动世界级旅游景区和全民共享生态文化空间取得新的成效，在推进中国式现代化南京新实践中传承钟山文脉、展现钟山作为、贡献钟山力量。

中山陵园管理局局长、党组书记

目 录

第一章 钟山龙盘

第一节　名号变迁：秀拔神京第一峰

一、金陵山：地蟠龙势北山来

钟山，又称金陵山、蒋山、北山、紫金山、神烈山，位于南京城东，是宁镇山脉最高峰，自古为“江南四大名山”之一。钟山东西长约7.1公里，南北宽约6.6公里。整座山脉呈弧形，弧口朝南，东段止于马群；西段经太平门附近入城，余脉向西延伸为富贵山、九华山、北极阁、鼓楼岗、五台山、清凉山等一系列山丘。这些小丘海拔虽只有几十米，却是南京市内水系的重要分水岭。南面之水，统属秦淮河流域；北面之水，则属于金川河流域。钟山主峰偏北，称北高峰，海拔448.9米。南朝时期于此广建佛寺，此外，还有梁昭明太子萧统读书台和讲经处，以及一人泉、黑龙潭和弹琴石等古迹。第二峰偏于东南，又称小茅山，海拔365.8米，中山陵即建于其下。第三峰偏西南，海拔244.5米，又称天堡山，因太平天国在此建有天堡城而得名，也是紫金山天文台所在地。山下的独龙阜，原为六朝古刹开善寺及宝公塔旧址，明初称蒋山寺，被朱元璋选中营建明孝陵，将蒋山寺与宝公塔东迁建灵谷寺。明孝陵前横亘着梅花山，古称“孙陵冈”“吴王坟”，为东吴大帝孙权的陵墓所在。

钟山古称“金陵山”，南京古称“金陵”便由此山而得名。唐许嵩《建康实录》云：“越霸中国，与齐、楚争强，为楚威王所灭，其地又属楚。乃因山立号，置金陵邑也。楚之金陵，今石头城是也。或云地接华阳金坛之陵，故号金陵。”[①] 楚国灭越，在金陵山附近所置的城邑便名为“金陵邑”，金陵邑也成为南京主城区内最早的政区建制。

---

① ［唐］许嵩撰，张学锋、陆帅整理：《建康实录》卷一《吴上》，南京，南京出版社，2020年，第4页。

钟阜之名，见于汉末三国时期。据说诸葛亮登临石头山，俯瞰秣陵景色，见钟山与石头山遥遥相对，俨然两座天然屏障，扼守秣陵门户，赞叹道：“钟阜龙盘，石头虎踞，真帝王之宅。”[①] 钟阜，就是钟山之阜。此后，“龙盘虎踞”成为南京的象征，钟山也因此闻名遐迩，沿用至今。登临钟山，赋诗写怀者，代不乏人，佳作频出，让仪态万方的钟山如在目前。如南朝沈约《钟山诗应西阳王教》五首其二云：

发地多奇岭，干云非一状。合沓共隐天，参差互相望。

郁律构丹巘，崚嶒起青嶂。势随九疑高，气与三山壮。

北宋宰相王安石《钟山晚步》云：

小雨轻风落楝花，细红如雪点平沙。

槿篱竹屋江村路，时见宜城卖酒家。

南宋宰相史浩游钟山，追和王安石《钟山晚步》云：

幽溪细雨落轻花，无限春锄立岸沙。

苦竹黄芦迷望眼，孤烟起处是人家。

元代曾任江南行台侍御史的萨都剌（1272—1340）《钟山晓行》云：

楼阁龙云气，苍茫第几峰。长风万松雨，落月半山钟。

石磴盘空险，僧廊落叶重。吾皇曾驻跸，千古说蟠龙。

东吴时，孙权为避祖父孙钟的名讳，并尊崇蒋子文，改称“钟山”为“蒋山”。东晋及南朝时期，因其方位在都城东北，又称“北山”。钟山、蒋山、北山之名，后世多是混用的。南齐孔稚珪撰《北山移文》，讽刺“身在江海之上，心居魏阙之下”的假隐士，开篇“钟山之英，草堂之灵，驰烟驿路，勒移山庭”用“钟山”，文章标题则用“北山”。

元至正十五年（1355），朱元璋水陆大军南渡长江寻求发展，太平地方儒士陶安率父老出城迎接，并为朱元璋划策，东取集庆（今南京），据其形势，出兵以临四方，从而平定天下。朱元璋深以为然，留陶安在元帅府做令史。第二年，朱元璋

① ［宋］张敦颐撰，张忱石点校：《六朝事迹编类》卷二《形势门》“石城”条，北京，中华书局，2012年，第43页。

攻破集庆，改称应天府，以应天为中心不断发展壮大。至正十八年（1358）正月初五，陶安陪同朱元璋游钟山，即席作诗，诗题中用“蒋山”，诗句中则作“钟山”，这首《戊戌新春同游蒋山即席赋》云：

时维正月初五日，人在钟山第一峰。

石磴轻风随去马，宝珠佳气结飞龙。

四方文物成嘉会，六代京都览旧踪。

我亦追随冠盖后，未容归隐抚孤松。

也有诗题是“钟山”，诗句中用“北山”的例子。明洪武初年，释来复被朱元璋召至京师，授僧录司左觉义，很受信重。来复所作《题钟山新寺》，朱元璋曾有和诗，来复又用前韵再和朱元璋的诗，题为《题诗后二日，钦蒙圣制和章，感遇之余，谨再用韵赋》，其中有句云：“江吼鼍声东海去，地蟠龙势北山来。”

二、紫金山：九重天上玉芙蓉

我们今天所称的“紫金山”，明确的文献记载可见于明初俞本《纪事录》，讲的是明太祖朱元璋命李文忠、李新在钟山建“万年宫”（又称“永寿宫”，即朱元璋与马皇后的合葬陵墓明孝陵），“改其山为‘紫金山’”[①]。南京出土的明初武官陆龄的墓志中，也出现了“紫金山”。陆龄（1330—1388），字仲远，扬州府人，元末投军之初就被选为朱元璋亲随，后升宿卫镇抚，总领禁卫诸事，授武节将军，大明开国后历任佥金吾右卫亲军指挥使司事、同知河南卫指挥使司事、河南都指挥使司指挥使、浙江都指挥使司都指挥使，政令严明，军民畏服。洪武二十一年（1388）冬，陆龄去世，第二年春天“敕赐葬于紫金山”[②]。明景泰二年（1451）南京兵部尚书仪铭所撰《〈钟山志〉序》云：“太祖高皇帝定鼎于金陵钟山之阳，与宝公塔

---

① ［明］俞本撰，李新峰笺证：《纪事录笺证》卷之下“洪武十三年庚申”，北京，中华书局，2015 年，第 422 页。

② 邵磊：《南京出土明代武官墓志二考》，贺云翱主编：《长江文化论丛》（第八辑），南京，南京大学出版社，2012 年，第 157 页。

密迩，迁于湖之东，改额为灵谷寺，金碧辉映，冠于海内，御书‘第一禅林’，揭于洞门，名其山曰‘紫金’。”[①]

明清以来的许多诗文都提到了“紫金山”。明初任宁王府教授的胡奎有《望紫金山》：

万年佳气拥蟠龙，秀拔神京第一峰。
五色云中金翡翠，九重天上玉芙蓉。
幸陪周士歌丰镐，敢效封人祝华嵩。
明旦闻鸡趋凤阙，丹霞承日色曈昽。

明永乐年间任翰林学士的解缙，随同明成祖朱棣登钟山，作《随驾登紫金山赐果》：

天晴随驾共登山，中使传宣荐玉盘。
金谷人游红步幛，石房仙炼紫华丹。
猩红浥露珊瑚软，鹤顶迎风玛瑙寒。
侍从词臣知此味，渴中无惜齿牙酸。

明正德年间（1506—1521）任南京兵部员外郎的顾清，在其《送周都尉告祀孝陵》中写道：“明明我圣祖，承天驭华夷。赫怒定海宇，忧勤固皇基。……峨峨紫金山，宫阙何崔嵬。侍卫固有职，泛扫宜如仪。圣情切注想，归矣无需迟。”

明嘉靖年间（1522—1566）编纂的《南畿志》则记载：“钟山，又曰金陵山，曰蒋山，曰紫金山，曰北山。”夹注云：“晋元帝渡江，望气者云山有紫气，名紫金山。”[②]此后关于“紫金山”之名产生于晋代的说法，多源于此。《万历上元县志》云：“晋元帝渡江之年，望气者云山有紫气，时时晨见，又名‘紫金山’。”[③]万历十五年（1587）王士性游钟山，所撰《留都述游》云：“山一名‘蒋’，亦名

---

① ［明］仪铭：《景泰志序》，［清］甘熙编修、［清］谢元福增辑、［民国］佚名增补：《灵谷禅林志》卷十一《杂著三·序》，南京，南京出版社，2019年，第186页。

② ［明］闻人诠等修：《南畿志》卷四《郡县志一·应天府》，明嘉靖间刊本影印本，台北，成文出版社有限公司，1987年，第172、173页。

③ ［明］程三省修，［明］李登等纂：《万历上元县志》卷三《地理志·山川·钟山》，南京，南京出版社，2010年，第108页。

‘紫金’。”[①]

与李攀龙、王世贞等结诗社，为“后七子”之首的谢榛（1495—1575）有诗云：“隔河一带碧嶙峋，薄暮登台注望频。古洞深松归老鹤，金山瑶草待幽人。泉奔巨壑常风雨，月傍高坛自鬼神。丹侣有期应不负，三花树底醉长春。”诗题就是《望紫金山有作》。

明万历年间（1573—1620），明神宗朱翊钧派遣大批宦官充当矿税监，到全国各地罗掘金银财货，“榷采肆出，江南纷扰”。万历二十七年（1599）应天巡抚陈惟芝上疏乞停矿税，疏文中就提到“钟阜紫金山，高皇帝卧弓剑之地”[②]。

关于“紫金山”的得名，明末清初以《板桥杂记》闻名于世的余怀，在《钟山纪略》中提到：“钟山多紫青黄碧之气，日凡数十变。云气蓊然，上与霄汉联结。故俗一名‘紫金山’。”[③]

清康熙十九年（1680）夏天，魏世傚拜谒明孝陵，听两个游人说：“昔者山多紫气，佳木数百万。天晴明时，日光照耀如金色，故呼为‘紫金山’。”[④]这是从阳光照射产生的视觉效果来解读“紫金山”的得名，有一定的道理。1937 年江宁县政府和中央大学地质系合作完成的《南京市及江宁县地质报告》，对紫金山岩层中“紫”的元素进行了客观分析，认为构成紫金山的地层，时代最老的是三叠纪黄马青砂页岩。这一层之上是下侏罗纪象山层。出露在紫金山顶部的是象山层中的下部石英砾岩，由白色圆形石英砾硅质胶结而成。石英砾岩之上，依次为石英砂岩、长石砂岩及砂页岩，出露在紫金山的南坡。出露在紫金山北坡的，是位于侏罗纪石英砾岩之下的三叠纪黄马青系中的紫色页岩。紫金山便是由坚硬的石英砾岩构成顶脊的单面山。紫金山北坡出露的紫色页岩反射阳光形成的紫色光芒，或许就是古代

---

① ［明］王士性撰，周振鹤点校：《五岳游草》卷三《吴游上·留都述游》，上海，上海人民出版社，2019 年，第 66 页。

② 《明神宗实录》卷三百三十六。

③ ［明］余怀：《钟山纪略》，黄裳：《金陵五记·附录：余怀诗两种·咏怀古迹·附》，北京，商务印书馆，2017 年，第 280、281 页。

④ ［清］魏士傚：《孝陵恭谒记》，［清］林时益编：《宁都三魏集·魏昭士文集》卷六《记》，清道光二十五年（1845）宁都谢庭绶绂园书塾重刊本，第 4 页。

文献中所谓“紫云”“紫气”的灵感来源[①]。2003年，贺云翱《南京佛寺概说》推测：“梁钟山上定林寺高僧释僧祐著《出三藏记集》，中有‘我见佛身相，犹如紫金山’一偈，六朝时钟山为首都佛教名山，有寺七十余所，堪称佛国净土，或因之被称‘紫金山’。”[②]

清康熙年间（1662—1722），曾任江宁知府的陈鹏年谒明孝陵，有诗云：“牧马寒鸦落照昏，守陵人尽更无村。紫金山畔从龙客，朝烛犹疑拜墓门。”道光年间（1821—1850）曾任江宁知县的范仕义游灵谷寺，有诗云：“紫金山矗立，古寺辟齐梁。”

紫金山有时也省称为“紫山”，如明代诗人顾璘《秋日寻城东诸山颇历深险得诗八首》中的诗句：“紫山东转接江门，万壑千峰拥孝园。”其中也把孝陵寝园省称为“孝园”。

三、神烈山：斜阳立马更留情

神烈山，明世宗朱厚熜御赐给钟山的名字。明世宗朱厚熜是明宪宗朱见深的孙子，兴献王朱祐杬的次子，明孝宗朱祐樘的侄子，明武宗朱厚照的堂弟。正德十四年（1519），朱祐杬去世，朱厚熜以世子身份居丧并决策封国政务。正德十六年（1521）三月，尚未除服，明武宗特旨令其袭封。五天后（三月十四日），明武宗就驾崩了。因明武宗无嗣，明孝宗也无其他皇子在世，皇太后张氏与大学士杨廷和根据《皇明祖训》“兄终弟及”的原则，迎接兴献王世子朱厚熜入继大统。

朱厚熜即位后的第六天，就令礼官集议其父兴献王朱祐杬的封号。以首辅杨廷和、礼部尚书毛澄为首的正德朝旧臣援引汉定陶王和宋濮王故事，认为朱厚熜应该过继给叔父明孝宗朱祐樘，称其为“皇考”，改称自己的亲生父亲兴献王朱祐杬为皇叔父、

---

① 顾金亮：《〈南京市及江宁县地质报告〉导读》，朱庭祜、李学清、郑厚怀、汤克成、袁见齐、孙鼐撰：《南京市及江宁县地质报告》，南京，南京出版社，2024年，第15页。

② 贺云翱：《南京佛寺概说》，杨新华主编：《金陵佛寺大观》，北京，方志出版社，2003年，第15页。千阿罗汉偈言：“我见佛身相，犹如紫金山。妙相众德灭，唯有名独存。”[南朝梁]释僧祐撰，苏晋仁、萧炼子点校：《出三藏记集》卷一《集三藏缘记第一》，北京，中华书局，1995年，第9、10页。

兴献王妃为皇叔母。朱厚熜见此议大怒说：“父母可更易若是邪？”七月，观政进士张璁上《正典礼疏》，反驳杨廷和之说，主张继统不继嗣，朱厚熜应尊崇所生，为兴献王在京师立庙。双方朝臣各不相让，反复攻难，群情汹汹，形成了“大礼议”之争。嘉靖三年（1524），朱厚熜不顾朝臣反对，欲尊其母为“圣母章圣皇太后”。七月十五日早朝结束后，吏部左侍郎何孟春牵头六部九卿大臣二百多人跪在左顺门前，吁请皇帝收回成命。杨廷和之子、翰林院修撰杨慎更是高呼：“国家养士百五十年，仗节死义，正在今日。”朱厚熜大怒，令锦衣卫逮捕学士丰熙、给事中张翀等八人下诏狱。杨慎等人撼门大哭，声震阙廷。世宗愈加气恼，下令逮捕五品以下官员 134 人下狱，后来处以杖刑，编修王相等 18 人被杖死。九月颁诏，定称其父尊号为“皇考恭穆献皇帝”，称孝宗为“皇伯考”。左顺门事件成为“大礼议”的转折点，此后朝臣多依违顺旨。嘉靖七年（1528）六月，颁布《明伦大典》，备述议礼诸臣建议始末，以垂戒后人，并定议礼诸臣之罪。杨廷和革职为民，其他人论罪不等。

朱厚熜尊崇本生父母，采取的行动大都是循序渐进的。比如对兴献王坟墓的规制提升，于嘉靖二年（1523）四月，把原来的黑瓦换为黄色琉璃瓦。嘉靖三年（1524）三月，将王坟正式更名为“显陵”。嘉靖四年（1525），按朱厚熜钦定图式兴建新的玄宫。嘉靖六年（1527）十二月，朱厚熜“命修显陵如天寿山七陵之制”，增建方城明楼、睿功圣德碑楼、大红门，在神路两侧建置石像生。嘉靖十年（1531）二月，朱厚熜敕封显陵所在的松林山为“纯德山”，立碑建亭。明代皇家陵寝众多，单独敕封显陵过于突兀，所以朱厚熜谕内阁：“昨因议追祖陵、皇陵二山名，朕思孝陵在钟山，亦宜同体。文皇既封黄土山为‘天寿山’，今又拟显陵为‘纯德山’，而独钟山如故，于理未安。朕惟祖陵宜曰‘基运山’，皇陵宜曰‘翔圣山’，孝陵宜曰‘神烈山’。”①。这样，明孝陵所在的钟山就被封为了“神烈山”。

明清时期，“神烈山”见于许多诗文之中，明孝陵也被称为“神烈山陵”。嘉靖十九年（1540）升任南京兵部右侍郎的王教，有《游灵谷》：

朝来出郭快新晴，神烈山前眼倍明。

---

① 《明世宗实录》卷一百二十二。

宝塔松楸藏曲径，空街丝竹递繁声。

廊悬画幅凭谁笔，墙迸泉香尚有名。

为觅乾坤真胜概，斜阳立马更留情。

明末清初著名诗人顾景星（1621—1687）《孝陵虾蟆石老树灾》有“神烈山前万松柏，寝庙熊罴守层碧”之句。顺治十年（1653），顾炎武分别于二月和十月两度谒孝陵，并绘《孝陵图》。次年（1654）他卜居于钟山之阳，作《侨居神烈山下》一诗，自称“犹余伯玉当年事，每过陵宫一下车”。清初辑《明遗民诗》十六卷的卓尔堪（1653—？）有《谒神烈山陵》诗。清代中期诸生蒋和《谒明太祖陵》有“禁城东去是龙蟠，神烈山高天际看”的诗句。近现代著名实业家、教育家关赓麟（1880—1962）有《明孝陵》诗云：

侧微世业似蜗牛，神烈山前祭殿留。

燕子飞来王气歇，可怜玺绂付偏头。

嘉靖十年（1531）朱厚熜赐名“神烈山”时，在明孝陵下马坊东侧立神烈山碑，至今犹存。神烈山碑南向而立，碑身和碑帽为一块整石凿成，通高 4 米，碑帽宽 1.49 米，厚 0.70 米，碑身宽 1.46 米，厚 0.67 米。碑额篆刻“圣旨”两字，碑面阴文线刻“神烈山”三个近一米见方的大字，上款刻“嘉靖十年岁次辛卯秋九月吉旦”，下款刻“南京工部尚书臣何诏侍郎臣张羽立石”。碑座高 0.80 米，座底宽 2.11 米，厚 1.66 米。神烈山碑原覆方形碑亭，已毁，尚存覆斗形石柱础 4 个，柱础高 0.97 米，宽 1.10 米，相距 4.89 米，柱础的侧面浮雕有石榴、牡丹、山茶、金菊等图案。

根据考古发掘，神烈山碑碑体位于四个柱础的中央，碑亭平面布局呈正方形，边长 5.96 米，柱础呈覆斗形，角柱均雕刻有如意云纹，碑及碑亭基础下部的建筑方法与孝陵东配殿、西配殿、明东陵等建筑基址考古所见用块石与黄土分层夯筑的方法相似，但碑亭基础上部做工简单、粗糙，推测碑亭角柱基础可能曾被移位改筑。目前神烈山碑可能为后来重立，据《枣林杂俎》记载：“辛巳，孝陵重立神烈山碑石，户部给石价四千金。石出宜兴山中，实七百金。”[①] 辛巳年，已是崇祯十四年（1641）。

---

① ［清］谈迁著，罗仲辉、胡明校点校：《枣林杂俎》“孝陵碑石”条，北京，中华书局，2006 年，第 617 页。

第二节 钟山风水：形势犹龙自吐云

一、风水理论探源

风水，作为中国古人对阳宅（城市、村镇、住宅）和阴宅（坟墓）进行选择和规划设计的理论及方术，产生于人们对生存问题的急切关注。风水关于地形的理想模式，便是在特定的地理环境条件下求生存的最佳选择。风水思想还反映了人们更为深入的精神需求，包括对山水象征之美和协调之美的欣赏、对神秘的向往与对趋吉避害的渴求等等。

风水理论在传统社会中的思想根基，与祖先崇拜、自然崇拜、动物崇拜、植物崇拜等原始信仰有着很强的关联度，并随着“天人合一”“天人感应”“气说”等对宇宙模式化的学说沉淀到人们的潜意识深处，代代相传，变成了一种“集体无意识”。风水术在以农业经济为基础的社会中产生，最终成为人们渴望把自身和谐统一于自然之中而采取的一种自我完善的手段。

风水观念起源很早，根据对陕西西安半坡仰韶文化的考古研究，我们发现，那里的居民已经有了这种明确的选择意识。西安半坡原始村落建于6500多年前，环绕村落有一条大壕沟，是为了保护居民区安全而挖的，靠居民区一边的沟沿高出对面沟沿约一米，这是挖沟时将掘出的土堆积在内口沿形成的。半圆形的壕沟和村落以南的河流在居住区的东南形成一个两水交汇的“合口”，这正是风水格局。而“风水”二字的起源就要追溯到托名晋代郭璞所著的《葬书》。《葬书》中说：“葬以左为青龙，右为白虎，前为朱雀，后为玄武。”青龙、白虎、朱雀、玄武是风水中推崇的四个方位神的名称，古代称为“四象”或“四陆”。在河南濮阳西水坡发现的距今6000年左右的仰韶文化的墓葬中，在墓主人的左右两侧，用蚌壳精心摆塑着龙、虎图案，证明那时就出现了“左青龙、右白虎”的观念。

风水思想在秦汉时期已有较深的影响。秦代大将蒙恬奉秦始皇之命北修长城，秦始皇死后，赵高矫诏逼蒙恬自杀，当时的民间以为蒙恬之死应归罪于他“绝地脉”。《汉书·艺文志》著录有一部风水方位之书《宫宅地形》，归于形法类。形法类中相地、相物、相畜之法兼而有之，其中特别指出的相九州之势以立城郭、宫室、屋舍，表明汉代修建城郭都邑及房舍，已充分考虑其周围的地理形势和自然环境[①]。早在此前的《周礼》中，就已明确规定了各级城市的建造法式如形制、规模、大小等，规定“匠人营国。方九里，旁三门”，贾公彦疏引郑玄注云：“国家谓城方。公之城盖方九里，侯伯七里，子男五里。”[②]《管子》也指出：“凡立国都，非于大山之下，必于广川之上，高毋近旱而水用足，下毋近水而沟防省。”[③]而《宫室地形》便是秦汉时代人们考察山川、选择聚落、兴建都邑经验的理论总结，从中已可以窥见风水理论的端倪。

东汉民风已经很重视丧葬了，这导致了风水观念的发生。据《后汉书》记载，东汉顺帝时，“廷尉河南吴雄季高，以明法律，断狱平，起自孤宦，致位司徒。雄少时家贫，丧母，营人所不封土者，择葬其中。丧事趣辨，不问时日，（医）巫皆言当族灭，而雄不顾。及子䜣孙恭，三世廷尉，为法名家”[④]。袁安的父亲死后，他的母亲要他去访求葬地。袁安在路上遇见三位书生，书生们指着一块地说：“葬此地，当世为三公。”袁安就把父亲葬在那块地里，后来果然累世隆盛[⑤]。东汉士人对居住环境也很讲究，仲长统欲卜居清旷，以乐其志，论之曰“使居有良田广宅，背山临流，沟池环匝，竹木周布，场圃筑前，果园树后”[⑥]。背山临流，前有场圃，这正是风水术对阳宅的基本要求。

---

① 刘沛林：《风水——中国人的环境观》，上海，生活·读书·新知上海三联书店，1995 年，第 40—43 页。

② ［清］孙诒让撰，王文锦、陈玉霞点校：《周礼正义》卷八十三《冬官考工记第六·匠人》，北京，中华书局，1987 年，第 3423 页。

③ 黎翔凤撰，梁运华整理：《管子校注》卷一《乘马第五》，北京，中华书局，2004 年，第 83 页。

④ ［南朝宋］范晔撰，［唐］李贤等注：《后汉书》卷四十六《郭陈列传第三十六》，北京，中华书局，1965 年，第 1546 页。

⑤ ［南朝宋］范晔撰，［唐］李贤等注：《后汉书》卷四十五《袁张韩周列传第三十五》，北京，中华书局，1965 年，第 1522 页。

⑥ ［南朝宋］范晔撰，［唐］李贤等注：《后汉书》卷四十九《王充王符仲长统列传第三十九》，北京，中华书局，1965 年，第 1644 页。

魏晋时期，风水体系已初步形成。魏国著名的术士管辂善卜筮和天文地理之术，他曾根据风水中的“四象”来判断阴宅的吉凶。有一次，他从毌丘俭的墓边经过，倚树而叹：“林木虽茂，无形可久；碑诔虽美，无后可守。玄武藏头，苍龙无足，白虎衔尸，朱雀悲哭，四危以备，法当灭族。不过二载，其应至矣。”[①]后来果然应验。管辂时代对葬地的认识可能已经从秦汉时代的重“形”发展到“形”“气”兼有了。

晋代的郭璞是风水理论发展史上最重要的大师。郭璞，字景纯，爱好经术，博学多才，不擅言谈却精于辞赋。郭璞好古文奇字，精通阴阳历法，有位郭公居于河东，精于卜筮，郭璞跟随他学习。郭公把《青囊中书》九卷传给他，从此郭璞于五行、天文、卜筮无所不通，即使京房、管辂也比不上他。据《南史》记载，张裕的曾祖父张澄准备葬父，郭璞为他占地，说葬在某处，张澄可活过百岁，官居三司之位，但子孙不会繁盛；而葬在另一处，张澄活的年纪差不多会减半，官位只能达到卿或校，但后世都会贵显。张澄于是把父亲葬在另外那一块地，结果他官位只至光禄，活了 64 岁，而子孙昌炎[②]。据《晋书》记载，郭璞的母亲死后，他在暨阳择了一块地葬母，离水仅百步远。有人认为墓地离水太近了会被水淹没，郭璞则预测水会退去。后来果然沙土上覆，墓地周围几十里都成为桑田。郭璞是个好色之徒，他的好友桓彝来造访时，碰到他在与妇人嬉戏也不回避，直接进屋。郭璞说：“卿来，他处自可径前，但不可厕上相寻耳。必客主有殃。”桓彝没有把他的话放在心上，一次大醉后找郭璞，正好在厕所中碰到他，忙躲起来观看，见郭璞正在裸身散发地衔刀设醊。郭璞发现桓彝后大惊失色，说：“吾每属卿勿来，反更如是！非但祸吾，卿亦不免矣。天实为之，将以谁咎！”不久，王敦谋反，命郭璞卜筮，结果是不吉，王敦大怒之下杀了郭璞，桓彝也死于苏峻之乱[③]。

郭璞生前占筮的事情多有灵验，被后人奉为风水术的鼻祖。郭璞《葬书》开宗

---

① [晋]陈寿撰，[南朝宋]裴松之注：《三国志》卷二十九《魏书二十九·方技传第二十九·管辂》，北京，中华书局，1982 年第 2 版，第 825 页。

② [唐]李延寿撰：《南史》卷三十一《列传第二十一·张裕》，北京，中华书局，1975 年，第 804 页。

③ [唐]房玄龄等撰：《晋书》卷七十二《列传第四十二·郭璞》，北京，中华书局，1974 年，第 1908、1909 页。

明义便说："葬者，乘生气也。夫阴阳之气，噫而为风，升而为云，降而为雨，行乎地中而为生气。五气行乎地中，发而生乎万物。人受体于父母，本骸得气，遗体受荫。盖生者气之聚凝，结者成骨，死而独留，故葬者反气内骨，以荫所生之道也。经云：'气感而应，鬼福及人。'是以铜山西崩，灵钟东应；木华于春，栗牙于室，气行乎地中。其行也，因地之势；其聚也，因势之止。丘垅之骨，冈阜之支，气之所随。经曰：'气乘风则散，界水则止。'古人聚之使不散，行之使有止，故谓之风水。"①《葬书》认为一定要把死者埋葬在有"生气"的地方。生气，就是指能够生发万物的"五气"（金木水火土五行之气）。五气在地下运行，万物生长都是由五气生发而成的，人也不例外。人活着的时候五气聚在体内，一旦死去气便凝结成骨骼，不复存在了。而把人的遗骸埋入有"生气"的地方，那里的生气便会纳入遗骸之中。又因为人的身体是受于父母的，父母的遗骸得了"生气"，父母遗在世上的身体（所谓"遗体"）即他们的子孙就会受到他们的荫佑。

历代批评郭璞《葬书》风水理论的不乏其人，如宋罗大经《鹤林玉露》云：

郭璞谓本骸乘气，遗体受萌，此说殊不通。夫铜山西崩，灵钟东应，木生于山，栗牙于室，此乃活气相感也。今枯骨朽腐，不知痛痒，积日累月，化为朽壤，荡荡游尘矣，岂能与生者相感，以致祸福乎？此决无之理也。世之人惑璞之说，有贪求吉地未能惬意，至十数年不葬其亲者。有既葬，以为不吉，一掘未已，至掘三掘四者。有因买地致讼，棺未入土而家已萧条者。有兄弟数人惑于各房风水之说，至于骨肉化为仇雠者。凡此数祸，皆璞之书为之也。且人之生也，贫富贵贱，夭寿贤愚，禀性赋分，各自有定，谓之天命，不可改也，岂冢中枯骨所能转移乎？若如璞之说，上帝之命反制于一坏之土矣。杨诚斋素不信风水之说，尝言郭璞精于风水，宜妙选吉地，以福其身，以利其子孙，然璞身不免于刑戮，而子孙卒以衰微，则是其说已不验于其身矣。而后世方且诵其遗书而尊信之，不亦惑乎！②

---

① ［晋］郭璞：《郭璞古本葬经》，顾颉主编：《堪舆集成·汇考十五》，重庆，重庆出版社，1994 年，第 340 页。

② ［宋］罗大经撰，孙雪霄校点：《鹤林玉露》丙编卷六"风水"条，上海，上海古籍出版社，2012 年，第 208 页。"遗体受萌"，《四库全书》本作"遗体受荫"。

《葬书》的“风水”概念偏重于相墓，社会通行的风水概念则相住宅、相墓地之意兼有。另外，风水术还有堪舆、青乌、青囊、相地、卜宅、相宅、图宅、形法、阴阳、地理等名称。“堪舆”一词最早见于《史记·日者列传》，说是汉武帝时，召集占卜家开会，问某一天能否娶妇，其中的五行家说可以，堪舆家说不可以，建除家说不吉，丛辰家说大凶，历家说小凶，天人家说小吉，太一家说大吉，争论不已。汉武帝制曰：“避诸死忌，以五行为主。”①《淮南子》曰：“堪舆徐行，雄以音知雌，故为奇辰。”许慎注云：“堪，天道也，舆，地道也。”②《汉书》载扬雄《甘泉赋》云：“属堪舆以壁垒兮，梢夔魖而抶獝狂。”张晏注：“堪舆，天地总名也。”孟康注：“堪舆，神名，造图宅书者。”③汉代王充《论衡》引用过几段图宅书原文：“图宅术曰：‘宅有八术，以六甲之名，数而第之，第定名立，宫商殊别。宅有五音，姓有五声。宅不宜其姓，姓与宅相贼，则疾病死亡，犯罪遇祸。’……图宅术：‘商家门不宜南向，征家门不宜北向。’”④看来图宅术是有关住宅禁忌的风水术，如此说来，堪舆就是创造风水术的神怪。《汉书·艺文志》列“五行三十一家”，著录“《堪舆金匮》十四卷”⑤。清代钱大昕《恒言录》云：“《论衡·讥日篇》：‘《堪舆历》，历上诸神非一，圣人不言，诸子不传。’大昕案：古堪舆家即今选择家，近世乃以相宅图墓者当之。”⑥

“青乌子”之名在汉代已出现。《抱朴子》云：“又彭祖之弟子，青衣乌公、

---

① [汉]司马迁撰，[南朝宋]裴骃集解，[唐]司马贞索引，[唐]张守节正义：《史记》卷一百二十七《日者列传第六十七》，北京，中华书局，1959年，第3222页。

② 刘文典撰，冯逸、乔华点校：《淮南鸿烈集解》卷三《天文训》，北京，中华书局，1989年，第125页。

③ [汉]班固撰，[唐]颜师古注：《汉书》卷八十七上《扬雄传第五十七上》，北京，中华书局，1962年，第3523页。

④ 黄晖撰：《论衡校释》第二十五卷《诘术第七十四》，北京，中华书局，1990年，第1027—1038页。

⑤ [汉]班固撰，[唐]颜师古注：《汉书》卷三十《艺文志第十》，北京，中华书局，1962年，第1768、1769页。

⑥ [清]钱大昕纂，颜春峰、王凤娇点校：《恒言录》卷六《方术类》“662堪舆”条，北京，中华书局，2019年，第187页。

黑穴公、秀眉公、白兔公子、离娄公、太足君、高丘子、不肯来七八人，皆历数百岁，在殷而各仙去，况彭祖何肯死哉？”①《真诰》中载：“昔青乌公者，身受明师之教，审仙妙之理。至于入华阴山中学道，积四百七十一岁。十二试之，有三不过。后服金汋而升太极。”②这里的青乌公是道教中的神仙。应劭《风俗通》云：“汉有青乌子，善数术。”《世说新语·术解》梁刘孝标注文中引用过《青乌子相冢书》，唐虞世南《北堂书钞》卷一四六引用过《青乌子葬书》，说明唐以前确实有《青乌子》一类的书。《旧唐书·经籍志》记有《青乌子》三卷，唐柳宗元《伯祖妣赵郡李夫人墓志铭》有“子孙百代承灵祉，谁之言者青乌子”；唐刘禹锡《湖南观察使故相国袁公挽歌三首》有“地得青乌相，宾惊白鹤飞”；唐王瓘《轩辕本纪》还说：“黄帝始划野分州，有青乌子善相地理，帝问之以制经。”今本的《青乌子葬经》据考证是元明时代人所作，后人也称风水术为“青乌”。郭公将《青囊中书》传给郭璞，因为郭璞后来被尊为风水术的初祖，后人也称风水术为“青囊术”。

风水师常常被称为地理先生，古代的地理也往往专指风水事宜，“地理”也是风水术的代称，明代李国木编有《地理大全》，清代端木国瑚编有《杨曾地理元文四种》，寇宗辑有《菊逸山房地理正书》，都是专讲风水的书籍。宅本是指活人的居所，如《尚书》云：“王朝步自周，则至于丰，惟太保先周公相宅。”③人死后也需要长眠之所，于是，葬人的墓穴也被称作“宅”，即所谓“阴宅”。《礼记》中有“大夫卜宅与葬日”，孙希旦云：“愚谓宅，葬地也。”④《孝经》中说孝子丧亲之后，要“卜其宅兆而安措之”，郑玄注云：“宅，墓穴也。兆，茔域也。”⑤

① 王明撰：《抱朴子内篇校释》卷十三《极言》，北京，中华书局，2023年第3版，第308页。

② ［日］吉川忠夫、麦谷邦夫编，朱越利译：《真诰校注》卷五《甄命授第一》，北京，中国社会科学出版社，2006年，第173、174页。

③ ［清］皮锡瑞撰，盛冬铃、陈抗点校：《今文尚书考证·召诰第十七（周书八）》，北京，中华书局，1989年，第334页。

④ ［清］孙希旦撰：《礼记集解》卷三十九《杂记上第二十一》，北京，中华书局，2024年第2版，第1317页。

⑤ ［清］冉觐祖撰：《孝经详说》卷六《丧亲章》，曾振宇、江曦主编，邵妍整理：《孝经集解（外二种）》，上海，上海古籍出版社，2021年，第547页。

汉以后，人们仍习惯称葬地为“宅”，于是风水术也被称为“相宅”术，包括相阳宅和相阴宅两项内容。

二、风水术的流派

风水理论经过长时间的发展，逐渐成为一种学问体系。《隋书·经籍志》著录的风水著作就有《葬经》《宅吉凶论》《相宅图》《五姓墓图》等。到了唐宋时期，逐渐形成了“形法派”和“理气派”两大流派。“风水”之称，大概始于宋时，赵与旹《宾退录》云：“朱文公尝与客谈世俗风水之说，因曰：‘冀州好一风水：云中诸山，来龙也；岱岳，青龙也；华山，白虎也；嵩山，案也；淮南诸山，案外山也。’”① 如清代学者丁芮朴在《风水袪惑》中所说：“风水之术，大抵不出形势、方位两家。言形势者，今谓之峦体；言方位者，今谓之理气。唐宋时人，各有宗派授受，自立门户，不相通用。”形势、峦体等，都是“形法”的别称。

形法派的主要大师有杨筠松、曾文迪、赖大有、谢子逸等人，他们或祖籍江西，或长期在江西寓居，其理论的传播地主要以江西为主，后传及浙江、安徽等地，所以形法派通常又称“江西派”，即“赣派”。陈振孙《直斋书录解题》著录《地理口诀》一卷，云：“不知何人所集。曰杨筠松、曾杨乙、黄禅师、左仙、朱仙桃、范越凤、刘公、赖太素、张师姑、王吉，凡十家。”又著录《二十八禽星图》一卷，云：“江西有风水之学，往往人能道之。”②

形法派一般以杨筠松为宗师。《宋史·艺文志》著录“杨救贫《正龙子经》一卷”，当是杨筠松所作。关于杨筠松的生平，史书记载不详。宋濂《葬书新注序》云：“在唐之时，杨翁筠松与仆都监俱以能阴阳隶司天监，黄巢之乱，翁窃秘书中禁术，与仆自长安来奔，至赣州宁都怀德乡，遂定居焉。后以其术传里人廖三传。三传以通《春秋》，故名。廖传其子禹。禹传其婿赠武功郎谢世南。世南复传其子

① ［宋］赵与旹著，齐治平点校：《宾退录》卷二，北京，中华书局，2021年，第21页。
② ［宋］陈振孙著，徐小蛮、顾美华点校：《直斋书录解题》卷十二，上海，上海古籍出版社，1987年，第378、379页。

武功大夫海惠州巡检使永锡，遂秘而不授。”[①]《古今图书集成》卷六百七十九云：“按《地理正宗》：杨筠松，字叔茂，窦州人。寓江西，号救贫先生。作《疑龙经》《撼龙经》《立锥赋》《黑囊经》《三十六龙》等书。”注云：“按《江西通志》：筠松，窦州人，僖宗朝国师，官至金紫光禄大夫，掌灵台地理事。黄巢破京师，乃断发入昆仑山，步龙一过虔州，以地理术行于世，称救贫仙人是也。卒于虔，葬雩中药口。”《永乐大典》卷一四二一八云：“世传黄巢之乱，杨筠松窃秘府之书，避地江南。传其术者，如厉伯韶、范越凤辈是也。今考厉、范所传之术与此书相表里，信或然矣。”但《四库全书总目提要》则认为有关记载乃“无稽之谈，盖不足信也”。杨筠松的理论主要是针对阴宅的，但阳宅也常用之，其“九星说”还成为后来《八宅周书》的主要理论依据之一[②]。

理气派风水特别强调五行八卦、方位理气，汉代专言“风水方位之书”的《堪舆金匮》当为其理论源头，当时流行的六壬术、图宅术均以五行说为根本。方位理气之说一度于隋代式微，宋以后随着罗盘应用越来越广泛而再度兴起，在福建最为盛行，所以理气派也称“福建派”，即“闽派”。

王祎《青岩丛录》述风水二宗云：“一曰宗庙之法，始于闽中，其源甚远，至宋王伋乃大行。其为说主于星卦，阳山阳向，阴山阴向，不相乖错，纯取五星八卦以定生剋之理，其学浙间传之，而今用之者甚鲜。一曰江西之法，肇于赣人杨筠松、曾文辿及赖大有，谢子逸辈尤精其学。其为说主于形势，原其所起，即其所止，以定位向，专指龙、穴、沙、水之相配，而它拘忌，在所不论。其学盛行于今，大江以南无不遵之者。二宗之说，虽不能相同，然皆本于郭氏者也。业其术者，参其异而会其同，斯得之矣。”[③]宗庙法指理气派而言，其关键人物则是宋代的王伋和赖文俊。

据《处州府志》记载：“王伋字肇卿，上世汴京人。宋建隆间（960—963），祖（处）讷因议王朴金鸡历，曰：‘后二十年，必差。’众排之，贬居江西。伋请

---

① ［明］宋濂：《葬书新注序》，［明］宋濂著，黄灵庚编辑校点：《宋濂全集》卷二十七《序六》，北京，人民文学出版社，2014年，第559页。

② 何晓昕：《风水探源》，南京，东南大学出版社，1990年，第38、39页。

③ ［明］王祎撰：《青岩丛录》，上海，上海古籍出版社，2011年，第7、8页。

乡举，悟管辂地理之学，游龙泉，爱其山水清秀，因家焉。与何、管、鲍、张诸公纳交，为之卜葬，随有何太宰、管枢密、鲍制置、张谏议出焉。历二百余年，富贵不绝，遂为一乡望族。其门人叶叔亮，传其著述曰《心经》，编其问答曰《语录》。延及衢、信、福建诸郡，用其术者皆验。范纯仁跋之曰：‘先生通经博物，无愧古人，异乎太史公所谓阴阳之家者矣。’”[①] 王伋曾居江西，虽然他的巨大影响促成了“福建派”的形成，但他很可能受到“江西派”的影响。赖文俊是处州人，曾在福建建阳做过官，“好相地之术”，后弃官浪游，自号“布衣子”，世称“赖布衣”，撰有《催官篇》二卷，收入《四库全书》。据《四库全书总目提要》介绍，赖文俊曾“著有《绍兴大地八钤》及《三十六钤》，今俱未见。是书分龙、穴、砂、水四篇，各为之歌。龙以二十四山分阴阳，以震、庚、亥为三吉，巽、辛、艮、丙、兑、丁为六秀，而著其变换受穴吉凶之应。穴仍以龙为主，而受气有挨左挨右之异。砂、水二篇亦以方位为断”。赖文俊的方位八卦和阴阳气说使他成为福建理气派的典型代表。

理气派以福建为中心，后向浙江、广东、安徽等地传播，许多地方出现的风水“歪门”、八卦门等均是方法理气说的变种。浙江因地处福建东北，受福建理气派影响较大，其传世“家传”“家谱”中所记的“祖墓”位置，许多都强调方位理气。如胡为《家族纪念录·诰封恭人先祖母谢太恭人行状》中云：“以本年八月十三日奉柩葬于鬼坑山。坐丁向癸、乘午子吉向之原。”又如《萧山傅氏宗谱》述二十九世祖“恒新公”墓图云：“此图坐落冠山陶家坞，合葬二十九世祖恒新公、德配来太君之墓图也。……壬亥龙落脉，坐壬向丙、兼子午三分，此山造圹安葬，不损邻近坟墓。”这种例子不胜枚举。

---

① [明]刘宣编辑，[明]郭忠校正，赵治中点校，丽水市档案馆整理：《明成化〈处州府志〉》卷十三《人物·方术·王伋》，北京，方志出版社，2020年，第388、389页。关于王处讷议王朴历书事，《宋史》云：“(王处讷)广顺中，迁司天少监。世宗以旧历差舛，俾处讷详定。历成未上，会枢密使王朴作《钦天历》以献，颇为精密，处讷私谓朴曰：‘此历且可用，不久即差矣。’因指以示朴，朴深然之。至建隆二年，以《钦天历》谬误，诏处讷别造新历。经三年而成，为六卷，太祖自制序，命为《应天历》。”[元]脱脱等撰：《宋史》卷四百六十一《列传第二百二十·方伎上·王处讷》，北京，中华书局，1977年，第13497、13498页。

宋代风水术非常流行，“赣派”和“闽派”不断扩大在各地的影响，因为方法不同，难免产生矛盾，互相攻讦。迄至元代，两派就已经分流而行、水火不容了。两派竞争的结果，“赣派”终于在明清时期取得压倒性优势，并定型为“读书人”的堪舆学。明清之际，士大夫遁迹山林，参禅讲道成为普遍的风气，比较有艺术性格的赣派风水理论自然为士林所喜爱。就人员构成来讲，“赣派”大多是饱学之士，深厚的文化功底使他们能真正谙熟风水理论的源流，触类旁通，将其运用到建宅、筑城、兴宫以及军事等诸多领域。元大都的选址人刘秉忠和明代的刘基就是其中的佼佼者。而“闽派”则多为“下里巴人”，他们粗通文墨，挟术数以混口饭吃，虽然也熟悉一方风土，但是对大范围的山川地理却了解无多，有时，甚至对风水著作中的文化名物也未必搞得明白。在这种情况下，简化风水理论，清除其中的不确定因素，使它口诀化，并经常使用罗盘这种神奇工具，就显得尤为必要。此种理论倾向虽然过于教条化并为上流社会所不屑，却挽救了闽派风水，使其劣而不汰，长期在下层社会保有一定市场。特别是在无龙可觅、无砂可察、无水可观的平原地区以及无特殊地貌特征的城市内部的住宅选址中，该理论的教条性、模糊性恰恰成全了它的普遍适用性。相比之下，过于注重自然地貌，“专论龙穴砂水之相配”的“赣派”，却难以放之四海而皆准。这样，“赣派”可以基本压倒而不可能彻底取代“闽派”。[①] 随着时间的推移，到了明清时期，人们在风水选择上，往往不仅在形势上讲求来龙有势，地脉悠远，砂水有情，同时也强调宅兆之地的理气朝向，对“赣派”和“闽派”理论间的差异不再那么重视，形成了将“理气”与“形法”合而用之的局面。

三、南京风水形势

在我国古代各种建筑活动中，从城市到乡村，从宫殿到民居，从阳宅到阴宅，都存在天地人和合的风水优选思想，无论是都邑、村镇、聚落、宫宅、园圃、寺观、陵墓，以至道路、桥梁等，从选址、规划、设计及营造，几乎无不受到所谓风水理

---

① 高友谦：《中国风水》，北京，中华华侨出版公司，1992 年，第 75、76 页。

论的深刻影响。可以说，“建筑是物，风水是魂，风水学是中国传统建筑的思想和灵魂”①。英国学者、中国科技史专家李约瑟指出：“在许多方面，风水对中国人民是有益的，如它提出植树木和竹林以防风，强调流水近于房屋的价值。虽在其他方面十分迷信，但它总是包含着一种美学成分，遍中国农田、居室、乡村之美，不可胜收，都可籍此得以说明。”②妙摩、慧度认为，对风水术应该进行一分为二的批判，在肯定风水术在环境学、卫生学、伦理学、建筑美学等领域的科学贡献的同时，也要看到其中存在的糟粕。如果把一切吉凶祸福一股脑儿推到宅屋和坟墓的吉与不吉上去，便自然属无稽之谈 。③

古都南京城市的选址，也与风水术密切相关。古代帝王笃信风水望气，认为都城选址的风水好坏直接影响国祚的长短；另一方面，他们需要利用风水，为自己定都选址制造社会舆论。而风水术士不遗余力地迎合他们的心理需求，牵强附会，更助长了风水望气之术的盛行。

无论是形法派还是理气派，其相地的程序都要考虑山川大势的选择，从宏观上把握整个风水环境，然后再考虑微观的环境布置。选择“风水宝地”要考虑五大要素，即风水选择中所谓的“地理五诀”——龙、穴、砂、水、向。“龙”，一般指山川，高低起伏、绵延盘亘的山川势相连属则为龙脉，在平原丘陵地带则把高出地面、连绵不断的“垄”作为龙；穴，指生者的住所或死者的葬地；砂，指穴周围的山；水，即“水口”，指某一区域内水流进或流出的地方；向，指穴位的朝向。从宏观上审定龙的形势开始，风水选择的一般程序就是寻龙、察砂、观水、点穴、定向。

“砂”是与主龙相伴的小山，尤指穴场周围层层环绕的山体。砂的作用是挡风，使墓穴或居处的生气凝聚，不致散去。同时，“砂”又可以为“龙”增势，使龙发福，锦上添花。各种砂因排列的位置和所起的作用不同又有不同的名称。黄妙应《博山篇》说：“两边鹄立，命曰侍砂，能遮恶风，最为有力。从龙拥抱，命曰卫砂，外

---

① 亢亮、亢羽编著：《风水与建筑》，天津，百花文艺出版社，1999 年，第 1 页。

② [英]李约瑟：《李约瑟论风水》，王其亨主编：《风水理论研究》，天津，天津大学出版社，2005 年，第 273 页。

③ 妙摩、慧度：《中国风水术》，北京，中国文联出版公司，1993 年，第 294—296 页。

御凹风，内增气势。绕抱穴后，命曰迎砂，平低似揖，拜参之职。面前特立，命曰朝砂，不论远近，特来为贵。”[①] 朝砂又有“朝”“案”之目。离穴近而小的称案，远而高的称朝。案，人据案之义；朝，宾主抗礼之义。朝案讲究有情有礼，其对龙要如宾见主，臣见君，子奉父，妻从夫，这种观念是我国古代礼制、伦理思想在风水中的反映。有近案则穴前收拾周密，无明堂太旷、气不融聚之患；有远朝则有配对，有证应，无逼窄窒塞之弊。砂又有“四象”或“四兽”之说。郭璞《葬经》云：“葬以左为青龙，右为白虎，前为朱雀，后为玄武。玄武垂头，朱雀翔舞，青龙蜿蜒，白虎驯頫。形势反此，法当破死。故虎蹲谓之衔尸，龙踞谓之嫉主，玄武不垂者拒尸，朱雀不舞者腾去。”[②] 古礼中的方向习惯坐北朝南，则前后左右所对四向分别为南北东西。

按照传统的风水理论分析南京的风水格局，可以看到，南京的龙山就是城市正北面的覆舟山、鸡笼山；护砂就是西北部和北部的马鞍山、四望山、卢龙山、幕府山、大壮观山、直渎山等；侍砂则东有钟山，为左青龙，西有石头山，为右白虎；南有秦淮河水环绕，隔水近处有案山——石子冈（聚宝山），远处有朝山——牛首山；而龙穴——南京城就处在这一系列山水环绕的中央。

当然，作为侍砂的钟山、石头山，都是由骨脉相连的一系列小山组成的，宋马光祖修、周应合纂《景定建康志》分析南京龙盘虎踞之势，与诸葛亮所谓“钟阜龙盘，石头虎踞”若合符节，更为清晰：

钟山来自建邺之东北而向乎西南，大江来自建邺之西南而朝于东北。由钟山而左，自摄山、临沂、雉亭、衡阳诸山以达于东，又东为白山、大城、云穴、武冈诸山以达于东南，又东南为土山、张山、青龙、石硊、天印、彭城、雁门、竹堂诸山以达于南，又南为聚宝山、戚家山、梓潼山、紫岩、夏侯、天阙诸山以达于西南，

---

① ［唐］黄妙应：《博山篇·论砂》，周文铮、王振驹、钟琳、李乃龙注译：《地理正宗》，南宁，广西民族出版社，1993 年，第 319 页。

② ［晋］郭璞：《郭璞古本葬经》，顾颉主编：《堪舆集成·汇考十五》，重庆，重庆出版社，1994 年，第 342 页。

又西南绵亘至三山而止于大江。此亮所谓‘龙盘’之势也。由钟山而右，近之为覆舟山，为鸡笼山，皆在宫城之后。又北为直渎山、大壮观山、四望山以达于西北，又西北为幕府、卢龙、马鞍诸山以达于西，是为石头城，亦止于江。此亮所谓‘虎踞’之形也。其左右群山，若散而实聚，若断而实续，世传秦所凿断之处，虽山形不联，而骨脉在地，隐然相属，犹可见也。石头在其西，三山在其西南，两山可望而挹。大江之水横其前，秦淮自东而来，出两山之端而注于江，此盖建邺之门户也；覆舟山之南，聚宝山之北，中为宽平宏衍之区，包藏王气，以容众大，以宅壮丽，此建邺之堂奥也；自临沂山以至三山，围绕于其左，自直渎山以至石头，溯江而上，屏蔽于其右，此建邺之城郭也；元武湖注其北，秦淮水绕其南，青溪萦其东，大江环其西，此又建邺之天然之池也。形势若此，帝王之宅宜哉！①

四、钟山帝陵风水

钟山是南京城市的侍砂、四象中的“左青龙”，又是山中陵墓的龙山、四象中的“玄武”。六朝以来，钟山成为众多帝王的陵寝所在，自然与其殊胜的风水形势密切相关。第一位葬在钟山的帝王是东吴大帝孙权；西晋灭吴后，钟山只有一些官僚和平民墓葬；东晋定都建康后，先后有10个皇帝葬于建康，其中晋元帝司马睿建平陵、晋明帝司马绍武平陵、晋成帝司马衍兴平陵、晋哀帝司马丕安平陵位于建康城内鸡笼山之南，晋穆帝司马聃永平陵位于幕府山，晋康帝司马岳崇平陵、晋简文帝司马昱高平陵、晋孝武帝司马曜隆平陵、晋安帝司马德宗休平陵、晋恭帝司马德文冲平陵等五座陵墓均建在钟山南麓。南宋诗人苏泂《金陵杂兴》写到钟山之南的这五座东晋帝陵云：

五陵歌舞换埃尘，地下黄金出尚新。

碑字已漫青草死，酸风吹煞石麒麟。

诗中提到的地下所出的黄金，无疑是盗墓所得，类似的物品，沈括也曾亲眼见

---

① ［宋］周应合纂：《景定建康志》卷十七《山川志序》，南京，南京出版社，2009年，第395、396页。

到过，他在《梦溪笔谈》中记载：“余又尝过金陵，人有发六朝陵寝，得古物甚多。”①诗中所说“石麒麟”的有无不能确定，至少迄今还没发现过东晋帝陵的石刻。

钟山的六朝帝陵，除难逃被盗的命运之外，似乎也没能荫佑后人。钟山这块风水宝地，似乎对东晋皇帝的命运没有太大帮助。拿葬于冲平陵的东晋末代皇帝恭帝司马德文来说，他 34 岁时被权臣刘裕推上皇位；两年后的元熙二年（420）就被迫把皇位禅让给刘裕，被刘裕封为零陵王；永初二年（421）九月更被刘裕派来的刺客用被子活活捂死了。1960 年 11 月 18 日，在钟山余脉富贵山的南麓出土了一块晋恭帝的玄宫石碣。石碣为长方形，花岗岩材质，长 1.25 米、宽 0.30 米、厚 0.30 米，其上镌刻有 3 行共 26 字的隶书铭文：“宋永初二年太岁辛酉十一月乙巳朔七日辛亥晋恭皇帝之玄宫。”1960 年，考古工作者在距石碣 400 米处发掘了一座大型墓葬，估计是晋恭帝冲平陵。

1972 年，考古工作者在南京大学北园发掘了一座大型东晋墓葬，被认为是葬于鸡笼山之阳的东晋元帝、明帝、成帝、哀帝四陵之一。南京的东晋帝陵由于既无地面石刻，大多数又“不起坟”，南宋时就已难觅其旧踪了，苏泂《金陵杂兴》有诗：

龙光寺里只孤僧，玄武湖如掌样平。

更上鸡笼山上望，一间茅屋晋诸陵。

南朝时期，宋、陈皇帝王侯的陵墓都在南京；齐、梁皇帝的陵墓在丹阳，王侯墓葬在南京。南朝陵墓从宋武帝刘裕开始，在地面设置神道石刻已经成为一项固定的制度，《南齐书》记载：“上数幸嶷第。宋长宁陵隧道出第前路，上曰：‘我便是入他冢墓内寻人。’乃徙其表阙麒麟于东岗上。麒麟及阙，形势甚巧，宋武帝于襄阳致之，后诸帝王陵皆模范而莫及也。”②南朝帝王陵墓神道石刻主要分布在南京（包括江宁）、句容、丹阳等地区，南京地区 20 处石刻，包括宋武帝刘裕初宁陵、陈武帝陈霸先万安陵及梁桂阳简王萧融墓、梁安成康王萧秀墓、梁始兴忠武王萧憺

---

① ［宋］沈括著，施适校点：《梦溪笔谈》卷十九《器用》“前朝玉钗”条，上海，上海古籍出版社，2015 年，第 127 页。

② ［南朝梁］萧子显撰：《南齐书》卷二十二《列传第三·豫章文献王》，北京，中华书局，1974 年，第 462 页。

墓、梁吴平忠侯萧景墓等。

南朝宋开国之君宋武帝刘裕（363—422），小名寄奴，出身寒微，曾以贩履、种田、捕鱼为生。孙恩起义后，刘裕投入北府兵，英勇善战，跻身将帅，历任中兵参军、彭城内史。东晋安帝义熙元年（405），刘裕击败桓玄，迎晋安帝复位，执掌东晋大权。他南征北战，先后攻灭南燕、后秦，官至相国，封宋王。元熙二年（420）迫晋恭帝司马德文禅位，即位后国号宋，改年号为永初，仍都建康。永初三年（422），刘裕去世，葬于“丹阳建康县蒋山初宁陵”，就是现在的南京江宁区汤山街道麒麟铺社区麒麟铺村，坐落于钟山余脉之上。

南朝陵墓神道石刻一般为3种6件，排列顺序自外而内，依次为石兽1对、石柱1对，石碑1对。石刻数量最多的是梁安成康王萧秀墓，共有3种8件。刘裕陵墓坐北朝南，陵前石柱树立不久便被狂风吹倒折断，现只存石麒麟一对，东西相向，虽形貌残缺，但气韵犹雄。南宋诗人曾极《金陵百咏·石步道中有石麒麟数十》云：“地悴天荒丘陇平，难从野老问衰兴。苍烟落日低迷处，折足麒麟记坏陵。”南朝帝陵或沦于蔓草，唯有钟山山色不改，如苏泂《金陵杂兴》咏南朝帝陵所云：

晋宋齐梁几帝陵，土堆谁解有英灵。
三台五省纷纷改，惟有钟山只么青。

六朝之后近八百年，钟山才迎来了安葬于此的又一位帝王——明太祖朱元璋。朱元璋亲自率开国功臣徐达、汤和、刘基等人到钟山踏勘，选定了钟山南麓的独龙阜玩珠峰作为自己的万年吉地，建造了孝陵。

传统风水理论中对我国的山势走向有一套自己的看法，认为我国在昆仑山东南，而天下山脉为昆仑向东南发脉流布于中国的三支，即北龙、中龙与南龙。对龙脉的划分，风水术士们的观点并不一致，各有各的解释。刘基《堪舆漫兴》中论“山祖”云：“昆仑山祖势高雄，三大行龙南北中。分布九州多态度，精粗美恶产穷通。”论“北龙”云：“北龙结地最为佳，万顷山峰入望赊。鸭绿黄河前后抱，金台千古帝王家。”论“中龙”云：“中龙尊贵孰堪伦，水绕山环四海均。我祖祖陵钟厥秀，须知昭代万年春。”论“南龙”云：“南龙一干亦多奇，当代高皇始帝之。惟有金陵称胜概，高祖下作上天梯。”刘基所论的“三龙”虽也都是发脉于昆仑，但又紧跟形势，特地点出明王朝的祖陵在“中龙”之上，明王朝的帝都在“南龙”之上。

明孝陵穴场所在的独龙阜位于钟山主峰之南，从风水上看，钟山便是它的祖山。作为祖山龙脉的钟山山脉呈弧形，弧口朝南，其山势缓缓下降至独龙阜，此为“玄武低头”。独龙阜东北山中有水流出，分为三支御河，分别自方城明楼前的升仙桥、文武方门前的金水桥、石象路神道起首处的御河桥下流过，蜿蜒盘旋，都汇入独龙阜西南的前湖之中，此为“朱雀翔舞”。独龙阜之东，钟山山脉往南延伸为一座座小山，绵延不断，此为“青龙蜿蜒”。独龙阜之西，有一条山脊，地势低于独龙阜，此为“白虎驯頫”。

明孝陵陵宫正南方的梅花山，是东吴大帝孙权陵墓所在。建造孝陵时，有人建议将孙权陵墓迁走，朱元璋则说：“孙权亦是好汉子，留他守门。”[①] 如此一来，明孝陵神道只好绕山而行，自金水桥折向西南，至棂星门再折向正南为翁仲路神道，至石望柱再折向东为石象路神道，三段神道呈勺子状，将梅花山三面围住。保留孙权陵固然说明朱元璋行事不拘一格，但从风水选择的角度更能解释他的动机。

风水中墓穴前方之地称为“明堂”，上古时明堂是天子理政、百官朝见的场所。明堂有内明堂和外明堂之别。凡山势缓和，平平结穴，龙虎环抱，近案当前，就称为内明堂。内明堂不可太宽，宽则近乎旷荡，旷荡则不能藏风；又不可太窄，太窄则气局促，局促则穴不显贵。外明堂在内明堂以外，不可狭窄，四山围绕无空缺，外水曲折，远远朝来。朱元璋建造孝陵时，几乎将整个钟山都圈在陵域之内，独龙阜前的明堂位极为开阔，案山如果太远则内明堂过于旷荡不能藏风，以孙权陵墓为案山，恰使内明堂有团聚之势，为藏风聚气之所，而且也不妨碍外明堂的开畅。钟山正东数十里处的天印山则是明孝陵的朝山。

在风水格局中砂并不是孤立的，除了要与龙呼应，还要与水相关。黄妙应《博山篇》云：“砂关水，水关砂。抱穴之砂，关元辰水。龙虎之砂，关怀中水。近案之砂，关中堂水。外朝之砂，关外龙水。周围环抱，脚牙交插，砂之贵者，水之善者。”[②]

① ［明］张岱撰，马兴荣点校：《陶庵梦忆》卷一“钟山”条，上海，上海古籍出版社，1982年，第1页。

② ［唐］黄妙应：《博山论·论砂》，周文铮、王振驹、钟琳、李乃龙注译：《地理正宗》，南宁，广西民族出版社，1993年，第319页。

明孝陵方城明楼前御河中水为怀中水，出自龙砂之内，流经虎砂之旁；文武方门前御河中水为中堂水，绕近案梅花山侧神道而西行；秦淮河为外龙水，枕朝山天印山而西北流。诸砂水交相环绕，藏风聚气，四象俱佳，形成明孝陵佳胜的风水格局。

第三节　紫云王气：席卷英豪天下来

一、祖龙东巡：凿断长陇埋金玉

自战国时期，就出现了南京“王气”或“天子气”的传说，许多方士号称有“望气”之术。《墨子》云：“凡望气，有大将气，有小将气，有往气，有来气，有败气，能得明此者可知成败吉凶。”①

南京古称“金陵”，又与其“王气”相关。《景定建康志》云：“金陵何为而名也？考之前史，楚威王时以其地有王气，埋金以镇之，故曰金陵。又曰：地接金坛，其山产金，故名。于是因山立号，置金陵邑。”②金陵王气来自哪里呢，无非是山川形胜，所以《景定建康志》还说：“疆域，帝王之作定也；山川，天地之所作也。金陵未邑、秣陵未县、建邺未都之前，或言地有王气，或言有天子气，非山川融结，气何所指哉？”③

“祖龙”秦始皇统一中国后，当时民间盛传“东南有王气”，引起秦始皇的极度不安。《史记》记载，“秦始皇帝常曰‘东南有天子气’，于是因东游以厌之”。刘邦听说了这事，认为自己有天子征象，秦始皇东南出巡是为他而来，于是赶忙逃

---

① ［清］孙诒让撰，孙启治点校：《墨子间诂》卷十五《迎敌祠第六十八》，北京，中华书局，2001 年，第 574 页。

② ［宋］周应合纂：《景定建康志》卷五《建康图·辨金陵》，南京，南京出版社，2009 年，第 89 页。

③ ［宋］周应合纂：《景定建康志》卷十七《山川志序》，南京，南京出版社，2009 年，第 395 页。

到了芒、砀山泽之间躲避。吕后和别人去寻找，常常能找到刘邦。刘邦很奇怪，问她是怎么回事。吕后说："季所居上常有云气，故从往常得季。"[①]秦始皇显然没有注意到刘邦自带的"天子气"，而是在金陵发现了端倪，于是令人凿损钟山地脉，"断金陵长陇以通流，至今呼为秦淮。乃改金陵邑为秣陵县"[②]。为镇金陵王气，秦始皇也到钟山埋金。据《金陵地记》记载："秦始皇时，望气者云，金陵有天子气，乃埋金玉杂宝于钟山。"[③]《景定建康志》云："昔有一碣，在靖安道间，题为'埋金碑'。其文曰：'不在山前，不在山后，不在山南，不在山北，有人获得，富了一国。'耆老指为秦时古碑。"[④]

秦始皇的破坏，看来效果不大，孙吴谋士张纮为孙权谋划定都秣陵，指出其地王气尚在："秣陵，楚武王所置，名为金陵。地势冈阜连石头，访问故老，云昔秦始皇东巡会稽经此县，望气者云金陵地形有王者都邑之气，故掘断连冈，改名秣陵。今处所具存，地有其气，天之所命，宜为都邑。"[⑤]孙权觉得他的提议不错，后来刘备到秣陵，周观其地形，也建议孙权在此建都。孙权说"智者意同"，遂改"秣陵"为"建业"，定都于此。

二、黄旗紫盖：山形依旧枕寒流

与"王气"相关的，还有"黄旗紫盖"之说。黄旗、紫盖，指出现于斗、牛星宿之间的云气，据《宋书》记载："汉世术士言：'黄旗紫盖，见于斗、牛之间，

---

① [汉]司马迁撰，[南朝宋]裴骃集解，[唐]司马贞索引，[唐]张守节正义：《史记》卷八《高祖本纪第八》，北京，中华书局，1959年，第348页。

② [唐]许嵩撰，张学锋、陆帅整理：《建康实录》卷一《吴上》，南京，南京出版社，2020年，第4页。

③ [宋]周应合纂：《景定建康志》卷十七《山川志一·山阜》，南京，南京出版社，2009年，第397页。

④ [宋]周应合纂：《景定建康志》卷五《建康图·辨金陵》，南京，南京出版社，2009年，第89页。

⑤ [晋]陈寿撰，[南朝宋]裴松之注：《三国志》卷五十三《吴书八·张严程阚薛传第八》注引《江表传》，北京，中华书局，1982年第2版，第1246页。

江东有天子气。’”[①]三国时期，吴主孙权割据东南，黄旗紫盖，成为他登基称帝的天命依据。吴国郎中令陈化出使魏国，与魏文帝曹丕有过一番斗嘴：“魏文帝因酒酣，嘲问曰：‘吴、魏峙立，谁将平一海内者乎？’化对曰：‘《易》称帝出乎震，加闻先哲知命，旧说紫盖黄旗，运在东南。’”[②]《周易》八卦中，“震”卦的方位是东方，与“紫盖黄旗，运在东南”之说都预示东吴将平一天下。陈化应对机智，辩才无碍，为国争光，回到东吴后便被孙权任命为犍为太守，很快升为太常卿，兼任尚书令，成为东吴重臣。

东吴末帝孙皓，依然笃信“东南王气”之说。甘露元年（265），孙皓迁都武昌，据《汉晋春秋》的记载，是为了镇压荆州的王气，并师秦始皇故智，采取了一些破坏手段：“初望气者云荆州有王气破扬州而建业宫不利，故皓徙武昌，遣使者发民掘荆州界大臣名家冢与山冈连者以厌之。”宝鼎元年（266）十月，施但聚众造反，劫持了孙皓的庶弟永安侯孙谦，又取孙和陵上的鼓吹曲盖，等到了建业，从者已有万余人。孙皓听到消息，一点都不泄气，认为这证明自己迁都武昌是对的，于是“使数百人鼓噪入建业，杀但妻子，云天子使荆州兵来破扬州贼，以厌前气”[③]。孙皓迁都劳师动众，达官贵人不堪其扰，至有“宁饮建业水，不食武昌鱼。宁还建业死，不止武昌居”的童谣传于市井。这年十二月，孙皓又还都建业。作为一国之君，“王气”只能由他来独享，孙皓听闻民间传言，说幕府山东北方大将甘宁墓地有“王气”，果断派人在其墓地后方开掘，直至挖出一条“长十四里，阔五丈，深二丈”的运河，因为河道平直，故名为“直渎”。

吴大帝孙权苦心经营，勉力支撑与魏、蜀的三国鼎立之势，让曹操、曹丕多次南征东吴都无功而返。到了孙皓这里，惑于“黄旗紫盖”的历数之言，竟格外自信起来。建衡三年（271），孙皓忽然整理仪仗，带领后宫，向西晋首都洛阳进发，

---

① [南朝梁]沈约撰：《宋书》卷二十七《志第十七·符瑞上》，北京，中华书局，1974年，第780页。

② [晋]陈寿撰，[南朝宋]裴松之注：《三国志》卷四十七《吴书二·吴主传第二》注引《吴书》，北京，中华书局，1982年第2版，第1132页。

③ [晋]陈寿撰，[南朝宋]裴松之注：《三国志》卷四十八《吴书三·三嗣主第三》注引《汉晋春秋》，北京，中华书局，1982年第2版，第1166页。

说是要顺应天命，统一天下。“初丹杨刁玄使蜀，得司马徽与刘廙论运命历数事。玄诈增其文以诳国人曰：‘黄旗紫盖见于东南，终有天下者，荆、扬之君乎！’又得中国降人，言寿春下有童谣曰‘吴天子当上’。皓闻之，喜曰：‘此天命也。’即载其母妻子及后宫数千人，从牛渚陆道西上，云青盖入洛阳，以顺天命。”[①] 可偏偏天不遂人愿，刚出发就遇上了麻烦，突降大雪，路况极差，随行兵士身披战甲，手持仪仗，一百个人拉着一辆车，个个冻得要死，实在无法忍受，都说如果这个时候遇到敌军不如倒戈算了。孙皓听大家这么说，只好狼狈而还。

西晋咸宁五年（279），晋武帝司马炎发兵伐吴。太康元年（280），龙骧将军王濬率水军进攻吴都，孙皓“备亡国之礼，素车白马，肉袒面缚，衔璧牵羊”，率大臣、太子到王濬军门投降，随即被送往洛阳，被封为“归命侯”。虽然方式不同，他“青盖入洛阳”的“梦想”最终还是实现了。唐代诗人刘禹锡《西塞山怀古》云：

王濬楼船下益州，金陵王气黯然收。
千寻铁锁沉江底，一片降幡出石头。
人世几回伤往事，山形依旧枕寒流。
从今四海为家日，故垒萧萧芦荻秋。

三、江东王气：为龙为虎亦成空

西晋末年“八王之乱”，琅琊王司马睿南渡建康（南京），在王导等中原士族支持下建立东晋政权，也要通过王气之说制造舆论，自我标榜是天命所归。《宋书·符瑞志》记载：“吴亡后，蒋山上常有紫云，数术者亦云，江东犹有帝王气。又谣言曰：‘五马游度江，一马化为龙。’元帝与西阳、汝南、南顿、彭城五王过江，而元帝升天位。”[②] 晋庾阐《杨都赋》注曰：“建康宫北十里，有蒋山，《舆地图》

---

① ［晋］陈寿撰，［南朝宋］裴松之注：《三国志》卷四十八《吴书三·三嗣主第三》注引《江表传》，北京，中华书局，1982 年第 2 版，第 1168 页。

② ［南朝梁］沈约撰：《宋书》卷二十七《志第十七·符瑞上》，北京，中华书局，1974 年，第 782 页。

谓之钟山。元皇帝未渡江之年，望气者云：‘蒋山上有紫云，时时晨见。’”[①]看来，蒋山紫云与江东王气是互为表里的。江东王气，或说东南王气，具体来讲就是金陵王气、建业王气。

东晋建国之初，经济基础薄弱，政局一直不稳。晋元帝司马睿不满足于依靠琅琊王氏的“王与马，共天下”的局面，一面疏远丞相王导，重用丹阳尹刘隗、尚书令刁协，一面调兵遣将以防范位居上游、手握重兵的荆州牧王敦。永昌元年（322），王敦以诛刘隗、清君侧为名，从武昌起兵，东下建康，攻陷台城，朝中百官逃散。司马睿只好遣使者对王敦说：“公若不忘本朝，于此息兵，则天下尚可共安也。如其不然，朕当归于琅琊，以避贤路。”[②]王敦不敢遽然夺取帝位，退回武昌，自任丞相、都督中外诸军事、录尚书事，遥控朝廷。当年闰十一月，司马睿忧愤而死，晋明帝司马绍继位，改元太宁。太宁元年（323）四月，王敦再次率军进攻建康，谋取帝位，却病重而死，其谋臣钱凤、沈充的军队被苏峻、刘遐等流民帅击溃。

平定王敦之乱后，苏峻拜为冠军将军、历阳内史、散骑常侍，封邵陵郡公，掌握了兵权。太宁三年（325），晋明帝去世，太子司马衍继位，这就是晋成帝。司马衍任用外戚庾亮执政，将苏峻兵权解除，征为大司农，苏峻心中不安，遂生反叛之心。晋成帝咸和二年（327），苏峻起兵历阳（今安徽和县），发动叛乱。第二年攻占建康，肆意劫掠，火烧殿署，侵逼六宫，驱役百官，裸剥士女。咸和四年（329），陶侃、温峤、庾亮率大军进攻建康，苏峻被杀。咸和五年（330）二月，温峤攻入石头城，救出晋成帝，苏峻之乱才最终平定。此时的建康满目疮痍，宫室尽毁，晋成帝不得不因陋就简，辗转住在乐贤堂、御史台、建平园内。此时温峤建议迁都到豫章，三吴的士家豪族则建议迁都到会稽，最终还是司徒王导以金陵“帝王之宅”的说辞平息了迁都之议：“建康，古之金陵，旧为帝里，又孙仲谋、刘玄德俱言王者之宅。古之帝王不必以丰俭移都，苟弘卫文大帛之冠，则无往不可。若不绩其麻，

---

① ［唐］欧阳询撰，汪绍楹校：《艺文类聚》卷七《山部上·钟山》，上海，上海古籍出版社，1999 年第 2 版，第 136 页。

② ［唐］房玄龄等撰：《晋书》卷六《帝纪第六·元帝》，北京，中华书局，1974 年，第 155、156 页。

则乐土为虚矣。且北寇游魂，伺我之隙，一旦示弱，窜于蛮越，求之望实，惧非良计。今特宜镇之以静，群情自安。”①

南朝时期，战乱频仍，人们对江东所谓“王气”愈发没有信心起来。南朝梁经过侯景之乱，都城建康残毁不堪。公元552年，梁武帝萧衍之子湘东王萧绎在江陵称帝，改元“承圣”，是为梁元帝。次年，萧绎下诏将还都建康。领军将军胡僧祐、太府卿黄罗汉、吏部尚书宗懔等人谏道：“建业王气已尽，与虏正隔一江，若有不虞，悔无及也！且古老相承云：‘荆州洲数满百，当出天子。’今枝江生洲，百数已满，陛下龙飞，是其应也。”萧绎令朝臣讨论。黄门侍郎周弘正、尚书仆射王褒认为，萧绎一天不到建康，百姓就会只把他看作是列国诸王，应该还都建康以从四海之望。萧绎朝中群臣大多是荆州人，他们都说，周弘正等人力主还都，不过是因为他们是“东人”想要还乡罢了。周弘正说：“东人劝东，谓非良计；西人欲西，岂成长策？”武昌太守朱买臣也劝萧绎迁都，他说道：“建康旧都，山陵所在；荆镇边疆，非王者之宅。愿陛下勿疑，以致后悔。臣家在荆州，岂不愿陛下居此，但恐是臣富贵，非陛下富贵耳！”萧绎犹豫不决，最后命术士杜景豪占卜，结果是以不迁都为宜。于是，“上以建康凋残，江陵全盛，意亦安之，卒从僧祐等议”②。

承圣三年（554）四月，右卫将军庾信奉命出使西魏，抵达长安后不久，西魏攻克江陵，梁元帝萧绎被害，庾信被西魏扣留在长安，任命为使持节、抚军将军、右金紫光禄大夫、大都督，随即升任车骑大将军、仪同三司，成了北朝显贵。庾信个人饱尝分裂时代的人生苦辛，文学上则集南北朝之大成，“穷南北之胜”，其《哀江南赋》对南朝的衰亡无限感喟：“昔之虎据龙盘，加以黄旗紫气，莫不随狐兔而窟穴，与风尘而殄瘁。”③

六朝灭亡，建康不再是都城，江东王气不免成为后世王朝疑惧、防范乃至打击、

① ［唐］房玄龄等撰：《晋书》卷六十五《列传第三十五·王导》，北京，中华书局，1974年，第1751页。

② ［宋］司马光编著，［元］胡三省音注：《资治通鉴》卷一百六十五《梁纪二十一·元帝承圣二年》，北京，中华书局，1956年，第5104、5105页。

③ ［唐］令狐德棻等撰：《周书》卷四十一《列传第三十三·庾信》，北京，中华书局，1971年，第739页。

破除的对象，也就不得不终结了。陈后主时期，秘书监、右卫将军兼中书通事舍人傅縡，因“为文典丽，性又敏速，虽军国大事，下笔辄成，未尝起草”，甚为后主所重。后来陈后主亲幸施文庆、沈客卿等人诬陷他接受高丽使者的贿金，傅縡因而入狱。傅縡感于后主昏乱，国事日非，狱中上书云：

> 夫君人者，恭事上帝，子爱下民，省嗜欲，远谄佞，未明求衣，日旰忘食，是以泽被区宇，庆流子孙。陛下顷来酒色过度，不虔郊庙之神，专媚淫昏之鬼；小人在侧，宦竖弄权，恶忠直如仇雠，视生民如草芥；后宫曳绮绣，厩马余菽粟，百姓流离，僵尸蔽野；货贿公行，帑藏损耗，神怒民怨，众叛亲离。恐东南王气，自斯而尽。[1]

傅縡说得很直白，又很准确，尤其“东南王气，自斯而尽”一句，直接预言国家将亡，而后主则是罪魁祸首。陈后主看到上书大怒，后来气消了一点，让使者去问傅縡：“我欲赦卿，卿能改过不？”傅縡的答复是：“臣心如面，臣面可改，则臣心可改。”陈后主更加恼怒，让宦者李善庆穷治其事，遂将傅縡赐死狱中。大厦将倾，和傅縡想法相同的，不乏其人。陈后主继位之初的至德元年（583），太府卿韦鼎就把田宅卖了个干净。大匠卿毛彪问其缘故，韦鼎答道：“江东王气，尽于此矣！吾与尔当葬长安。”[2]

隋朝和唐初，朝廷刻意贬抑六朝之都金陵，其政治地位一落千丈，成为王气尽而江山空的“江宁小邑”。如名列“初唐四杰”的王勃《江宁吴少府宅饯宴序》中所说：“蒋山南望，长江北流。伍胥用而三吴盛，孙权困而九州裂。遗墟旧壤，百万里之皇城；虎踞龙蟠，三百年之帝国。阙连石塞，地实金陵，霸气尽而江山空，皇风清而市朝改。昔时地险，曾为建业之雄都；今日太平，即是江宁之小邑。”[3]

---

① ［唐］姚思廉撰：《陈书》卷三十《列传第二十四·傅縡》，北京，中华书局，1972年，第405、406页。

② ［宋］司马光编著，［元］胡三省音注：《资治通鉴》卷一百七十七《隋纪一·文帝开皇九年》，北京，中华书局，1956年，第5520页。

③ ［唐］王勃：《江宁吴少府宅饯宴序》，［唐］王勃著，［清］蒋清翊注，汪贤度校点：《王子安集注》卷八《序》，上海，上海古籍出版社，1995年，第246页。

此时谈钟山龙蟠、江东王气、霸气、霸业，多是感喟其在金陵的消歇无踪。如李白《登梅冈望金陵赠族侄高座寺僧中孚》中的“钟山抱金陵，霸气昔腾发。天开帝王居，海色照宫阙。群峰如逐鹿，奔走相驰突。江水九道来，云端遥明没。时迁大运去，龙虎势休歇”。《金陵歌送别范宣》中的“石头巉岩如虎踞，凌波欲过沧江去。钟山龙盘走势来，秀色横分历阳树。四十余帝三百秋，功名事迹随东流。白马小儿谁家子？泰清之岁来关囚。金陵昔时何壮哉，席卷英豪天下来。冠盖散为烟雾尽，金舆玉座成寒灰”，韦庄《上元县》中的“南朝三十六英雄，角逐兴亡尽此中。有国有家皆是梦，为龙为虎亦成空”。当然，还是李商隐的《咏史》意味最为深长：

北湖南埭水漫漫，一片降旗百尺竿。

三百年间同晓梦，钟山何处有龙盘？

宋灭南唐之后，江南已成为全国举足轻重的经济支柱，金陵也成为东南重镇。宋真宗天禧二年（1018），在江南东路首府江宁府置建康军节度，让9岁的六皇子、寿春郡王赵受益（即赵祯）行江宁府尹，封昇王。江宁府作为昇王封地，遂称昇国。乾兴元年（1022），赵祯继位，是为宋仁宗。虽然赵祯从未出居江宁，但江宁府仍然是其“龙兴之地”。南宋立国，建康再次成为定都的首选之地。尚书右仆射兼中书侍郎李纲对宋高宗赵构谈及天下形胜时说道：“天下形胜，关中为上，建康次之。宜以长安为西都，建康为东都。各命守臣葺城池，治宫室，积糗粮，以备临幸，则天下之势安矣。”右仆射张浚也对宋高宗说：“东南形势，莫重于建康，实为中兴根本。”[①] 史家周应合评价道：“龙盘虎踞，帝王之宅。襟江带湖，形胜之区。自吴以来英主经营四方，莫不以此为根本。”[②] 终南宋一朝，不乏强调金陵“龙盘虎踞”之势，希望定都于此以图恢复中原的声音，但都成了“直把杭州作汴州”的南宋君主的耳旁风。

元代首都在大都（今北京），元人对“江东王气”多避而不谈，对“龙盘虎踞”“黄

---

① ［宋］周应合纂：《景定建康志》卷一《留都录一·行宫记载》，南京，南京出版社，2009年，第11、12页。

② ［宋］周应合纂：《景定建康志》卷五《建康图·地理图序》，南京，南京出版社，2009年，第66页。

旗紫盖”也只剩下了单纯的怀古抒情，如晚年寓居建康路的戏曲家白朴的《沁园春》：

我望山形，虎踞龙盘，壮哉建康。忆黄旗紫盖，中兴东晋，雕阑玉砌，下逮南唐。步步金莲，朝朝琼树，宫殿吴时花草香。今何日，尚寺留萧姓，人做梅妆。

长江不管兴亡。漫流尽英雄泪万行。问乌衣旧宅，谁家作主，白头老子，今日还乡。吊古愁浓，题诗人去，寂寞高楼无凤凰。斜阳外，正渔舟唱晚，一片鸣榔。[①]

早在元朝末年，孔克齐《至正直记》就记载：“钟山王气，昔时在二十余里之内，自丁亥以后，气如紫烟，远接淮西，亦异事也。”[②] 丁亥年是至正七年（1347），当时的皇觉寺僧、后来的大明开国皇帝朱元璋还在淮西一带以游历化缘为生。明代定都应天府（今江苏南京），龙盘虎踞的旧说重新盛行，也迎来了赞颂金陵王气的新高潮，加之明太祖的孝陵就位于钟山南麓，钟山与王气的结合自然更成为咏叹的对象。洪武二年（1369）正月三日，翰林侍读学士张以宁受朱元璋之命作《应制钟山说》，极言南京形势之便，“得风气之浑全”：

兹山金陵之镇，旧以“钟”名，后避孙氏之讳，改为蒋山。前临大江，天设巨堑；北俯中原，万里一目；下为沃野，原隰衍平。磅礴太空，浑涵元气，黄云紫光，轮囷葱郁。盖蜿蜒扶舆，起坤抵乾，历数万里者至是而融结。昔诸葛孔明，振古之豪杰也，以谓龙蟠虎踞，帝王之宅，岂不以洛阳天室，左伊洛，右瀍涧。兹地之胜，东直沧海，中涯吴会，有如洛阳。而是山左右拱揖，俨然处尊，弹压东南，陵跨西北，其势有固然者矣。三代而后，楚王埋金，秦帝凿地，徒知厌胜之术，岂测造化之机。既而吴大帝开其基于前，六朝主继其踵于后。其间虽有宋武之英雄，终莫臻于统一。良犹未得风气之浑全，是以仅为闰位，不足以当甚盛极隆之昌运也。南唐李氏，曾不能北向发一矢。独宋氏末年，金华陈亮以儒者之杰，劝移跸于此地，勿

① 胡世厚校注：《白朴集校注》，郑州，中州古籍出版社，2023年，第370页。

② [元]孔克齐撰，高林广、曹慧民、王一格校笺：《至正直记校笺》卷四“钟山王气”条，上海，上海古籍出版社，2022年，第432页。

都钱塘，规为恢复之计，实有先见之明。惜乎暗君庸相不能听从，志士至今惜之。

讵知几千年郁积而未泄者，始大阐于今日。皇上以英武聪明，首出庶物之资，适应其期。首据形便，植为本根，芟夷群雄，奄有四海，前代帝王之所未有也。虽由天授，匪自人力，而山川神明，雄伟瑰奇，有待而发。百灵会合，拥扈扶持，信有非偶然者矣。陛下仰承天意，建为南京，与汴并峙，至盛典也。然以臣之肤谫，以为临濠重地，钟宙天险，乃陛下启圣之帝乡。所宜易号中京，立之宫阙，如汉南阳。俟天下悉平，民力完富，乃营关洛，别为西京，连亘相望，岁时行幸。盖创业于此，以乘方来之望气，并建都邑，以开永久之宏规，以承中华之正统，以衍亿载之丕基。①

明太祖朱元璋《钟山云》中有“踞蟠千古肇豪英，王气葱葱五色精。岩虎镇山风偃草，潭龙嘘气水明星”；洪武初年应召入京的杨基《到京》中有“郁葱王气古金陵，泰运重新感盛明。臣庶梯航趋上国，江山龙虎卫高城”；正德年间（1506—1521）礼部尚书、文渊阁大学士李东阳《重谒孝陵有述》中有“龙虎诸山会，车书万国同。星躔环斗极，王气绕江东”；与沈周、唐寅、仇英并列为“明四家”的文徵明《金陵咏怀》云：

钟山日上紫烟收，金阙参差万瓦流。
帝业千年浮王气，都城百雉隐高秋。

明代人侈谈钟山王气，而随着明代灭亡，这王气在后人眼中不免又可疑起来。康熙年间（1662—1722）进士张自超《钟山》云：

王气今消歇，孝陵景色荒。野草迷烟树，御道直牛羊。
雪岭千重出，江城百步长。不须思蒋尉，往事苦商量。

更多的人似乎已经不那么在意王气的政治意蕴，只将其作为随例使用的套话了。如清初处士冷士嵋《钟山》中有“钟山蟠帝州，乔木参云际。王气浮郁葱，神丘结灵异”；江宁织造曹寅《游灵谷寺》中有“香台漠漠世间尘，玉殿空山有比邻。五

① ［明］张以宁：《应制钟山说》，［明］张以宁著，游友基整理：《翠屏集》卷四《杂著·说》，扬州，广陵书社，2016年，第159、160页。

里苍寒多云雾，千年王气尚嶙峋”；翰林院编修杨绳武《游钟山拜孝陵》中有“钟山山势如龙蟠，孝陵松柏何丸丸。真人崛起濠泗间，削平僭逆开治安。作都定鼎比郏鄏，王气千秋此郁盘”；太仆寺少卿严虞惇《钟山怀古》中有“冈峦合沓水回湍，王气钟山自郁蟠”。

近代以来，民智日开，科学昌明，也就迎来了“王气”话语的自然终结，连横《谒明孝陵》颇堪回味：

汉高唐太皆无赖，皇觉寺僧亦异人。
天下英雄争割据，中原父老痛沉沦。
亡秦一剑风云会，破虏千秋日月新。
郁郁钟山王气尽，国权今已属斯民。

第二章 六朝梦忆

第一节　孙权蒋陵：生子当如孙仲谋

一、蒋陵疑踪：留得一抔山色里

孙权 19 岁继承父兄遗业，于东汉建安十三年（208）联刘抗曹，火烧赤壁，又审时度势，移都建业，奠定了魏、蜀、吴三国鼎立的局面。曹操攻濡须，见吴军舟船器杖军伍整肃，喟然叹曰："生子当如孙仲谋，刘景升儿子若豚犬耳！"[①]古今不乏对孙权的褒美之辞，而曹操作为敌手，他的评语更为中肯，给人印象也最深。

孙权统治江东五十余年，正是吴国的黄金时代。建安十六年（211），孙权将统治中心自京口（今镇江）徙至秣陵（今江苏南京），次年建石头城，改秣陵为建业。黄武八年（229），孙权定都建业，开创了南京的建都历史。神凤元年（252），孙权与世长辞。据《三国志》记载："夏四月，权薨，时年七十一，谥曰大皇帝。秋七月，葬蒋陵。"[②]蒋陵之名，自然是因为葬在蒋山，后又称孙陵、孙陵岗（冈）、松陵冈、吴王坟等，就坐落在今明孝陵陵宫正南的梅花山。南齐武帝萧赜于永明五年（487）九月九日在商飙馆登高宴群臣，商飙馆乃"上所立，在孙陵岗，世呼为'九日台'者也"[③]。据南宋张敦颐《六朝事迹编类》记载："《十道四番志》云：武帝九月九日，以宴群臣孙陵冈，即吴大帝蒋陵，今在钟山乡蒋庙之西南，俗呼为松陵冈，去县十二里。杨修之有诗云：'甲光如水戟如霜，御酒杯浮菊半黄。东日西

---

① ［晋］陈寿撰，［南朝宋］裴松之注：《三国志》卷四十七《吴书二·吴主传第二》注引《吴历》，北京，中华书局，1982 年第 2 版，第 1119 页。

② ［晋］陈寿撰，［南朝宋］裴松之注：《三国志》卷四十七《吴书二·吴主传第二》，北京，中华书局，1982 年第 2 版，第 1149 页。

③ ［南朝梁］萧子显撰：《南齐书》卷十三《本纪第三·武帝》，北京，中华书局，2019 年，第 58 页。

风满天仗，箫韶一部奏清商。’”[①] 又载：“《舆地志》曰：九日台当孙陵曲折之傍，故名蒋陵亭。”[②]

孙权蒋陵是南京地区最早的一座六朝陵墓，而关于其具体位置，文献记载则多有矛盾，莫衷一是，这恐怕与陵墓没有建筑或石刻等地面标志有关。中国的陵寝制度源远流长，从战国时代开始至清代的东、西二陵，已有 2300 多年的历史。在战国之前，特别是殷周墓葬，死者埋而地平，没有坟丘。西汉经学家刘向指出：“《易》曰：‘古之葬者，厚衣之以薪，臧（藏）之中野，不封不树。后世圣人易之以棺椁。’棺椁之作，自黄帝始。黄帝葬于桥山，尧葬济阴，丘垅皆小，葬具甚微。舜葬苍梧，二妃不从。禹葬会稽，不改其列。殷汤无葬处，文（周文王）、武（周武王）、周公葬于毕，秦穆公葬于雍橐泉宫祈年馆下，樗里子葬于武库，皆无丘陇之处。”[③] 所谓“不封”，是指不设土丘，即没有坟头；所谓“不树”，是指不种树木。东汉崔寔《政论》也持同样的说法：“古者墓而不坟，文武之兆与平地齐。”[④]

春秋战国之际，陵墓之上开始筑起坟丘，坟丘用土夯筑，形状有覆斗形、圆丘形，底部长宽可达 40 米左右，最高的达 10 余米。《礼记・檀弓》记载孔子为其父母合葬云：“孔子既得合葬于防，曰：‘吾闻之：古也墓而不坟。今丘也，东西南北之人也，不可以弗识也。’于是封之，崇四尺。”[⑤] 最富代表性的田齐王陵和赵王陵均建在山冈高处，显现出王权的至高无上[⑥]。战国时期诸侯君王墓葬即称“陵”，这是等级制的标志，如“（赵肃侯）十五年，起寿陵”[⑦]。顾炎武《日知录》云：“《秦

---

① ［宋］张敦颐撰，张忱石点校：《六朝事迹编类》卷四《楼台门》“九日台”条，北京，中华书局，2012 年，第 60 页。

② ［宋］张敦颐撰，张忱石点校：《六朝事迹编类》卷十三《坟陵门》“吴大帝陵”条，北京，中华书局，2012 年，第 167 页。

③ ［汉］班固撰，［唐］颜师古注：《汉书》卷三十六《楚元王传第六》，北京，中华书局，1962 年，第 1952 页。

④ ［汉］崔寔撰，孙启治校注：《政论校注》，北京，中华书局，2012 年，第 89 页。

⑤ ［清］孙希旦撰：《礼记集解》卷七《檀弓上第三之一》，北京，中华书局，2024 年第 2 版，第 209 页。

⑥ 黄景略、叶学明：《中国历代帝王陵墓》，北京，商务印书馆，1998 年，第 40 页。

⑦ ［汉］司马迁撰，［南朝宋］裴骃集解，［唐］司马贞索引，［唐］张守节正义：《史记》卷四十三《赵世家第十三》，北京，中华书局，1959 年，第 1802 页。

本纪》：惠文王葬公陵，悼武王葬永陵，孝文王葬寿陵。始有称陵者。至汉则无帝不称陵矣。”[①] 战国中期以后，君王墓葬称“陵”，开始盛行，因为君王地位最高，墓葬坟墓造得也最高，如刘向所说：“及秦惠文、武、昭、严（庄）襄五王，皆大作丘陇。”[②] 人们把山陵比作君王，而把君王之死称作“山陵崩”。秦汉时期，帝王陵寝中出现了“庙”“寝”建筑，“寝”置于陵园之中，“庙”在陵园之旁，使得宗庙和陵墓结合了起来[③]。

魏晋至南北朝以后，由于南北长时期分裂，战事连绵，政权频繁更替，经济凋敝，社会混乱，秦汉诸多陵墓被盗，加上国库匮乏，皇室既没有财力营造陵园，又唯恐陵墓被盗，葬制上有所改变，其中最具代表性的是魏武帝曹操高陵。高陵处于邺城之西原，其后世魏文帝曹丕葬首阳陵，魏明帝曹叡葬高平陵，均依山为陵，不封不树，不建寝殿，不设园邑神道，陵园形制规模不大。这十分符合魏文帝曹丕公开主张的薄葬观点：“自古及今，未有不亡之国，亦无不掘之墓也。丧乱以来，汉氏诸陵无不发掘，至乃烧取玉匣金缕，骸骨并尽，是焚如之刑，岂不重痛哉！祸由乎厚葬封树。‘桑、霍为我戒’，不亦明乎？”[④]

蜀汉昭烈帝刘备继汉制建惠陵，封土为陵，但规模远不如汉陵。东吴大帝孙权依魏制葬蒋陵，也是依山为陵，不封不树，不设寝殿和园邑神道的。虽说如此，蒋陵所在的山丘已经足够高大，来往的人很容易看到，千百年来，到此瞻礼游赏，发思古之幽情的，往往有之。西晋灭吴，蒋陵地位一落千丈，东晋立足江东，帝王葬于钟山者甚众，蒋陵名迹自然更为不显。直到南朝齐代，何逊（472—518）从蒋陵旁路过，写下了名篇《行经孙氏陵》：

昔在零陵厌，神器若无依。逐兔争先捷，掎鹿竞因机。

---

① ［清］顾炎武著，陈垣校注：《日知录校注》卷十五“陵”条，合肥，安徽大学出版社，2007年，第831页。

② ［汉］班固撰，［唐］颜师古注：《汉书》卷三十六《楚元王传第六》，北京，中华书局，1962年，第1954页。

③ 杨宽：《中国古代陵寝制度史研究》，上海，上海人民出版社，2016年，第18页。

④ ［晋］陈寿撰，［南朝宋］裴松之注：《三国志》卷二《魏书二·文帝纪第二》，北京，中华书局，1982年第2版，第82页。

呼嗡开伯道，叱咤掩江畿。豹变分奇略，虎视肃戎威。

长蛇衄巴汉，骥马绝淮淝。交战无内御，重门岂外扉。

成功举已弃，凶德愎而违。水龙忽东骛，青盖乃西归。

朅来已永久，年代暧微微。苔石疑文字，荆坟失是非。

山莺空曙响，陇月自秋晖。银海终无浪，金凫会不飞。

阒寂今如此，望望沾人衣。

此时距孙权去世已有两百多年，何逊有感于孙吴的兴衰，喟叹不已。吴末帝孙皓甘露元年(265)徙都武昌，以零陵南部为始安郡，十二月又还都建业。“昔在零陵厌”指的是孙皓掘荆州名家墓冢以厌其王气，惹得怨声载道，政权岌岌可危。回想吴国创业之初，汉室陵夷，群雄逐鹿，孙坚父子叱咤风云，奇略迭出，虎视天下，割据山川，跨制荆吴，北拒曹魏，西挫蜀汉，疆土日广，何等英武。可惜后继无人，孙皓刚愎凶顽，肆行残暴，忠谏者诛，谗谀者进，虐用其民，穷侈极欲，终于使父祖基业毁于一旦。“水龙忽东骛”，西晋伐吴，王濬舟师东下，孙皓穷迫出降，“青盖乃西归”，被押送洛阳，“举江南而弃之，宗庙山陵，于此为墟”。何逊眼前的蒋陵，只有荆棘遍野，山莺空鸣，根据乱世的经验，墓冢恐怕也早已被盗。蒋陵前应无碑刻，诗中提到的“苔石疑文字”，认为是多年的苍苔湮没了碑石上的文字，或许那只是并无文字的普通石头。清末吴汝纶认为：“此殆伤齐亡之作，黍离麦秀之思也。”

何逊之后六百年，王安石重阳游钟山，有《九日》诗：“九日无欢可得追，飘然随意历山陂。蒋陵西曲风烟淡，也有黄花一两枝。”知建康府叶梦得（1077—1148）《次韵马参议同游蒋山·四次韵》中有“蒋陵路绝人谁到，萧寺庭荒迹已微”。南宋苏泂《金陵杂兴·孙权墓、谢安墓》云：“孙陵冈上丛生草，太傅坟前没字碑。人世百年元有限，何须功业更巍巍。”此时已称孙权墓为“孙陵冈”。曾极《金陵百咏·吴大帝陵》云：“老瞒虎裂横中州，何物生儿作仲谋。四十帝中功第一，坏陵无主使人愁。”又有《孙陵鹅眼钱》：“六代初终几变迁，孙陵无树起寒烟。青蚨细薄如榆荚，犹是当年买笑钱。”西汉武帝时始铸的小五铢钱，被称为“鸡目钱”，1982年曾出土于汉宣帝杜陵一号随葬坑。南朝时才有所谓“鹅眼钱”，曾极所称“鹅眼钱”，似应为“鸡目钱”，但是否是孙陵所出，就不得而知了。

明初修建明孝陵，孙权陵墓恰好位于陵宫区正南，郎瑛《七修类稿》记载：“孝陵城西门内，有吴孙权墓。筑城者奏欲去之，诏曰：‘孙权亦好汉子，留为门主。’遂止。”① 孙权陵墓保留下来。洪武朝翰林典籍孙蕡《寄王彦举》中有“梦入南园听夜雨，不知身在蒋陵西”。据明代状元罗洪先《冬游记》记载，他于嘉靖十八年（1539）十月二十六日拜谒明孝陵，并到陵宫东侧的懿文太子东陵行叩头礼，“出，遇屈奉御，引余达观陵外规制，并指吴王孙权所葬处，为之悲悼今昔，令人轻世”②。文中所说的孙权陵墓距离明孝陵不远，当即明初建孝陵保留未去的孙陵冈。

清代人对孙权陵墓位置的认识承自明人，清初流寓金陵的先著《灵谷寺》中说“连冈横亘接孙陵，一望荒凉散野駉”，编修刘岩《吴大帝陵》中说“钟山石嵯峨，荆榛黯蒙翳。寂寞冢中人，东吴大皇帝”。吴敬梓对孙权陵墓位置则不甚了了，其《钟山》中只说“孙陵莽榛芜，孝陵唯永奠”。乾嘉年间诗名甚盛的王友亮（1742—1797）《钟山十六咏·吴大帝陵》中说“坚持虎斗三分鼎，早奠龙蟠六代都。留得一抔山色里，南朝陵寝没秋芜”，慨叹孙权陵墓尚存山中，而南朝陵寝已无迹可寻了。诗人陈文述（1771—1843）《吴大帝陵》云：

旗鼓成三国，江山领六朝。霸才天堑险，王气秣陵消。

宰木神鸦聚，荒陵石马骄。墓门花草尽，呜咽下寒潮。

又有《步夫人冢》：

孙陵冈下路逡巡，霸气荒凉古水滨。

三国旌旗吴大帝，六宫玺绶步夫人。

香消玉冷无铜雀，水剩山残有石麟。

何事后来恩太薄？西陵家难最悲辛。

东吴赤乌元年（238），孙权追封步夫人为皇后，后合葬蒋陵。《至正金陵新志》记载：“今蒋庙西南有孙陵冈，冈上有步夫人墩，墩侧有夫人冢，其地也。”③ 值

---

① ［明］郎瑛著：《七修类稿》卷十四《国事类·南都二墓》，北京，中华书局，1959 年，第 204 页。

② ［明］罗洪先：《冬游记》，徐儒宗编校整理：《罗洪先集》卷三《记》，南京，凤凰出版社，2007 年，第 56 页。

③ ［元］张铉纂修，王会豪、郭建强、吴艳、付天星、胡尧、梁欣校点：《至正金陵新志》卷十二下《古迹志·陵墓》，成都，四川大学出版社，2009 年，第 1435 页。

得一提的是，陈文述咏吴大帝陵时所说的“石马”，咏步夫人冢时所说的“石麟”，恐怕只是孙权陵墓南侧、明孝陵神道上的石马、石麒麟。清末马光祖《九日同人登西山即席分赋用杜少陵蓝田庄及九日韵》中有“商飚馆废秋风急，吴帝陵荒夕照寒”；诸生周宝偀《灵谷寺》中有“萧寺余钟鼓，孙陵半草莱”；《吴大帝陵》中有“至今陵尚著，高不没荒芜”，说明蒋陵冈阜高大，并非草莱所能遮掩。

二、蒋山道中：探梅踏雪几何时

走出金戈铁马的历史烟云，今日的孙权蒋陵山形犹在，并不寂寥，昔日的孙陵冈、吴王坟，已经成为闻名遐迩的“天下第一梅山”。“江南无所有，聊赠一枝春”，南京的植梅历史可远溯至春秋时期，盛行于南朝，而钟山、蒋陵又与梅花格外有缘。

钟山南麓明孝陵景区有一处“梅花妆韵”景观，就与南朝南京的梅花典故有关，说的是宋武帝之女寿阳公主与梅花妆起源的故事。宋李昉等《太平御览》引《杂五行书》云：“宋武帝女寿阳公主人日卧于含章殿檐下，梅花落公主额上，成五出花，拂之不去。皇后留之，看得几时。经三日，洗之乃落。宫女奇其异，竟效之。今梅花妆是也。”[①] 梅花妆自此产生，风靡后世。梅花妆作为一种妇女面部化妆的样式，就是用很薄的金箔或其他材质剪成梅花形，贴在额头或面颊上，又称“花钿”。把红色的花钿装饰在额边、鬓角，就称为“斜红”。南朝梁简文帝萧纲《艳歌篇》中就说到“分妆间浅靥，绕脸傅斜红”。黄色也是花钿的常用色，徐陵《奉和咏舞诗》中有“主家能教舞，城中巧画妆。低鬟向绮席，举袖拂花黄”；《木兰诗》中有“当窗理云鬓，对镜帖花黄”，这种“花黄”，就是梅花妆。

梅花妆由宫廷走进寻常百姓家，咏梅的诗赋也逐渐传于众口。梁武帝天监六年（507）四月，建安王萧伟任扬州刺史，何逊迁水曹行参军，兼任记室，深得萧伟信任，日与游宴，不离左右，其《扬州法曹梅花盛开》便作于此时：

兔园标物序，惊时最是梅。衔霜当路发，映雪拟寒开。

---

① ［宋］李昉等撰：《太平御览》卷三十《时序部十五·人日》，北京，中华书局，1960年，第140页。

枝横却月观，花绕凌风台。朝洒长门泣，夕驻临邛杯。

应知早飘落，故逐上春来。

兔园，就是汉文帝次子梁孝王刘武所建的梁园，此处意指的是梁天监年间（502—519）萧衍赐给建安王萧伟作为府邸的芳林园，在钟山青溪附近。诗中的“扬州”，治所就在今天的南京。如宋人张邦基所说：“东晋、宋、齐、梁、陈皆以建业为扬州，则逊之所在扬州，乃建业耳，非今之广陵也。隋以后始以广陵名州。”①

梁简文帝萧纲生性爱梅，踏雪寻梅的雅趣，必然不可放过，其《雪里觅梅花》云：“绝讶梅花晚，争来雪里窥。下枝低可见，高处远难知。俱羞惜腕露，相让到腰羸。定须还剪彩，学作两三枝。”又有《雪朝》云：“同云凝暮序，严阴屯广隰。落梅飞四注，翻霙舞三袭。实断望如连，恒分似相及。已观池影乱，复视帘珠湿。”沈约写他郊居钟山东田的悠闲生活，有《初春》：

扶道觅阳春，佳人共携手。草色犹自菲，林中都未有。

无事逐梅花，空教信杨柳。且复归去来，含情寄杯酒。

唐宋时期各地植梅成风，钟山梅花的身影也格外清新。李白《新林浦阻风寄友人》中有“昨日北湖梅，初开未满枝。今朝白门柳，夹道垂青丝”。王安石隐居钟山半山园，写出了千古传颂的名作《梅花》：“墙角数枝梅，凌寒独自开。遥知不是雪，为有暗香来。”名僧惠洪游钟山草堂寺，其《同庆长游草堂》中有“篱间殿寒梅，吴姬发微哂”；南宋范成大《晨出蒋山道中》中有“故国丘陵多麦垄，新晴篱落有梅梢”；周必大《次韵邢怀正（孝庸）通判游蒋山》中有“孤芳破冰雪，喜见梅萼吐”；辛弃疾有词《一剪梅·游蒋山呈叶丞相》：

独立苍茫醉不归。日暮天寒，归去来兮。探梅踏雪几何时。今我来思，杨柳依依。

白石冈头曲岸西。一片闲愁，芳草萋萋。多情山鸟不须啼。桃李无言，下自成蹊。

徐渭曾绘《钟山梅花图》，清初阳羡词派作家陈维崧、曹亮武、史惟圆等人均

---

① ［宋］张邦基撰，孔凡礼点校：《墨庄漫录》卷一“何逊尝官扬州”条，北京，中华书局，2002年，第47页。

有题跋。史惟圆《望海潮·题徐渭文〈钟山梅花图〉》云：

龙蟠旧地，江山如画，金陵景色偏佳。寝殿侵云，宫楼映日，春风十里梅花。路绕凤城斜。当年恣吟赏，乐事无涯。春入江南，娇香艳粉醉吴娃。

飘零此际堪嗟。有数行归雁，几树啼鸦。石马无踪，铜驼有恨，隔江试听琵琶。冷蕊发残葩。凭君逞妙手，写尽烟霞。风景依然，不须惆怅忆繁华。

陈维崧《沁园春·题徐渭文〈钟山梅花图〉，同云臣、南耕、京少赋》：

十万琼枝，矫若银虬，翩如玉鲸。正困不胜烟，香浮南内；娇偏怯雨，影落西清。夹岸亭台，接天歌板，十四楼中乐太平。谁争赏？有珠珰贵戚，玉佩公卿。

如今潮打孤城，只商女船头月自明。叹一夜啼乌，落花有恨；五陵石马，流水无声。寻去疑无，看来似梦，一幅生绡泪写成。携此卷，伴水天闲话，江海余生。

三、梅花春坞：一夜清风万树开

明清时期，南京植梅最胜处当属钟山灵谷寺东侧的梅花坞。严嵩《至日集灵谷寺》中有“林下幽香逢蕙草，水边春信见梅花”；状元朱之蕃《灵谷寺梅花坞》中有“种梅环合碧山隈，一夜清风万树开”；南京国子监丞黄居中《春日梅花坞十六绝》中有“树密难寻坞，花深不记丛。何来金粟界，幻出蕊珠宫”；南京吏部郎中陈邦瞻《春日小集灵谷寺值雨欲至梅花坞不果》中有“如闻香雪浮春坞，坐对寒烟满化城”；江南布政使司参议高出《灵谷梅花坞五首》中有“郊梅开万树，添得帝城春。折去凭谁赠，相思奈远人”；王亦临《梅花坞》中有“看花如得梦，独语对寒山”。南京国子监祭酒顾起元《灵谷梅花坞》云：

韦曲烟花此坞稀，即看琼树满山扉。
绝怜照水千株出，只恐临风一片飞。
雪态淡摇双玉佩，天香深护六铢衣。
春光骀荡人皆醉，坐惜繁英暝未归。

万历朝兵部尚书熊明遇《金陵四十景记·灵谷松梅》云："由朝阳门东行，过孝陵御路，复过长街，可六七里，而至灵谷。长松古柏匝，二里许始至寺。寺有无梁殿、八功德水、志公塔。其琵琶街，拍掌则应声而鸣。稍东为梅花坞，春初香雪万树。"状元焦竑《灵谷寺梅花坞六首》其一云："山下几家茆屋，村中千树梅花。藉草持壶燕坐，隔林敲石煎茶。"

"竟陵派"文学家钟惺更是梅花坞的常客，其《灵谷看梅》中有"何知是寒梅，遥香表韵格。涧松暂辍声，留风吹素魄"；《灵谷寺看梅》中有"雪霜非在地，香色欲为村。不尽开新霁，精神寒亦存"；《雨后灵谷看梅花》中有"孤心多在雨，众意但言晴。水雪成香国，知从何树生"；《二月三日重过灵谷看梅》中有"风雨半春留好日，香光二月出深寒"；《二月初五日重看灵谷梅花》云：

依然松外涧边梅，十日之中两度来。
晴雨庄严孤格韵，冰霜呵护万条枝。
容予无事频频看，咨尔多情缓缓开。
犹恐幽香寻未遍，翻因迷路得沿洄。

清初诗坛领袖王士禛（1634—1711）《游钟山灵谷寺记》云："梅花庵在山门东，寒香数百树，尚横斜山翠中。"[①] 梅花庵，似即梅花坞。明末清初史学家谈迁《梅花坞》云："东望仙人白玉京，直令凡骨洗蓬瀛。寒香十里春风早，不带尘埃半点情。"书画家王蓍《梅花坞》云："无复当年树，犹兴故老嗟。松虚灵谷路，棉占孝陵花。春坞余香雪，晴岚凝暮霞。相看旧时燕，那及白头鸦。"

康熙二十四年（1685），明靖江王朱亨嘉之子、名列"清初四僧"的画家石涛，"二月雪霁，乘兴策杖探梅，独行百里之余，抵青龙、天印、东山、钟陵、灵谷诸胜地，一路搜诸岩壑，无论野店荒村人家僧舍，殆尽而返"，所绘《金陵探梅图卷》曾被张大千收藏，现藏普利斯顿大学美术馆[②]。画作题《金陵探梅诗》九首，第七首《钟陵梅花兼赠友人作》云："兴致飞扬向所同，看花不约始相逢。山僧对酒输三昧，

---

① [清]王士禛：《游钟山灵谷寺记》，[清]王士禛著，袁世硕主编：《王士禛全集·诗文集之八·渔洋文集》卷四《记》，济南，齐鲁书社，2007年，第1571页。

② 朱良志辑注：《石涛诗文集》，北京，北京大学出版社，2017年，第177—179页。

处士逃禅大化中。绕涧踏沙悲辇道，停舆问路惜珠宫。座闻仁主尊尧舜，旧日规模或可风。”第八首《孝陵梅花坞同栎山张亮公家喝兄作》，与南京博物院藏石涛《灵谷探梅图轴》题诗相同：

芒鞋细碎落纷纭，灵谷山含蛱蝶云。
冷织晴烘冰骨就，腊催寒尽玉肌氲。
两升熟酒骚人醉，十里香茅野客闻。
日暮孝陵峰顶望，影随白凤入鸥群。

清末龚自珍在《病梅馆记》中说：“江宁之龙蟠，苏州之邓尉，杭州之西溪，皆产梅。”[①] 道光二十年（1840），龚自珍辞官南归，途中专程往游江宁，并住在城东钟山青溪一带，《病梅馆记》当写于此时，其“龙蟠”大概不是指当时尚未知名的“龙蟠里”地名，而只是取“钟山龙蟠”之意，代指钟山。

四、第一梅山：流水空山有落霞

1929 年，总理陵园管理委员会开始筹备建设纪念性植物园（中山植物园）。植物园共分十八区，其中特辟孙陵冈为蔷薇花木区。孙陵冈 200 亩范围内的民房、坟墓遂迁出，大量成片栽植梅花以及榆叶梅、黄刺梅、樱花、桃花、木瓜、海棠等。抗战期间，南京沦陷，孙陵冈梅花逐渐芜没，孙陵冈却成了汪精卫的墓地。1944 年 11 月 10 日，汪精卫死于日本名古屋帝国大学医学部附属医院，曾有遗言：“不愿国葬，为劳民伤财之举。至袭用封建时代之帝王气习，尤所厌恶。”不过，汪伪当局“为表示国家崇德报功之忱，兼顺人民笃念耆勋之意，乃由国府明令国葬”。同时，伪中央政治委员会“为恪遵主席不劳民伤财之遗嘱，并兼顾国府明令，乃决定力避靡费，力求简肃，在全国统一未告成以前，先安葬于首都国父陵园之梅花山”（1944 年 11 月 23 日中央社南京电）。此时，孙陵冈已有“梅花山”之名。

1944 年 11 月 12 日，汪精卫的尸体被装入一具楠木棺材，由日本军部特派的“海

---

① ［清］龚自珍：《病梅馆记》，［清］龚自珍著：《龚自珍全集》第三辑，上海，上海人民出版社，1975 年，第 186 页。

鹈”号飞机运回南京。11 月 23 日，汪伪政权举行所谓“安葬大典”。汪精卫墓位于梅花山顶，当时建成了墓室、祭堂和警卫室等，牌坊基础浇制完毕，苏州金山花岗石已运到工地，墓前辟路一条，直达山下的明孝陵石象路神道。当时日本败局已定，陈璧君知道汪墓将来难免被毁，因此亲自布置将五吨碎钢搀入混凝土中，浇铸成坚固的墓壳。抗战胜利后，蒋介石下令将汪坟“迁移”。1946 年 1 月 21 日深夜，在南京市市长马超俊、陆军总部工兵指挥官马崇六、陆军 74 军指挥官邱维达监督下，74 军 51 师工兵使用 150 公斤 TNT 烈性炸药炸开了汪墓。揭开棺盖，见尸体覆盖着一面青天白日满地红旗帜，尸身着汪伪政府文官礼服，系藏青色长袍马褂，头戴礼帽，腰佩大绶，面庞略呈褐色而有些黑斑点。由于入棺时使用过防腐剂，所以整个尸体未腐。马超俊进行棺内检查，发现马褂口袋内装有一张 3 寸长的白纸条，上面墨书“魂兮归来”四字，下款署名陈璧君。墓地当晚平掉，不留痕迹，棺材送往清凉山火葬场火化。

黄裳《梅花山》一文，说起 1947 年寻访汪墓的经历，是从明孝陵前边茶馆的茶博士那里问到了梅花山的位置：

梅花山就是茶馆对过的那座山。梅树的确是有的，小得很，好像刚刚弄起来的树圃。更加上半人高的荒草堆满了山，更显得荒芜了。

这山本来是吴王山。据说吴大帝孙权的墓在这山上。不过后来我们跑了好久，终于没有找到一点断碑残碣。——听说是还有一块碑的。

汪精卫的墓就在这山上。胜利之后这里忽然又热闹了一个星期。便衣人布满了岗，没有人准许到山上去。白天没有动静，晚上听见隆隆的炸声和一阵阵的火光。还有一批批的卡车在那条新辟的山路上来往。一星期后，一切寂静，山上也再没有什么遗痕。

付了茶钱以后，穿行于没胫的蔓草之间上了山。当路之处有几座小房子，是陵园管理处之类的机关。再向右折，有一条汽车路，旁边堆满了还没有用的水泥碎片，杂树丛生，走到上面，四望廓然，明陵与中山陵都在眼底，这是一块孤悬的高地，再向下走就没有路了。

这里就是曾经费了一个星期的时间发掘过的地方，奇怪的是完全看不出发掘的痕迹，好像又用压路机压平了的样子。只留下了几块断石，其中一块是只余一半的断碑，碑面磨得平滑得很，上面还不曾刻上字迹。①

1947 年，国父陵园管理委员会主任委员孙科下令在梅花山顶修建了“观梅轩”。观梅轩东西长约 16 米，分为三间，东西两间凸出部分各设一个南、北出入口。轩为混合结构，顶覆蓝色琉璃瓦，黄墙红柱，四周设有砖砌栏杆。南出入口悬“观梅轩”匾额，两侧楹联：“欣敌寇潜踪，景物依然，河山如故，此日花香鸟语，钟阜丽明，若同和靖重游，应媲六桥三竺；问吴王何处，坟坞已渺，史迹尚留，当年虎踞龙蟠，石城安稳，端赖武乡定策，永垂九鼎一言。”北出入口，悬“放鹤”匾额，两侧楹联为：“天阙远瞻鸣鹤舞，孝陵回望伏龙眠。”匾额和楹联均由孙科题写，“放鹤”二字木匾至今犹存。

1949 年中华人民共和国成立后加强管理，保护大批梅树，并开展梅茶间作。1982 年，南京市将梅花定为市花。1991 年，中山陵园管理处成立“梅花研究中心”，以加强梅花科研、生产工作，开始探索梅园融科研、生产、观赏于一体的发展之路。2005 年，中山陵园管理局启动钟山风景名胜区环境综合整治，建设了梅花谷公园。南京梅花山因其厚重的历史人文积淀、相宜的自然文化景观，也因其植梅面积、数量、品种以及先进的梅花研究与栽培园艺技术，在全国首屈一指，被誉为“天下第一梅山”。

按用途，梅可分果用梅、观赏梅两种，其中观赏梅主要有朱砂台阁、南京红、绿苔梅、素白台阁、银红台阁、红须朱砂、白须朱砂、玉蝶、七星梅等品种；按枝条形态，可分为直枝梅、垂枝梅、游龙梅等；按花型、花色可分为江梅、宫粉、玉蝶、黄香、绿萼、洒金、朱砂、垂枝、龙游、杏梅、美人等 11 个品种群。这些梅花品种在梅花山均有种植，而尤以宫粉梅、江梅、朱砂梅最为普遍。宫粉有南京红、粉白宫粉、八重寒红、粉皮宫粉等品种，江梅有红笔、筋入茶萼、红雀、米良、坍出鹰等品种，而以南京命名的“南京红须”是梅花山朱砂梅的当家品种。

“第一梅山”的“第一梅”，当属“别角晚水”。“别角晚水”是 20 世纪 70

---

① 黄裳：《金陵五记》，北京，商务印书馆，2017 年，第 114 页。

年代陈俊愉院士在梅花山调研时发现并命名的，是梅花山独有的宫粉品种，“别角”，是说花瓣繁多，花朵将开未开之际，花瓣别在一起，棱角横生，又如同角力一般；“晚”是指它属于晚梅，2 月下旬到 3 月上旬才会绽放；“水”是因为它是水红色。截至 2025 年，梅花山全园梅花种植面积约 1533 亩，共植梅 35000 多株，梅花盆景 6000 余盆，梅花涵盖 11 个品种群，共计 380 多个品种，其中梅花国际登录品种有 155 个。1996 年初，由南京市人民政府主导的首届梅花节在中山陵园风景区梅花山举办。1997 年，梅花节正式定名为“中国南京国际梅花节”，并定于每年的 2 月下旬至 3 月中旬在梅花山主会场举办，梅花山踏春赏梅逐渐成为南京人的踏春习俗。

曹雪芹在《红楼梦》一书中描写梅花的内容甚多，为了纪念这位与明孝陵大有渊源，更与梅花有着不解之缘的文学大师，1997 年，中山陵园管理局在梅花山东北面修建了红楼艺文苑。艺文苑占地面积 7.5 万平方米，整个园区分为十二个意境单元，分别为太虚幻境、芙蓉仙境、芦雪联吟、海棠吟社、药园沉醉、沁芳钓台、栊翠分花、潇湘竹韵、香丘、梨园雏缨、红楼艺文馆和香草园。这些意境单元均以《红楼梦》前 80 回中有关章节内容为蓝本，以自然山水为骨架，采用太湖石、黄石以及南京地带性植被及部分仿古建筑、雕塑作为置景材料建成。其中的“栊翠分花”，本自《红楼梦》第四十九回“琉璃世界白雪红梅 脂粉香娃割腥啖膻”，主体为一座两开间仿古式建筑，正中悬挂着“栊翠庵”匾额。庵前巨石刻有“放生池”三字，池水与“芦雪联吟”的池水相通。栊翠庵隔墙院落种植梅花、茶花，中有一座手握梅花的薛宝琴石雕像，让人想起《红楼梦》第五十回“芦雪庵争联即景诗 暖香坞雅制春灯谜”中，李纨罚宝玉到栊翠庵找妙玉折了一支红梅，邢岫烟、李纹、薛宝琴以“红梅花”三字为韵作诗，宝琴得“花”字为韵的一首七律，写的，也正是第一梅山上朵朵梅花的情韵：

疏是枝条艳是花，春妆儿女竞奢华。
闲庭曲槛无余雪，流水空山有落霞。
幽梦冷随红袖笛，游仙香泛绛河槎。
前身定是瑶台种，无复相疑色相差。

第二节　子文祠庙：素髯清骨旧风姿

一、青骨标灵：此是江东第一祠

宋代苏泂《金陵杂兴》咏蒋子文庙云：“青骨标灵尔许奇，翩翩白马去何之。庙门贴在烟云上，此是江东第一祠。”蒋子文庙为何被称为“江东第一祠”，蒋子文又是谁呢？江南地区自古就是鬼神崇拜流行之地，尤其到了六朝时期，以建康为中心的扬州地区，民间的鬼神祭祀更为盛行。他们祭祀的对象有三类，一是被神化了的先人，二是被神化的当时官吏，三是被神化的普通人。蒋子文，属于第二类。据《搜神记》记载：

蒋子文者，广陵人也。嗜酒好色，挑挞无度。常自谓己青骨，死当为神。汉末为秣陵尉，逐贼至钟山下，为贼击伤额，因解绶缚之，有顷遂死。及吴先主之初，其故吏见文于道头，乘白马，执白羽扇，侍从如平生。见者惊走，文进马追之，谓吏曰：“我当为此土地之神，以福尔下民耳。尔可宣告百姓，为我立祠，当有瑞应也；不尔，将有大咎。”是岁夏大疫疾，百姓辄相恐动，颇有窃祠之者矣。未几文又下巫祝曰：“吾将大启祐孙氏，官宜为吾立祠。不尔，将使虫入人耳为灾也。”孙主以为妖言。俄而果有小虫如鹿虻，入人耳皆死，医巫不能治，百姓逾恐。孙主尚未之信也，既而又下巫祝曰：“若不祀我，将又以火吏为灾。”是岁火灾大发，一日数十处。火渐延及公宫，孙主患之。[①]

蒋子文死后，“挑挞无度”的性格一点没变，一面说要当福佑百姓的土地神，一面又降灾生事迫使孙权为自己立祠。为了安抚其神灵，孙权不但封蒋子文为“中都侯”，封他次弟蒋子绪为长水校尉，皆加印绶，还为他建立庙堂，并且将钟山改

① ［晋］干宝撰，李剑国辑校：《搜神记辑校》卷六《感应篇之三》“蒋子文”条，北京，中华书局，2019年，第105页。

称为“蒋山”。当然，孙权给钟山改名，另一个原因就是他的祖父名叫孙钟，“权避祖讳，因改钟山曰蒋山”[①]。总之，此后果然灾厉止息，百姓“遂大事之”，也称蒋子文神为“蒋侯”。

蒋子文神得到祠祭之后，开始做起助民除害的事来。京城某地猛虎横行，杀人甚多。一天黄昏，有个人用小船载着年轻的妻子来到此地巡逻哨所。巡逻将官认为行路凶险，劝他们在此过夜，通问行礼后便回去了。没想到，那人的妻子刚上岸就被老虎叼走了。那人拔刀追了上去，因为他供奉过蒋侯，就大喊蒋侯以求助。就这样跑了十里地，忽然有个黑衣人给他引路，又走了二十里，来到一个洞口。洞中的小老虎听到声音，以为母老虎回来了，就都跑了出来，被那人杀了个精光。他又藏在树旁，等母老虎回来，倒拖着他的妻子入洞时，才跃出把老虎拦腰砍断，他的妻子也活了下来。第二天晚上，他梦见一个人对他说：“蒋侯派我帮助你，你知道不知道？”为表感谢，他回到家就杀猪祭祀蒋侯。

在另外一个故事里，蒋子文神又成了一点都不拖泥带水的情人：“会稽鄮县东野有一女子，姓吴，字望子。年十六，姿容可爱。其乡里有鼓舞解事者要之，便往。缘塘行，半路忽见一贵人，端正非常人。乘船，手力十余，皆整顿。令人问望子：‘今欲何之？’其具以事对。贵人云：‘我今正往彼，便可入船共去。’望子辞不敢，忽然不见。望子既到，跪拜神座，见向船中贵人俨然端坐，即苏侯神像也。问望子来何迟，因掷两橘与之。数数现形，遂降情好。望子心有所欲，辄空中下之。曾思啖脍，一双鲜鲤应心而至。望子芳香流闻数里，颇有神验，一邑共奉事。经历三年，望子忽生外意，便绝往来。”[②]

更多的时候，蒋侯是个脾气古怪的固执己见之神。有一个叫刘赤父的人，梦到蒋子文召他去当主簿，限期报到。他赶忙到蒋侯庙中乞请，说自己母亲上了岁数，儿子年纪还小，实在为难，并推荐“多材艺，善事神”的会稽郡魏过代替自己去当差。

---

① ［宋］张敦颐撰，张忱石点校：《六朝事迹编类》卷十二《庙宇门》“蒋帝庙”条引《金陵图经》，北京，中华书局，2012年，第156页。

② ［南朝宋］陶潜撰，李剑国辑校：《搜神后记辑校》卷三“吴望子”条，北京，中华书局，2019年，第498、499页。苏侯，《法苑珠林》《初学记》《锦绣万花谷》作“蒋侯”。

奈何他好话说尽，叩头流血，庙里的巫祝也不松口。过了没多久，刘赤父就去世了。

东晋简文帝咸安年间（371—372），太常卿韩伯之子、会稽内史王蕴之子、光禄大夫刘耽之子三人同游蒋山庙。庙里有几尊妇人的像，容貌非常端庄。三个人喝醉了，指着妇人神像开玩笑，各自选定自己的婚配对象。到了晚上，三个人都梦到蒋侯派人传话说，自家的闺女都生得丑陋，对他们的垂顾深感荣幸，干脆定好日子，把他们都接过来吧。三个人互相一问，发现大家做了相同的梦，大为恐惧。于是准备了牛、羊、猪等祭品，到蒋侯庙谢罪乞哀。他们又都梦见蒋侯亲自前来，对他们说不能中途变卦。不久三个人就都死了。

在南朝宋刘义庆编集的志怪小说《幽明录》中，有“蒋侯索食”的故事，其行事让人哭笑不得：

> 中书郎王长豫有美名，父丞相导至所珍爱。遇疾转笃，丞相忧念特至，政在床上坐，不食已积日。忽见一人，形状甚壮，着铠持刀。王问：“君是何人？”答曰：“仆是蒋侯也。公儿不佳，欲为请命，故来耳。勿复忧。”王欣喜动容。即命求食，食遂至数斗，内外咸未达所以。食毕，忽复惨然，谓王曰：“中书命尽，非可救者。”言终不见。[①]

二、御灾捍患：香火繁华阅六朝

东吴以降，蒋子文名声与威望越来越高，不但在民间信奉者众多，承担着福佑地方、维护一方平安的地方保护神的责任，在朝堂中也拥有大批信徒，在南北政权矛盾冲突不断的情况下，成为南方政权的保护神。东晋时期，司马氏为了得到江东大族和民众的认可与支持，对建康当地信仰的蒋子文神崇礼有加。在东晋政权反对外来侵犯和平定内部叛乱的历次战争中，都有蒋子文神的身影，这使他的地位更加水涨船高。

---

① ［南朝宋］刘义庆撰，郑晚晴辑注：《幽明录》卷五“蒋侯索食”条，北京，文化艺术出版社，1988 年，第 152 页。

晋成帝司马衍咸和二年（327），苏峻之乱爆发，郗鉴坚守广陵，之后更渡江与勤王义军会合讨叛。据《建康实录》云：“《晋书》纪：苏峻初营钟山前，祈钟山之神，许画朱须、紫蹄马、碧盖、朱络车。后郗鉴入援，又祈钟山，神谓鉴曰：‘苏峻为逆，人神共愤，当与蒋子文共诛锄之。且峻亦祈我，岂可助之为虐！今以疏相示。’及按收而疏见。”[①] 钟山之神不理会苏峻的祈求，选择支持郗鉴和蒋子文合作诛锄叛贼。南宋马纯之《蒋帝庙》中有“尝遣阴兵随义旅，不从私祷长奸蒙”，说的就是这件事。

东晋孝武帝司马曜太元八年（383），基本统一北方的前秦君主苻坚率军大举讨伐东晋，准备一统天下。“（苻）坚与苻融登城而望王师，见部阵齐整，将士精锐，又北望八公山上草木，皆类人形，顾谓融曰：‘此亦勍敌也，何谓少乎！’怃然有惧色。初，朝廷闻坚入寇，会稽王道子以威仪鼓吹求助于钟山之神，奉以相国之号。及坚之见草木状人，若有力焉。”[②] 会稽王司马道子在前秦入寇之初就求助于朝野普遍信奉的钟山之神即蒋子文神，封其为“相国”，让东晋军队士气大增。在后来的淝水之战中，东晋将领谢玄、谢琰、桓伊等率军击溃前秦军队，苻融战马倒地被杀，苻坚落荒而逃。战后，朝野上下把功劳都算到了蒋子文神的身上。

晋安帝司马德宗隆安三年（399），卢循孙恩之乱爆发，孙恩势力迅速席卷三吴（吴郡、吴兴、会稽），众达数十万。此时秉持国政的司马道子发现竟无可用之人、平乱之兵，手忙脚乱之际又去向蒋侯求助。据《晋书》载：“会孙恩至京口，元显栅断石头，率兵距战，频不利。道子无他谋略，唯日祷蒋侯庙为厌胜之术。”[③] 司马道子之子司马元显趁机夺取权力，让晋安帝的弟弟琅琊王司马德文当司徒充门面，他自任扬州刺史，依靠刘牢之所率北府兵平定叛乱。司马道子权力被儿子夺去，唯有整日饮酒消愁。

---

① ［唐］许嵩撰，张学锋、陆帅整理：《建康实录》卷七《晋中·显宗成皇帝》，南京，南京出版社，2020 年，第 95 页。

② ［唐］房玄龄等撰：《晋书》卷一百一十四《载记第十四·苻坚下》，北京，中华书局，1974 年，第 2918 页。

③ ［唐］房玄龄等撰：《晋书》卷六十四《列传第三十四·简文三子·司马道子》，北京，中华书局，1974 年，第 1738 页。

掌握长江中游一带的桓玄，趁孙恩叛乱之际招兵买马，实力大增。为了稳住他，朝廷不得不封授他为后将军、荆州刺史、江州刺史。看着桓玄不断坐大，飞扬跋扈，司马元显心有不甘，晋安帝元兴元年（402），他自任骠骑大将军、征讨大都督，以镇北大将军刘牢之为前锋，讨伐桓玄。二月，不甘示弱的桓玄随即迎战，并说服刘牢之倒戈。桓玄率部攻占都城建康后，杀掉司马元显及其六子，将司马道子流放安成郡。十二月，又派御史杜竹林用毒酒送司马道子归了西。据《幽明录》记载："桓玄既肆无君之心，使御史害太傅道子于安城。玄在南州坐，忽见一人，平上帻，持马鞭，通云：'蒋侯来。'玄惊愕然，便见阶下奴子御幰车，见一士大夫，自云是蒋子文。'君何以害太傅？与为伯仲！'顾视之间，便不复见。"[①] 在古人看来，蒋子文神虽然没能阻止司马道子被杀，至少表明了立场。

晋末乱世，香火兴盛的蒋庙自然也难免受到破坏。据《宋书》记载："（毛）修之不信鬼神，所至必焚除房庙。时蒋山庙中有佳牛好马，修之并夺取之。"[②]

南朝宋时期，官方对蒋子文信仰的态度摇摆不定，蒋子文的地位像坐过山车，刚开始被打入不合礼制的"淫祀"之列，后来又被封为"钟山郡王"，乃至"钟山王"。宋武帝刘裕永初二年（421），"普禁淫祀。由是蒋子文祠以下，普皆毁绝"[③]。夏四月己卯朔，下诏云："淫祠惑民费财，前典所绝，可并下在所除诸房庙。其先贤及以勋德立祠者，不在此例。"[④] 永初三年（422），刘裕去世，"葬丹阳建康县蒋山初宁陵"。刘裕长子皇太子刘义符继位，改元"景平"，是为少帝。景平二年（424）七月，少帝被废；八月，刘裕第三子刘义隆即皇帝位，改景平二年为元嘉元年，是为宋文帝。

---

① ［南朝宋］刘义庆撰，郑晚晴辑注：《幽明录》"蒋子文"条，北京，文化艺术出版社，1988 年，第 151、152 页。

② ［南朝梁］沈约撰：《宋书》卷四十八《列传第八·毛修之》，北京，中华书局，1974 年，第 1428 页。

③ ［南朝梁］沈约撰：《宋书》卷十七《志第七·礼四》，北京，中华书局，1974 年，第 488 页。

④ ［南朝梁］沈约撰：《宋书》卷三《本纪第三·武帝下》，北京，中华书局，1974 年，第 57 页。

宋文帝元嘉三十年（453），太子刘劭弑父篡位，文帝第三子刘骏率众讨伐，荆州刺史南谯王刘义宣、雍州刺史臧质并举义兵。四月，冠军将军柳元景前锋到达新亭，修筑营垒。刘劭亲自率军发起进攻，结果大败而回。战事不利，困守京城之际，刘劭求助的对象，是蒋子文神和苏峻神，“以辇迎蒋侯神像于宫内，启颡乞恩，拜为大司马，封钟山郡王，食邑万户，加节钺。苏侯为骠骑将军。使南平王铄为祝文，罪状世祖”。从结果来看，蒋子文神并没护佑刘劭。四月，刘骏即皇帝位，是为孝武帝。五月，辅国将军申坦就攻克京城，刘劭和共同谋逆的始兴王刘濬伏诛。

大概在孝武帝刘骏看来，蒋子文神不庇佑刘劭，就是在帮助自己，于是他登上皇位后就“修起蒋山祠，所在山川，渐皆修复”。后来，宋明帝刘彧又“立九州庙于鸡笼山，大聚群神。蒋侯宋代稍加爵，位至相国、大都督、中外诸军事，加殊礼，钟山王。苏侯骠骑大将军。四方诸神，咸加爵秩”①。据《六朝事迹编类》记载，宋明帝初年，“四方兵起，求救于神，遂封为蒋王”②。蒋侯成了蒋王，蒋侯祠成了蒋王庙，现在南京太平门外蒋王庙的地名即来源于此。关于蒋子文庙的具体位置，朱偰说：“旧在钟山之阴半山上，清中叶迁至太平门外四里路东。今其地犹有蒋王庙。”③《景定建康志》称其“在蒋山之西北，去城一十二里”，北宋景祐二年（1035）春重修庙记称“庙去治城北，走据钟山之趾”，南宋乾道八年（1172）重修庙记云：“乃行城东，直蒋山，得高亢地以为营。循山而北，以谒于蒋帝之庙。”④可知，自南唐以来，宋代蒋王庙就在钟山的西北麓。

从《真诰》的记载分析，东晋南朝时期的蒋王庙也在钟山西北麓京口大路之侧，与南唐以降的位置相当：

---

① ［南朝梁］沈约撰：《宋书》卷十七《志第七·礼四》，北京，中华书局，1974年，第488页。

② ［南朝梁］张敦颐撰，张忱石点校：《六朝事迹编类》卷十二《庙宇门》“蒋帝庙”条，北京，中华书局，2012年，第156页。

③ 朱偰：《金陵古迹图考》，北京，中华书局，2006年，第76页。

④ ［宋］周应合纂：《景定建康志》卷四十四《祠祀志一·诸庙》，南京，南京出版社，2009年，第1086页。

未至庙第一高山西头龙尾北汧，洪水一所，发地长六丈余，广五丈，入土六尺，水流势挞地二百余步，去路三里。

对庙后第二高山西头汧，洪水一所，发地长四丈余，广三尺余，入土四尺，水势挞地三百余步，去路二里。

近庙后汧胁，一所洪水，发地长五丈余，广四丈余，入地二尺余，水势流入汧中，去庙一百五十步。

右蒋山北凡三处发洪，水流势西北行。

此三条是异迹。既不见真手，未审是非，又不知此发洪当是何时事。山南乃经有发处，以积石塞之，世呼为蒋侯饮马汧。而山后不见有此，或当是将来期运之时乎。①

文中的“路”，当指出北篱门、湖头，沿钟山西北麓通往京口的大路；“未至庙第一高山”当指今紫金山天文台所在的天堡山，“西头龙尾”指今富贵山，“庙后第二高山”应指钟山主峰头陀岭②。

南朝齐时期，帝王将相、王公大臣到蒋王庙祈福求告成了常事。永明十一年（493）七月，齐武帝萧赜驾崩，临终时召拜萧鸾为侍中、尚书令，辅佐皇太孙萧昭业登基。中书通事舍人綦毋珍之，深受萧昭业崇信，“凡所论荐，事无不允”。綦毋珍之有一铜镜，背面有“三公”字，他常对人说：“征祥如此，何患三公不至。”于是就跑到蒋王庙“乞愿得三公，封郡王”。他回来后立即启奏萧昭业请求封赏，把持朝政的萧鸾自然不答应。綦毋珍之又自论其功，乞封千户侯，朝廷只答应封他三百户，看他愤愤不平，又进为五百户，他还是不肯接受。萧鸾被惹得很不高兴，提议还是杀了他，綦毋珍之这才答应封汝南县。

当时萧鸾当政，萧谌用事，预谋废掉萧昭业。由太学博士出为溧阳令尚未上任

---

① ［日］吉川忠夫、麦谷邦夫编，朱越利译：《真诰校注》卷十四《稽神枢第四》，北京，中国社会科学出版社，2006 年，第 467 页。

② 魏斌：《“山中”的六朝史》，北京，生活·读书·新知三联书店，2019 年，第 295—297 页。

的杜文谦，劝綦毋珍之招揽被萧鸾摈斥的齐武帝故人，杀萧鸾、萧谌以安社稷：“今举大事亦死，不举事亦死，二死等耳，死社稷可乎。若迟疑不断，复少日，录君称敕赐死，父母为殉，在眼中矣。”綦毋珍之不能用其言。他们还在谋划，萧谌已经动手了。綦毋珍之正直宿，得到圣旨，让他“即往蒋王庙祈福”。綦毋珍之未觉异常，照例前往蒋王庙，结果被“收送廷尉，与周奉叔、杜文谦同死”①。

隆昌元年（494）七月，萧鸾杀萧昭业，以皇太后名义下诏追贬萧昭业为郁陵王，立新安王萧昭文为帝，改年号为延兴。延兴元年（494）十月，萧鸾又废黜萧昭文，降封为海陵王。建武元年（494）十月二十二日，萧鸾即皇帝位，是为齐明帝。永泰元年（498）七月，齐明帝萧鸾去世，太子萧宝卷继位。萧宝卷对蒋子文的崇信，较司马道子及南朝宋诸帝有过之而无不及，“又偏信蒋侯神，迎来入宫，昼夜祈祷。左右朱光尚诈云见神，动辄谘启，并云降福”。永元元年（499），平定了始安王萧遥光的叛乱之后，萧宝卷加蒋侯以“相国”之位，又号其为“灵帝”，“车服羽仪，一依王者”。除了蒋侯这种大神，萧宝卷也信各种小鬼，“曲信小祠，日有十数，师巫魔媪，迎送纷纭”。范云曾提醒朱光尚：“君是天子要人，当思百全计。”朱光尚答道：“至尊不可谏正，当托鬼神以达意耳。”②

萧宝卷喜欢出宫游走，一个月出去二十多次，又不想让人看见，所到之处，百姓统统被赶走，只留下一座座空宅。吏卒奔走驱斥之际，呼叫满路，百姓听到鼓声就要跑开，犯禁者多被随手杀死。从万春门经过东宫往东直到郊外，几十里家家尽空。萧宝卷一次游猎到蒋山定林寺，有个和尚生病没能离开，藏在草丛之中，被搜了出来。韩晖光说：“老道人可以顾念。”萧宝卷说：“你见了獐子也不射吗？”结果百箭齐发，和尚死于非命。朱光尚如何“托鬼神以达意”呢？他在知道萧昭胄谋反之后，吓唬萧宝卷说，自己见到了蒋王，蒋王告诉他，巴陵王萧昭胄正在谋划结党造反，计划趁萧宝卷出宫的时候从万春门入宫作乱，后果不堪设想。萧宝卷“闻

---

① ［唐］李延寿撰：《南史》卷七十七《列传第六十七·恩倖·綦毋珍之》，北京，中华书局，1975年，第1929、1930页。

② ［唐］李延寿撰：《南史》卷五《齐本纪下第五·废帝东昏侯》，北京，中华书局，1975年，第155、156页。

此说大惧，不复出四十余日”[①]。

萧宝卷永元二年（500），崔慧景叛军打到建康，围攻台城，萧宝卷拜蒋子文神为“假黄钺、使持节、相国、太宰、大将军、录尚书、扬州牧、钟山王”。崔慧景兵败被杀，萧宝卷自以为得计，可此时萧衍又举义师，在江陵拥立萧宝融为帝，是为齐和帝。

萧宝卷敬事蒋子文神，他的臣子也不遑多让。萧衍领兵围攻郢城（今湖北夏口），城中主将张冲病死，固守城池的骁骑将军薛元嗣“无他经略，唯迎蒋子文及苏侯神，日禺中于州听上祀以求福，铃铎声昼夜不止。又使子文导从登陴巡行，旦日辄复如之。识者知其将亡”[②]。看来蒋神并没有帮忙，他们坚持了二百多天，最终还是选择投降。前线战况如此紧急，萧宝卷游骋如故，还对茹法珍说：“须来至白门前，当一决。”等到义军打到了都城近郊，才匆忙聚兵准备固守，并尊蒋王为“皇帝”，“迎神像及诸庙杂神皆入后堂，使所亲巫朱光尚祷祀祈福”。随着形势急转直下，萧宝卷的表现却越发狂热起来。在他的想象中，自己已经化身“蒋神”，披挂上阵，去荡寇破敌，“乌帽裤褶，备羽仪，登南掖门临望。又虚设铠马齐仗千人，皆张弓拔白，出东掖门，称蒋王出荡”[③]。

南朝梁时期，梁武帝萧衍作为佛教徒，开始对蒋子文神并不是特别尊仰，后来经过几件事，逐渐对子文祠庙重视起来。据《南史》记载：

先是旱甚，诏祈蒋帝神求雨，十旬不降。帝怒，命载荻欲焚蒋庙并神影。尔日开朗，欲起火，当神上忽有云如伞，倏忽骤雨如泻，台中宫殿皆自振动。帝惧，驰诏追停，少时还静。自此帝畏信遂深。自践阼以来，未尝躬自到庙，于是备法驾将朝臣修谒。是时，魏军攻围钟离，蒋帝神报敕，必许扶助。既而无雨水长，遂挫敌

---

① ［唐］李延寿撰：《南史》卷四十四《列传第三十四·齐武帝诸子·竟陵文宣王子良·萧昭胄》，北京，中华书局，1975年，第1106页。

② ［唐］李延寿撰：《南史》卷三十二《列传第二十二·张邵》，北京，中华书局，1975年，第828页。

③ ［南朝梁］萧子显撰：《南齐书》卷七《本纪第七·东昏侯》，北京，中华书局，2019年，第113页。

人，亦神之力焉。凯旋之后，庙中人马脚尽有泥湿，当时并目睹焉。[①]

梁武帝了解了蒋子文庙的运作机制，发现有很多可以取法之处，决定利用蒋子文神的影响力来改造国家祀典。梁武帝亲撰的《断酒肉文》云：

弟子萧衍，又复敬白诸大德僧尼、诸义学僧尼、诸寺三官：北山蒋帝，犹且去杀，若以不杀祈愿，辄得上教，若以杀生祈愿，辄不得教。想今日大众，已应闻知。弟子已勒诸庙祝，及以百姓。凡诸群祀，若有祈报者，皆不得荐生类，各尽诚心，止修蔬供。蒋帝今日行菩萨道，诸出家人云何反食众生，行诸魔行？一日北山为蒋帝斋，所以皆请菜食僧者，正以幽灵悉能鉴见。若不菜食僧，作菜食往，将恐蒋帝恶贱佛法，怪望弟子。是诸法师，当见此意。[②]

南朝齐既已封蒋子文神为帝，梁沿而未改，梁武帝还进一步提高蒋帝庙规格，“以庙门为灵光之门，中门为兴善之门，外殿曰帝山，内殿曰神居，西阁有佛殿，名灵鹫，东阁即子文所居也”[③]。当时的蒋帝庙香火兴盛，尤其在每年迎神赛神的庙会，各路巫祝、阖城官民云集，盛况一如沈约《赛蒋山庙文》所说：“我皇体天御宇，望日表尊。备乐变乎笙镛，郁礼华于俎豆。迩无不怀，远无不肃。鸟革玄素之容，草移丹绿之状，泉露改味，日月重光。仰惟大王，年逾二百，世兼四代。扬玉桴，布瑶席，秦梁楚赵之巫，把琼茅而延伫；燕卫宋郑之音，结流风而成曲。九疑之来蔽日，三山之驾若云。”[④]

---

① ［唐］李延寿撰：《南史》卷五十五《列传第四十五·曹景宗》，北京，中华书局，1975 年，第 1356 页。

② ［南朝梁］萧衍：《断酒肉文》，［唐］释道宣撰：《宋思溪藏本广弘明集：全十二册》第十册卷二十六《慈济篇第六》北京，国家图书馆出版社，2018 年，第 39、40 页。

③ ［宋］张敦颐撰，张忱石点校：《六朝事迹编类》卷十二《庙宇门》“蒋帝庙”条，北京，中华书局，2012 年，第 157 页。

④ ［南朝梁］沈约：《赛蒋山庙文》，［唐］欧阳询撰，汪绍楹校：《艺文类聚》卷七十九《灵异部下·神·祭文》，上海，上海古籍出版社，1999 年第 2 版，第 1355 页。

南朝陈代梁后，蒋子文的地位依然稳固。陈武帝陈霸先永定三年（559）夏闰四月，"是时久不雨，景午，舆驾幸钟山祠蒋帝庙，是日降雨，迄于月晦"[①]。继梁武帝之后，陈武帝亲自到蒋帝庙祠祭，把蒋帝庙的地位推上了顶峰。

三、庇佑兹土：阖棺谩说荣枯定

隋唐时代的南北统一，让蒋子文神失去了南方政权保护神的地位，但作为地方的保护神依然受到民众的信奉。唐李峤《上应天神龙皇帝册文》中有"虽复草为兵甲，秦师惊蒋帝之神；树作幡幢，释主麾魔王之众"之句[②]。温庭筠《题竹谷神祠诗》中有"寂寞潇江客，空看蒋帝碑"，说明蒋子文神的影响已达荆湘地区。温庭筠另一首诗《蒋侯神歌》，则通过瑰丽轻盈的想象，勾画出蒋帝无可阻挡的魅力：

楚神铁马金鸣珂，夜动蛟潭生素波。
商风刮水报西帝，庙前古树蟠白蛇。
吴王赤斧斫云阵，画堂列壁丛霜刃。
巫娥传意托悲丝，铎语琅琅理双鬓。
湘烟刷翠湘山斜，东方日出飞神鸦。
青云自有黑龙子，潘妃莫结丁香花。

晚唐时期，韦庄前来蒋帝庙凭吊，眼前只有无限苍凉，其《谒蒋帝庙》云：

建业城边蒋帝祠，素髯清骨旧风姿。
江声似激秦军破，山势如匡晋祚危。
残雪岭头明组练，晚霞檐外簇旌旗。
金陵客路方流落，空祝回銮奠酒卮。

南唐中主李璟保大六年（948），为蒋子文建新庙，并追谥其为"庄武帝"。

---

① ［唐］姚思廉撰：《陈书》卷二《本纪第二·高祖下》，北京，中华书局，1972 年，第 39 页。

② ［唐］李峤：《上应天神龙皇帝册文》，［宋］李昉等编：《文苑英华》卷四百四十二《册文一·尊号玉册文》，北京，中华书局，1966 年，第 2235 页。

时为祠部员外郎、知制诰的徐铉（916—991）撰《蒋庄武帝新庙碑铭》，极尽歌颂之能事："况乎皇州列岳，宅怪储灵，不有吉神，孰司阴骘？蒋帝孕清明之气，禀正直之资，寔九德之所生，与五龙而比翼。自江西考绩，谢联事于玄夷。北部申威，辑庶功于黄绶。于时祚终四百，运偶三分。夫怀坠炭之愁，家有剥庐之痛。帝则勤劳徇物，慷慨忧时。既援张敞之桴，即振李崇之鼓。赤丸未尽，执汉节以忘生；青骨难诬，降北山而受享。飞虫显俗，生民之舒惨焉依；白马耀奇，平昔之威容如在。故使中都之印，式报阴功；长水之营，旁旌同气。庐宫改命，非因介子之焚；庙貌崇坛，讵比愚公之徙？自是光灵茂远，代祀绵长。或昭德而降祥，或害盈而致罚。黄旗紫盖，奉五马之祯符；朱鬣碧蹄，殄高山之巨盗。贤如谢傅，犹繄草木之形；亲若始安，亦假兄弟之助。故得王封锡羡，帝服归尊。"[①] 徐铉又撰《蒋庄武帝册》云："瞻言神岳，作镇皇州，兴运惟新，祯符丕显。而位极于炎昊，名谢于康惠，坠典未举，予用慊焉。濮阳诸姬，实纂服之旧邦；克乱除害，乃庇人之盛业。合为缛礼，申告祠庭。今使使某官持节奉册追谥曰蒋武帝。"[②]

徐铉也常到钟山盘桓，流连忘返，其《游蒋山题辛夷花寄陈奉礼》云："今岁游山已恨迟，山中仍喜见辛夷。簪缨且免全为累，桃李犹堪别作期。晴后日高偏照灼，晚来风急渐离披。山郎不作同行伴，折得何由寄所思。"如果游赏太晚赶不上回城，他就留宿蒋帝庙中，《宿蒋帝庙明日游山南诸寺》云：

便返城闉尚未甘，更从山北到山南。

花枝似雪春虽半，桂魄如眉日始三。

松盖遮门寒黯黯，柳丝妨路翠毵毵。

登临莫怪偏留恋，游宦多年事事谙。

南宋马纯之《蒋帝庙》缕数了蒋子文神自三国到南唐的事迹：

爵以封王从六代，谥为庄武自南唐。

---

① ［宋］徐铉：《蒋庄武帝新庙碑铭》，［宋］徐铉撰，李振中校注：《徐铉集校注》卷一〇《碑铭》，北京，中华书局，2016 年，第 357、358 页。

② ［宋］徐铉：《蒋庄武帝册》，［宋］徐铉撰，李振中校注：《徐铉集校注》卷九《册文 谥议》，北京，中华书局，2016 年，第 337 页。文中"蒋武帝"，《全唐文》作"庄武帝"。

缘何血食垂千祀，为有威灵庇一方。

魏有钟离寻败走，秦屯淝水辄奔亡。

虫生火起徒妖怪，载记还应择未详。

宋太祖赵匡胤开宝八年（975），蒋帝庙被烧毁。宋太宗赵光义雍熙四年（987），金陵人张革在旧址重建蒋帝庙。宋仁宗景祐二年（1035），江宁知府陈执中增修蒋庙，朝廷赐额“惠烈”。宋代，蒋子文神依然深度介入百姓生活，统治者希望他继续发挥福佑一方的作用。宋仁宗赵祯皇祐元年（1049），江宁府阴雨连绵，有害田稼。六月一日，知江宁军府兼管内劝农使张方平遣上元县尉张康侯到蒋帝庙祭告，亲撰的祭文中有“祈雨而雨，祷霁而霁。庇祐兹土，惟帝聪明”①。阴雨天气结束，大家自然都归功于蒋子文神。六月七日，张方平又遣张康侯到蒋帝庙祭谢，祭文中有“伏蒙昭答，云状氛散，庶几农穑遂以顺成，敢荐熟腥往谢灵贶”②。陆游的祖父陆佃，是王安石的得意门生，一次他到金陵探望隐居钟山的王安石，“夜忽梦神人，金甲仗钺，自称蒋山神，迎候渡江无虑。某初不知钟山有帝之祠也，既至金陵，问知有帝，拜伏祠下，像如梦中，惟冕服异耳。其渡江日，独得顺风。二舟既涉，风色斗转，他船皆不果济”③。宋哲宗元祐六年（1091）朝廷又赐蒋帝庙额“忠烈”。宋徽宗政和八年（1118），转运使刘会元重修。宋孝宗赵昚乾道八年（1172），同知枢密院事洪遵重修。

钟山是众多文人墨客寻幽探胜之所，山畔的蒋帝庙自然也吸引着他们的目光。杨备《蒋帝庙》云：“□区岩扉敞庙门，灵风时动戟衣翻。御灾捍患阴功大，玉册荣加帝者尊。”张耒（1054—1114）《谒蒋帝祠过钟山下》其一云：“野塘春水绿迢迢，上有东风弄柳条。晓日已穿东岭出，轻寒犹欲战驼毛。”其二云：“溶溶野水戏凫鹥，垄麦初长午景迟。尽日绿杨闲照水，临风自爱好腰支。”周文璞《钟山

① ［宋］张方平：《江宁府祭蒋山庄武帝神文》，［宋］张方平撰：《乐全集》卷三十五《祭文》，［清］纪昀等编：《四库全书·集部三·别集类二·宋》，第10页。

② ［宋］张方平：《祭谢蒋山庄武帝神文》，［宋］张方平撰：《乐全集》卷三十五《祭文》，［清］纪昀等编：《四库全书·集部三·别集类二·宋》，第11页。

③ ［宋］陆佃：《江宁府祭蒋山神祝文》，［宋］陆佃撰：《陶山集》卷十三《祝文》，北京，中华书局，1985年，第145页。

赋》中有“上萧斋而膜拜，抚漫碑而口啧，吉祝于蒋侯之庙，遐眺于周颙之宅”[①]。南宋李琏《题〈金陵杂兴诗〉后十八首》其一云：“孙帝陵傍水最悲，蒋侯庙下月来迟。夜深客子心惊恐，猿挂南朝枫树枝。”曾极《金陵百咏·蒋帝庙》云：

白马千年系庙门，炉烟浮动衮龙昏。
阖棺谩说荣枯定，青骨犹当履至尊。

四、岁岁春风：盛衰君亦与人同

明太祖朱元璋对蒋子文庙格外重视，早在朱元璋始称吴王的元至正二十四年（1364）十月，他就“命中书省绘塑功臣像于卞壶及蒋子文庙，以时遣官致祭”。明朝建立后，朱元璋命建“十庙”，蒋子文庙名列其中，至于蒋子文的封号则重新洗牌，“若国朝之蒋庙及历代功臣等庙，皆遣使降香，特令应天府官代祀，其称神号止从其当时所封之爵。凡前代加封悉皆去之，今考其事迹名号分列于后。……蒋庙在蒋山之阴，神姓蒋讳子文。汉末为秣陵尉，逐盗死事，今称汉秣陵尉中都侯忠烈蒋公之神”[②]。明太祖朱元璋有遣祭蒋子文神的祭文云：

今年仲、季夏间，上帝震怒。皆朕失奉天心，作为太过，以致朝廷多事，军民弗安。既受帝命，遑遑无措，知无不改，然未知天意曾无回乎？俄而有来告者，当帝怒时，神祠亦有干焉。朕思神非朕谄，朕非谄神。朕凡无知阴道，以情理推之，必因新建而人惩累神，然皆朕不能断而致是。今既工成，而有帝责之迹，本不敢完，既成而废，恐人失瞻望，特依迹完之。朕非佞神，尝闻向者福善祸淫，每皆当焉。朕所以美神，已往阴功无谄，毋敢弗扶阴而化民，故时祀之。今完之，欲民为善耳，

---

① ［宋］周文璞：《钟山赋》，［宋］周文璞撰：《方泉诗集》卷一，［清］纪昀等编：《四库全书·集部四·别集类三·宋》，第2页。

② ［明］徐一夔等撰：《明集礼》卷十五《吉礼十五·祀典神祇·总叙》，［清］纪昀等编：《四库全书·史部》，第15a页。

他无所干。牲醴之奠，神其享之。[①]

京城马场战马疾疫流行，朱元璋也去寻求蒋子文神的帮助，其《祭城隍蒋庙文》中云："今年选马四千有三百上槽，俄生疾流传，甚为朕患。且朕立京于是方，专阳道而治生民也。神灵是方，专阴道而察不德也。朕有所为，不得不告。今马有疾，故告神知。神其有知，祐我群牧。尚飨！"[②]

明成祖朱棣永乐三年（1405）五月，修蒋子文庙。永乐七年（1409），进封蒋子文为"忠烈武顺昭灵嘉佑王"。明代的蒋王庙已成为东郊胜景，游客众多，香火甚盛。成化年间（1465—1487）编修黄仲昭《燕乐亭》云："蒋王祠下多游客，特构幽亭庇休息。八窗嘉树散繁荫，四座奇峰飞翠色。元戎小队朝出城，酾酒椎牛来落成。绮席弘开纵欢笑，新诗迭唱歌太平。因号兹亭为燕乐，岁岁春风还有约。愿分此乐及苍生，尽挽疲癃出沟壑。"万历初年南京鸿胪寺卿王樵（1521—1599）《金陵杂纪》中云："汉秣陵尉蒋子文御贼战死，至今祀之，与蜀梓潼事同。今鸡鸣山十庙，蒋尉已列祀典，而钟山之阴，复有庙宇。每岁四月，士女云集，香火甚盛。"[③]万历中期南京吏部郎中陈邦瞻《暮秋同诸公集蒋庙》：

登临无处不悲秋，选胜还堪逐壮游。
双鋏风尘饶慷慨，一杯身世任沉浮。
空林叶落天疑雨，古庙云寒地转幽。
何限踌躇今古意，暂时长啸倚高丘。

明思宗朱由检崇祯年间（1628—1644），又加蒋子文号"威灵"。清代朝廷对蒋子文没有进行新的封赠，钟山不再是百姓足迹不能到的禁地，蒋帝庙彻底回归民间，对蒋子文的称呼更随意，蒋尉、蒋侯、蒋王、蒋帝，不一而足。明末清初书画

---

① ［明］朱元璋：《祭汉蒋秣陵尉文》，张德信、毛佩琦主编：《洪武御制全书·御制文集》卷二十，合肥，黄山书社，1995年，第246页。

② ［明］朱元璋：《祭城隍蒋庙文》，张德信、毛佩琦主编：《洪武御制全书·御制文集》卷十九，合肥，黄山书社，1995年，第236页。

③ ［明］王樵撰：《方麓集》卷十一《金陵杂纪》"蒋庙"条，［清］纪昀等编：《四库全书·集部六·别集类五·明》，第12b、13a页。

名家萧云从《钟山梅下诗》中有“枝残蒋庙三更月，花乱秦淮一叶桃”；沈德潜（1673—1769）《过钟山》中有“衰草眠翁仲，西风赛蒋侯”；厉鹗（1692—1752）《自栖霞至金陵，道中有梁始兴王憺、安成王秀、吴平忠侯景墓，石麒麟、墓碑犹存，蒋王庙在钟山之麓，太平门外，城下即后湖也，得四绝句》中有“暂憩吟鞍拜蒋王，云旗髣髴护重冈。不教庙额仍称帝，岂为流闻望子香”；姜公铨《蒋山》中有“白马当年尉，神兵动八公。兹山留姓氏，异代启幽宫”；佚名《蒋帝庙》中有“古庙青山下，阴风曳画衣”；毕沅（1730—1797）《登钟山放歌》中有“当年蒋尉逐贼处，时露遗镞封莓苔”。袁枚《谒蒋庙》云：

为神为将此山中，黻带依然汉上公。

冷庙滴残三月雨，灵旗吹满六朝风。

阶前泥马毛如动，门外松涛响在空。

昔日南郊今不祭，盛衰君亦与人同。

王友亮（1742—1797）《蒋侯庙》云：“参差万瓦浮烟碧，金字犹悬蒋侯额。侯昔逐贼钟山边，马革裹尸人尽怜。白头坎坷终一尉，岂料称王复称帝。自知骨青死作神，血食此土福此民。金陵王气排空阔，骑亭羽扇侯重活。嵬然殿宇敞朝晖，莅祀曾闻拜衮衣。民之事侯罔敢懈，风马云旗俨常在。即今山径罕人过，庙扉不阖栖鼯多。六朝瞥眼浮云渡，神与之同殆天数。女巫酾酒男椎牛，前此亦说朱虚侯。”周宝偀《蒋帝庙》云：“庙貌巍巍镇郭门，须知忠义振乾坤。不然一尉官卑甚，何以封称到帝尊？”汤濂《蒋帝庙》云：“将相与王侯，不值一俯仰。我重逐盗人，能令山易蒋。”陈文述（1771—1843）《钟山访徐铉遗宅》中有“花月谁寻江令宅？云山好傍蒋侯祠”；《明太祖陵》中有“蒋帝青山秋雨暗，志公灵谷暮云孤”，《钟山汉秣陵尉蒋子文祠》云：

灵旗落叶共飘萧，龙尾荒祠久寂寥。

志阙赤乌前代事，魂归白马午时潮。

玉颜嫓婳怜三妹，香火繁华阅六朝。

一角钟山埋骨地，传芭不用楚词招。

六朝以来，对蒋子文的尊仰与古都南京的发展过程相始终，塑造了蒋子文的文化和文学形象，而蒋子文的形象也反过来重塑了南京这座城市的文化和文学传统。

从唐朝开始，蒋子文逐渐跨出志怪小说的圈子，大规模进军文坛，盘踞诗人文人的想象中区。“在骚人墨客的心中，他是一个文化符号，一个文学隐喻，他是金陵的象征，是六朝沧桑的重要见证，是过去那一段历史的魅力依旧的记忆”①。

五、小姑独处：青溪水木最清华

六朝时期祭祀民间杂神的《弦歌十八首》，流行于南京一带，其第六首《青溪小姑》云：

开门白水，侧近桥梁。小姑所居，独处无郎。

弦歌中的青溪小姑，是位寂寞忧伤的青溪水神。“小姑独处”，在文学语言中，与出自唐代罗隐《赠钟陵妓》的“云英未嫁”恰成情韵风雅的一对。这位青溪小姑不是旁人，她就是蒋子文的三妹，也是“名字见于南京文化史最早的女性”②。干宝《搜神记》记述蒋子文故事中，涉及蒋子文次弟蒋子绪的蒋侯家眷，没有出现青溪小姑的名字。不过，在陶潜的《搜神后记》中，东晋太元年间（376—396），已经有了“青溪中姑”：

太元中，谢家沙门竺昙遂，年二十余，白皙端正，流俗沙门。身尝行经青溪庙前过，因入庙中看。暮归，梦一妇人来，语云：“君当来作我庙中神，不复久。”昙遂梦问妇人是谁，妇人云：“我是青溪中姑。”如此一月许，便卒病。临死，谓同学年少曰：“我无福，亦无大罪，死乃当作青溪庙神。诸君行便，可见看之。”既死后，诸年少道人诣其庙。既至，便灵语相劳问，音声如其生时。临去，云：“久不闻呗声，甚思一闻之。”其伴慧觐，便为作呗，讫，其犹唱赞。语云：“歧路之诀，尚有凄怆，况此之乖。形神分散，窈冥之叹，情何可言！”既而歔欷，悲不自胜，诸道人等皆为流涕。③

---

① 程章灿：《旧时燕：文学之都的传奇》，南京，南京大学出版社，2021 年，第 62 页。

② 薛冰：《烟水气与帝王州：南京人文史》，北京，九州出版社，2024 年，第 104 页。

③ ［南朝宋］陶潜撰，李剑国辑校：《搜神后记辑校》卷三“竺昙遂”条，北京，中华书局，2019 年，第 497、498 页。

这个故事讲的是年轻帅气的谢家沙门竺昙遂，被“青溪中姑”召去作庙神，不过还没出现“青溪小姑”的名号，但其行事风格确实有蒋子文的影子。“青溪小姑”的名号，最早出现在南朝宋明帝泰始年间（465—471）刘敬叔所撰的《异苑》中，并且明确她就是蒋子文的三妹：

青溪小姑庙，云是蒋侯第三妹。庙中有大榖扶疏。鸟尝产育其上。晋太元中，陈郡谢庆执弹乘马，缴杀数头，即觉体中慄然。至夜，梦一女子，衣裳楚楚，怒云：“此鸟是我所养，何故见侵！”经日谢卒，庆名奂，灵运父也。[①]

陈郡谢氏是谢安一族，属东晋豪门，但谢灵运的父亲谢庆，就这样被轻而易举地取了性命，三妹的威权，一点都不输蒋侯。与蒋侯的故事如出一辙，青溪小姑也有与凡人的爱情故事。南朝梁吴均《续齐谐记》中有“青溪庙神”的故事，说宋元嘉五年（428），在建康任东宫扶侍的会稽赵文韶，官廨在清溪中桥（位置约在今四象桥），与尚书王叔卿家只有一巷之隔，距离两百多步。他秋夜玩月，怅然思归，倚门唱《西乌夜飞》，其声哀怨。忽有一位十五六岁的青衣婢女过来说：“王家娘子白扶侍，闻君歌声，有门人逐月游戏，遣相闻耳。”天色还不晚，赵文韶也没有怀疑，就邀请王家娘子过访相见。王家娘子十八九岁的年纪，容色可爱，跟随着两个婢女。赵文韶问她家在何处，娘子举手指着王尚书的宅院说：“是闻君歌声，故来相诣，岂能为一曲邪？”赵文韶歌《草生盘石》，音韵清畅，很合娘子心意。娘子说，只要有了瓶，还担心没有水么。随即吩咐婢女回去取箜篌来，要为赵文韶演奏一曲。转眼取来箜篌，娘子轻拨两三下，泠泠有声。于是命婢女歌《繁霜》，自解裙带系箜篌腰，叩之以倚歌：“日暮风吹，叶落依枝。丹心寸意，愁君未知。歌《繁露》，侵晓幕。何意空相守，坐待繁霜落。”彼此唱和，夜深已久，遂同寝处，缱绻至四更才别去。临行脱金簪以赠文韶，文韶回赠银碗、白琉璃匕各一枚。天亮后赵文韶出门，偶至青溪庙，在神座上休息，看到他赠给王家娘子的银碗，心下疑

---

① ［南朝宋］刘敬叔撰，范宁校点：《异苑》卷五，北京，中华书局，1996 年，第 43 页。

惑不解，再看屏风后边，又发现了那琉璃匕，以及像昨晚一样以丝带系缚的箜篌。祠庙中供奉女姑神像，有一青衣婢女立在前方，赵文韶仔细一看，“皆夜所见者，于是遂绝”[①]。

至此，经过六朝人士不懈的再创作，终于把青溪小姑改造成了他们喜欢的样子。隋唐以降，青溪小姑的形象基本固定下来，杨炯《少室山少姨庙碑》中有“亦犹蒋侯三妹，青溪之轨迹可寻；虞帝二妃，湘水之波澜未歇”[②]。李商隐用“小姑无郎”之典的《无题》，最堪玩味：“重帏深下莫愁堂，卧后清宵细细长。神女生涯原是梦，小姑居处本无郎。风波不信菱枝弱，月露谁教桂叶香。直道相思了无益，未妨惆怅是清狂。”

宋代词人张先《长相思》中，青溪小姑丰神情韵宛然在目：“粉艳明，秋水盈。柳样纤柔花样轻。笑前双靥生。”和蒋王庙一样，青溪庙也时有兴废，罢相后隐居钟山的王安石《次韵约之谢惠诗》中有“鱼跳桑柳阴，鸟落蒲苇侧。已无溪姑祠，何有江令宅”。《六朝事迹编类》如此记述青溪：“《建康实录》：吴赤乌四年冬，凿东渠，名为青溪。《寰宇记》云：青溪在县东六里，阔五丈，深八尺，以泄玄武湖水。《舆地志》云：青溪发源钟山，入于淮，连绵十余里。溪口有埭，埭侧有神祠，曰青溪姑。今县东有渠，北接覆舟山，以近后湖，里俗相传此青溪也。其水迤逦西出，至今上水闸相近，皆名青溪。陶季直《京都记》云：京师鼎族多在青溪埭，尚书孙瑒、尚书令江总宅，当时并列溪北。”[③]

祠庙的有无，并不关文化意象的传承，在文化发展上，很多时候，正是因为“无”，更激发出“有”，也因如此，青溪小姑在文化变迁中的形态更为灵动多样。《康熙江宁府志》记载：“青溪夫人祠。在金陵闸，夫人南朝甚有灵验，宋犹有之，今废。青溪小姑者，汉秣陵尉蒋子文妹也。尝遇难，妹挟两女投溪中死。青溪小姑祠，其

---

① ［南朝梁］吴均撰，王根林校点：《续齐谐记》，上海，上海古籍出版社，2012 年，第 230、231 页。

② ［唐］杨炯：《少室山少姨庙碑》，［唐］杨炯撰，祝尚书笺注：《杨炯集笺注》卷五《碑》，北京，中华书局，2024 年第 2 版，第 567 页。

③ ［宋］张敦颐撰，张忱石点校：《六朝事迹编类》卷五《江河门》“青溪”条，北京，中华书局，2012 年，第 77 页。

来旧矣。明万历戊戌间，有以《通纪》载黄观夫人翁氏死节，挟两女投淮清桥下，见此像相似，以为当时隐其迹也，遂改作节烈祠，祀翁氏母子。”[①]清代厉鹗《悼亡姬诗》中有“第三自比青溪妹，最小相逢白石仙”，蒋侯三妹，在后世排行第三的女子那里找到了形象认同和心理契合。后人到了蒋王庙，也自然地会想到青溪庙，所以陈文述《钟山汉秣陵尉蒋子文祠》中有“玉颜姽婳怜三妹，香火繁华阅六朝”。名列近代岭南六大家的潘飞声《金陵杂诗》中有：“灵旗落叶共飘丹，小妹青溪玉弹鬟。嗜酒神人兼好色，蒋侯自古有钟山。”

清朝中后期，青溪小姑又被讹传为织女，成为织工机匠崇奉的保护神。顾櫰三《蒋庙在钟山之阴，旧祀子文三妹，即青溪小姑也，近讹作织女，侑食子文，机匠崇奉甚盛，诗以譬之》中有“蒋侯闻此笑哆口，世间怪事无不有。杜十姨嫁伍髭须，扑朔雌雄谁辨否”，又说：“神言土偶原无知，沿讹踵谬人自为。君不见织女戴孝已足诧，钟馗嫁妹尤可嗤。千秋信史传疑半，姑妄言之姑听之。”王士禛《秦淮杂诗十四首》其六云：“青溪水木最清华，王谢乌衣六代夸。不奈更寻江总宅，寒烟已失段侯家。”钟山巍巍，却也因为青溪小姑的传说，多了一分灵巧与轻柔。

第三节　道林真觉：唤得齐梁一梦回

一、刀尺拂：杖头犹识齐梁谶

唐代诗人杜牧《江南春绝句》云：“千里莺啼绿映红，水村山郭酒旗风。南朝四百八十寺，多少楼台烟雨中。”历史的风雨不断冲刷人们的记忆，而杜牧的诗句则为我们慢慢打开烟水苍茫的画卷，六朝的梵音佛影渐渐变得清晰可辨。东吴建业慧风初扇，东晋时佛教蔚然成风，迄南朝则盛极一时，上至帝王将相、公卿贵族，

① [清]于成龙纂修：《康熙江宁府志（三）》卷二十二《祠祀》“本府”条，南京，南京出版社，2011年，第224页。

下至平民百姓、贩夫走卒，无不沾染风俗，以建寺造塔、开窟雕像为功德。南朝宋文帝公开袒护佛家，对臣下毫不讳言地表示，如果人们都信仰了佛教，他便可以坐致太平了。到了南朝梁武帝统治的四十八年间，首都建康地区的佛寺达到了五百多所，而其中的七十余所就分布在钟山的邃密山林之中。

与北方佛学偏重于实践不同，由于大批南迁的贵族、士大夫把中原流行的老庄哲学和清谈之风带到了建康，与佛教思想相互影响渗透，形成了南方佛学偏重义理玄谈的特点。钟山刹宇之间，释子成行，名僧大德纷纷登坛说法，往复辩难，一时之间梵音入空，法鼓远闻，热闹非凡。钟山佛寺记载最早的是建于东晋时期的延贤寺，较为知名的还有南朝宋元嘉元年所建的定林寺，梁武帝在钟山北高峰所建的大爱敬寺、在钟山南麓为宝志和尚所建的开善寺等。

钟山开善寺自建成后几度衰而复振，唐代更名为宝公院，宋代有开善道场、太平兴国寺、十方禅院之称，元代称蒋山寺，后明太祖朱元璋将其连同志公塔、定林寺、宋熙寺和竹园寺等一同东迁建成灵谷寺，为天下丛林之首，历代瞻礼者络绎不绝，文脉延续，已有 1500 多年。

宝志（436—514），俗姓朱，建康东阳（今南京栖霞区东阳镇）人。南朝宋元嘉十三年（436），东阳一位朱姓妇女去井边汲水，听见一棵古树上的鹰巢中传出婴儿的啼哭声，就将其带回家抚养，这名婴儿就是宝志。传说他生有一双鹰爪般的手。宝志 7 岁出家到道林寺，成年后，显出灵迹，居止无定，饮食无常，常赤足行于街市，手持一锡杖，杖头挂刀、尺、拂之类，好为人预卜未来征兆。他杖头所挂的刀、尺、拂，被说成预言了未来的三个朝代，刀切削整齐，预言齐朝；尺用于丈量，预言梁朝；拂可掸尘，预言陈朝。

南朝齐建元年间（479—482），宝志开始出现异迹，为朝野士庶所钦敬，京城内外妇孺皆知。齐武帝萧赜认为宝志言行惑众，让建康令将其收监入狱，在亲自见识到他的异迹后，又把他迎入华林园居住。据《高僧传》载：

齐武帝谓其惑众，收驻建康。明旦人见其入市，还检狱中，志犹在焉。志语狱吏："门外有两舆食来，金钵盛饭，汝可取之。"既而齐文慧（惠）太子、竟陵王子良，并送食饷志，果如其言。建康令吕文显以事闻武帝，帝即迎入，居之后堂。

一时屏除内宴，志亦随众出。既而景阳山上，犹有一志，与七僧俱，帝怒遣推检，失所在。阁吏启云："志久出在省，方以墨涂其身。"时僧正法献，欲以一衣遗志，遣使于龙光、罽宾二寺求之，并云："昨宿旦去。"又至其常所造厉侯伯家寻之。伯云："志昨在此行道，旦眠未觉。"使还以告献，方知其分身三处宿焉。常盛冬袒行。沙门宝亮欲以衲衣遗之，未及发言，志忽来引纳（衲）而去。又时就人求生鱼鲙，人为办觅，致饱乃去。还视盆中，鱼游活如故。志后假武帝神力，见高帝于地下，常受锥刀之苦，帝自是永废锥刀。①

宝志所作的谶言，多有应验，因而名气越来越大。齐卫尉胡谐生病，请志公去看，宝志写了"明屈"二字即离去，结果胡谐当天病死，次日载尸还宅。宝志说："明屈者，明日尸出也。"南齐末年萧宝卷即位后，齐太尉陈显达调任为江州刺史，太尉司马殷齐之随行。殷齐之辞别宝志时，宝志在纸上画了一棵树，又在树上画了一只鸟，告诉殷齐之："急时可登此。"后来陈显达听说萧宝卷屡诛大臣，并将派兵袭击江州，遂在浔阳起兵反叛，进攻建康。陈显达兵败被杀，殷齐之逃入庐山，快被追兵赶上的时候，他看到林中有一棵树，树上有一只鸟，一如宝志所画。殷齐之想到了宝志为他画的那张画，顿时悟到了其中的含意，毫不迟疑地爬上树去，树上小鸟受到惊扰居然并不飞走。随即赶到的追兵看到树上有鸟，认为上边不会藏人，遂放弃追赶，殷齐之幸免于难。

萧宝卷建成芳乐苑，整天在内寻欢作乐。竟陵王萧子良过去的防阁桑偃，这时做了梅虫儿的军副，与前巴西太守萧寅合谋要立萧子良之子巴陵王萧昭胄为帝，准备招募壮士从万春门突入芳乐苑把萧宝卷收拾掉。桑偃一天去见宝志，宝志远远看到他，掉头就跑，并大呼道："围台城，欲反逆，斫头破腹。"桑偃的同党王山沙见难以成事，选择告密，遭到了萧寅的刺杀。办案官员检查王山沙尸体时，在他的香袋中发现了写有萧昭胄等人密谋的纸条。东窗事发，桑偃果然落得个"斫头破腹"的下场。

---

① ［南朝梁］释慧皎撰，汤用彤校注，汤一玄整理：《高僧传》卷十《神异下·梁京师释保志》，北京，中华书局，1992年，第395页。

南齐时，禁止宝志出入皇宫大内。梁武帝萧衍即位后，对宝志和尚尤为钦重，让他可以随意出入皇宫，下诏说："志公迹拘尘垢，神游冥寂。水火不能燋濡，蛇虎不能侵惧。语其佛理，则声闻以上，谈其隐伦，则遁仙高者。岂得以俗士常情，空相拘制，何其鄙狭一至于此。自今行道来往，随意出入，勿得复禁。"梁天监五年（506）冬大旱，朝廷雩祭求雨，都没有效果。宝志上启梁武帝，要在华光殿讲《胜鬘经》来请雨。梁武帝马上请法云在华光殿讲《胜鬘经》，刚讲完，当夜便降下大雪。宝志又说："须一盆水，加刀其上。"梁武帝命人照做，不一会果然降下大雨。《太平广记》记载："（宝志）对梁武帝吃鲙，昭明诸王子皆侍侧。食讫，武帝曰：'朕不知味二十余年矣，师何谓尔？'志公乃吐出小鱼，依依鳞尾，武帝深异之。如今秣陵尚有鲙残鱼也。"① 此事《六朝事迹编类》记作："宝志尝对梁武帝食鲙，帝曰：'朕不知此味二十余年，师何为尔？'志乃吐出小鱼，鳞尾依然。今金陵尚有鲙残鱼。"②

有梁一代，宝志的预言也多有应验。何敬容出身南朝官宦世家，祖父何攸之是南朝宋太常卿，父亲何昌珝是南朝齐的礼部尚书。作为名家子弟，他弱冠之年就迎娶了齐武帝之女长城公主，拜驸马都尉。入梁后，何敬容一路升迁，担任礼部尚书时铨序明审，出任吴郡太守时辩讼如神，"治为天下第一"，可谓春风得意。一次宝志碰到何敬容，却对他说："君后必贵，然终是何败何耳。"等到何敬容做了丞相，一直将宝志的话放在心上，认为他话的意思是说姓何之人将会给自己带来祸端，于是刻意压制同宗族的人，不让他们出来做官。没想到，意外还是发生了。梁大同五年（539），何敬容小妾之弟、担任导仓丞的费慧明，因为夜盗官米被捉送到了领军将军府。当时任领军将军的是河东王萧誉，何敬容写信给萧誉请他放过费慧明，没想到萧誉把书信上奏给了梁武帝。梁武帝大怒，命御史中丞严加审问。御史中丞张绾劾奏何敬容挟私罔上，应该受弃市之刑。梁武帝下诏宽宥，只是将何敬容免职。

---

① ［宋］李昉等编：《太平广记》卷九十《异僧四·释宝志》，北京，中华书局，1961 年，第 595 页。

② ［宋］张敦颐撰，张忱石点校：《六朝事迹编类》卷九《灵异门》"志公鲙残鱼"条，北京，中华书局，2012 年，第 126 页。

何敬容为河东王萧誉所败，应了河（何）败何的预言。梁武帝常和宝志谈论佛理，据《高僧传》记载：

上尝问志云："弟子烦惑未除，何以治之。"答云："十二。"识者以为十二因缘治惑药也。又问十二之旨，答云："旨在书字时节刻漏中。"识者以为书之在十二时中。又问："弟子何时得静心修习。"答云："安乐禁。"识者以为禁者止也，至安乐时乃止耳。[①]

因为世称宝志是"有道"之人，《玉台新咏》的编撰者徐陵（507—583）只有几岁的时候，家人就带他到宝志处，宝志摸着他的头感叹道："天上石麒麟也！"[②]

二、宝公符：独对钟山指暮云

关于宝志事迹的传记，最早的记录出自同时代的陆倕（470—526）为他写的《志法师墓志铭》，以及会稽嘉祥寺慧皎（497—554）约在梁武帝年间后半期完成的《高僧传》，其中记载的宝志灵异已经不少，在唐高宗时期李延寿撰述的《南史》中，神异色彩就更为浓厚了。据《南史》记载，当齐武帝迎宝志入华林园后，宝志"忽重著三布帽"。"三"，指齐武帝、文惠太子、豫章文献王三人；"布"，指为他们穿的丧服；"三布"预言了三人之死，"俄而武帝崩，文惠太子、豫章文献王相继薨"[③]。《南史》中，宝志的预言被称为"宝公符"，高丽还遣使取志公绵帽供养，说明宝志的故事已经流传到了高丽。有趣的是，现在僧人所戴的帽子，就叫"志公帽"，比较早的图像可见敦煌千佛洞第一四七 A 窟壁画中的帽子。

---

① ［南朝梁］释慧皎撰，汤用彤校注，汤一玄整理：《高僧传》卷十《神异下·梁京师释保志》，北京，中华书局，1992 年，第 396 页。

② ［唐］姚思廉撰：《陈书》卷二十六《列传第二十·徐陵》，北京，中华书局，1972 年，第 325 页。

③ ［唐］李延寿撰：《南史》卷七十六《列传第六十六·隐逸下·宝志》，北京，中华书局，1975 年，第 1900 页。

《南史》还记载，天监年间（502—519），宝志有诗云："昔年三十八，今年八十三，四中复有四，城北火酣酣。"梁武帝使周舍封记之[①]。梁武帝萧衍原是齐朝雍州刺史，在得到江州刺史陈伯之支持后，于502年攻入建康，建立了梁朝，这年萧衍38岁。萧衍83岁时，他舍身当和尚的同泰寺发生火灾，火起之日恰为四月十四日，宝志的谶言得到了应验。因为广受尊信，宝志谶语有时还成为叛乱者的精神支撑。《南史》记载："天监中沙门释宝志为谶云：'太岁龙，将无理。萧经霜，草应死。余人散，十八子。'时言萧氏当灭，李氏代兴。及湘州贼陆纳等攻破衡州刺史丁道贵，而李洪雅又自零陵称助讨纳。……寻而洪雅降纳，纳以为应符，于是共议拜洪雅为大将军，尊事为主。"[②]李洪雅后来为王僧辩所败。

唐宋时期，宝志故事更加流行。宋太宗太平兴国三年（978），李昉等人奉诏编纂完成的《太平广记》记载："（宝志）好用小便濯发，俗僧暗有讥笑者。志亦知众僧多不断酒肉，讥之者饮酒食猪肚，志勃然谓曰：'汝笑我以溺洗头，汝何为食盛粪袋？'讥者惧而惭服。"[③]宝志和寒山、布袋等异僧的行为方式，表面上打破戒律，根本精神却是严守戒律，得到普通百姓的普遍欢迎。南宋天台宗僧人志磐所撰纪传体佛教通史《佛祖统纪》记载，梁武帝天监二年（503），"帝问志公：'国有难否？'志指喉及颈。（谶侯景也）'享国几何？'曰：'元嘉元嘉。'（宋文帝元嘉至三十年，重言之者，过元嘉也）帝临政苛急，志假帝神力见先君受苦地下，由是恤刑。尝诏张僧繇写志真，志以指剺破面门，出十二面观音相，或慈或威，僧繇竟不能写"[④]。

宝志常与梁武帝讲经论佛。有一次，梁武帝问宝志如何解救地狱中的痛苦，宝志答称"夙生定业，不可顿灭，惟闻钟声，其苦暂息"。于是梁武帝下诏要天下寺

---

① ［唐］李延寿撰：《南史》卷七《梁本纪中第七》，北京，中华书局，1975年，第224页。

② ［唐］李延寿撰：《南史》卷六十三《列传第五十三·王僧辩》，北京，中华书局，1975年，第1539页。

③ ［宋］李昉等编：《太平广记》卷九十《异僧四·释宝志》，北京，中华书局，1961年，第596页。

④ ［宋］志磐撰，释道法校注：《佛祖统纪校注》卷三十八《法运通塞志第十七之四》，上海，上海古籍出版社，2012年，第854页。

院击钟，这就是寺庙里多铸大钟的由来。天监十三年（514）冬，宝志在台后堂对人说："菩萨将去。"不到十天，他就无疾而终了。去世之前，他燃起一支蜡烛，交给后阁舍人吴庆，吴庆随即报闻梁武帝。梁武帝叹道："大师不复留矣，烛者将以后事属我乎。"

越到后世，对宝志的谶语预言的传说就越神奇：他不但能够前知当世，对时更数代几百年之后的事也能做出准确的预言。刘禹锡曾谈到唐代仍流传的宝志谶语"两角女子绿衣裳，却背太行邀君王，一止之月必消亡"，准确预言了安禄山的叛乱及死亡。安禄山正是在唐肃宗李亨至德二载（757）的正月被部下严庄及宦官李猪儿所杀："两角女子，'安'字；绿者，'禄'字也；一止，正月也，果正月败亡。圣矣，符志公之寓言也。"[①]元代官修《宋史》记载：

周广顺初，江南伏龟山圮，得石函，长二尺，广八寸，中有铁铭，云："维天监十四年秋八月，葬宝公于是。"铭有引曰："宝公尝为偈，大事书于版，帛幂之。人欲读之者，必施数钱乃得，读讫即幂之。是时，名士陆倕、王筠、姚察而下皆莫知其旨。或问之，云在五百年后。至卒，乃归其铭同葬焉。"铭曰："莫问江南事，江南自有冯。乘鸡登宝位，跨犬出金陵。子建司南位，安仁秉夜灯。东邻家道阙，随虎遇明兴。"其字皆小篆，体势完具，徐铉、徐锴、韩熙载皆不能解。及煜归朝，好事者云：煜丁酉年袭位，即乘鸡也；开宝八年甲戌，江南国灭，是跨犬也；当王师围其城而曹彬营其南，是子建司南位；潘美营其北，是安仁秉夜灯也；其后太平兴国三年，淮海王钱俶举国入觐，即东邻也；家道阙，意无钱也；随虎遇，戊寅年也。[②]

清末民初陈作霖（1837—1920）《凤麓小志》考证："花盏冈者，高踞凤台山

① ［唐］韦绚撰，陶敏、陶红雨校注：《刘宾客嘉话录》"志公语"条，北京，中华书局，2019年，第22页。

② ［元］脱脱等撰：《宋史》卷六十六《志第十九·五行四·金》，北京，中华书局，1977年，第1447页。

之巅，形隆而长。……一名伏龟山，南唐保大十三年山圮，得释宝志所埋石函，有铭曰：‘乘鸡登宝位，跨犬出金陵。’亡国之谶也。山有楼亦曰伏龟。”[①]陈作霖所说的南唐保大十三年（955），不同于《宋史》所说的后周太祖郭威广顺年间（951—953），而是后周太宗柴荣显德二年（955）。

同样的谶语，据《六朝事迹编类》的记载，还出自南唐灭亡的前几年在金陵昇元寺（亦名瓦官寺）掘出的石记，但没说作者是谁：

南唐将归我宋数年前，昇元寺殿基掘得石记，乃诗谶，其辞曰：“若问江南事，江南事一凭。抱鸡升宝位（谓李煜丁酉年生也），走犬出金陵（谓王师甲戌渡江也）。子建居南极（曹彬列栅城南，乃子建也），安仁秉夜灯（谓潘美恐有伏兵，命纵火也）。东邻骄小女，骑虎渡河冰（钱俶以戊寅年入朝，尽献浙西之地，乃骑虎之谓也）。”[②]

诗谶预言南唐后主李煜亡国之事，“乘鸡升宝位”，应是指李煜在宋建隆二年（961）即辛酉鸡年即位，《宋史》中“好事者”所说的“丁酉年袭位”不对，但李煜是南唐升元元年（937）即丁酉鸡年出生的，这一年前主李昪称帝建立南唐。“跨犬出金陵”，是指宋开宝七年（974）即甲戌犬年大举伐南唐，南唐亡国。“子建司南位”，是指曹彬率部驻扎在金陵城南，三国曹植字子建，“子建”代指同姓曹的曹彬。“安仁秉夜灯”，潘美是攻打金陵的主将之一，西晋潘安字安仁，“安仁”代指同姓潘的潘美。“东邻家道阙，随虎遇明兴”，是指太平兴国三年（978）即戊寅虎年，五月王钱俶纳图归宋。

后人对宝公各种神异和谶语的解释五花八门，结合自己当世之事，对宝志言行做出各种离奇的揣测，让人叹为观止。明周晖《金陵琐事》云：

---

① ［清末民初］陈作霖撰，朱明点校：《凤麓小志》卷一《志地·考街道第一》，［清末民初］陈作霖、［民国］陈诒绂撰：《金陵琐志九种》，南京，南京出版社，2008年，第43—47页。

② ［宋］张敦颐撰，张忱石点校：《六朝事迹编类》卷十一《寺院门》“昇元寺”条，北京，中华书局，2012年，第150页。

何元朗《丛说》，解宝志公谶云："杖上悬尺者，梁也。拂者，陈也。剪者，齐也。镜者，大明也。"其谶甚明，其说最确。但中间尚有隋唐宋元，何不一谶之乎？志公生于金陵鹰巢，朱姓者探于巢而养之。志公葬于钟山，太祖迁其地而葬之，此更是一大谶也。志公真神僧哉！[①]

清代以来，出现了济公和尚的传说，编为戏曲、小说，深受民众喜爱。尤其是二十世纪八十年代，随着电视剧《济公》的热播和演员的精彩演绎，"鞋儿破，帽儿破，身上的袈裟破"的济公形象更加深入人心。而济公传说的灵感来源，就是宝志。清末民初的蒋瑞藻《花朝生笔记》考证《济公传》时指出："世传南宋有颠僧济公，备极神奇。坊刻如《济公传》，如《皆大欢喜》，如张心其（清苏州人，号'寒山子'）《醉菩提》院本，皆衍其事。实则南宋初无此人，乃因六朝宋释宝志而伪传者也。"[②] 近代考据家钱静方《小说丛考》也指出："《醉菩提》演南宋颠僧道济，以菩萨化身，为佛门弟子，游戏三昧，假作颠狂。此实六朝时之南宋时人，而院本以为赵氏之南宋者，误也。……志公一生，足为纪述者甚多，后人因之，演为种种奇异之事，而误其名为道济，且误其时为赵氏之南宋，于是西湖诸禅林，伪造种种灵迹，以惑乡愚，实则济公即志公之误，无其人也。尝见坊间又有《皆大欢喜》《济公传》两书，亦言济公神迹，此皆画蛇添足而已。"[③] 也有专家认为，《济公传》里的济公是杂糅南朝释宝志及宋代的"呆行者"叶守一和净慈寺的"诋毁和尚"而成的艺术形象[④]。

---

① [明]周晖撰，张增泰点校：《金陵琐事》卷一"志公谶"条，南京，南京出版社，2007年，第57页。

② 蒋瑞藻撰，蒋逸人整理：《小说考证》续编卷五《济公传第二十六》，杭州，浙江古籍出版社，2016年，第513页。

③ 钱静方：《小说丛考·醉菩提院本考》，上海，古典文学出版社，1957年，第133、134页。

④ 黄天骥：《评〈济公全传〉》，[清]佚名：《济公全传》，广州，花城出版社，1983年，第3、4页。

三、开善寺：水声闲与客同寻

天监十三年（514）宝志圆寂后，为安奉宝志和尚遗骨法函，梁武帝之女永定公主以汤沐钱，建浮图五级于钟山独龙阜，名“志公塔”。次年，梁武帝又在塔前建开善寺。据《六朝事迹编类》记载：“梁武帝天监十三年，以钱二十万易定林寺前冈独龙阜，以葬志公。永定公主以汤沐之资，造浮图五级于其上。十四年，即塔前建开善寺。”①《景定建康志》考证云：“梁武帝天监十三年，以定林寺前冈独龙阜葬志公，永定公主以汤沐之资，造浮图五级于其上。十四年，即塔前建开善寺。今寺乃其地也。唐乾符中，改为宝公院。”②据《佛祖统纪》记载：“初，志公尝与帝登钟山，指独龙冈曰：‘此为阴宅，先行者得之。’是年顺化于华林园佛堂，帝忆其言，诏有司具葬其地，建浮图五级其上，车驾临葬致奠，忽见大士涌身云间，乃为立开善寺。”③

梁武帝还敕陆倕为宝志撰墓志铭置于墓冢之中，于寺门立开善寺碑，碑文为王筠所撰：

妙门关键，辟之者既难。法海波澜，游之者未易。是以轩称俊圣，尧曰钦明，韶濩有美善之风，文武致时雍之业。地平天成，惟事即世，移风易俗，匪止今身。至如访道峒山，乘风独远，凝神汾水，杳然自丧。或宗仰黄老之谈，景慕神仙之术，斯盖不度群生，事局诸己，笃而为论，道有未弘。熏风逾露，散馥流甘，璧月珠星，联华飏叶。修幡绕于云根，和铃响于天外。玉池动而扬文，宝树摇而成乐。铭曰：亭亭功汉，耿介凌烟，层甍霞耸，飞栋星悬。④

---

① ［宋］张敦颐撰，张忱石点校：《六朝事迹编类》卷十一《寺院门》“蒋山太平兴国禅寺”条，北京，中华书局，2012 年，第 143 页。

② ［宋］周应合纂：《景定建康志》卷四十六《祠祀志三·寺院》，南京，南京出版社，2009 年，第 1116 页。

③ ［宋］志磐撰，释道法校注：《佛祖统纪校注》卷三十八《法运通塞志第十七之四》，上海，上海古籍出版社，2012 年，第 856 页。

④ ［南朝梁］王筠：《开善寺碑》，［唐］欧阳询撰，汪绍楹校：《艺文类聚》卷七十六《内典上·内典·碑》，上海，上海古籍出版社，1999 年第 2 版，第 1306、1307 页。

开善寺创建不久，梁武帝为了弘通佛法，即敕当时名僧智藏居开善寺，后人称为“开善智藏”。梁武帝钦重智藏，任其出入皇宫，甚至登上御座。天监十四年（515），智藏招集道俗亲自讲解《金刚般若》后居开善寺，再不出山。梁武帝时或敕召智藏参加法会，亦为他婉言拒绝。智藏在开善寺以“空假名”来弘扬《成实论》，一时从学者甚众，其中知名门人有慧韶、僧绰、僧旻、惠超等，开善寺也因此名震当时。昭明太子萧统对智藏尤为敬接，将致北面之礼，其《开善寺法会》一诗云：

栖鸟犹未翔，命驾出山庄。诘屈登马岭，回互入羊肠。
稍看原蔼蔼，渐见岫苍苍。落星埋远树，新雾起朝阳。
阴池宿草雁，寒风摧夜霜。兹地信闲寂，清旷惟道场。
玉树琉璃水，羽帐郁金床。紫柱珊瑚地，神幢明月珰。
牵萝下石磴，攀桂陟松梁。涧斜日欲隐，烟生楼半藏。
千祀终何迈，百代归我皇。神功照不极，睿镜湛无方。
法轮明暗室，梵海渡慈航。尘根久未洗，希沾垂露光。

萧统曾赴钟山讲论佛法，其《钟山解讲》有“非曰乐逸游，意欲识箕颍”，从游的萧子显、刘孝绰、刘孝仪、陆倕等均有和诗。陆倕《和昭明太子钟山解讲》云：

终南邻汉阙，高掌跨周京。复此亏山岭，穹窿距帝城。
当衢启珠馆，临下构山楹。南望穷淮溆，北眺尽沧溟。
步檐时中宿，飞阶或上征。网户图云气，龛室画仙灵。
副君怜世网，广命萃人英。道筵终后说，銮辔出郊坰。
云峰响流吹，松野映风旌。睿心嘉杜若，神藻茂琳琼。
多谢先成敏，空颁后乘荣。

梁武帝第三子晋安王萧纲在答十一弟广信侯萧映的书信中写道：“王白。仰承比往开善，听讲《涅槃》，纵赏山中，游心人外。青松白雾，处处可悦。奇峰怪石，极目忘归。加以法水晨流，天华夜落，往而忘反，有会昔言。王牵物从务，无由独往，仰此高踪，寸心如结。谨白。”[①] 梁武帝第七子湘东王萧绎有《与刘智藏书》，

---

① ［南朝梁］萧纲：《答广信侯书》，［唐］释道宣撰：《宋思溪藏本广弘明集：全十二册》第八册卷二十一《法义篇第四之四》，北京，国家图书馆出版社，2018年，第42、43页。

对智藏赞颂备至："方今玄冥在节，岁聿云遒，日似青缇，云浮红蕊，清台炭重，北宫井溢。想禅悦为娱，稍符九次；成诵之功，转探三密。山间芳杜，自有松竹之娱；岩穴鸣琴，非无薜萝之致。修德之暇，差足乐也。昔韩梅两福，求羊二仲，郑林腾名于冯翊，周党传芳于太原。或有百镒可捐，千金非贵，松子为餐，蒲根是服，未有高蹈真如，归宗法海。梵土四鹤，集林虆而相鸣；帝释千马，经丘园而蹁步。有一于此，犹或称奇，兼而总之，何其盛也。"[①] 梁普通三年（522）九月十五日，智藏去世，敕葬独龙山冈，墓所、寺内各立一碑，分别由新安太守萧机、湘东王萧绎撰文，太子中庶子殷钧为撰墓志。

六朝时期，钟山开善寺也成为后人的游赏胜地。释洪偃《游钟山之开善、定林，息心宴坐，引笔赋诗》有"树高枝影细，山尽鸟声稀。石苔时滑屣，虫网乍粘衣"；东宫学士、临川嗣王府墨曹参军徐伯阳《游钟山开善寺》有"鸟声不测处，松吟未觉风"。

杜甫《解闷十二首》"颇学阴何苦用心"中所说的阴铿，梁世为湘东王萧绎法曹参军，他所作《开善寺》云：

鹫岭春光遍，王城野望通。登临情不极，萧散趣无穷。

莺随入户树，花逐下山风。栋里归云白，窗外落晖红。

古石何年卧，枯树几春空。淹留惜未及，幽桂有芳丛。

隋唐五代时期，金陵地位下降，开善寺颇为寂寥。淮南节度使高适（约 700—765）《同群公宿开善寺陈十六所居》有："徘徊龙象侧，始见香林花。读书不及经，饮酒不胜茶"。名列"大历十才子"的崔峒《登蒋山开善寺》云：

山殿秋云里，香烟出翠微。客寻朝磬至，僧背夕阳归。

下界千门见，前朝万事非。看心兼送目，葭菼暮依依。

唐代宗大历年间（766—779），李栖筠曾施财修缮志公堂。李栖筠被唐代宗册封为赞皇县开国子，大历七年（772）入为西台御史大夫，有"赞皇公""李西台"之称。唐穆宗长庆四年（824），监察御史李顾行应寺僧之请追叙其事，撰《上元

---

① ［南朝梁］萧绎：《与刘智藏书》，［唐］释道宣撰：《宋思溪藏本广弘明集：全十二册》第十一册卷二十八《启福篇第八》，北京，国家图书馆出版社，2018 年，第 35、36 页。

县开善寺修志公和尚堂石柱记》云："初，志公之未迁灭也，梁武帝命工人审像而刻之，相好无遗，俨然若对。建窣堵波于金陵之开善寺，圣功冥化，历代瞻敬，人钦其神者二百余祀。公乃具彩舟，设幡盖而迎，至则置于厅事西偏方丈之净室。每旦散名花、爇灵香，时复膳百味、鼓八音以展诚敬，以申供养。……其余则置膏腴之田，以供香火之用。"①

诗与白居易齐名，世称"元白"的元稹（779—831）《和友封题开善寺》云：

梁王开佛庙，云构岁时遥。珠缀飞闲鸽，红泥落碎椒。
灯笼青焰短，香印白灰销。古匣收遗施，行廊画本朝。
藏经沾雨烂，魔女捧花娇。亚树牵藤阁，横查压石桥。
竹荒新笋细，池浅小鱼跳。匠正琉璃瓦，僧锄芍药苗。
旋蒸茶嫩叶，偏把柳长条。便欲忘归路，方知隐易招。

唐乾符年间（874—879），开善寺改名"宝公院"。南唐升元年间（937—943），徐德裕重修塔院。保大七年（949），南唐中主李璟加号宝志为"妙觉"，改宝公塔名为"应世"。开宝三年（970），后主李煜改宝公院为"开善道场"。

四、宝公塔：一笑阴云四野开

宋元以来，宝志多次显迹，受到帝室的关注和褒赠，到宝公塔祈雨祈晴者也多有应验，让宝志获得了"护国佑民"的称誉，金陵官员与往来文人墨客到钟山寻幽探胜者日众，而开善寺、宝公塔更成为瞻礼者的必到之地。

宋太宗赵光义是在宋太祖赵匡胤暴毙后登上皇位的，其过程疑点重重，为堵住悠悠众口，不得不借宝志来为自己平息舆论。宋太宗太平兴国七年（982），"舒民柯萼遇老僧往万岁山，指古松下，掘之，得石篆，乃宝公记圣祚绵远之文"，于是遣使致谢，谥宝志为"宝公妙觉"②，为寺庙赐额为"太平兴国禅寺"。宋太宗

① ［唐］李顾行：《上元县开善寺修志公和尚堂石柱记》，［宋］李昉等编：《文苑英华》卷八百二十《记二十四（释氏四）·石柱》，北京，中华书局，1966年，第4331页。

② ［宋］张敦颐撰，张忱石点校：《六朝事迹编类》卷十一《寺院门》"蒋山太平兴国禅寺"条，北京，中华书局，2012年，第143页。

的儿子宋真宗赵恒，采取儒、释、道“三教并隆”的政策，对神异之事尤其感兴趣。大中祥符五年（1012），宋真宗下诏在龙图阁中取出太平兴国七年于舒州所获的那块“宝公石”，不但给辅臣们瞻仰，还作诗记其事，将这块石头命名为“神告帝统石”，改宝志谥号为“真觉大师”，派遣知制诰陈尧咨到蒋山致告[①]，其青词云：

俾乃龙舒之坏，时惟天柱之峰。始道见于苾刍，遂披文于琬琰。述祖宗之受命，年历攸同；昭皇绪以无疆，传源罕测。秘于内府，播厥策书。绵载祀以居多，蕴祯祺而有待。近以至真临格，宝训躬闻，审墓（基）绪之由来，积庆灵之永久，询于故府，获乃贞珉。睹篆刻之如新，若符节之斯合。诏自今不可以名斥，以显尊异，宜赐号“道林真觉菩萨”。[②]

宋英宗治平（1064—1067）初年，改谥宝志为“道林真觉大师”。宋神宗熙宁七年（1074），王安石罢相，改知江宁府，隐居钟山半山园。他将周围诸小刹都并入太平兴国禅寺，使该寺得以扩大。元人虞集《钟山太平兴国寺碑记》：“及王丞相安石守金陵，合诸小刹以附益之，寺始大。”[③]王安石《登宝公塔》有“江月转空为白昼，岭云分暝与黄昏。鼠摇岑寂声随起，鸦矫荒寒影对翻”；《宝公塔》有“道林真骨葬青霄，窣堵千秋未寂寥。宝势旁连大江起，尊形独受众山朝”；《重登宝公塔复用前韵二首》有“空见方坟涌半霄，难将生死问参寥。应身东返知何国，瑞相西归自本朝”；又有“碧玉旋螺恍隔霄，冠山仙冢亦寥寥。空余华构延风月，无复灵踪落市朝”。黄履（1030—1101）《次韵和若愚登宝公塔》有“宝塔登题称

---

① ［宋］宋敏求：《东京记》，转引自［明］葛寅亮撰，何孝荣点校：《金陵梵刹志》卷三《钟山灵谷寺》，天津，天津人民出版社，2007年，第127页。

② ［南宋］释祖琇撰，杨权整理：《隆兴佛教编年通论》卷六《梁·本朝太祖赐谥号诏》，广州，广东人民出版社，2020年，第105页。此文《金陵梵刹志》中题为《致斋宝志公青词》，作者亦为“宋太宗”，但考其文义，当为宋真宗遣人致告之辞。［明］葛寅亮撰，何孝荣点校：《金陵梵刹志》卷三《钟山灵谷寺》，天津，天津人民出版社，2007年，第102、103页。

③ ［明］葛寅亮撰，何孝荣点校：《金陵梵刹志》卷三《钟山灵谷寺》，天津，天津人民出版社，2007年，第105页。

逸材，云关岫幌半天开。独龙下峙钟形峻，灵鹫旁连翼势回”。被梅尧臣赞为“李白后身”的郭祥正（1035—1113）《钟山宝公塔》有“浮屠突兀倚云烟，绘事犹存旧刀尺”。

南宋高宗赵构建炎四年（1130），金兵犯建康，太平兴国禅寺为兵燹所毁。绍兴年间（1131—1162）复建。宋人刘岑《蒋山大佛殿记》说：“大佛殿前又有大毗卢阁，两翼为行道阁属之殿，其余堂庑极其雄丽，皆绍兴以来所建。”[①] 战乱之际，李纲（1083—1140）《同李似之游蒋山》有“宝公骨已冷，白塔孤云间。乘高望长空，极目波涛翻。东南正戎马，戈甲照江干。与子适相遇，偷此半日闲”。《登钟山谒宝公塔》云：

宝公真至人，鸟爪金色身。杖携刀尺拂，语隐齐梁陈。

我登钟山顶，白塔高嶙峋。再拜礼双足，聊结香火因。

绍兴八年（1138）至十二年（1142），叶梦得任江东安抚置制大使兼知建康府，“凡遇旱涝，皆虔祷宝公，无不立验”[②]。叶梦得有数篇祈雨、祈晴、谢雨、谢晴文传世，或是到宝公塔祈请，或是将宝志像请入城中供奉，应验后再送还山中。其《同惇立游蒋山，谒宝公塔、王荆公墓，晚过草堂寺，周颙故宅也》中云：“至人本无心，与我常周旋。谁云唤不应，汝意自不虔。”其一篇《祈雨请宝公入城文》云：

兵戈之后，十室九空，公私所须，惟在南亩。苟或罹于一歉，即坐致于百艰。幸兹春夏之交，适获雨旸之节，疲氓尽力，布种稍周。惧迫骄阳，尚资时泽。敢祈觉力，重悯凋残，特纾愆亢之忧，赐以沾濡之惠。遗秉滞穗，岂惟足一时妇子之求；积廪高囷，庶以偿十年沟壑之患。精诚所叩，妙应无方。[③]

---

① ［宋］周应合纂：《景定建康志》卷四十六《祠祀志三・寺院》，南京，南京出版社，2009 年，第 1116、1117 页。

② ［清］甘熙编修，［清］谢元福增辑，［民国］佚名增补：《灵谷禅林志》卷六《灵感》，南京，南京出版社，2019 年，第 103 页。

③ ［宋］叶梦得：《祈雨请宝公入城文》，［宋］叶梦得撰：《建康集》卷四《记》，［清］纪昀等编：《四库全书・集部四・别集类三・宋》，第 15、16 页。

与谢逸、汪革、谢薖并称江西诗派“临川四才子”，被陆游称为当时“诗僧第一”的饶节，其《宝志禅师梁天监中将入寂，然一烛付后阁舍人吴庆，庆以事闻帝，叹曰：大师不复留矣，烛者将以后事嘱我乎？颂》云：

已是梁王不识真，末后殷勤付舍人。

柳花飞尽莺犹语，独对钟山指暮云。

任枢密院编修时闻朝廷遣使金国求和，曾上书请砍秦桧之头的胡铨（1102—1180），在《与正觉长老同游蒋山》中有“宝公何似赞公房，好句还追铁凤翔。金象妙高惊地胜，木犀清远送天香”。两淮抗金失利时建议高宗驻跸建康“以系中原之望”的吴芾，在《陪梁大谏察院同登蒋山》有“山如屏嶂阜如钟，中有巍巍古梵宫。六代兴王俱扫迹，一僧遗塔尚摩空”。《陪梁大谏陈察院同登蒋山》云：

尽室斋心谒梵宫，愿求一语卜穷通。

老夫只欲归田去，懒把前程问志公。

宋高宗绍兴三十一年（1161），金兵入犯淮甸，宝志“以神力幽赞，卒使虏酋就殄，江淮以安”，于是加封宝志为“道林真觉慈应惠感大师”，宝公塔为“感顺”。绍兴三十二年（1162）正月十五日，史浩（1106—1194）《陪洪景卢左司，马德骏、薛季益、冯圆中三郎中，汪中嘉总干游蒋山，以三十六陂春水分韵得三字》有“宝公道场主，貌像坚瞿昙。千年窣堵波，倒影落寒潭”。

宋孝宗赵昚淳熙六年（1179）三月十三日，同中书门下平章事兼枢密使陈俊卿祈雨宝公祠，已于淳熙五年（1178）罢参知政事的范成大参与了此次祈雨。陈俊卿《淳熙己亥岁三月十三日，祈雨宝公祠下获应如响，敬以小诗言谢》有“农事春郊闵雨时，乞灵奔走宝公祠。炉中沉水才三祝，天外油云已四垂”。范成大《宝公祈雨感应用陈申公韵赋诗为谢》有“膴原龟坼暮春时，夹路炉薰共祷祠。唤起云头千嶂涌，飞来雨脚万丝垂”；还有《元日谒钟山宝公塔》云：

雪后江皋未放春，老来犹驾两朱轮。

归心历历来时路，官事驱驱病里身。

未暇鸡窠寻古佛，且防鹤帐怨山人。

君看王谢墩边地，今古功名一窖尘。

淳熙十六年（1189），宋光宗赵惇接受宋孝宗禅位，登上皇位，召余端礼（字处恭）为吏部侍郎，除权刑部尚书兼侍讲，以焕章阁直学士知建康府、江南东路安抚使。为保一方风调雨顺，余端礼照例要从钟山迎请宝志像到城中，举办祈雨仪式。一次祈雨成功，时任江东转运副使的杨万里以诗为贺，其《贺建康帅余处恭迎宝公祷雨随应》云：

大士多时不入城，入城犹未炷炉熏。
忽吹淮水千峰雨，不费钟山半朵云。
桑叶秧苗俱起舞，葵花萱草亦欢欣。
尚书款送公归去，留下丰年二十分。

宋宁宗赵扩嘉定十二年（1219），商硕任建康总领所总领，其《宝公塔祷晴有感》云："我公自有回天力，一笑阴云四野开。从古昌黎衡岳事，而今人又说天台。"太平兴国寺住持释庆如《和商总领大卿祷晴有感》云："秋来畎亩禾生耳，深轸弥旬积雨阴。虔叩宝公香一爇，忧民心竟彻天心。"

宋理宗嘉熙四年（1240）秋，李曾伯到钟山祈雨，想起之前和太平兴国寺住持的一次对话，"蒋山月老尝谓予言：'寺赡衲子数百，阙半岁粮。'予曰：'何所办之？'曰：'赖宝公打供耳。'予曰：'尔之住蒋山，我之总西饷也。道不同而理同，恃此心而已矣。'"[①] 其所赋诗《庚子祈雨蒋山赠月老》有"几为晓灶炊烟喜，又作秋田渴雨忧。自有宝公能办供，元凭心上细推求"。宝祐六年（1258），倪垕以朝散大夫除淮西总领兼江东运判，其《宝祐戊午腊七日祷雪蒋山二首》有"宝公契我机缘在，何必埋腰勘熟梅"；又有"景入渔村诗外尽，香从僧塔顶中烧。疚怀虽为民祈福，得似春风驾使轺"。

更多的人去钟山，是为了求签问卜，寻幽探胜，悟道谈禅。苏泂《宝公塔》云："东门草色绿匆匆，游女行寻郎马踪。鸡鱼不到吴大帝，签卜争求梁宝公。"官至吏部尚书的韩元吉（1118—1187）《次韵王季夷时同宿蒋山》有"亭亭石塔宝公龛，剩喜僧床得对谈"；李流谦（1123—1176）《登宝公塔》有"三尺杖头闲一把，兴亡随分百余年。我来但爱松风好，觅得僧窗一觉眠"；马之纯《蒋山太平兴国禅寺》

① ［宋］李曾伯撰：《可斋杂稿》卷二十八《七言律诗》，［清］纪昀等编：《四库全书·集部四·别集类三·宋》，第 15 页。

有“松荫十里青丝障，石磴千层白玉楼”；胡助《蒋山》有“钟阜龙蟠自古今，宝公塔畔足幽寻”。曾极《金陵百咏·宝公塔》云：

六帝园陵堕劫灰，独余灵骨葬崔嵬。

行人指点云间鹤，唤得齐梁一梦回。

南宋景定（1260—1264）末年，妙高奉敕住金陵蒋山太平兴国寺，弘法凡十三年，有僧徒五百。宋恭帝德祐元年（1275），元军入金陵，焚毁寺院庐舍。有军卒闯入太平兴国寺中，强令妙高缴纳钱财。妙高严词答道：“此荒寺贫僧，布施久绝，何从得金？”军卒大怒，以刀枪临之，试摩其项。妙高从容答道：“欲杀即杀，非汝砺石。”辞气雍容，毫无怖畏。军卒无奈，敛锋而退。元丞相伯颜钦敬妙高，“舍牛头斋粮五百石，寺赖以济”[①]。元至治元年（1321），杭州灵隐寺玉山禅师弟子守忠住持太平兴国寺，声望日隆，禅学之士，日满其室。

元泰定帝泰定二年（1325）正月，元文宗图帖睦尔潜邸建康，恰逢太平兴国寺遭遇火灾，他认为是天意让“撤旧而作新之”，主动出资倡修寺院，于是上至行御史台，下至郡县之吏，无不出资施舍，“富者效其财，贫者输其力。工则致其巧，农则献其食”。经过两年的营造，使太平兴国寺成为东南巨刹，规制极一时之盛。泰定五年（1328）秋，图帖睦尔登上皇位，以这一年为天历元年，并命廷臣加宝志号为“道林真觉慧感慈应普济”，寺曰“大崇禧寺”。

据元文宗命翰林学士虞集所撰的《大崇禧寺碑》，泰定五年还在“钟山之旧寺，聚铜数万斤，铸大钟”，正在冶炼时，图帖睦尔“以碧珠投之。及钟成，珠不坏，完好坚固，宛在栾铣。万目惊睹，以为宝公之报贶焉”[②]。重修过的太平兴国寺，成为金陵一大景观，如吴景奎《答蒋山宝公塔下高阁》所云：

宝公塔下登高阁，日尽东南半壁天。

江接秦淮围故国，地连吴楚渺平川。

---

① ［清］甘熙编修，［清］谢元福增辑，［民国］佚名增补：《灵谷禅林志》卷八《高僧二·元·妙高》，南京，南京出版社，2019 年，第 138 页。

② ［元］虞集：《大崇禧寺碑》，［元］虞集撰：《道园学古录》卷二十四《碑铭》，［清］纪昀等编：《四库全书·集部五·别集类四·元》，第 18 页。

猿惊鹤怨移文在，虎踞龙蟠王气偏。

闻说先皇游幸日，白毫千丈礼金仙。

第四节　彩云梦境：刘勰与《文心雕龙》

一、余心有寄：刘勰的入世与出世

刘勰祖籍是西晋的东莞郡莒县（今山东莒县）。莒县之地，商代为姑幕国，周代为莒子国，西汉时属青州城阳郡。西晋武帝司马炎太康元年（280），从徐州所辖琅琊国里分出一块地，置东莞郡，与琅琊郡并立。太康十年（289），将原属青州城阳郡的莒县、姑幕县、诸县、东武县划归东莞郡管辖。西晋永嘉之乱中，黄河流域士族纷纷南迁。晋元帝司马睿建立东晋政权后，为了安置南迁士族，在长江南北各地侨立许多郡县，以原来在北方的郡县名来命名，有的在原地名前加上一“南”字。南东莞郡，就是晋明帝太宁年间（323—326）所立，领莒、东莞、姑幕三县，侨置于晋陵境内。南朝宋文帝元嘉八年（431）“更以江北为南兖州，江南为南徐州，治京口”，南东莞郡属南徐州辖内。刘勰约生于南朝宋前废帝刘子业景和元年（465），这年十二月，宋文帝第十一子湘东王刘彧杀刘子业，自立为帝，这就是宋明帝，其年号为“泰始”，这一年又是泰始元年。准确说，刘勰的籍地就是南朝宋晋陵境内侨郡南徐州东莞郡莒县，“此地现在江苏常州武进区境内”[①]。

刘勰字彦和，据《梁书》记载，其祖父刘灵真为南朝宋司空刘秀之的弟弟，不过在《宋书·刘秀之传》中只提到刘秀之的弟弟刘粹之任晋陵太守，没有提到刘灵真。刘秀之是宋武帝刘裕的重臣，也是南朝宋开国功臣刘穆之从兄之子。《宋书》中又说刘穆之、刘秀之是“东莞莒人”，世居京口（今江苏镇江）。刘勰的父亲刘

① 张戬炜：《刘勰与晋陵》，《常州工学院学报》2007年第4期，第6页。

尚于宋明帝泰始七年（471）任越骑校尉，于宋后废帝元徽二年（474）在保卫都城建康的战斗中战死。刘勰幼年丧父，家道中落，意志坚强，笃志好学，家贫不婚娶。20 岁左右的时候，他离开家乡，跟随僧祐来到京城，寄居在钟山定林寺。

僧祐（445—518），本姓俞，祖上是彭城下邳（今江苏睢宁一带）人，父亲早年移居建业。僧祐年幼时去建初寺拜佛，听到佛法非常喜欢，不肯回家。父母疼爱他，于是允许他学习佛法，拜释僧范为师。僧祐 14 岁的时候，家人偷偷为他聘亲，僧祐知道后逃至钟山定林寺投奔法达法师。法达是罽宾国（今克什米尔）入华高僧昙摩密多（亦名竺法秀）的弟子，禅法高深，戒德精严。僧祐尽心事师，年满后受具足戒，执操坚明。僧祐初受业于一代律学宗师法颖，日日苦心钻研，从不松懈，终于精通律学。齐竟陵王萧子良多次请僧祐讲律，每次听众都有七八百人之多。永明年间（483—493），僧祐奉敕入吴地考察僧尼，并宣讲《十诵律》与受戒方法。途中收到的信众施舍，“悉以治定林、建初及修缮诸寺，并建无遮大集舍身斋等，及造立经藏，搜校卷轴。使夫寺庙开广，法言无坠，咸其力也”[①]。大概就是在这一时期，刘勰结识并受知于僧祐，被带回定林寺，一边刻苦自修，一边帮助僧祐校定经藏，这样过了十多年，“遂博通经论，因区别部类，录而序之。今定林寺经藏，勰所定也”[②]。

刘勰所居的定林寺为江南名刹，有上、下定林之分，共属一座寺院，只是所处位置有高、低之别。下定林寺始建于南朝宋文帝刘义隆元嘉元年（424），位于钟山南麓独龙阜之玩珠峰，即今明孝陵陵宫区西北一带。元嘉十年（433），高僧昙摩密多居于下定林寺，他“以为钟山镇岳，埒美嵩华，常叹下寺基构，临涧低侧。于是乘高相地，揆卜山势，以元嘉十二年（公元四三五年）斩石刊木，营建上寺”[③]。上定林寺地势比下定林寺高，与下定林寺统称为定林寺。

---

① ［南朝梁］释慧皎撰，汤用彤校注，汤一玄整理：《高僧传》卷十一《明律·齐京师建初寺释僧祐》，北京，中华书局，1992 年，第 440 页。

② ［唐］姚思廉撰：《梁书》卷五十《列传第四十四·文学下》，北京，中华书局，1973 年，第 710 页。

③ ［南朝梁］释慧皎撰，汤用彤校注，汤一玄整理：《高僧传》卷三《译经下·宋上定林寺昙摩密多》，北京，中华书局，1992 年，第 122 页。

南朝宋后废帝刘昱元徽三年（475），僧人法献西游西域于阗国（今新疆和田），得佛牙舍利一枚，带回上定林寺佛牙阁供养。六朝金陵数百寺庙中，唯有上定林寺供奉有佛牙舍利，广受四方佛徒朝拜。据《高僧传》记载，法献元嘉十六年（439）“方下京师，止定林上寺。博通经律，志业强悍。善能匡拯众许，修葺寺宇。先闻猛公西游，备瞩灵异，乃誓欲忘身，往观圣迹”。元徽三年（475），法献“发踵金陵，西游巴蜀，路出河南，道经芮芮。既到于阗，欲度葱岭，值栈道断绝，遂于于阗而反。获佛牙一枚，舍利十五身，并《观世音灭罪咒》及《调达品》，又得龟兹国金锤鍱像，于是而还。其经途危阻，见其别记。佛牙本在乌缠国，自乌缠来芮芮，自芮芮来梁土，献赍牙还京师十有五载。密自礼事，余无知者，至文宣感梦，方传道俗”。“牙以普通三年（公元五二二年）正月，忽有数人并执仗，初夜扣门，称临川殿下奴叛，有人告云在佛牙阁上，请开阁检视，寺司即随语开阁。主师至佛牙座前，开函取牙，作礼三拜，以锦手巾盛牙，绕山东而去。至今竟不测所在”[①]。后佛牙历代数经辗转，今供奉于北京市西山八大处灵光寺。

自南朝宋迄梁，上定林寺高僧辈出，如僧远、僧柔、法通、智称、道嵩、超辩、慧弥、法献、法愿、僧祐等名僧都曾居于寺内，成为江左地区佛教活动中心。刘勰在此潜心学习，崭露头角，文名日盛。南朝齐武帝萧赜永明十年（492），高僧超辩圆寂，僧祐为造碑墓所，刘勰为制文。齐明帝建武元年（494），僧柔圆寂，僧祐为立碑墓所，刘勰为制文。建武二年（495），刘勰“夜梦执丹漆之礼器，随仲尼而南行”，决定撰写《文心雕龙》。《文心雕龙》全书共10卷、50篇，分为总论、文体论、创作论、批评论四个部分，全面系统地评论了古今文章及其体裁，分析论述了文学创作内容和表现形式的关系，主张文质并重，初步建立文学史观念和文学批评方法论，针对创作的各个环节提出了精辟见解，理论观点首尾一贯，各论之间互相照应，最后一篇《序志》阐明了《文心雕龙》的创作目的和意图。《文心雕龙》作为中国第一部具有严密体系的文学理论专著，在中国古代文学批评和文艺理论的发展史上具有奠基意义和深远影响。

---

① ［南朝梁］释慧皎撰，汤用彤校注，汤一玄整理：《高僧传》卷十三《兴福·齐上定林寺释法献》，北京，中华书局，1992年，第488—490页。

《文心雕龙》完成后，不为时流所称，刘勰自重其文，欲取定于诗文名家沈约。不过沈约位高权重，他无缘得见，遂携书稿守在沈约家门口，等候沈约出门时献于车前，状若卖货之人。沈约一读之下大为赞赏，认为“深得文理”，常置于几案之间。梁武帝萧衍天监元年（502），刘勰“起家奉朝请”，离开定林寺步入仕途。天监三年（504），任中军临川王萧宏记室。天监四年（505），任车骑仓曹参军。天监七年（508），梁武帝命僧旻于定林寺编《众经要抄》，刘勰参与其事。天监十年（511），除仁威南康王记室，后兼东宫通事舍人。东宫属官有二十五类，例设官员共一百一十余人。级别最高的是太子太傅、太子少傅和总领太子属官的太子詹事。其次是家令、率更令和太子仆，号称太子三卿。再次是太子洗马、中庶子和太子门大夫等，其后才是太子舍人。太子舍人中有中舍人和舍人两类，前者地位高于后者，设四人，后者为十六人。舍人官七品，多属兼职，且经常变动。刘勰所任通事舍人，是舍人的一种，有时径称为舍人。虽然二人地位悬殊，昭明太子萧统爱好文学，喜与刘勰交往，其所编《文选》的文学观、文体观也受到刘勰《文心雕龙》的影响。如骆鸿凯所言：“昭明选文，或相商榷。而《刘勰传》载其兼东宫通事舍人，深被昭明爱接；《雕龙》论文之言，又若为《文选》印证，笙磬同音。是岂不谋而合，抑尝共讨论，故宗旨如一耶？”[①] 周贞亮也说：“《刘勰传》独载其为东宫通事舍人，深被昭明太子爱接，是《文心雕龙》一书，必为太子深所契赏；昭明选文，必与彦和共相讨论；即彦和亦必代为搜讨，此可推想而知者也。”[②]

天监十五年（516），剡山石城寺弥勒石像成，刘勰为作《梁建安王造剡山石城寺石像碑》文。天监十七年（518）五月，僧祐圆寂，刘勰为作碑文。八月，因上表言二郊飨荐与七庙同应改用蔬果，有功，迁步兵校尉，仍兼东宫通事舍人。天监十八年（519），奉梁武帝之命，与沙门慧震于定林寺修纂佛经。梁武帝普通元年（520），完成佛经整理任务后上表请求出家，获梁武帝批准，在定林寺变服为僧，改名“慧地”。普通二年（521），出家不到一年的时间，即于定林寺去世，葬于钟山。

---

① 骆鸿凯：《文选学·纂集第一》，北京，知识产权出版社，2013年，第12页。

② 周贞亮撰，王庆元、刘以刚点校：《文选学讲义》，武汉，崇文书局，2024年，第39页。

二、文心之作：刘勰的梦与梦文化

刘勰《文心雕龙·序志》云："形同草木之脆，名逾金石之坚，是以君子处世，树德建言，岂好辩哉，不得已也。"把自己著书留名声于后世的目的说得很清楚，所谓"腾声飞实，制作而已"[①]。后来《文心雕龙》收名定价于文章权威沈约，刘勰拦车求见的举动，表现出他对自己作品的极大自信。刘勰的这种自信不能从"时流"的赞赏中培养出来，它来自清醒的自我认识、自我评价，还有就是他的两个非同寻常的梦。

刘勰《文心雕龙·序志》又说："予生七龄，乃梦彩云若锦，则攀而采之。齿在逾立，则尝夜梦执丹漆之礼器，随仲尼而南行。旦而寤，乃怡然而喜。"刘勰郑重地把自己7岁和30岁时所做的两个梦写进书里，因为他认为这是他人生中的大事，尤其和他著书密切相关。"大哉圣人之难见也，乃小子之垂梦欤"，刘勰认为是孔子特意托梦给他，所以"敷赞圣旨"便成了他当然的任务，这便是他写作《文心雕龙》的缘起。梦真的有那么大作用吗？这就要把刘勰的梦放到广义的六朝梦文化的背景下去思考。

古人很早就对梦做过分类。《周礼》把梦分为六类："占梦掌其岁时观天地之会，辨阴阳之气，以日、月、星、辰占六梦之吉凶。一曰正梦，二曰噩梦，三曰思梦，四曰寤梦，五曰喜梦，六曰惧梦。"[②]汉代王符则把梦分为十类："凡梦：有直，有象，有精，有想，有人，有感，有时，有反，有病，有性。"[③]这两种分类，每一种都只是罗列种类，并没有一个明确的划分标准。钱锺书认为："'六梦'古说，初未了当；王符《潜夫论·梦列》篇又繁称寡要，《世说·文学》载乐广语则颇提纲挈领：'卫玠总角时问乐令梦，乐云："是想。"卫云："形神所不接，岂是想耶？"

---

① 《文心雕龙》卷十《序志第五十》。

② [清]孙诒让撰，王文锦、陈玉霞点校：《周礼正义》卷四十八《春官宗伯·占梦》，北京，中华书局，1987年，第1968—1974页。

③ [汉]王符著，[清]汪继培笺，彭铎校正：《潜夫论笺校正》卷七《梦列》，北京，中华书局，1985年，第315页。

乐云："因也。未尝梦乘车入鼠穴、捣齑啖铁杵，皆无想无因故也。"'　'形神不接'之梦，或出于'想'，姑置不论；乐于'因'初未申说。《列子》此篇'想梦自消'句，张注：'此"想"谓觉时有情虑之事，非如世间常语尽日想有此事，而后随而梦也。'盖心中之情欲、忆念，概得曰'想'，则体中之感觉受触，可名曰'因'。当世西方治心理者所谓'愿望满足'（eine Wunscherf ü llung）及'白昼遗留之心印'（Traumtag，die Tagesreste），想之属也；所谓'睡眠时之五官刺激'（die Sinnesreize），因之属也。"[①]

钱先生从梦的发生的角度把它分成"想梦"和"因梦"两种。王符列出的第三种梦"意精之梦"也属于"想梦"之类。王符云："孔子生于乱世，日思周公之德，夜即梦之。此谓意精之梦也。"[②]孔子曾说："甚矣吾衰也！久矣吾不复梦见周公！"[③]后人认为这说明他梦到过周公，所以汉皇侃说孔子"乃不敢期于天位，亦犹愿放乎周公，故年少之日，恒存慕发梦"；宋王昭禹则说："思梦若孔子之梦见周公。"[④]刘勰梦到孔子，同孔子梦到周公一样，也是长时间的思慕所引发的。做第二个梦的时候，刘勰达到孔子说的而立之年。他"出身于家道中落的贫寒庶族"[⑤]，苦无进身之阶。"穷则独善以垂文，达则奉时以骋节"[⑥]，他在仕途上没有大发展的希望，只好更加注意于文章。刘勰无疑对孔子的文章最为推崇，《文心雕龙》中对这一点再三致意，"夫子继圣，独秀前哲，熔钧六经，必金声而玉振"[⑦]。"征之周孔，则文有师矣。……然则圣文之雅丽，固衔华而佩实者也。天道难闻，犹或钻仰；文章可见，胡宁勿思。若征圣立言，则文其庶矣"[⑧]。总之"自生人以来，未有如夫

---

① 钱锺书：《管锥编》第二册《列子张湛注》"周穆王"条，北京，中华书局，1986年第2版，第488页。

② ［汉］王符著，［清］汪继培笺，彭铎校正：《潜夫论笺校正》卷七《梦列》，北京，中华书局，1985年，第315页。

③ 《论语·述而》。

④ 程树德撰，程俊英、蒋见元点校：《论语集释》，北京，中华书局，1990年，第442页。

⑤ 王元化：《刘勰身世与士庶区别问题》，王元化：《文心雕龙讲疏》，上海，上海古籍出版社，1992年，第5页。

⑥ 《文心雕龙》卷十《程器第四十九》。

⑦ 《文心雕龙》卷一《原道第一》。

⑧ 《文心雕龙》卷一《征圣第二》。

子者”[1]。刘勰对孔子的倾慕可谓到了极点，读书作文时心中总存着一个孔子，梦到他也就不奇怪了。另外，在梦中他执丹漆的礼器随孔子而行，这也让人想到秦末去投奔陈涉的“持孔氏之礼器”的鲁国儒生，礼器无疑是孔门的重要信物。

对于梦这种奇异的现象，人们很早便寻求合理的解释，把梦境和现实联系起来，“假如这些联系自己不表现出来，那就有必要迫使它们表现出来”[2]。我国的殷墟卜辞中便有了梦兆的记录，《诗经·小雅》的《斯干》《无羊》则是我国记载梦兆具体情形的最早记录[3]。《汉书·艺文志》“杂占类”列《黄帝长柳占梦》十一卷、《甘德长柳占梦》二十卷，云：“众占非一，而梦为大，故周有其官。”[4]《隋书·经籍志》则列举了前代出现的占梦书十种[5]。

古代占卜对梦的解释不外“直”“转”“反”三种方式。所谓“直”，是指把某种梦象直接解释成它所预兆的人和事，梦象和它所预兆的人和事在内容上和形式上都能和谐一致[6]。据《宋书》，刘宋大将王玄谟为宁朔将军的时候，受辅国将军萧斌节度。因为王玄谟刚愎自用且苛刻少恩，大失人心。后来所部被拓跋焘率军击溃，几乎全军覆没。萧斌要杀王玄谟，多亏沈庆之固谏，才饶了他。开始王玄谟将被杀的时候，“梦人告曰：‘诵《观音经》千遍，则免。’既觉，诵之得千遍，明

---

① 《文心雕龙》卷十《序志第五十》。

② [法]列维·布留尔著，丁由译：《原始思维》，北京，商务印书馆，1981年，第280页。

③ 《诗·小雅·斯干》云：“下莞上簟，乃安斯寝。乃寝乃兴，乃占我梦。吉梦维何？维熊维罴，维虺维蛇。大人占之：维熊维罴，男子之祥；维虺维蛇，女子之祥。”《诗·小雅·无羊》云：“牧人乃梦：众维鱼矣，旐维旟矣。大人占之：众维鱼矣，实维丰年；旐维旟矣，室家溱溱。”

④ [汉]班固撰，[唐]颜师古注：《汉书》卷三十《艺文志》，北京，中华书局，1962年，第1773页。

⑤ 《隋书·经籍志》列有：京房撰《占梦书》三卷、崔元撰《占梦书》一卷、《竭伽仙人占梦书》一卷、周宣等撰《占梦书》一卷、《新撰占梦书》十七卷、《梦书》十卷、《解梦书》二卷、《海中仙人占体瞤及杂吉凶书》三卷、《海中仙人占吉凶要略二卷》、《杂占梦书》一卷。[唐]魏征等撰：《隋书》卷三十四《志第二十九·经籍三（子）》，北京，中华书局，1973年，第1037、1038页。

⑥ 褚赣生：《梦占》，香港，中华书局（香港）有限公司，2000年第2版，第92、93页。

日将刑，诵之不辍，忽传呼停刑”[①]。王玄谟对自己梦的理解便是“直”解。

对梦象“直”的解释比较简单，对比较复杂的梦象则需要用“转”的方法来解释。据《梁书》载，湘东王萧绎在寻阳的时候，梦到有人告诉他：“天下将乱，王必维之。”对这种梦可以“直”解。萧绎做梦当皇帝，别人也帮他做梦。《梁书》又载，贺革随萧绎西上，很不情愿，和御史中丞江革告别的时候，把自己的心思告诉了他。江革对他说：“吾尝梦主上遍见诸子，至湘东王，手脱帽授之。此人后必当璧，卿其行乎！”贺革听从了他的话。“及太清之难，乃能克复，故遐迩乐推”，萧绎“遂膺宝命矣”[②]。江革把主上（梁武帝萧衍）脱帽给湘东王解释成湘东王会当上皇帝，帝王的玉冕象征皇位，这便是“转”解。

刘勰 7 岁时梦彩云若锦，攀而采之，他显然对它进行了“转”释。刘勰认为：“立文之道，其理有三：一曰形文，五色是也；二曰声文，五音是也；三曰情文，五性是也。五色杂而成黼黻，五音比而成韶夏，五情（性）发而为辞章，神理之数也。”[③] 物体的“形文”和书辞的“情文”是不同事物的同一属性——“文”。刘勰还说：“云霞雕色，有逾画工之妙……无识之物，郁然有彩，有心之器，其无文欤？”[④] 将云霞之彩即“形文”和有心之器的“人文”（即“情文”[⑤]）对举。这样，刘勰对 7 岁时的梦印象如此深刻，特意在《文心雕龙 · 序志》中提到，无疑他把梦中攀采彩云解释成了自己的文章必有文采，梦中的“形文”便是现实中“人文”的象征。

列维 · 布留尔解释他提出的“互渗律”说：“在原始人的思维的集体表象中，客体、存在物、现象能够以我们不可思议的方式同时是它们自身，又是其他什么东西。它们也以差不多同样不可思议的方式发出和接受那些在它们之外被感觉的、继

---

① ［南朝梁］沈约撰：《宋书》卷七十六《列传第三十六 · 王玄谟》，北京，中华书局，1974 年，第 1974 页。

② ［唐］姚思廉撰：《梁书》卷五《本纪第五 · 元帝》，北京，中华书局，1973 年，第 136 页。

③ 《文心雕龙》卷七《情采第三十一》。

④ 《文心雕龙》卷一《原道第一》。

⑤ ［南朝梁］刘勰著，周振甫注：《文心雕龙注》，北京，人民文学出版社，1983 年第 2 版，第 4 页注 12。

续留在它们里面的神秘的力量、能力、性质、作用。”① 这种互渗的思维同样也存在于对梦境的解释中，梦中的客体、存在物、现象可以解释成现实中有某种相同属性的其他东西。

据《南齐书》载，广陵人荀伯玉曾为南朝刘宋晋安王刘子勋的镇军行参军。泰始初年刘子勋举事，失败后荀伯玉回到国都建康卖卜为业。后来荀伯玉投奔镇守淮阴的萧道成，因为为萧占卜看宅而被信用。一次荀伯玉请假回广陵，梦到自己上了广陵城南楼，见到两个青衣小儿对他说：“草中肃，九五相追逐。”伯玉看城下人头上皆有草。泰始七年（471），荀伯玉又梦到萧道成乘船在广陵北渚，两腋下有翅不能舒展。伯玉于是问何时可以舒展，萧道成答道：“却后三年。”荀伯玉梦中自以为是个咒师，“向上唾咒之，凡六咒，有六龙出，两掖下翅皆舒，还而复敛”。元徽二年（474）萧道成攻破桂阳，威名大震，再五年废掉宋顺帝刘准。他对荀伯玉说：“卿时乘之梦，今且效矣。”② 第一个梦中，“草中肃”是“萧”字，“九五”象征皇位，可以“转”解为萧氏诸王争夺皇位。第二个梦，萧道成把翅膀舒展这种现象解释成军事的胜利为最后的夺位铺平道路，梦境与现实的共同点便是摆脱了束缚，这也是“转”解。当然，荀伯玉在梦中的帮助也可以记为他现实中的功劳。

列维·布留尔的互渗律主要用来解释原始人的思维方式，但他也说过：“在发展较高的社会中，行为的方式变得复杂了，它们决定于复杂多变的动机。然而，当我们探查这种行为方式的渊源时，几乎每次都能发现可以证明互渗律曾经占过优势的迹象。可以在伟大的东方文明中，或者甚至在自家门前，在欧洲各民族的民间创作中找到的这一点的证据，要多少有多少。”“互渗”的思维方式，包括这种将梦境与现实联系起来的互渗思维方式广泛存在于古代的解梦过程中。这种思维方式“不是反逻辑的，也不是非逻辑的”，而是“原逻辑的”③，在解梦的时候，它可以以各种方式找到各种各样的神秘联系，对梦进行“转”解。

---

① ［法］列维·布留尔著，丁由译：《原始思维》，北京，商务印书馆，1981 年，第 69—70 页。

② ［南朝梁］萧子显撰：《南齐书》卷三十一《列传第十二·荀伯玉》，北京，中华书局，2019 年，第 634、635 页。

③ ［法］列维·布留尔著，丁由译：《原始思维》，北京，商务印书馆，1981 年，第 71 页。

据《南齐书》，齐武帝萧赜 13 岁时，“梦举体生毛，发生至足。又梦人指上所践地曰‘周文王之田’。又梦虚空中飞。又梦着孔雀羽衣。庾温云：‘雀，爵位也。’又梦凤皇从天飞下青溪宅斋前，两翅相去十余丈，翼下有紫云气。及在襄阳，梦著桑屐行度太极殿阶。庾温云：‘屐者，运应木也。’臣案桑字为四十而二点，世祖年过此即帝位，谓着屐为木行也。屐有两齿有声，是为明两之齿至四十二而行即真矣。及在郢州，梦人从天飞下，头插笔来画上衣两边，不言而去。庾温释云：‘画者，山龙华虫也。’”[①]由“雀”解为“爵”是因为音相近，解“桑屐”则一边数“桑”字的点数，一边研究“屐”的材料、构成，把这一切和萧赜当皇帝的具体情况神秘地联系起来，这样的“转”解简直可以说是无不可解。

解梦的第三种方法是“反”解。“反”解就是对梦中的事物所显示的预兆做相反的解释，钱锺书先生曾列举过许多对梦“反”解的例子，以下几个发生在六朝时期。“《世说新语·文学》人问殷浩：‘何以将得位而梦棺，将得材而梦矢秽？’《南史·沈庆之传》：‘尝梦引卤薄入厕中，庆之甚恶入厕之鄙，时有善占梦者为解之曰：“君必大富贵！”’《北齐书·李元忠传》：‘将仕，梦手执炬火入其父墓，中夜惊起，甚恶之。旦告其受业师，占云：大吉！’《弘明集》卷九梁萧琛《难范缜〈神灭论〉》：‘凡所梦者，或反中诡遇，赵简子梦童子裸歌而吴入郢、晋小臣梦员公登天而员公出诸厕之类，是也。’”[②]

对梦的解释、占卜致力于发现梦境与现实的神秘关系，而其目的则是在现实中应付这些关系。对梦境所显示征兆的应付不外两种，一是“顺”，采取顺其自然的态度或者是因势利导加以利用；二是“逆”，就是想办法加以干预，而干预的技术往往便是巫术。

据《晋书》载，晋人陶侃出身孤寒，以战功卓著而位极人臣，尚书梅陶说他“机神明鉴似魏武，忠顺勤劳似孔明，陆抗诸人不能及”。陶侃曾“梦生八翼，飞而上天，

---

① ［南朝梁］萧子显撰：《南齐书》卷十八《志第十·祥瑞》，北京，中华书局，2019 年，第 394 页。

② 钱锺书：《管锥编》第二册《列子张湛注》“周穆王”条，北京，中华书局，1986 年第 2 版，第 494、495 页。

见天门九重，已登其八，唯一门不得入。阍者以杖击之，因坠地，折其左翼。及寤，左腋犹痛。又尝如厕，见一人朱衣介帻，敛板曰：‘以君长者，故来相报。君后当为公，位至八州都督。’有善相者师圭谓侃曰：‘君左手中指有竖理，当为公。若彻于上，贵不可言。’侃以针决之见血，洒壁而为‘公’字，以纸裛手，‘公’字愈明。及都督八州，据上流，握强兵，潜有窥窬之志，每思折翼之祥，自抑而止”[①]。陶侃位至八州都督后，不敢再有非分之想，这便是听从梦境的安排，采取了“顺”的态度。据《梁书》载，丹阳秣陵人陶弘景幼有异操，神仪明秀，读书万卷。天监四年（505），陶弘景移居积金东涧，他“曾梦佛授其菩提记，名为胜力菩萨。乃诣鄮县阿育王塔自誓，受五大戒”[②]。陶弘景也是“顺”梦而行。

再看刘勰，他梦到孔子后“怡然而喜”，顺从梦的征兆，满怀信心地开始撰写《文心雕龙》。看他指列“近代论文者”各有未备，自言《文心雕龙》“按辔文雅之场，环络藻绘之府，亦几乎备矣”[③]，表现出的那种自负不能不说由梦中得来。

梦的吉兆不妨顺从，对凶兆则要好好应付。据《梁书》载，沈约笃志好学，少有才名，后起家奉朝请，在南朝宋、齐两朝一直官运亨通。沈约与梁武帝萧衍本是旧游好友，萧衍平定建康后，沈约窥伺萧衍之意，劝他下决心称帝，并亲草诏书。萧衍认为自己起兵三年，功臣诸将固然有功劳，但让他成帝业者，还是沈约和范云两个人，对沈约大加信用。萧衍原来和沈约的亲家张稷有私怨，张稷死后，有一次萧衍与沈约言及此事，沈约让他不用再提往事。萧衍认为沈约是护着张稷，大怒曰：“卿言如此，是忠臣邪！”沈约惊吓过度，生起病来，“梦齐和帝以剑断其舌。召巫视之，巫言如梦。乃呼道士奏赤章于天，称禅代之事，不由己出”。巫师负责解梦，而应付梦的凶兆则要靠道士的巫术。道士“奏赤章于天”，帮沈约推卸责任，说齐梁禅代不是他出的主意。不知道士的巫术是否有效，但萧衍听说了这件事，“大

---

① ［唐］房玄龄等撰：《晋书》卷六十六《列传第三十六·陶侃》，北京，中华书局，1974年，第1779页。

② ［唐］姚思廉撰：《梁书》卷五十一《列传第四十五·处士·陶弘景》，北京，中华书局，1973年，第743页。

③ 《文心雕龙》卷十《序志第五十》。

怒，中使谴责者数焉，约惧遂卒”[①]。

弗洛伊德曾说：“古人都以为梦有重大的意义和实际的价值，他们都从梦里寻求将来的预兆。”[②]古籍中有些关于梦的事例或许是当事人出于某种目的的夸张、歪曲甚至伪造，但应该看到的是，梦对现实生活有着真实的影响，在具体条件下，梦境甚至能够决定人的行动。作为我国传统文化重要组成部分的梦文化在六朝时期继续发展，梦的解释和应付仍然是人们生活中的一项重要内容。尤其在统治阶层中，对个人前途的关心使他们特别注意自己的梦境，除了自己解梦，还存在着许多专业或业余的巫师、术士担任解梦的工作，占梦成为一种更加“复杂而精细的艺术”。

刘勰生活在那个时代，对梦的预言作用深信不疑。《梁书》本传说他“为文长于佛理，京师寺塔及名僧碑志，必请勰制文”。他传世的碑志作品《梁建安王造剡山石城寺石像碑》也对梦有浓墨重彩的描写，竟至于把建安王决定造石像和僧祐对像事的经划归结为两个梦的功劳：

有始丰县令吴郡陆咸，以天监六年十月二十二日，罢邑旋国，夕宿剡溪，值风雨晦冥，惊湍奔壮，中夜震惕，假寝危坐；忽梦沙门三人，乘流告曰：“君识性坚正，自然安稳；建安王感患未瘥，由于微障。剡县僧护造弥勒石像，若能成就，必获康复。冥理非虚，宜相开导。”咸还都经年，稍忘前梦。后出门遇僧，云“听讲寄宿”，因言：“去岁剡溪风雨之夜，嘱建安王事，犹忆此否？”咸当时怃然，答以“不忆”。道人笑曰：“但更思之！”仍即辞去，不肯留止。心悟非凡，倒屣咨访，而慢色颇形，诡辞难领。拂衣高逝，直去靡回。百步追及，忽然不见。咸霍尔意解，且忆前梦，乃剡溪所见第三人也。再显灵机，重发神证，缘感昭灼，遂用腾启。君王智境邈群，法忍超绝。迈优昙之至心，逾波斯之建善；餐瑞言于群圣，膺福履于大觉。倍增恳到，会益喜舍。乃开藏写贝，倾邸散金，装严法身，誓取妙极。以定林上寺祐律师德炽释门，名盖净众，虚心宏道，忘己济物。加以贞鉴特达，研

---

① ［唐］姚思廉撰：《梁书》卷十三《列传第七·沈约》，北京，中华书局，1973年，第242、243页。

② ［奥］弗洛伊德著，高觉敷译：《精神分析引论》，北京，商务印书馆，1986年，第59页。

虑精深。乃延请东行，凭委经始，爰至启敕，专任像事。……初护公所镌，失在浮浅，乃铲入五丈，改造顶髻。事虽因旧，功实创新。及岩窟既通，律师重履，方精成像躯，妙量尺度；时寺僧慧逞，梦黑衣大神，翼从风雨，立于龛侧，商略分数。是夜将旦，大风果起，拔木十围，压坏匠屋，师役数十，安寝无伤。比及诘朝，而律师已至。[①]

正是这种深信不疑的心态让刘勰从对梦的解释中汲取力量，坚定信心。如果说没有写好文章的强烈愿望刘勰不会做那样的梦的话，也可以说，如果没有他的梦，恐怕他不会那么快动笔撰写《文心雕龙》，也不会如此看重自己的创作，以至于拦车求沈约一观。他的梦是他写作《文心雕龙》的重要缘起，只有把这件事放到六朝梦文化的背景中才好理解，同时，这件事本身也为理解六朝的梦文化提供了极好的例证。

三、无涯惟智：《文心雕龙》与“龙学”

《文心雕龙》较全面地总结了前代的文学现象，论述了文学中的一些重要问题，既有强调以儒家思想为最高准则的一面，又重视文学艺术自身的特征，主张文学创作须有发展变化。全书系统完整，把文学理论批评推向一个新的阶段，在中国古代文学批评和文艺理论的发展史上具有巨大的奠基意义和深远的影响。后世对《文心雕龙》的评价，也是随着各个时代文学风尚的不同而变化的。

六朝时期，尽管有文坛领袖沈约的揄扬，《文心雕龙》的影响面并不大，时人更看重的，还是深通佛理、文理的刘勰为高僧大德、名刹佛窟撰写的碑铭文字。昭明太子虽然对刘勰“深爱接之”，但他对文学的看法，是把经、子、史排斥在“文”之外的，对《文心雕龙》把经、子、史都纳入“文”中的体系建构恐怕不会欣赏。

---

① ［南朝梁］刘勰：《梁建安王造剡山石城寺石像碑》，［南朝梁］刘勰著，［清］黄叔琳注，李详补注，杨明照校注拾遗：《增订文心雕龙校注》附录《别著第九》，北京，中华书局，2012 年，第 1052、1053 页。

初唐时期，声律论发展成为律诗，文、史和骈文颇受推重，人们开始对《文心雕龙》有更深的理解，于是刘知幾《史通》称："词人属文，其体非一，譬甘辛殊味，丹素异彩，后来祖述，识昧圆通，家有诋诃，人相掎摭，故刘勰《文心》生焉。"①

刘勰论文的视野超越时代，非常广阔，《文心雕龙》的《原道》提出要"道沿圣以垂文"，所以要《征圣》，又提出"圣因文而明道"，所以要《宗经》。《宗经》就是宗法经书，通过学习经书来"明道"。自古论文提出明道、征圣的，以刘勰为最早，这是崇尚声律、对偶、辞藻的六朝文学家无法认同的，不过却在唐代文学家那里找到了知音。韩愈提出了"文以载道"的主张，柳宗元《答韦中立论师道书》也说："文者以明道，是固不苟为炳炳烺烺，务采色夸声音而以为能也。"② 以韩、柳为代表的"古文运动"，和刘勰的原道、征圣、宗经的主张既一致又有所发展。不过，韩愈同时又反对骈文而提倡古文，反对骈文的声律而讲"文以气为主"，可刘勰的著作恰恰就是骈文，同时提倡声律、对偶、辞藻，这个方面，唐代古文家又不能认同。《文心雕龙》现存最早的版本是唐代钞本残卷，录有《证圣》（第二）至《杂文》（第十四）的十三个整篇，以及《原道》的篇尾和《谐隐》的篇题。手抄本残卷原藏甘肃敦煌鸣沙山千佛洞第二八八窟，清光绪二十五年（1899）被发现，又被斯坦因窃攫，现存伦敦大英博物馆。元顺帝至正十五年（1355）嘉兴郡守刘贞刻印的《文心雕龙》，是现存最早的刊本，珍藏于上海图书馆。

一直到晚唐时期，古文和骈文之争趋于缓和，人们才重新发现了《文心雕龙》的价值。陆龟蒙《袭美先辈以龟蒙所献五百言既蒙见和，复示荣唱，至于千字，提奖之重，蔑有称实，再抒鄙怀，用伸酬谢》中说："刘生吐英辩，上下穷高卑。下臻宋与齐，上指轩从羲。岂但标八索，殆将包两仪。人谣洞野老，骚怨明湘累。立本以致诘，驱宏来抵巇。清如朔雪严，缓若春烟羸。或欲开户牖，或将饰缨緌。虽非倚天剑，亦是囊中锥。皆由内史意，致得东莞词。"这是唐人最推重《文心雕龙》

① ［唐］刘知幾撰，［清］浦起龙通释，吕思勉评，李永圻、张耕华导读整理：《史通》卷十《自叙第三十六》，上海，上海古籍出版社，2008 年，第 206 页。

② ［唐］柳宗元：《答韦中立论师道书》，［唐］柳宗元：《柳河东集》卷三十四《书》，上海，上海古籍出版社，2008 年，第 542 页。

的话，评价得比较全面。指出它“立本”“驱宏”，以显其能为探本之论，规模宏大；指出它“开户牖”，有创见；是“囊中锥”，能脱颖而出；指出它“由内史意”，如内史的诏王治，有助于治道。

宋代的欧阳修继承韩愈，提倡古文，道学家如周敦颐在《通书·文辞》中提出“文所以载道也”[①]，同样重道轻文，《文心雕龙》又不被称赏。黄庭坚《山谷书牍·与王立之书》云：“刘勰《文心雕龙》，刘子玄《史通》，此两书曾读否？所论虽未极高，然讥弹古人，大中文病，不可不知也。”[②]只赏识《文心雕龙》中的“讥古人”“论文病”，未免所见者小。明曹学佺《文心雕龙序》称：“文之一字，最为宋人所忌，加以雕龙之号，则目不阅此书矣。黄鲁直以作文者不可无雕龙，作史者不可无史通，虽则推尊，亦乖伦次。”[③]

明代“前七子”以李梦阳为代表，倡言“文必秦汉，诗必盛唐，非是者弗道”[④]。南朝的骈文和唐宋的古文都被贬斥，但也破除了古文家对骈文的轻视，于是《文心雕龙》又受到看重。明张之象《文心雕龙序》称它：“扬榷古今，品藻得失，持独断以定群嚣，证往哲以觉来彦，盖作者之章程，艺林之准的也。”[⑤]指出其文论有独到的创见，可以启发后学。

到了清代，《文心雕龙》更受重视。乾隆年间，黄叔琳《文心雕龙辑注》问世，继由纪昀评骘，并于道光年间“合二为一”，代表了清代《文心雕龙》研究的最高成就。章学诚《文史通义》称：“《诗品》之于论诗，视《文心雕龙》之于论文，皆专门名家，勒为成书之初祖也。《文心》体大而虑周，《诗品》思深而意远。盖《文

---

① [宋]周敦颐著，陈克明点校：《周敦颐集》卷二《通书·文辞第二十八》，北京，中华书局，2009年第2版，第35页。

② [宋]黄庭坚著，刘琳、李勇先、王蓉贵点校：《黄庭坚全集·宋黄文节公全集·外集》卷二十一《书》“与王立之”条，北京，中华书局，2021年，第1243页。

③ [南朝梁]刘勰著，[清]黄叔琳注，李详补注，杨明照校注拾遗：《增订文心雕龙校注》附录《序跋第七》，北京，中华书局，2012年，第956页。

④ [清]张廷玉等撰：《明史》卷二百八十六《列传第一百七十四·文苑二·李梦阳》，北京，中华书局，1974年，第7348页。

⑤ [南朝梁]刘勰著，[清]黄叔琳注，李详补注，杨明照校注拾遗：《增订文心雕龙校注》附录《序跋第七》，北京，中华书局，2012年，第952页。

心》笼罩群言，而《诗品》深从六艺溯流源也。”[①]《校雠通义》又称：“评点之书，其源亦始钟氏《诗品》、刘氏《文心》。然彼则有评无点，且自出心裁，发挥道妙。”[②]谭献《复堂日记》称：“彦和著书，自成一子。上篇廿五，昭晰群言，下篇廿五，发挥众妙。并世则《诗品》让能，后来则《史通》失隽。文苑之学，寡二少双。立言宏旨在于述圣宗经，此所以群言就冶、众妙朝宗者也。”[③]

近代以来，随着“西学东渐”，在东西文化的交流碰撞中，中国古代文化的研究开始尝试运用新的观点、方法，《文心雕龙》研究在沿用文本校勘的国学方法路数的同时，逐渐向系统的、科学的理论研究推进，开始用西方文论逻辑性、体系性的观念来要求中国文论，而“理论体系”也被当作“科学”研究的体现，成为理论成果成熟的标志。鲁迅先生曾说：“东则有刘彦和之《文心》，西则有亚里士多德之《诗学》，解析神质，包举洪纤，开源发流，为世楷式。”[④]在《文心雕龙》现代研究的奠基之作——《文心雕龙札记》中，黄侃先生说：“论文之书，鲜有专籍。自桓谭《新论》、王充《论衡》，杂论篇章。继此以降，作者间出，然文或湮阙，有如《流别》《翰林》之类；语或简括，有如《典论》《文赋》之侪。其敷陈详核，征证丰多，枝叶扶疏，原流灿然者，惟刘氏《文心》一书耳。”[⑤]这种表述显然有理论体系的印迹。

二十世纪三四十年代，是中国文学批评史的奠基时期，郭绍虞、方孝岳、罗根泽、朱东润等，都很关注《文心雕龙》的“理论体系”。郭绍虞《中国文学批评史》称《文心雕龙》提出了批评的理论、正确的标准。方孝岳《中国文学批评》称《文心雕龙》是文学批评界“唯一的大法典”。刘节《刘勰评传》称《文心雕龙》“说

---

① ［清］章学诚撰，叶瑛校注：《文史通义校注》卷五《内篇五·诗话》，北京，中华书局，2014 年，第 648 页。

② ［清］章学诚著，王重民通解，傅杰导读，田映曦补注：《校雠通义通解》卷一《宗刘第二》，上海，上海古籍出版社，2009 年，第 12 页。

③ ［清］谭献：《复堂日记》卷五，范旭仑、牟晓朋整理：《谭献日记》，北京，中华书局，2013 年，第 105 页。

④ 鲁迅：《鲁迅全集》第八卷，北京，人民文学出版社，2005 年，第 370 页。

⑤ 黄侃：《文心雕龙札记》，上海，上海古籍出版社，2000 年，第 3 页。

理精密，条贯有序”。六十年代的研究中，范文澜《文心雕龙注》称《文心雕龙》章节篇目组织靡密、“排比至有伦序”。八十年代以来，牟世金指出：“刘勰的文学理论体系是以‘衔华佩实’为核心，以研究物、情、言的相互关系为总纲组成的。”王元化《文心雕龙创作论》在学界掀起一股打通中外文学理论的清新之风，王运熙、顾易生主编的《中国文学批评通史》评述《文心雕龙》“论述广泛，体系完整，见解深刻”，“体大思精”成为大家对《文心雕龙》的共同认识。

重视《文心雕龙》“理论体系”的研究进路，使《文心雕龙》可以进入大学课堂，成为现代学科体系和课程体系的有机组成部分。继章太炎在日本开设“国学讲演会”讲授《文心雕龙》开始，他的弟子黄侃完成的《文心雕龙札记》是黄侃自1914年至1919年在北京大学任教时授课的讲义；刘永济《文心雕龙校释》是在武汉大学讲授汉魏六朝文学的讲义稿；王利器《文心雕龙新书》是在北京大学讲授《文心雕龙》的时候写的，《文心雕龙》逐渐成为学术界为数不多的因一部书而独立成“学”的学问。《文心雕龙》走进现代大学课堂，为“龙学”培养了一大批知音读者和后续研究者，这是20世纪“龙学”薪火相传、兴盛不衰的重要原因。20世纪80年代以来，《文心雕龙》研究蓬勃发展，平均每年有七八部专著出版，《文心雕龙》还有了日、韩、英、德、捷克、意大利、西班牙等文字的全译本，一门博大精深、体系完整、独具中国特色的“龙学”已经形成。

1983年，“中国《文心雕龙》学会”在山东青岛成立，推举周扬为名誉会长，张光年为会长，郭绍虞、朱东润为顾问，王元化、杨明照为副会长。该学会现在已是国家民政部门登记备案的国家一级学会，每两年举行一次学术年会，召集海内外同仁切磋交流，对《文心雕龙》研究取得长足发展提供了强大的助推作用①。

2005年2月28日，中山陵园管理局在钟山南麓的定林山庄建立“钟山定林寺刘勰与文心雕龙纪念馆”，展出了出土于钟山南麓的反映六朝时代文化面貌的瓷器、铜器、砖瓦、陶俑、石刻等各类文物，首次披露了南朝钟山定林寺遗址的考古发现。定林山庄是一座由曲廊围合的三进庭园建筑，20世纪80年代为纪念北宋政治家、

① 吴中胜：《〈文心雕龙〉的诗性智慧研究》，北京，人民出版社，2024年，第2—10页。

文学家王安石而建，其中的昭文斋为王安石读书处旧址，建筑两侧回廊碑刻为 20 世纪 90 年代周而复、王学仲、费新我等全国各地著名学者、书法家书写的王安石钟山诗歌 70 余首。

1998 年夏季，中山陵园管理局文物处在明孝陵北侧进行文物调查时，发现一处建筑遗迹，可能与古代寺庙有关。1999 年冬，在南京市文物研究所配合下进一步勘察，推测该遗址与古定林寺有关。该遗迹大部分在驻地部队围墙内，而南宋陆游的定林题刻亦在此墙内，围墙外的遗存正处于山溪旁，受洪水冲刷严重。2001 年夏，中山陵园管理局文物处对位于部队围墙外尚可接触的遗存进行抢救性清理。发现遗存地面堆积已极薄，只有 20 至 30 厘米，文化层堆积被洪水冲刷殆尽，仅个别地方保留一些断砖碎瓦及残石墙，部分砖上有绳纹，板瓦较厚，内有麻布纹，时代大约在南朝晚期到唐宋时期[①]。此后进一步扩大勘探范围，又在该遗迹上方发现一处寺庙遗址，出土一大批生活器皿、建筑构件、佛像残件、钱币等文物，通过研究认定该遗址就是上定林寺遗址。上定林寺遗址与下定林寺址相比，确实位置高敞，佛寺构建于多层石构平台之上，调查发现顺山坡至少建有 7 层平台，每层平台上都有佛寺建筑遗存，高低错落，纵深达百余米，“郁尔层构”“肃然深远”之势昭然可见。

2007 年 8 月 19 日至 22 日，由中国文心雕龙学会主办，中山陵园管理局、南京大学中文系及镇江历史文化名城研究会承办的“南京 2007’文心雕龙国际学术研讨会暨中国文心雕龙学会第九届年会”，在钟山上定林寺遗址脚下的南京国际会议大酒店举办。会议秉承学会严谨求实、追求创新的学术传统和优良学风，收到的学术论文编为《文心雕龙研究》第八辑于 2009 年出版，有力推动了《文心雕龙》、六朝文化乃至中国传统文化的学术研究。

2024 年，中山陵园管理局将“钟山定林寺刘勰与文心雕龙纪念馆”改陈扩建为“钟山文学馆 · 刘勰与文心雕龙陈列馆”，于 3 月 1 日正式面向公众开放。钟山文学馆基本陈列包括四个部分，其中“风韵无穷咏钟山”介绍历代与钟山有关的诗

---

① 南京中山陵园管理局文物处：《南京钟山上下定林寺遗存初探》，中国文心雕龙学会编：《文心雕龙研究》第 7 辑，保定，河北大学出版社，2007 年，第 8、9 页。

词歌赋、名篇佳作，“文心雕龙耀钟山”介绍刘勰《文心雕龙》与钟山的渊源，“江山胜迹荟钟山”介绍以钟山六朝建筑遗址、定林寺遗址、明孝陵、明东陵为代表的名胜古迹，“一代文宗隐钟山”讲述王安石与钟山的不解之缘。钟山文学馆数字体验项目“只此钟山——沉浸式数字光影秀”分为“彩云梦境”“王安石的朋友圈”“钟山文踪”三个篇章，讲述钟山文脉故事。钟山文学馆还布置有“钟山书院肇建历史图片展”。

钟山文学馆作为“江苏省中国画学会钟山风景区写生交流基地”“南京大学中国文学与东亚文明协同创新中心教学科研基地”“江苏省古代文学学会教学科研基地”“南京市科普教育基地”，入选“世界文学之都地标网络”，致力于打造钟山文化高地、文学基地、研学阵地，为专家学者及社会各界人士搭建交流平台，是世界文学之都南京的一处重要文化地标。

第五节　台想昭明：《文选》犹传万世名

一、昭明文选：事出沉思，义归翰藻

六朝时期，两汉以来儒学独尊的垄断地位被打破，儒、玄、释、道等各种思潮风起云涌，文学艺术蓬勃发展。建康作为都城，官私藏书丰富，南北精英荟萃，文化繁荣昌盛，绚烂夺目，如唐代杜佑所说：“永嘉之后，帝室东迁，衣冠避难，多所萃止，艺文儒术，斯之为盛。”[①]

都城文学之士，莫不喜爱东郊山水，或临青溪而吟哦，或登钟山而赋诗。居于钟山定林寺的刘勰，继三国曹丕的《典论·论文》、陆机的《文赋》之后，创作了彪炳千秋的文学批评巨著《文心雕龙》。主持编纂了我们现存最早的一部古代文章

---

① ［唐］杜佑撰，王文锦、王永兴、刘俊文、徐庭云、谢方点校：《通典》卷一百八十二《州郡十二·古扬州下·风俗》，北京，中华书局，2016年，第4840页。

总集《文选》的昭明太子萧统，也常到钟山读书著述。《六朝事迹编类》记梁昭明书台，云“旧传梁昭明太子著书于此，今遗址尚存蒋山定林寺后山北高峰上”[①]，又云“又有梁昭明太子读书台在其（头陀寺）西，即普通元年所置大爱敬寺基也”[②]。《至正金陵新志》载：“太子岩，梁昭明太子尝读书于此，又名昭明书台，今为七佛庵，一人泉在其东。”宋濂《游钟山记》云：“幸至七佛庵，庵，萧统讲经之地，有泉白乳色，即踞泉轊咽。衫袂落水中，不暇救，三咽，神明渐复。庵后有太子岩，一号昭明书台。”[③]《肇域志》云：“循泉（一人泉）西，有黑龙潭。相传曾有龙见。今深广不数尺。其上为太子岩，又名昭明读书台。”2005 年，中山陵园管理局在钟山燕雀湖畔修建“台想昭明”景观，以纪念昭明太子萧统。

六朝文学繁盛，与帝王的提倡是分不开的。南朝宋武帝刘裕虽然是行伍出身，却能注重学校教育，下诏选备儒官，弘振国学。刘勰《文心雕龙·时序》中说：“自宋武爱文，文帝彬雅，秉文之德，孝武多才，英采云构。……暨皇齐驭宝，运集休明：太祖以圣武膺籙，高祖以睿文纂业，文帝以贰离含章，中宗以上哲兴运，并文明自天，缉熙景祚。今圣历方兴，文思光被，海岳降神，才英秀发。驭飞龙于天衢，驾骐骥于万里，经典礼章，跨周轹汉，唐虞之文，其鼎盛乎！”钟嵘《诗品》也说：“故词人作者，罔不爱好。今之士俗，斯风炽矣。才能胜衣，甫就小学，必甘心而驰骛焉。于是庸音杂体，各各为容。至使膏腴子弟，耻文不逮，终朝点缀，分夜呻吟。独观谓为警策，众睹终沦平钝。”[④]

梁武帝萧衍格外注重对才学之士的延揽，天监八年（509）五月曾下诏：“学以从政，殷勤往哲，禄在其中，抑亦前事。朕思阐治纲，每敦儒术，轼闾辟馆，造次以之。故负帙成风，甲科间出，方当置诸周行，饰以青紫。其有能通一经、始末

---

① ［宋］张敦颐撰，张忱石点校：《六朝事迹编类》卷四《楼台门》“梁昭明书台”条，北京，中华书局，2012 年，第 61 页。

② ［宋］张敦颐撰，张忱石点校：《六朝事迹编类》卷十一《寺院门》“普济寺”条，北京，中华书局，2012 年，第 147 页。

③ ［明］宋濂：《游钟山记》，［明］宋濂著，黄灵庚编辑校点：《宋濂全集》卷四《记二》，北京，人民文学出版社，2014 年，第 91 页。

④ ［南朝梁］钟嵘著，曹旭集注：《诗品集注》，上海，上海古籍出版社，1994 年，第 54 页。

无倦者，策实之后，选可量加叙录。虽复牛监羊肆，寒品后门，并随才试吏，勿有遗隔。”[①] 梁武帝“每所临幸，辄命群臣赋诗，其文之善者赐以金帛。是以缙绅之士，咸知自励”[②]。他的创作水平在南朝帝王中也是首屈一指的，沈约甚至半真半假地推崇其文“上与日月争光，下与钟石比韵”[③]。梁武帝长子萧统（501—531）于天监元年（502）十一月立为太子，在梁武帝和周围环境影响下，自幼聪颖的萧统“三岁受《孝经》《论语》，五岁遍读五经，悉能讽颂”，天监五年（506）出居东宫，天监八年（509）九月的时候就在寿安殿讲《孝经》，尽通大义，讲毕，还亲自到国学行释奠之礼。

萧统 20 岁“加元服”之后，梁武帝就命其参预朝政，他“明于庶事，纤毫必晓，每所奏有谬误及巧妄，皆即就辨析，示其可否，徐令改正，未尝弹纠一人。平断法狱，多所全宥，天下皆称仁”。萧统性爱山水，“于玄圃穿筑，更立亭馆，与朝士名素者游其中”，曾经泛舟后池，番禺侯轨盛称“此中宜奏女乐”。萧统不答，咏左思《招隐诗》：“何必丝与竹，山水有清音。”[④] 萧统读书可数行并下，过目不忘，“每游宴祖道，赋诗至十数韵。或命作剧韵赋之，皆属思便成，无所点易”。梁普通元年（520），梁武帝萧衍为太祖文皇帝萧顺之在钟山北高峰上建大爱敬寺，梁武帝曾游大爱敬寺并即兴赋诗，萧统《和上游钟山大爱敬寺》云：

唐游薄汾水，周载集瑶池。岂若钦明后，回銮鹫岭岐。
神心鉴无相，仁化育有为。以兹慧日照，复见法雨垂。
万邦跻仁寿，兆庶涤尘羁。望云虽可识，日用岂能知。
鸿名冠子姒，德泽迈轩羲。斑斑仁兽集，足足翔凤仪。
善游慈胜地，兹岳信灵奇。嘉木互纷纠，层峰郁蔽亏。

---

① ［唐］姚思廉撰：《梁书》卷二《本纪第二·武帝中》，北京，中华书局，1973 年，第 49 页。

② ［唐］李延寿撰：《南史》卷七十二《列传第六十二·文学》，北京，中华书局，1975 年，第 1762 页。

③ 逯钦立：《先秦汉魏晋南北朝诗》，北京，中华书局，1983 年，第 3123 页。

④ ［唐］姚思廉撰：《梁书》卷八《列传第二·昭明太子》，北京，中华书局，1973 年，第 168 页。

丹藤绕垂干，绿竹荫清池。舒华匝长阪，好鸟鸣乔枝。

霏霏庆云动，靡靡祥风吹。谷虚流凤管，野绿映丹麾。

帷宫设廛外，帐殿临郊垂。俯同南风作，斯文良在斯。

伊臣限监国，即事阻陪随。顾惟实庸菲，冲薄竞奚施。

至理徒兴美，终然类管窥。上圣良善诱，下愚惭不移。

和梁武帝一样，萧统也“引纳才学之士，赏爱无倦。恒自讨论篇籍，或与学士商榷古今，闲则继以文章著述，率以为常。于时东宫有书几三万卷，名才并集，文学之盛，晋、宋以来所未有也”。萧统喜爱文学，尤擅诗赋，在东宫引纳知名文学之士王扬、张缵、陆倕、张率、谢举、王规、王筠、刘孝绰、刘勰、到洽等人，常与学士们谈今论古，研讨儒事文学，兼探佛教义理，继以文章著述，辑成《文选》三十卷。该书以“事出于沉思，义归于翰藻”为准则，选出上自周代、下迄梁朝普通七年(526)间的100多人的700多篇代表作编辑而成，为中国现存最早的文学总集。《文选》很受时人重视，并很快传至北齐。到了隋代，萧统从子萧该作《文选音义》，为当时所贵。隋末唐初，《文选》大为兴盛，形成专门之“学”。曾仕隋为秘书学士的曹宪，聚徒教授，诸生百人，不但曹宪撰有《文选音义》，他的学生也都有《文选注》专书。唐代，《文选》成为士子必读之书，杜甫《宗武生日》有“诗是吾家事，人传世上情。熟精《文选》理，休觅彩衣轻”之句，《水阁朝霁，奉简云安严明府》有“呼婢取酒壶，续儿诵《文选》”之句。段成式《酉阳杂俎》说李白“前后三拟词选，不如意，悉焚之，唯留《恨》《别》赋”[①]。陆龟蒙《寒夜文宴得惊字》云：“各将寒调触诗情，旋见微澌入砚生。霜月满庭人暂起，汀洲半夜雁初惊。三清每为仙题想，一日多因累句倾。千里建康衰草外，含毫谁是忆昭明？”皮日休《寒夜文宴联句》有“一会文章草，昭明不可删”。宋人精熟《文选》，比唐人有过之而无不及，修《新唐书》的宋祁小名“选哥”，自称曾手抄《文选》三过。

《文选》的影响很早就超越国度，首先传于朝鲜半岛，随后及于日本列岛，覆盖到整个东亚“汉文化圈”。推古天皇时代圣德太子《十七条宪法》的思想来源是

① ［唐］段成式撰，曹中孚校点：《酉阳杂俎》前集卷十二《语资》，上海，上海古籍出版社，2012年，第68页。

中国五经、先秦诸子，其第五条“财者之讼，如石投水；乏者之诉，似水投石”则出自《文选》中曹魏时期的李萧远《运命论》：“张良受黄石之符，诵《三略》之说，以游于群雄，其言也，如以水投石，莫之受也；及其遭汉祖，其言也，如以石投水，莫之逆也。”[①]在日本奈良时代和平安时代，《文选》是学习汉文最重要的教材和文本，藤原佐世编《日本国见在书目录》的《总集家》就著录了近十种《文选》及相关典籍。据养老二年（718）的律令，进士科考试的教材和范围就是《文选》与《尔雅》，日本最早的和歌集《万叶集》和最古的汉诗集《怀风藻》中的作品，《文选》的影响更是随处可见。日本年号的出典一定是中国的五经、《史记》《汉书》，一般集部不会作为备选年号的来源，《文选》是唯一能作为年号出处的集部典籍[②]。日本年号出于《尚书》的有35个，出于《周易》的有27个，出于《文选》的则达到25个，如延长（923—931）、贞元（976—978）、天仁（1108—1110）、保延（1135—1141）、建仁（1201—1204）、建永（1206—1207）、文历（1234—1235）、延应（1239—1240）、文永（1264—1275）、康应（1389—1390）、文永（1264—1275）、元禄（1688—1704）、宽延（1748—1751）、安永（1772—1781）、享和（1801—1804）、庆应（1865—1868）等。

二、没世难明：埋鹅启衅，荡舟寝疾

萧统虽贵为太子，始终宽和待人，关心民众疾苦，受到朝野和百姓爱戴。梁普通年间，由于战争爆发，京城粮价大涨。他命令东宫人员减衣缩食，每逢雨雪天寒，就派人把省下来的衣食拿去救济难民。他在主管军服事务时，每年都要多做三千件衣服，冬天分发给贫民。中大通三年（531）四月，昭明太子萧统去世，正当众人猜测昭明太子的长子、皇长孙萧欢将成为皇位继承人之际，梁武帝萧衍却选择废嫡

---

① ［三国魏］李萧远：《运命论》，［南朝梁］萧统编，［唐］李善注：《文选》卷五十三《论三》，上海，上海古籍出版社，1986年，第2296页。

② 童岭：《风流与无常——南朝的人物、文学与思想》，南京大学博物馆编著，程章灿、张学锋、童岭解说：《南朝气韵：六朝石刻碑帖讲演录》，南京，凤凰出版社，2022年，第130页。

立庶，册立皇三子、萧统同母弟、晋安王萧纲为太子，封萧欢为豫章王，加云麾将军。

梁武帝舍萧欢而立萧纲，“犹豫自四月上旬至五月二十一日方决”，最终决断，一是担心幼主难承大业，毕竟这时萧欢还只是个十多岁的孩子，而拥有多年边藩戍守经验的萧纲已近而立之年。另外一个原因，则与梁武帝与昭明太子的心结有关，这还要从昭明太子生母丁贵嫔的去世说起。梁普通七年（526）十一月，丁贵嫔有疾，萧统朝夕侍疾，衣不解带。丁贵嫔去世后，萧统“步从丧还宫，至殡，水浆不入口，每哭辄恸绝”。萧衍担心他的身体，遣中书舍人顾协宣旨曰：“毁不灭性，圣人之制。《礼》，不胜丧比于不孝。有我在，那得自毁如此！可即强进饮食。”萧统“乃进数合。自是至葬，日进麦粥一升”。萧衍又敕曰：“闻汝所进过少，转就羸瘵。我比更无余病，正为汝如此，胸中亦圮塞成疾。故应强加馆粥，不使我恒尔悬心。”虽然萧衍屡下敕旨，萧统“日止一溢，不尝菜果之味。体素壮，腰带十围，至是减削过半”[①]。每当萧统入朝，士庶见者莫不下泣。萧统仁孝，无可厚非，不过他不为国家社稷考虑而加以节制，恐怕萧衍就不太满意了。如果说这还是枝节小事，接下来发生的“埋鹅厌祷”之事，就严重得多。据《南史》记载：

初，丁贵嫔薨，太子遣人求得善墓地，将斩草，有卖地者因阉人俞三副求市，若得三百万，许以百万与之。三副密启武帝，言太子所得地不如今所得地于帝吉，帝末年多忌，便命市之。葬毕，有道士善图墓，云“地不利长子，若厌伏或可申延”。乃为蜡鹅及诸物埋墓侧长子位。有宫监鲍邈之、魏雅者，二人初并为太子所爱，邈之晚见疏于雅，密启武帝云：“雅为太子厌祷。”帝密遣检掘，果得鹅等物。大惊，将穷其事。徐勉固谏得止，于是唯诛道士，由是太子迄终以此惭慨，故其嗣不立。[②]

梁武帝虽对子侄的不法行为多有宽纵，不过自古帝王对厌祷之事都极为敏感，

① ［唐］姚思廉撰：《梁书》卷八《列传第二·昭明太子》，北京，中华书局，1973 年，第 167 页。

② ［唐］李延寿撰：《南史》卷五十三《列传第四十三·梁武帝诸子·昭明太子统》，北京，中华书局，1975 年，第 1312、1313 页。

汉武帝诛杀戾太子的“巫蛊之祸”就是前车之鉴。“埋鹅厌祷”之事《梁书》没有记载，是《南史》增补的，但很难说是空穴来风，司马光《资治通鉴》也认为实有其事，并说：“由是太子终身惭愤，不能自明。及卒，上征其长子南徐州刺史华容公欢至建康，欲立以为嗣，衔其前事，犹豫久之，卒不立。”在论赞中更明确地说：“以昭明太子之仁孝，武帝之慈爱，一染嫌疑之迹，身以忧死，罪及后昆，求吉得凶，不可湔涤，可不戒哉！”①

梁武帝因厌祷之事与昭明太子产生隔阂，由他对萧统同母弟晋安王萧纲的任用也可看出端倪。普通四年（523），萧纲累迁都督、雍州刺史。在雍州任上时，萧纲就有《在州羸疾自解表》，表达从藩地回京城任职的愿望，指出自己离开京城已久，“昔违紫祓，曾不弱冠，今梦青蒲，逝将已立，愿归之谒，不逮宸矜，民请之书，遽降天允”②。中大通二年（530）春正月戊寅，“以雍州刺史晋安王纲为骠骑大将军、扬州刺史”。中大通三年（531），萧纲被征入朝。萧纲尚未回到京城的时候，萧统对左右说：“我梦与晋安王对奕扰道，我以班剑授之，王还，当有此加乎。”③他本来就心怀忧惧，不免形于梦寐。班剑是有纹饰的剑，用作仪仗由武士佩持，是天子以赐功臣宠臣的。萧统梦中以班剑授萧纲，他担心这预示着晋安王萧纲得到梁武帝的宠幸，从而对自己的地位造成威胁。

萧统的去世，也不寻常。据《南史》记载，萧统于中大通三年（531）三月“游后池，乘雕文舸摘芙蓉。姬人荡舟，没溺而得出，因动股，恐贻帝忧，深诫不言，以寝疾闻。武帝敕看问，辄自力手书启。及稍笃，左右欲启闻，犹不许，曰：‘云何令至尊知我如此恶。’因便呜咽”④。“动股”当是“动”了“股”的脉气，症状就是大腿痉挛颤抖，如果及时治疗，恐怕不会有性命之忧，或许正是萧统百般遮

① ［宋］司马光编著，［元］胡三省音注：《资治通鉴》卷一百五十五《梁纪十一》“武帝中大通三年”，北京，中华书局，1955 年，第 4808、4809 页。

② ［南朝梁］萧纲：《在州羸疾自解表》，［唐］欧阳询撰，汪绍楹校：《艺文类聚》卷七十五《方术部·疾》，上海，上海古籍出版社，1999 年第 2 版，第 1290、1291 页。

③ ［唐］李延寿撰：《南史》卷八《梁本纪下第八》，北京，中华书局，1975 年，第 229 页。

④ ［唐］李延寿撰：《南史》卷五十三《列传第四十三·梁武帝诸子·昭明太子》，北京，中华书局，1975 年，第 1311 页。

掩自己病情而耽误了治疗。他之所以如此，重要的应该是怕自己这种痉挛、惊恐之病，会使梁武帝有所疑心，或会使梁武帝有理由下定某种决心，而影响到自己的太子地位[①]。萧统的“没溺”致死，是非命的横死，在传统礼学看来乃是不合吊哭之恶，如《礼记·檀弓》所说：“死而不吊者三：畏、厌、溺。”[②]“畏”是受谤而死；“厌”即压，是被崩坠之物压死，溺是溺水而死。以其忘孝而自处于危险之中，故不吊哭。萧统所谓“如此恶”或许不是指自己病重的状态，而是指导致自己病重的原因，即溺水。何况，他的溺水，是因“姬人荡舟”，不能不让人想起春秋时期德行有亏的齐桓公。《左传》僖公三年（前657）传云：“齐侯与蔡姬乘舟于囿，荡公。公惧，变色；禁之，不可。公怒，归之，未之绝也。蔡人嫁之。”僖公四年（前656）传云：“四年春，齐侯以诸侯之师侵蔡。蔡溃，遂伐楚。”[③]

《梁书》云：“三年，昭明太子薨，高祖立晋安王纲为皇太子，将出诏，唯召尚书左仆射何敬容、宣惠将军孔休源及（谢）征三人与议。”[④]梁武帝废嫡立庶，只与近臣谋议，当时颇有争议。尚书令袁昂“在朝謇谔，世号宗臣。昭明太子薨，立晋安王纲为皇太子，昂独表言宜立昭明长息欢为皇太孙。虽不见用，擅声朝野”[⑤]。而萧纲的反应则是迫不及待，他上奏的《谢为皇太子表》中，甚至称自己被立太子为“事异定陶之举，有类胶东之册”[⑥]。

汉成帝小的时候，祖父汉宣帝很喜欢他，“字曰太孙，常置左右”。不过他才

---

① 胡大雷：《中大通三年的太子之争与“宫体”登场》，《徐州师范大学学报》2020年第5期，第21页。

② [清]孙希旦撰：《礼记集解》卷七《檀弓上第三之一》，北京，中华书局，2024年第2版，第227页。

③ 杨伯峻编著：《春秋左传注》（修订本），北京，中华书局，1990年第2版，第286、288页。

④ [唐]姚思廉撰：《梁书》卷五十《列传第四十四·文学下·谢征》，北京，中华书局，1973年，第49页。

⑤ [唐]李延寿撰：《南史》卷二十六《列传第十六·袁昂》，北京，中华书局，1975年，第713页。

⑥ [南朝梁]萧纲：《谢为皇太子表》，[唐]欧阳询撰，汪绍楹校：《艺文类聚》卷十六《储宫部·储宫·表》，上海，上海古籍出版社，1999年第2版，第300页。

3岁时，汉宣帝就去世了，他的父亲汉元帝即位后，立他为太子。“（汉成帝）壮好经书，宽博谨慎。其后幸酒，乐燕乐，上不以为能。而定陶恭王有材艺，母傅昭仪又爱幸，上以故常有意欲以恭王为嗣。赖侍中史丹护太子家，辅助有力，上亦以先帝尤爱太子，故得无废”。萧纲所谓“事异定陶之举”，是说自己不像定陶恭王那样企图争夺太子之位。

《谢为皇太子表》中还有一句“有类胶东之册”，典出《汉书·外戚传》：

景帝立齐栗姬男为太子，而王夫人男为胶东王。

长公主嫖有女，欲与太子为妃，栗姬妒，而景帝诸美人皆因长公主见得贵幸，栗姬日怨怒，谢长主，不许。长主欲与王夫人，王夫人许之。会薄皇后废，长公主日谮栗姬短。景帝尝属诸姬子，曰：“吾百岁后，善视之。”栗姬怒不肯应，言不逊，景帝心衔之而未发也。

长公主日誉王夫人男之美，帝亦自贤之。又耳曩者所梦日符，计未有所定。王夫人又阴使人趣大臣立栗姬为皇后。大行奏事，文曰：“‘子以母贵，母以子贵。’今太子母号宜为皇后。”帝怒曰：“是乃所当言邪！”遂案诛大行，而废太子为临江王。栗姬愈恚，不得见，以忧死。卒立王夫人为皇后，男为太子。[1]

萧纲所谓“有类胶东之册”，是说自己像初为胶东王的汉武帝一样，之所以被立为太子，是因为原先的太子犯了错误。这个类比就有些不伦不类，因为萧统和萧纲本是一母所生，同时又有诋毁萧统之嫌，暗示萧统行为有失检之处。具体是萧统的什么行为？似乎指的就是“埋鹅厌祷”之事。不过，萧纲又很明白，这件事源于鲍邈之为私怨而告密，导致梁武帝对萧统心生嫌隙，后来萧纲更找机会杀掉鲍邈之，算是为萧统报了仇。据《南史》记载：

后邵陵王临丹阳郡，因邈之与乡人争婢，议以为诱略之罪牒宫，简文追感太子

① ［汉］班固撰，［唐］颜师古注：《汉书》卷九十七上《外戚传第六十七上》，北京，中华书局，1962年，第3946页。

冤，挥泪诛之。邈之兄子僧隆为宫直，前未知邈之侄，即日驱出。[1]

按照当时的礼法，萧纲被立为皇太子，照例应该上表谦让一番，不过他却只有《谢为皇太子表》《拜皇太子临轩竟谢表》，并未上让表，一是不好写，二是不想写。时任司义侍郎的周弘正，在晋安王萧纲为丹阳尹时曾被引为主簿，此时却直言萧纲应该让出皇太子之位，萧纲自然不会理会他。据《陈书》记载：

中大通三年，梁昭明太子薨，其嗣华容公不得立，乃以晋安王为皇太子，弘正乃奏记曰：

窃闻扮谦之象，起于羲、轩爻画，揖让之源，生于尧、舜禅受，其来尚矣，可得而详焉。夫以庙堂、汾水，殊途而同归，稷、契、巢、许，异名而一贯，出者称为元首，处者谓之外臣，莫不内外相资，表里成治，斯盖万代同规，百王不易者也。暨于三王之世，浸以陵夷，各亲其亲，各子其子。乃至七国争雄，刘项竞逐，皇汉扇其俗，有晋扬其波，谦让之道废，多历年所矣。夫文质递变，浇淳相革，还朴反古，今也其时。

伏惟明大王殿下，天挺将圣，聪明神武，百辟冠冕，四海归仁。是以皇上发德音，下明诏，以大王为国之储副，乃天下之本焉。虽复夏启、周诵，汉储、魏两，此数君者，安足为大王道哉。意者愿闻殿下抗目夷上仁之义，执子臧大贤之节，逃玉舆而弗乘，弃万乘如脱屣，庶改浇竞之俗，以大吴国之风。古有其人，今闻其语，能行之者，非殿下而谁？能使无为之化，复兴于邃古，让王之道，不坠于来叶，岂不盛欤！岂不盛欤！

弘正陋学书生，义惭稽古，家自汝、颍，世传忠烈，先人决曹掾燕抗辞九谏，高节万乘，正色三府，虽盛德之业将绝，而狂直之风未坠。是以敢布腹心，肆其愚瞽。如使刍言野说，少陈于听览，纵复委身烹鼎之下，绝命肺石之上，虽死之日，

---

① ［唐］李延寿撰：《南史》卷五十三《列传第四十三·梁武帝诸子·昭明太子统》，北京，中华书局，1975 年，第 1313 页。

犹生之年。[①]

后世怀疑《南史》所载“埋鹅厌祷”的也不乏其人，如明张溥《梁昭明集题词》就说：“昭明、简文同母令德，文学友于，曹子桓兄弟弗如也。昭明夭薨，简文叙其遗集，颂德十四。合之史传，俱非虚美。《南史》所云埋鹅启衅、荡舟寝疾，世疑其诬。于是论昭明者，断以姚书为质矣。昭明述作，《文选》最有名，后人见其选，即可以知其志。”[②]

三、安陵不安：遗踪成谜，考古正名

昭明太子萧统去世后，葬于其母丁贵嫔宁陵之侧的安陵。昭明太子的陵号，《梁书》《南史》本传以及《建康实录》等都记为“安宁陵”，只有唐李吉甫《元和郡县图志》卷二十五《江南道一》记为“安陵”。东晋、南朝各代陵号的命名有规律可循，《晋书》所载有陵号可传的东晋14座陵墓均以含“平”的双字命名，如建平陵、武平陵等；南朝宋一朝的陵号则以含“宁”的双字命名，如初宁陵、长宁陵、兴宁陵等；南朝齐一朝陵号以含“安”的双字命名，如泰安陵、休安陵、景安陵等。南朝梁的四帝中，元帝和敬帝陵号不见于正史记载，武帝和郗皇后陵号“修陵”，简文帝和王皇后陵号“庄陵”，武帝父母萧顺之和张氏陵号“建陵”，均以单字命名。后梁宣帝萧詧为昭明太子第三子，他在江陵的陵墓号为“平陵”；后梁明帝萧岿是宣帝第三子，他的陵号为“显陵”，依然遵循单字命名的原则。如此看来，《元和郡县图志》的记载是对的，昭明太子的陵号应是“安陵”，而非“安宁陵”。萧统生母丁贵嫔陵号为“宁陵”，昭明太子安陵与宁陵排陵并葬，易代之后二陵连称，导致众多史籍将其陵号误衍为“安宁陵”。

---

① ［唐］姚思廉撰：《陈书》卷二十四《列传第十八·周弘正》，北京，中华书局，1972年，第306、307页。

② ［明］张溥：《梁昭明集题词》，［明］张溥著，陆岩军校笺：《七录斋集校笺》近集卷九《古名家集题词》，北京，中华书局，2023年，第2386页。《梁昭明集题词》，四库全书本作《梁萧统集题词》。

侯景之乱使原本富庶繁华的江南地区“千里绝烟，人迹罕见，白骨成聚如丘陇焉”[①]，昭明太子安陵也遭到了波及。梁太清三年（549）五月，梁武帝萧衍饿死在台城皇宫净居殿，侯景先立萧纲为帝，是为简文帝，两年后又杀简文帝而立萧统嫡长孙、萧欢长子豫章王萧栋为帝，是为梁废帝，并追尊昭明太子为“昭明皇帝”。萧栋不久就禅位给了侯景。梁武帝去世这一年，正当西魏文帝大统十五年（549），镇守雍州的萧詧向西魏遣使称藩，镇守江陵的梁武帝第七子萧绎先后攻灭萧统第二子河东王萧誉、梁武帝第六子萧纶，并令柳仲礼围攻萧詧治所襄阳。萧绎和萧詧相争，新兴太守杜岸随萧詧袭击荆州，萧绎与其兄杜岸有旧，密书邀之，杜岸就与杜岸、弟杜幼安、兄子龛等叛归湘东王萧绎。后萧詧攻拔广平，俘获了杜岸、杜巘并其母妻子女等，皆斩于襄阳北门，“詧母龚保林数岸于众，岸曰：‘老婢教汝儿杀汝叔，乃枉杀忠良。’詧命拔其舌，脔杀而烹之。尽诛诸杜宗族亲者，幼弱下蚕室，又发其坟墓，烧其骸骨，灰而扬之，并以为漆髋”。及萧绎平定侯景之乱，攻取建邺后，“岸兄弟发安宁陵焚之，以报漆髋之酷，元帝亦不责也”[②]。唐代李绰《尚书故实》云：“公尝于贵人家，见梁昭明太子脑骨微红而润泽，抑异于常也。”[③]昭明太子的头骨，或是杜岸兄弟毁陵时流出，也未可知。昭明太子陵墓被毁，萧绎并不责罚，萧詧更是鞭长莫及。梁敬帝萧方智绍泰元年（555），萧詧为西魏所立，在江陵即位，改元“大定”，史称“后梁”。萧詧又追尊昭明太子为“昭明皇帝”，庙号高宗。

昭明太子陵墓的位置，《建康实录》载昭明太子“陵在建康县北三十五里”[④]，《元和郡县图志》载“陵在县东北五十四里查硎山”[⑤]，《景定建康志》载“梁昭

---

① ［唐］李延寿撰：《南史》卷八十《列传第七十·贼臣·侯景》，北京，中华书局，1975年，第2009页。

② ［唐］李延寿撰：《南史》卷六十四《列传第五十四·杜岸》，北京，中华书局，1975年，第1557、1558页。

③ ［唐］李绰：《尚书故实》，北京，中华书局，1985年，第3页。

④ ［唐］许嵩撰，张学锋、陆帅整理：《建康实录》卷十八《梁下·太子诸王传略》，南京，南京出版社，2020年，第363页。

⑤ ［唐］李吉甫撰，贺次君点校：《元和郡县图志》卷二十五《江南道一·润州》，北京，中华书局，1983年，第598页。

明陵，在城东北四十五里贾山前，与齐文惠太子同处排陵并葬”[①]。《元和郡县图志》所记道里应是从唐上元县治所在的今朝天宫东起算，《景定建康志》所记道里或是从宋建康府城北垣所在的今珠江路南侧一线起算，二者实际道里方位基本一致。“查硎山”与“贾山”二者音近，可能是一山二名。梁代王侯陵墓集中埋葬于南京东北郊，《建康实录》所记可以理解为“陵在建康县东北三十五里”。综合史料，有昭明太子陵在唐上元县城东北三十五里和五十四里两种观点，而唐代的三十五里，折合为现在的长度为 19.6 公里，唐代的五十四里，折合为现在的长度为 30.2 公里，难以从史料学角度对两种观点进行取舍。

现在栖霞镇新和村狮子冲田野中的两件神道石兽，西侧为独角麒麟，东侧为双角天禄，属帝陵规制，与昭明太子号墓为陵的身份相符，正位于唐上元县治东北方向，两地直线距离约 16 公里，路线距离至少 20 公里，道里、方位均与文献记载的昭明太子陵大致吻合，故而王志高在 2006 年发表的《梁昭明太子陵墓考》中推测，这两件石兽可能属于昭明太子安陵[②]。在此之前，关于这对石兽的归属，有南朝宋文帝刘义隆长宁陵和陈文帝陈蒨永宁陵两说。20 世纪 30 年代，朱希祖认定其为陈文帝永宁陵，其子朱偰《六朝陵墓总说》及《建康兰陵六朝陵墓图考》中倾向于宋文帝长宁陵。1957 年，南京麒麟门外灵山南麓新发现石辟邪，朱偰认为宋文帝长宁陵应在此石辟邪附近，转而认为狮子冲石兽属于陈文帝永宁陵。1988 年，狮子冲石兽被公布为全国重点文物保护单位，定名为“永宁陵石刻”。

2012 年 6 月，为建设南朝陵墓石刻遗址公园，南京市考古研究所围绕狮子冲石刻周边区域开展了考古调查、勘探、发掘工作，年底在北象山南坡勘探发现两座大型南朝墓葬。2013 年初对大墓进行发掘清理，7 月遵照国家文物局要求，对已暂停发掘的两座墓葬完成了保护性回填。两墓均坐北朝南，东西并列，1 号墓（M1）居东，2 号墓（M2）居西，相距不到 10 米。墓葬上部各有独立封土，两墓之间封土相接位置有叠压现象。M1 墓室西壁揭露出相对完整的“羽人戏虎”及半幅“竹

---

① ［宋］周应合纂：《景定建康志》卷四十三《风土志二·古陵》，南京，南京出版社，2009 年，第 1044 页。

② 王志高：《梁昭明太子陵墓考》，《东南文化》2006 年第 4 期，第 41—46 页。

林七贤”砖印壁画。壁画由模印砖拼砌而成，组成壁画的砖面均有“指示文字”。工匠根据“指示文字”，将不同纹饰的墓砖砌筑在相应的位置，最终构成篇幅较大的壁画场景。“竹林七贤”砖印壁画共有四人，各人之间以树木分隔，形成各自独立的画面。参照人物题榜，比照南京西善桥宫山南朝墓砖印壁画，可知四人由外向内依次为阮咸、阮籍、山涛、嵇康。M2 东壁保存有完整的“仙人持幡”砖印壁画，在“仙人持幡”图案下方露出须、角等线条，推测下部未发掘位置应该有相对完整的“羽人戏龙”和“羽人戏虎”壁画。

狮子冲两座大型砖室墓均为单室墓，墓室后壁外弧明显，两侧壁略弧，墓室前端左右呈弧角与甬道相连。这种墓葬平面形制，具有典型的南朝中晚期大型墓葬的形制特征。

两墓还有另外一项特殊的形制特征，即甬道内设置两重石门，这在东晋时期已经成为帝陵的规制。进入南朝以后，帝陵的这一规制并没有发生改变。如丹阳胡桥仙塘湾齐景帝修安陵、建山金家村齐明帝兴安陵、胡桥吴家村齐和帝恭安陵和南京西善桥油坊村陈宣帝显宁陵四座帝陵，甬道内均设置了两道石质墓门。而南京栖霞一带众多萧梁王侯墓，无一例外甬道内均设置一道石墓门。在墓室的规模上，狮子冲两座大墓与上述四座陵墓非常接近，达到了目前所知南朝帝陵的规模。

迄今发现带有拼接完整的大型砖印壁画的南朝墓葬为数并不多，除上述四座南朝大墓外，还有南京西善桥宫山大墓，共计五座。宫山大墓因出土了最完整的“竹林七贤与荣启期”砖印壁画而闻名。有研究者认为，宫山大墓的时代应该属于南朝中晚期，很有可能是陈废帝陈伯宗的墓所。宫山大墓甬道中只设一道石门，可见是按王侯之礼营建的，但陈伯宗又是曾经的皇帝，因此使用了“竹林七贤”壁画，这些都在情理之中[①]。

狮子冲两墓的墓室堆积中分别出土了一块纪年砖。M1 出土纪年砖铭自左往右为“师李 / 中大通弍年五月 / 廿七日於俊趼作此 / 砖大好可用”，中大通二年（530）是昭明太子卒前一年。M2 出土纪年砖铭自左往右为“师张正負 / 普通七年”，普

---

① 许志强：《昭明太子陵今何在：南京狮子冲南朝大墓考古》，《大众考古》2016 年第 11 期，第 46—51 页。

通七年（526）是丁贵嫔的卒年。结合历史文献记载和考古发掘所获资料判断，狮子冲南朝大墓一座是梁昭明太子萧统安陵（M1），另一座是太子生母丁贵嫔宁陵（M2）。两座大墓的墓门、墓室损毁非常严重，绝非普通的盗墓行为所致，而应是杜龛兄弟所为。

关于昭明太子陵的位置，还有几种传说。一种传说是池州贵池秀山说。《大清一统志》卷一百一十八《池州府一·陵墓》载“梁昭明太子墓在贵池县西南秀山上”，其后引《府志》又称：“昭明太子尝游池阳，悦秋浦秀山之胜。既卒，著灵爽于池。池民诣朝廷，请衣冠葬于此。”此说所说的昭文太子陵墓为衣冠冢。唐李吉甫《元和郡县图志》云：“池州本汉鄣郡之域，吴于此置石城县。梁昭明太子以其水鱼美，故封其水为贵池，今城西枕此水。”[①] 宋代乐史《太平寰宇记》云：“贵池，在县北七里。按顾野王《舆地志》云：‘梁昭明太子食此水鱼美，遂立名焉。’其水源出秀山。”[②] 唐末殷文圭《和友人送衡尚书赴池阳副车》中有“醉沉北海千樽酒，吟上南荆百尺楼。况是昭明食鱼郡，不妨闲掷钓璜钩”；宋代黄庭坚《贵池》中有“不食贵池鱼，喜寻昭明宅。笔砚鼠行尘，芝菌生铜鬲。思成佳句梦，贻我锦数尺”。

另一种传说认为昭明太子陵在安庆宿松小孤山。《古今图书集成·职方典》卷七百八十三《安庆府古迹考二·宿松县》载“梁昭明太子墓在县北六十里”，又“县北五十里纱帽山有梁昭明太子分经台”。同书《山川典》卷一百四十五《小孤山部纪事》则引《宿松县志》云：“梁昭明太子萧统爱小孤山西源之胜，遂寄迹高唐，有终焉之志。尝入山品析佛书，校订讹伪。今县治北五十里法华寺石台百尺，曰‘分经台’。昭明太子于此分《金刚经》为三十二分。更入山二十里，有墓。”清道光《宿松县志》云：“分经台。在治北五十里纱弁山，有石台高百余尺。梁昭明太子萧统尝于此分《金刚经》为三十二分，因名。台上有亭，旁有寺皆曰法华，宋嘉泰间重建，碑尚存。下有洗米池，至今泉水不竭。”[③] 根据各地方志，今江苏、安徽、江西、

---

① ［唐］李吉甫撰，贺次君点校：《元和郡县图志》卷二十八《江南道四·池州》，北京，中华书局，1983 年，第 688 页。

② ［宋］乐史撰，王文楚等点校：《太平寰宇记》卷一百五《江南西道三·池州·贵池》，北京，中华书局，2007 年，第 2086 页。

③ 宿松县地方志办公室编：《（道光）宿松县志：清道光八年版点校本》卷五《舆地志五·古迹·分经台》，合肥，黄山书社，2011 年，第 117 页。

浙江、湖北等省的10多个地区都有昭明太子读书处（台、堂）、祠庙、文选楼（阁）、分经台等遗迹。究其原因，或如明代张燮所说："及考吴楚间多有昭明读书台，盖地以人重，故每借之以为名，后人亦相沿不忍削去者。"①

还有一种传说，认为昭明太子陵就在建康城东燕雀湖侧。据《景定建康志》记载："燕雀湖，在城东二里，周回二里，流入青溪。"燕雀湖明初被填筑为宫城，即现在的南京明故宫一带。《景定建康志》又引《穷神秘苑》云："梁昭明太子在东宫，有一琉璃碗、紫玉杯，皆武帝所赐也。既薨，诏置梓宫。后更葬开坟，为阉人携入大航，乃有燕雀数万击之，因为有司所缚，乃获二宝器。帝闻而惊异，诏以赐太孙。封坟之际，复有燕雀数万衔土以增其上。坟侧今有湖，后人因名燕雀湖。"②此说流传甚早，宋代杨备《燕雀湖》云："平湖岸侧见高坟，万土衔来燕雀群。鉴面无波天一色，此中文藻似储君。"马之纯《燕雀湖》云：

在昔曾为舜帝坟，象来耕凿鸟来耘。
今兹封土麒麟冢，乃有衔泥燕雀群。
玉海冲融侔至性，锦江灿烂拟高文。
区区羽物犹依恋，想见人俦忘白云。

后人对此说早有怀疑，《万历上元县志》卷五《祠宇志·陵墓》即指出："旧志言燕雀湖（昭明）太子葬处。在城东二里，恐未真。"清代陈文述则在《秣陵集》卷四"燕雀湖"条中推测，燕雀湖昭明太子墓乃是杜龑掘发后改葬于此者。2005年，中山陵园管理局在明孝陵景区建设梅花谷公园，在梅花谷西侧开阔水面区与前湖相连接的部分，依据地形开挖出一片面积较大的水面，并与东侧霹雳沟相贯通，围合成面积约50000平方米的人工湖，为纪念昭明太子萧统，命名为"燕雀湖"，又名"梅花湖"。临湖观景，想到的是宋代徐钧《昭明太子》：

有德无年亦可矜，腊鹅兴谤竟难明。
当时虽不为天子，《文选》犹传万世名。

---

① ［明］张燮：《〈梁昭明太子集〉序》，［南朝梁］萧统著，俞绍初校注：《昭明太子集校注》，郑州，中州古籍出版社，2001年，第252页。

② ［宋］周应合纂：《景定建康志》卷十八《山川志二·江湖》"燕雀湖"条，南京，南京出版社，2009年，第441页。

第六节　建康东郊：尘襟洗尽古今情

一、文化转移：乌衣旧巷陌，钟山文化区

黄河流域自古就是中国的政治文化中心，自汉末三国以来，本属默默无闻的长江下游城市建康，自从吴大帝孙权定都于此，一跃成为南北分裂、对立状态下南方的政治文化中心。孙吴时期荆州为军事重地，扬州为财赋要区，孙权放弃长江上游的武昌而下都建业，政治中心与经济区域融合而与军事中心分立，这一点为东晋、宋、齐、梁、陈所沿袭，深刻影响六朝历史发展。

东汉末年，天下大乱，学术文化主要依赖各地世家大族得以传授，如陈寅恪先生《崔浩与寇谦之》所说："东汉以后学术文化，其重心不在政治中心之首都，而分散于各地之名都大邑。是以地方大族盛门乃为学术文化之所寄托。中原经五胡之乱，而学术文化尚能保持不坠者，固因地方大族之力，而汉族之学术文化变为地方化及家门化矣。故论学术，只有家学之可言，而学术文化与大族盛门常不可分离也。"[①] 西晋末年，衣冠南渡，在首都洛阳任职的各地官僚和河南、山东的世家大族几乎悉数南移，所谓"中州士女避乱江左者十六七"，北来大族人士成为司马睿、王导建立东晋的主要支柱。

因为建康的重要区域早就有南方人士居住，北方王、谢等大族只能落脚在远离宫城的秦淮河南岸乌衣巷，他们拓植产业，也要绕过三吴，到浙东去寻求发展，从而形成了建康与浙东两大文化区，交相辉映。建康远离西、北敌对政权直接威胁，东晋以降治所在建康的扬州成为一个文治之区，逐渐孕育出灿烂辉耀的"六朝文化"，与晦暗混乱的政治形成鲜明的对比。

东晋后期，士族与皇权"共天下"的局面逐渐改变，随着国家控制力的加强，

---

① 陈寅恪：《崔浩与寇谦之》，《陈寅恪集·金明馆丛稿初编》，北京，生活·读书·新知三联书店，2001 年，第 147、148 页。

浙东会稽、江西庐山等地的士族、僧人逐渐向建康集中[①]。一生跨南朝宋、齐、梁三朝的沈约，无疑关注到了这个现象，他在梁武帝天监年间（502—519）的上疏中称：

顷自汉代，本无士庶之别，自非仕宦，不至京师，罢公卿牧守，并还乡里，小人瞻仰，以成风俗。且黉校棋布，传经授业，学优而仕，始自乡邑，本于小吏干佐，方至文学功曹，积以岁月，乃得察举。人才秀异，始为公府所辟，迁为牧守，入作台司。汉之得人，于斯为盛。今之士人，并聚京邑，其有守土不迁，非直愚贱。且当今士子繁多，略以万计，常患官少才多，无地以处。[②]

建康作为政治中心，皇室、贵族、名士、隐士和僧人，往来于皇宫大内、王侯宅邸、大臣园宅、隐舍学馆、深山古刹之间，为文赋诗、清谈玄言、讲经论道、品藻人物，自然成为六朝文化的重心所在。东晋时期，建康城的文化中心在秦淮河南岸的乌衣巷，以及其邻近的贵族宅第和瓦官寺、长干寺等佛寺。孙吴大臣张昭的住宅就在瓦官寺对面，协助元帝在江东立国的南方士人纪瞻（253—324）在乌衣巷的宅第“馆宇崇丽，园池竹木，有足赏玩焉”。陈郡阳夏谢氏子弟在其宅第聚会宴饮：“（谢）混风格高峻，少所交纳，唯与族子灵运、瞻、曜、弘微并以文义赏会。尝共宴处，居在乌衣巷，故谓之乌衣之游。”[③]南朝梁萧介“性高简，少交游，惟与族兄琛、从兄眎素及洽、从弟淑等文酒赏会，时人以比谢氏乌衣之游”[④]。私家宅第的活动规模有限，而寺院作为公共空间，则为不同身份背景者提供了交流的场所而成为文化中心。寺院不仅是讲说佛经教理的场所，也是贵胄名士谈论文义之地，直到刘宋前期，建康主要的文化活动仍然集中在秦淮河南岸的寺院之中。

---

① 胡宝国：《将无同：中古史研究论文集》，北京，中华书局，2020年，第202—210页。

② ［唐］杜佑撰，王文锦、王永兴、刘俊文、徐庭云、谢方点校：《通典》卷十六《选举四·杂议论上》，北京，中华书局，2016年，第391页。

③ ［南朝梁］沈约撰：《宋书》卷五十八《列传第十八·谢弘微》，北京，中华书局，1974年，第1590、1591页。

④ ［唐］姚思廉撰：《梁书》卷四十一《列传第三十五·萧介》，北京，中华书局，1973年，第588页。

刘宋之后，建康城的文化中心渐次从秦淮河南岸移到北岸的“钟山文化区”[①]。“钟山文化区”包括建康的三个区域：第一个区域介于钟山往西，经钟山余脉覆舟山、鸡笼山这一线以南，和东城北界“潮沟”以北之间的地区；第二个区域是从东晋在都城东面开的建春门、清明门向东、东北延伸到钟山脚下的地区；第三个区域就是钟山本身。

南朝宋文帝刘义隆元嘉十五年（438），宋文帝在“钟山文化区”第一个区域内的鸡笼山设立玄、儒、文、史四学馆：“征（雷）次宗至都，开馆于鸡笼山，聚徒教授，置生百余人。会稽朱膺之、颍川庾蔚之并以儒学，监总诸生。时国子学未立，上留心艺术，使丹阳尹何尚之立玄学，太子率更令何承天立史学，司徒参军谢元立文学。凡四学并建。”[②]雷次宗辞返庐山后，宋文帝再度征他到京师，在钟山西岩下为他建造住宅，称其为“招隐馆”，命他为皇太子和诸王讲《丧服经》，直到元嘉二十五年（448）雷次宗去世。齐竟陵王萧子良登山俯瞰雷次宗宅，过刘瓛之墓，有《登山望雷居士精舍同沈右卫过刘先生墓下作》云：“汉陵淹馆芜，晋弥洙风缺。五都声论空，三河文义绝。兴礼迈前英，谈玄逾往哲。明情日夜深，徽音岁时灭。垣井总已平，烟云从容裔。尔叹牛山悲，我悼惊川逝。”清王友亮《钟山十六咏·招隐馆》云：“涧寂鸟空啼，台荒草争碧。松梢片月来，应识谈经客。”陈文述《招隐馆》云：“四学虽同立，儒家解读书。谭经留旧地，招隐有精庐。史局承天领，禅宗慧远居。何如太平馆，芝桂属元璩。”

南朝宋后废帝刘昱元徽年间（473—477），周颙出为剡令，在钟山儒学馆旧址为慧约法师（459—542）建造草堂寺，也号为“山茨”。沈约也与慧约情谊深厚，他出任东阳太守，请慧约同行，等沈约回到建康任官时，慧约才返回草堂寺。梁武帝天监元年（502），沈约为尚书仆射，还上书请允许慧约同住尚书省。大司马从事中郎刘绘之子刘孝先《草堂寺寻无名法师》云：“飞镜点青天，横照满楼前。深林生夜冷，复阁上宵烟。叶动花中露，湍鸣暗里泉。竹风声若雨，山虫听似蝉。摘

---

① 刘淑芬：《六朝的城市与社会》，南京，南京大学出版社，2021年，第166—174页。

② [南朝梁]沈约撰：《宋书》卷九十三《列传第五十三·隐逸·雷次宗》，北京，中华书局，1974年，第2293、2294页。

果仍荷藉，酌水用花传。一卮聊自饮，万事且萧然。”《和无名法师秋夜草堂寺禅房月下》云：“幽人住山北，月上照山东。洞户临松径，虚窗隐竹丛。出林避炎影，步径逐凉风。平云断高岫，长河隔净空。数萤流暗草，一鸟宿疏桐。兴逸烟霄上，神闲宇宙中。还思城阙下，何异处樊笼。”宋王安石《对棋与道源至草堂寺》云：“北风吹人不可出，清坐且可与君棋。明朝投局日未晚，从此亦复不吟诗。”贺铸（1052—1125）《钟山法云彦上人留中餐罢，游草堂寺》有“难消蔬饭饱，更过草堂来”，建康知府叶梦得《同惇立游蒋山，谒宝公塔、王荆公墓，晚过草堂寺，周颙故宅也》有“暮过草堂寺，借榻聊暂眠”。齐明帝的侄子始安王萧遥光、右卫将军江祏还在钟山为聚徒教学的吴苞建立了学馆，“朝士多到门焉，当时称其儒者”[①]。元嘉二十一年（444），宋文帝还为第七子建平王刘宏在鸡笼山建造王邸，鸡笼山、覆舟山一带后来也成为南朝诸王宅第的集中区之一。

二、西邸东田：不对芳春酒，还望青山郭

“钟山文化区”第二个区域自建春门、清明门向东、东北延伸到钟山脚下，这里地形平坦开阔，溪泉密布，北有钟山林壑之美，南得秦淮水道之便，成为皇室和大族土地占有的重点。东晋初年，丞相王导就有赐田八十余顷在今天的钟山西北、玄武湖东岸一带。谢安有别墅在东郊土山，南朝刘宋时沈庆之在三桥篱门外娄湖一带“广开田园之业”。这些田地上往往附有简单的房舍，供佃作其间的农人休息、看护作物和暂时储存粮食之用，一派田园风光。

随着城内空间不敷使用，郊外空间逐渐园宅化，田舍被扩建为较为精致、舒适的建筑，供游赏之用，这一区域的“西邸”和“东田”对举，成为新的文化中心。永明五年（487），齐武帝萧赜次子竟陵王萧子良（460—494）在鸡笼山建王邸，称“西邸”，召集青年才俊、高僧名尼，讲学说法，清言玄谈。萧衍与沈约、谢朓、王融、萧琛、范云、任昉、陆倕游于西邸门下，号为“八友”，文学史上称为“竟陵八友”。

---

① ［唐］李延寿撰：《南史》卷七十六《列传第六十六·隐逸下·吴苞》，北京，中华书局，1975 年，第 1888 页。

萧子良还“集学士抄《五经》、百家，依《皇览》例为《四部要略》千卷。招致名僧，讲语佛法，造经呗新声，道俗之盛，江左未有也”[①]。永明七年（489）十二月，萧子良还请钟山上定林寺释僧柔、小庄严寺释慧次等，于普弘寺抄《成实论》，召集京师著名梵呗僧人龙光寺普智、新安寺道兴、多宝寺慧忍、天保寺超胜及安乐寺僧辨等至西邸制作新乐。“竟陵八友”也常与高僧游处周旋。沈约与钟山草堂寺慧约、谢朓与庄严寺僧旻、王融与光宅寺法云都交谊深笃。齐明帝建武末年，上定林寺法献法师圆寂，弟子僧祐在其墓侧建碑，碑文由沈约撰写。

南朝时期，建康东郊已成为别墅密集之地，有“东田”之名。“东田”，最早见于《宋书》“嘉禾二株生江夏王义恭东田”[②]。据《南齐书》，齐武帝萧赜曾到二弟豫章王萧嶷“东田宴诸王”，萧嶷的答表中也有“臣前在东田，承恩过醉”之语[③]。不过，一般提到“东田”，还是指萧赜长子文惠太子萧长懋的东郊园宅。《南史》记载：“文惠太子立楼馆于钟山下，号曰‘东田’，太子屡游幸之。”[④]萧长懋向萧赜启请在钟山下立楼馆，援引的是晋明帝司马绍为太子立“西池”的前例，只要求在东田起一个“小苑”。但他经营这处园宅，其规模和精致程度大大超过了“小苑”的设定。后来萧赜到豫章王萧嶷东田园宅宴饮，回来时路过萧长懋的“东田”，“见其弥亘华远，壮丽极目，于是大怒，收监作主帅，太子惧，皆藏匿之，由是见责”[⑤]。

齐永明九年（491），谢朓远赴荆州为镇西功曹参军，又转随王文学，后被王秀之中伤，于永明十一年（493）秋奉敕还都，第二年齐明帝萧鸾连废二王自立为帝。萧鸾“性猜忌多虑，故亟行诛戮”，谢朓在朝中为官，心怀忧惧，常到钟山东面自

① ［南朝梁］萧子显撰：《南齐书》卷四十《列传第二十一·武十七王·竟陵文宣王子良》，北京，中华书局，2019年，第776页。

② ［南朝梁］沈约撰：《宋书》卷二十九《志第十九·符瑞下》，北京，中华书局，1974年，第832页。

③ ［南朝梁］萧子显撰：《南齐书》卷二十二《列传第三·豫章文献王嶷》，北京，中华书局，2019年，第460页。

④ ［唐］李延寿撰：《南史》卷五《齐本纪下第五》，北京，中华书局，1975年，第138页。

⑤ ［南朝梁］萧子显撰：《南齐书》卷二十一《列传第二·文惠太子》，北京，中华书局，2019年，第449页。

己的东田庄园中去消除烦闷，寻求解脱。他的名篇《游东田》，吸取了谢灵运刻画细致、生动传神的优点，体现了他摆脱玄言诗影响后清新俊秀的风格：

感感苦无悰，携手共行乐。寻云陟累榭，随山望菌阁。

远树暖仟仟，生烟纷漠漠。鱼戏新荷动，鸟散余花落。

不对芳春酒，还望青山郭。

沈约的郊园，也在东田。按《梁书》所说，沈约“性不饮酒，少嗜欲，虽时遇隆重，而居处俭素。立宅东田，瞩望郊阜”，似乎到梁代才在东田营建园宅，其实早在仕于南齐的时候，沈约就和谢朓一样拥有郊园了，说不定还是邻居。谢朓于齐明帝建武二年（495）出为宣城太守，在任期间有诗寄呈时任“五兵尚书”的沈约，即《在郡卧病呈沈尚书》，其中有“淮扬股肱守，高卧犹在兹。况复南山曲，何异幽栖时”。沈约《答谢宣城》有“晨趋朝建礼，晚沐卧郊园。宾至下尘榻，忧来命绿樽”，“郊园”赫然在目。

沈约所作《郊居赋》，颇获时誉，也展现出他晚年的内心世界。东田园宅虽是处于穷野荒郊中的“陋宇”，却得山水之胜，是沈约理想中的心灵归宿：“尔乃傍穷野，抵荒郊；编霜菼，葺寒茅。构栖噪之所集，筑町疃之所交。因犯檐而刊树，由妨基而翦巢。决渟洿之汀濙，塞井甃之沦坳。艺芳枳于北渠，树修杨于南浦。迁瓮牖于兰室，同肩墙于华堵。织宿楚以成门，籍外扉而为户。既取阴于庭樾，又因篱于芳杜。开阁室以远临，辟高轩而旁睹。渐沼沚于霤垂，周塍陌于堂下。”[①] 沈约《憩郊园和约法师采药诗》有“郊外三千亩，欲以贸朝馆。繁蔬既绮布，密果亦星悬”，虽可能有夸张，也说明其郊园面积是很大的。

《郊居赋》中所表现的，是一个所谓“独往者”的心声，一种知止知足的世界：“迹平生之耿介，实有心于独往。思幽人而轸念，望东皋而长想。本忘情于徇物，徒羁绁于天壤。应屡叹于牵丝，陆兴言于世网。事滔滔而未合，志悁悁而无爽。路将殚而弥峭，情薄暮而逾广。抱寸心其如兰，何斯愿之浩荡。”不过这种独往的精神追求，又似乎和大家对沈约“自负高才，昧于荣利，乘时藉势，颇累清谈”的印

① ［唐］姚思廉撰：《梁书》卷十三《列传第七·沈约》，北京，中华书局，1973年，第238页。

象不符，这两种截然不同的形象如何集于一身，这可以从沈约的隐者观去理解。在他所写的《宋书·隐逸传序》中，区分了“贤者之隐”和“隐者之隐”。荷蓧丈人、巢父、披求公等“隐者之隐”是盘算私利的故意“与人不同”的“身隐”，“贤者之隐”才是真隐、道隐：“若夫千载寂寥，圣人不出，则大贤自晦，降夷凡品。止于全身远害，非必穴处岩栖，虽藏住得二，邻亚宗极，而举世莫窥，万物不睹。”[①]沈约显然以真隐自许，他的隐，是心境的问题[②]。沈约晚年与梁武帝萧衍颇有嫌隙，心境时生波澜，这在他的《宿东园》中也有反映：

陈王斗鸡道，安仁采樵路。东郊岂异昔，聊可闲余步。
野径既盘纡，荒阡亦交互。槿篱疏复密，荆扉新且故。
树顶鸣风飙，草根积雪露。惊麕去不息，征鸟时相顾。
茅栋啸愁鸱，平冈走寒兔。夕阴带层阜，长烟引轻素。
飞光忽我遒，宁止岁云暮。若蒙西山药，颓龄倘能度。

在沈约东田阁斋的墙壁上，还题写友朋文士的诗文作为装饰，其中有王筠的《草木十咏诗》、刘显的《上朝诗》、何思澄的《游庐山诗》、刘杳的赞二首等。据《梁书》记载：“（沈）约于郊居宅造阁斋，（王）筠为草木十咏，书之于壁，皆直写文词，不加篇题。约谓人云：‘此诗指物呈形，无假题署。’”[③]刘显“尝为《上朝诗》，沈约见而美之，时约郊居宅新成，因命工书人题之于壁”[④]。何思澄“随府江州，为《游庐山诗》，沈约见之，大相称赏，自以为弗逮，约郊居宅新构阁斋，因命工书人题此诗于壁”[⑤]。“（沈）约郊居宅时新构阁斋，（刘）杳为赞二首，并以所撰文章

---

① ［南朝梁］沈约撰：《宋书》卷九十三《列传第五十三·隐逸》，北京，中华书局，1974年，第2275页。

② ［日］吉川忠夫著，王启发译：《六朝精神史研究》，南京，江苏人民出版社，2010年，第177页。

③ ［唐］姚思廉撰：《梁书》卷三十三《列传第二十七·王筠》，北京，中华书局，1973年，第485页。

④ ［唐］姚思廉撰：《梁书》卷四十《列传第三十四·刘显》，北京，中华书局，1973年，第570页。

⑤ ［唐］姚思廉撰：《梁书》卷五十《列传第四十四·文学下·何思澄》，北京，中华书局，1973年，第714页。

呈约，约即命工书人题其赞于壁”。沈约在给刘杳的信函中，对其辞采赞赏有加：“君爱素情多，惠以二赞。辞采妍富，事义毕举，句韵之间，光影相照，便觉此地，自然十倍。故知丽辞之益，其事弘多，辄当置之阁上，坐卧嗟览。”①。

在建康东郊拥有别墅园宅的朝士还有很多，范云，“东皋数亩，控带朝夕，关外一区，怅望钟阜”②；伏挺，“累为晋陵、武康令。罢县还，仍于东郊筑室，不复仕”③；南齐太尉徐公，“爱重琴棋，流连情赏，拓宇东郊，暧然闲素”④。朱异在东田筑有园宅，其《还东田宅赠朋离》云：

应生背芒说，石子河阳文。虽有遨游美，终非沮溺群。
曰余今卜筑，兼以隔嚣纷。池入东陂水，窗引北岩云。
槿篱集田鹭，茅檐带野氛。原隰何逦迤，山泽共氛氲。
苍苍松树合，耿耿樵路分。朝兴候崖晓，暮坐极林曛。
凭高眺虹霓，临下瞰耕耘。岂直娱衰暮，兼得慰殷勤。
怀劳犹未弭，独有望夫君。

徐勉在东田也有小园，自述“中年聊于东田间营小园者，非有播艺，以要利人，正欲穿池种树，少寄情赏。又以郊际闲旷，终可为宅”，他对小园的描写颇为动人：“桃李茂密，桐竹成阴，塍陌交通，渠畎相属。华楼迥榭，颇有临眺之美；孤峰丛薄，不无纠纷之兴。渎中并饶菰蒋，湖里殊富芰莲。”⑤张缵“面郊负郭”的郊园也不遑多让：“左带平湖，修陂千顷；右临长薄，清潭百仞。前逼逸陌，朝夕爽垲；后望钟阜，表里烟霞。每剩春迎夏，华卉竞发；背秋向冬，云物澄霁。窥瞰户牖，

---

① ［唐］姚思廉撰：《梁书》卷五十《列传第四十四·文学下·刘杳》，北京，中华书局，1973 年，第 715 页。

② ［南朝梁］任昉：《为范尚书让吏部封侯第一表》，［南朝梁］萧统编，［唐］李善注：《文选》卷三十八《表下》，上海，上海古籍出版社，1986 年，第 1735 页。

③ ［唐］姚思廉撰：《梁书》卷五十《列传第四十四·文学下·伏挺》，北京，中华书局，1973 年，第 720 页。

④ ［南朝梁］沈约：《齐太尉徐公墓志》，［唐］欧阳询撰，汪绍楹校：《艺文类聚》卷四十六《职官部二·太尉·墓志》，上海，上海古籍出版社，1999 年第 2 版，第 822 页。

⑤ ［唐］姚思廉撰：《梁书》卷二十五《列传第十九·徐勉》，北京，中华书局，1973 年，第 384 页。

不异登临；升降阶墀，已穷历览。舟楫所届，累日不能究其源；鱼鸟之丰，山泽不能逾其美。”①

三、宝刹相望：地灵居五净，山幽寂四禅

“东田”的开发和园宅化的一个重要背景，就是依傍钟山之美。东晋初年，钟山自然环境并不太好，《金陵地记》中说“蒋山本少林木，东晋令刺史罢还都种松百株，郡守五十株”②，南朝齐武帝还曾敕断钟山玄武湖渔猎。到了南朝末年，钟山自然环境已经有了很大变化。陈永定元年（557），“甘露降于钟山松林，弥满岩谷”③。《南史》记载：“覆舟山及蒋山柏林，冬月常多采醴，后主以为甘露之瑞。”④ 南朝之前，钟山的文化景观主要是蒋子文祠庙及吴大帝孙权蒋陵，南朝以降，山崖幽僻、树木蓊郁的钟山逐渐成为僧众禅修、隐士避世、居民游赏的绝佳之处，寺院、隐舍、院墅遍布其间。

钟山寺院，多是由皇家或士族官僚建立和供养。东晋安帝司马德宗义熙年间（405—418），释法意在钟山建立了延贤寺，而到溉家族世代为此寺的赞助者，据《梁书》记载：“蒋山有延贤寺者，溉家世创立，故生平公俸，咸以供焉，略无所取。”⑤ 此后自南朝宋文帝刘义隆元嘉元年（424）创建下定林寺，佛教寺院就开始以今天的明孝陵紫霞湖一带为中心在钟山及东郊蔓延，到梁朝时已有七十寺，达到鼎盛，所谓“钟山帝里，宝刹相望”。刘宋初期，始兴工王恢为释智严“于东郊之

---

① [南朝梁]张缵：《谢东宫赉园启》，[唐]欧阳询撰，汪绍楹校：《艺文类聚》卷六十五《产业部上·园》，上海，上海古籍出版社，1999年第2版，第1164、1165页。

② [宋]李昉等撰：《太平御览》卷四十一《地部六·蒋山》，北京，中华书局，1960年，第197页。

③ [唐]姚思廉撰：《陈书》卷二《本纪第二·高祖下》，北京，中华书局，1972年，第35页。

④ [唐]李延寿撰：《南史》卷十《陈本纪下》，北京，中华书局，1975年，第306页。

⑤ [唐]姚思廉撰：《梁书》卷四十《列传第三十四·到溉》，北京，中华书局，1973年，第570页。

际，更起精舍，即枳园寺也”[①]。宋元嘉十年（433），天竺僧伽罗多“卜居钟阜之阳，剪棘开榛，造立精舍，即宋熙寺是也”[②]。南齐释智欣不交当世，“谢病钟山，居宋熙寺。确然自得，不与富贵游往。行不苟合，交不妄亲”[③]，天监五年（506）圆寂后即葬于此。

刘宋时期在钟山建立的寺院还有道林寺、善居寺、灵曜寺、灵根寺、灵味寺、竹园寺、上定林寺等，其中昙摩密多所建的上定林寺，名僧辈出，译经传法，成为建康佛教的中心之一。孝武帝孝建二年（455），北凉王族安阳侯沮渠京声在上定林寺译出《佛母般泥洹经》。释僧柔（431—494）的弟子法云撰《成实论义疏》、智藏（458—522）撰《成实论义疏》十四卷、僧旻著《成实论义疏》十卷，合称“成实论三疏”。南朝梁时，上定林寺、华林园宝云经藏和建初寺是建康三大佛教经藏收藏所，上定林寺经藏是梁武帝萧衍的异母弟临川王萧宏（473—526）所造，他和南平王萧伟、永康公主萧玉环、丁贵嫔等皇族都以僧祐为戒师。建初寺的经藏也与僧祐有关，而华林园经藏则和僧祐的弟子宝唱有关。沈约曾发愿造“千僧会”——供养一千名僧人的斋会，但限于财力不能一次完成，所以做了十次“百僧会”，其中在草堂寺举行了八次，在上定林寺举办了一次，第十次在沈约的东田郊园举行。元嘉十一年（434），临川公主在钟山之阳的蒋陵里建竹园寺（尼寺），这座寺院有三位比丘尼得到皇族贵戚的供养。宋江夏王刘义恭对慧浚尼“常给衣药，四时无爽”，齐文帝萧长懋对净渊尼“四时供养，信驿重沓”，竟陵王萧子良对净行尼“厚加资给”。

南朝齐世在钟山所建寺院，除了周颙为慧约所立草堂寺，还有齐武帝萧赜敕立的集善寺、释僧侯所建石室寺、南海王萧子罕所建胜善寺（上云居寺）等。南朝梁天监六年（507），后阁舍人王昙朗在钟山造明庆寺。梁元帝时任吏部尚书，江陵

---

① ［南朝梁］释慧皎撰，汤用彤校注，汤一玄整理：《高僧传》卷三《译经下·宋京师枳园寺释智严》，北京，中华书局，1992 年，第 99 页。

② ［南朝梁］释慧皎撰，汤用彤校注，汤一玄整理：《高僧传》卷三《译经下·宋京师道林寺畺良耶舍》，北京，中华书局，1992 年，第 129 页。

③ ［唐］道宣撰，苏小华校注：《续高僧传校注》卷五《义解篇初·梁钟山宋熙寺沙门释智欣传四》，上海，上海古籍出版社，2021 年，第 128 页。

沦陷后入西魏的王褒（约 513—576），有《明庆寺石壁》云："夏水悬台际，秋泉带雨余。石生铭字长，山久谷神虚。"江总《明庆寺》有"山阶步皎月，涧户听凉蝉。市朝沾草露，淮海作桑田"。姚察（533—606）幼年时曾在明庆寺从尚禅师受菩萨戒，其《游明庆寺》云：

地灵居五净，山幽寂四禅。月宫临镜石，花赞绕峰莲。

霞晖间幡影，云气合炉烟。迥松高偃盖，水瀑细分泉。

含风万籁响，裛露百花鲜。宿昔寻真趣，结友亟留连。

山庭出藿靡，涧沚濯潺湲。因斯事熏习，便得息攀缘。

何言遂云雨，怀此怅悠然。徒有南登望，会逐东流旋。

天监九年（510）比丘净洁舍钟山宅建本业寺，天监十三年（514）永定公主在钟山独龙阜建开善寺，普通元年（520）梁武帝在钟山竹涧建大爱敬寺，普通三年（522）尼修义在钟山之后建福静寺，梁武帝大同元年（535）舍人石兴在钟山头陀岩前建头陀寺，其中尤以大爱敬寺最为壮丽："结构伽蓝，同尊园寝；经营雕丽，奄若天宫。中院之去大门延袤七里，廊庑相架，檐霤临属。旁置三十六院，皆设池台，周宇环绕。千有余僧，四事供给。中院正殿有栴檀像，举高丈八。匠人约量，晨作夕停，每夜恒闻作声，旦视辄觉功大。及终成后，乃高二丈有二。"[①]梁武帝《游钟山大爱敬寺》对寺院环境也有描述："面势周大地，萦带极长川。棱层叠嶂远，迤逦磴道悬。朝日照花林，光风起香山。飞鸟发差池，出云去连绵。落英分绮色，坠露散珠圆。当道兰藿靡，临阶竹便娟。幽谷响嘤嘤，石濑鸣溅溅。萝短未中揽，葛嫩不任牵。攀缘傍玉涧，褰陟度金泉。长途弘翠微，香楼间紫烟。"

普通三年（522）二月，大爱敬寺内又建成一座七层灵塔，简文帝萧纲时为晋安王，所作《大爱敬寺刹下铭》曰："朕哉睿圣，至矣炎精；功昭风纪，德契云名。冥符七觉，爰极四生；仪形懋典，道骏有声。皇心闵睇，理笃天诚；八万神构，二四云并。悬梁浮柱，沓起飞楹；日轮下盖，承露上擎。玉函蕴色，珠发韬明；花窟炎聚，

① ［唐］道宣撰，苏小华校注：《续高僧传校注》卷一《译经篇初·梁扬都庄严寺金陵沙门释宝唱传二》，上海，上海古籍出版社，2021 年，第 9 页。

石影光轻。天下钦仰，幽显赞成；法舟斯济，惠海方清。净界无毁，金地永贞。”[①]在修建大爱敬寺时，寺旁就是东晋宰相王导的赐田，当时的主人是王导后人王骞。梁武帝想向王骞购买此土地来施给寺院，王骞自恃高门，执意不卖，梁武帝大怒，不但强买了土地，还把王骞调离都城：

时高祖于钟山造大爱敬寺，骞旧墅在寺侧，有良田八十余顷，即晋丞相王导赐田也。高祖遣主书宣旨就骞求市，欲以施寺。骞答旨云：“此田不卖；若是敕取，所不敢言。”酬对又脱略。高祖怒，遂付市评田价，以直逼还之。由是忤旨，出为吴兴太守。[②]

钟山还有一座飞流寺。梁元帝萧绎《钟山飞流寺碑》云：“清梵夜闻，风传百常之观；宝铃朝响，声扬千秋之宫。同符上陇，望长安之城阙；有类偃师，瞻洛阳之台殿。瞰连甍而如绮，杂卉木而成帷。铭曰：云聚峰高，风清钟彻。月如秋扇，花疑春雪。极目千里，平原迢递。”[③]钟山刹宇林立，释子成行，名僧大德纷纷登坛说法，往复辩难，一时之间梵音入空，法鼓远闻，热闹非凡。陈废帝陈伯宗光大元年（567），智顗来到陈朝首都金陵，住瓦官寺。弘法八年，乃谢遣门人，曰：“昔南岳轮下，及始济江东，法镜屡明，心弦数应。初瓦官四十人共坐，二十人得法；次年百余人共坐，二十人得法；次年二百人共坐，减十人得法；其后徒众转多，得法转少，妨我自行化道可知。群贤各随所安，吾欲从吾志。蒋山过近，非避喧之处。”[④]遂于陈宣帝陈顼太建七年（575）离开金陵入天台山修行。

---

① ［南朝梁］萧纲：《大爱敬寺刹下铭》，［宋］李昉等编：《文苑英华》卷七百八十五《铭一·塔庙上》，北京，中华书局，1966年，第4149页。

② ［唐］姚思廉撰：《梁书》卷七《列传第一·太宗王皇后》，北京，中华书局，1973年，第159页。

③ ［南朝梁］萧绎：《钟山飞流寺碑》，［唐］欧阳询撰，汪绍楹校：《艺文类聚》卷七十六《内典上·内典·寺碑》，上海，上海古籍出版社，1992年第2版，第1304页。

④ ［隋］灌顶：《隋天台智者大师别传》，可潜辑校：《天台智者大师行迹资料集》，北京，社会科学文献出版社，2017年，第14页。

钟山寺院众多，许多僧人圆寂后便葬在山中，日久不免凌乱。齐永明二年（484），生前受到宋明帝刘彧、齐太祖萧道成、文惠太子萧长懋、竟陵王萧子良崇奉的僧远在钟山上定林寺去世。萧子良上书称：“弟子意不欲遗形影迹，杂处众僧墓中。得别卜余地，是所愿也。方应树刹表奇，刻石铭德矣。”“即为营坟于山南，立碑颂德，太尉琅琊王俭制文”[①]。以此为契机，萧子良在钟山规划出一个区域，专门用以埋葬名僧大德，如释宝唱《比丘尼传》中所说的：“齐竟陵文宣王疆界钟山，集葬名德。”妙智尼建武二年（495）去世，“葬于定林寺南。齐侍中琅琊王伦妻江氏，为著《石赞文序》，立于墓左耳”[②]。妙智尼所葬之处，就在萧子良规划的“名德葬地”。南齐时期葬在此处的大德还有不少，受到文惠太子、竟陵王供养的崇圣寺僧敬尼，永明四年（486）去世后“葬于钟山之阳。弟子造碑，中书侍郎吴兴沈约制其文焉”[③]。建福寺智胜尼受到文惠太子供养，“每延入宫讲说众经”，曾舍衣钵为宋、齐七帝在摄山造石像，永明十年（492）去世后葬于钟山[④]。永明十年（492）在上定林寺去世的释超辩“葬于寺南，沙门僧祐为造碑墓所，东苋（莞）刘勰制文”[⑤]。释法献建武末年去世，与法畅“同窆于钟山之阳。献弟子僧祐为造碑墓侧，丹阳尹吴兴沈约制文”[⑥]。

名德墓地在梁陈时期仍然延续使用[⑦]。梁天监八年（509），生前受到萧子良“厚

---

① ［南朝梁］释慧皎撰，汤用彤校注，汤一玄整理：《高僧传》卷八《义解五·齐上定林寺释僧远》，北京，中华书局，1992年，第319、320页。

② ［南朝梁］释宝唱撰，王孺童校注：《比丘尼传校注》卷三《齐·华严寺妙智尼传五》，上海，上海古籍出版社，2022年，第132页。

③ ［南朝梁］释宝唱撰，王孺童校注：《比丘尼传校注》卷三《齐·崇圣寺僧敬尼传三》，上海，上海古籍出版社，2022年，第126页。

④ ［南朝梁］释宝唱撰，王孺童校注：《比丘尼传校注》卷三《齐·建福寺智胜尼传六》，上海，上海古籍出版社，2022年，第134、135页。

⑤ ［南朝梁］释慧皎撰，汤用彤校注，汤一玄整理：《高僧传》卷十二《诵经·齐上定林寺超辩》，北京，中华书局，1992年，第471页。

⑥ ［南朝梁］释慧皎撰，汤用彤校注，汤一玄整理：《高僧传》卷十三《兴福·齐上定林寺释法献》，北京，中华书局，1992年，第489页。

⑦ 魏斌：《“山中”的六朝史》，北京，生活·读书·新知三联书店，2019年，第300—302页。

加资给”的竹园寺净行尼去世，葬于钟山。同年在灵味寺去世的释宝亮“葬钟山之南，立碑墓所。陈郡周兴嗣、广陵高爽，并为制文，刻于两面”①。天监十一年（512），在上定林寺去世的释法通“葬于寺南。弟子静深等立碑墓侧，陈郡谢举、兰陵萧子云，并为制文，刻于两面”②。天监十四年（515），文惠太子、萧子良礼遇的闲居寺僧述尼去世，葬于钟山之阳。天监十五年（516），萧子良推敬的顶山寺道贵尼去世，葬于钟山之阳。天监十七年（518），在建初寺去世的释僧祐“窆于开善路西，定林之旧墓也。弟子正度立碑颂德，东莞刘勰制文”③。同年在定林寺山舍去世的释慧弥，“葬于寺南。立碑颂德”。

四、道馆隐舍：植品既以高，笃行尤不刊

除了众多寺院，道馆、隐舍的存在，也使得钟山这一汇聚权力与信仰的空间显现出更复杂的文化内涵。东晋孝武帝司马曜太元年间（378—396），有蒋山道士朱应子。据《异苑》所载：“晋太元中，桓谦字敬祖。忽有人皆长寸余，悉被铠持槊，乘具装马从岜中出，精光耀目，游走宅上，数百为群。部障指麾，更相撞刺，马既轻快，人亦便捷，能缘几登灶，寻饮食之所。或有切肉，辄来丛聚。力所能胜者，以槊刺取，径入穴中。蒋山道士朱应子令作沸汤，浇所入处，寂不复出。因掘之，有斛许大蚁死在穴中。谦后以门衅同灭。”④

梁吏部尚书何敬容，夏天患疟疾，曾寄住在“蒋山道士馆”。钟山明庆寺前，还有一处“道士坞”，据《六朝事迹编类》，“乃陈宣帝礼元靖先生臧兢处。今在

---

① ［南朝梁］释慧皎撰，汤用彤校注，汤一玄整理：《高僧传》卷八《义解五·梁京师灵味寺释宝亮》，北京，中华书局，1992 年，第 338 页。

② ［南朝梁］释慧皎撰，汤用彤校注，汤一玄整理：《高僧传》卷八《义解五·梁上定林寺释法通》，北京，中华书局，1992 年，第 340 页。

③ ［南朝梁］释慧皎撰，汤用彤校注，汤一玄整理：《高僧传》卷十一《明律·齐京师建初寺释僧祐》，北京，中华书局，1992 年，第 440 页。

④ ［南朝宋］刘敬叔撰，范宁校点：《异苑》卷八，北京，中华书局，1996 年，第 75 页。

宝公塔之东”[①]。道士坞对面，是梁武帝时侍中周舍所立的静坛。据《梁书》记载，梁武帝天监十一年（512）三月，“筑西静坛于钟山”[②]。为何称为“静坛”，《六朝事迹编类》记载：

武帝问曰：“其坛如何？”对曰：“风不鸣条，云无肤寸。鹿巾黄帔，其数甚多。白简朱衣，其来罕至。因名曰‘静坛’。”今按，道士坞在蒋山古明庆寺前，与八功德水相近，则静坛当在其处。[③]

明宋濂《游钟山记》云：“从此至静坛，多臧矜先生遗迹。复西折，过桃花坞。”[④]臧矜先生，就是臧兢。关于桃花坞，据《六朝事迹编类》，“在蒋山宝公塔之西北，旧有桃花甚盛，今不复存”[⑤]。奉朝请吴均（469—520）《登钟山燕集望西静坛》云：

客思何以缓，春郊满初律。高车陆离至，骏骑差池出。
宝碗泛莲花，珍杯食竹实。才胜商山四，文高竹林七。
复望子乔坛，金绳蕴绿帙。风云生屋宇，芝英被仙室。
方随凤皇去，悠然驾白日。

钟山宋熙寺一带是隐士和贵族官员栖隐僻静之处。南朝宋散骑常侍刘勔“经始钟岭之南，以为栖息，聚石蓄水，仿佛丘中，朝士爱素者，多往游之”[⑥]。南朝齐

---

① ［宋］张敦颐撰，张忱石点校：《六朝事迹编类》卷十《神仙门》“道士坞”条，北京，中华书局，2012 年，第 134 页。按，臧兢为“宗道先生”，唐代道士李含光为“元（玄）靖先生”。

② ［唐］姚思廉撰：《梁书》卷二《本纪第二 · 武帝中》，北京，中华书局，1973 年，第 52 页。

③ ［宋］张敦颐撰，张忱石点校：《六朝事迹编类》卷十《神仙门》“静坛”条，北京，中华书局，2012 年，第 133 页。

④ ［明］宋濂：《游钟山记》，［明］宋濂著，黄灵庚编辑校点：《宋濂全集》卷四《记二》，北京，人民文学出版社，2014 年，第 90 页。

⑤ ［宋］张敦颐撰，张忱石点校：《六朝事迹编类》卷六《山冈门》“桃花坞”条，北京，中华书局，2012 年，第 105 页。

⑥ ［南朝梁］沈约撰：《宋书》卷八十六《列传第四十六 · 刘勔》，北京，中华书局，1974 年，第 2195、2196 页。

周颙"于钟山西立隐舍，休沐则归之。转太子仆、兼著作，撰起居注。迁中书郎，兼著作如故。常游侍东宫。……清贫寡欲，终日长蔬食，虽有妻子，独处山舍。卫将军王俭谓颙曰：'卿山中何所食？'颙曰：'赤米白盐，绿葵紫蓼。'文惠太子问颙：'菜食何味最胜？'颙曰：'春初早韭，秋末晚菘。'时何胤亦精信佛法，无妻妾。太子又问颙：'卿精进何如何胤？'颙曰：'三涂八难，共所未免。然各有其累。'太子曰：'所累伊何？'对曰：'周妻何肉。'其言辞应变，皆如此也"①。

南齐孔稚珪的骈文名篇《北山移文》，据吕向注云："其先，周彦伦隐于此山，后应诏出为海盐县令，欲却过此山。孔生乃假山灵之意移之，使不许得至，故云《北山移文》。"②后来的读者大抵信从其说，认为此文是一篇讽刺假隐士的文章。文中名句"使我高霞孤映，明月独举，青松落荫，白云谁侣"为宋代王安石叹赏。清人许梿称："此六朝中极雕绘之作。炼格炼词，语语精辟。其妙处尤在数虚字旋转得法。当与徐孝穆《玉台新咏序》并为唐人轨范。"③其实，周彦伦即周颙和孔稚珪是好友，两人都一直在做官，并不存在假装隐居的问题，此文实系戏谑之文，写作时间应在齐武帝永明三年（485）左右，当时孔稚珪已经服阕回到建康，因为周颙在钟山建隐舍，才作文戏弄他④。

南朝宋时与齐高帝萧道成俱为中书舍人的孔嗣之，"自庐江郡守去官，隐居钟山"⑤。梁代王规曾与陈郡殷钧、琅邪王锡、范阳张缅"同侍东宫，俱为昭明太子所礼"，梁武帝普通六年（525）诏为侍中，中大通二年（530）出为晋安王萧纲长史，萧纲立为皇太子后他仍为吴郡太守。后为主书芮珍宗所僭，征为左民尚书，复

---

① [南朝梁]萧子显撰：《南齐书》卷四十一《列传第二十二·周颙》，北京，中华书局，2019年，第814页。

② [南朝梁]萧统编，[唐]李善、吕延济、刘良、张铣、吕向、李周翰注：《六臣注文选》卷四十三《书·北山移文》吕向注，北京，中华书局，2012年，第817页。

③ [清]许梿评选，[清]黎经诰笺注，曹明纲点校：《六朝文絜》卷八《移文·北山移文》，上海，上海古籍出版社，2020年，第189页。

④ 曹道衡：《〈北山移文〉新证》，《古籍研究》1997年第2期，第43、84页。

⑤ [唐]李延寿撰：《南史》卷七十六《列传第六十六·隐逸下·孔嗣之》，北京，中华书局，1975年，第1889页。

为散骑常侍、太子中庶子，领步兵校尉，王规“辞疾不拜，于钟山宋熙寺筑室居焉”[①]。钟山隐居，有时还是进用的手段。梁武帝中大同元年（546），已被免职的宰相何敬容被任命为侍中，他旧时的宾客门生又躁动起来，盼望何敬容再被梁武帝重用。会稽谢郁致书告诫何敬容：“君侯宜杜门念失，无有所通，筑茅茨于钟阜，聊优游以卒岁，见可怜之意，著待终之情，复仲尼能改之言，惟子贡更也之譬，少戢言于众口，微自救于竹帛，所谓‘失之东隅，收之桑榆’。如此，令明主闻知，尚有冀也。”[②]

南朝名将刘怀珍的族孙刘歊博学有文才，有神童之称，长大后精心学佛，宝志和尚在兴皇寺遇到他，“惊起曰：‘隐居学道，清净登仙。’如此三说”。刘歊不娶不仕，“与族弟訏并隐居求志，遨游林泽，以山水书籍相娱而已”[③]，隐居之地，就在钟山。据《梁书》记载，刘歊族弟刘訏善玄言，尤精释典，曾与刘歊“听讲于钟山诸寺，因共卜筑宋熙寺东涧，有终焉之志”[④]。宋熙寺东涧，后世称为“春涧”[⑤]，北宋杨备有诗云：“手拖葛屦坐藜床，竹树萧然一水傍。枕上白云船下月，卜邻东涧胜东冈。”

陈留阮孝绪博学隐居，不交当世，“恒居一鹿床，环植竹木，寝处其中，时人造之，未尝见也。訏经一造，孝绪即顾以神交。訏族兄歊又履高操，三人日夕召携，故都下谓之三隐”[⑥]。阮孝绪甚为当时名流所钦尚，梁天监初年，御史中丞任昉到

---

① [唐]姚思廉撰：《梁书》卷四十一《列传第三十五·王规》，北京，中华书局，1973年，第582页。

② [唐]姚思廉撰：《梁书》卷三十七《列传第三十一·何敬容》，北京，中华书局，1973年，第533页。

③ [唐]李延寿撰：《南史》卷四十九《列传第三十九·刘歊》，北京，中华书局，1975年，第1224—1226页。“清净登仙”，《梁书》作“清净登佛”。

④ [唐]姚思廉撰：《梁书》卷五十一《列传第四十五·处士·刘訏》，北京，中华书局，1973年，第747页。

⑤ [宋]张敦颐撰，张忱石点校：《六朝事迹编类》卷六《山冈门》“桃花坞”条，北京，中华书局，2012年，第105页。

⑥ [唐]李延寿撰：《南史》卷四十九《列传第三十九·刘訏》，北京，中华书局，1975年，第1227页。

他家中找他的哥哥，想去拜访他又不敢，望其居处而叹曰："其室虽迩，其人甚远。"一次阮孝绪正在钟山听高僧讲论，他母亲王氏突发疾病，"兄弟欲召之。母曰：'孝绪至性冥通，必当自到。'果心惊而返，邻里嗟异之"。王氏治病需要用生人参合药，旧传这种人参是钟山所产，阮孝绪于是入山寻找，躬历幽险，但好多天都是无功而返。一天阮孝绪在山中忽然看到一头鹿在前面行走，心有所感，于是随鹿而行，到了一个地方鹿就不见了，他赶上去看，果然发现了生人参。王氏吃了生人参合的药，很快病愈，"时皆叹其孝感所致"[①]。阮孝绪随鹿得参的山谷，后世称为"随鹿谷"。清王友亮《钟山十六咏・随鹿谷》云："阮公随伊尼，灵药得三桠。痴儿莫更寻，有似菖蒲花。"周宝偀《随鹿谷》云："灵芝根本产蓬莱，空谷能生亦幸哉。天为阮令全孝意，遣将仙鹿预衔来。"陈文述《随鹿谷》云：

章采皇甫谧，志行管幼安。皎皎阮士宗，七录能削繁。
手著高隐传，三品贞盘桓。凿垣与穿篱，遁世学段干。
鹿床一精舍，仿佛瀛海宽。植品既以高，笃行尤不刊。
啮指感母病，采药青山端。三桠产何地，钟阜如龙蟠。
白鹿导引之，灵根愈沉瘵。纯孝与高节，伊古人所难。
六代幂尘纲，逸翮骞鸿鸾。挥手骖麐麚，怀古生长叹。

五、北岭胜迹：惟余松石意，想像六朝前

六朝时期，钟山还有众多名胜，成为世代传承的文化记忆。王士禛《萧思话弹琴石》云："宋代萧常侍，弹琴于此山。清徽泛松石，逸响碧云间。我欲寻遗迹，风流不可攀。惟余远江水，朝夕送潺湲。"这块"弹琴石"就在钟山。萧思话是南朝宋武帝刘裕继母孝懿皇后的侄子，他少年时代以博诞遨游为事，后折节好书史，善弹琴，能骑射，宋文帝刘义隆一见"便以国器许之"，元嘉二十二年（445）"除侍中，领太子右率"。萧思话曾从刘义隆"登钟山北岭，中道有磐石清泉，上使于

① ［唐］姚思廉撰：《梁书》卷五十一《列传第四十五・处士・阮孝绪》，北京，中华书局，1973年，第740页。

石上弹琴，因赐以银钟酒，谓曰：‘相赏有松石间意。’”[①]康熙五十年（1711），陆昆曾《辛卯孟夏游灵谷寺三首兼赠晓公》有“坐我弹琴石，饮我阿耨泉。得来未移时，尽洗尘土缘”；朱颎《弹琴石》有“风流空慕萧常侍，旷代相思一曲琴”。至少清代中期，弹琴石恐怕就已无迹可寻，所以阮葵生（1727—1789）《萧思话弹琴石》有“北岭无余迹，空山有暮烟。惟余松石意，想像六朝前”；江宁诸生金鉴《萧思话弹琴石》有“携朋出城郭，纵步钟山阴。传闻有盘石，萧生兹弹琴。遥遥千余载，故址难追寻”。周宝偀《萧思话弹琴石》云：

闲爱云心似我心，松风飒飒响长林。

客来犹忆萧长侍，石在人亡谁鼓琴？

南朝宋道士陆修静（406—477）曾饵茱萸于钟山，有茱萸坞。据《至正金陵新志》记载：“茱萸坞在蒋山南平坡中，旧有茱萸园。宋道士陆修静饵茱萸于此。”[②]南朝宋文帝刘义隆元嘉（424—453）末，陆修静在建康卖药，刘义隆召其入内宫，讲道说法。陆修静后南游庐山，隐居修道。宋明帝刘彧泰始三年（467），诏其归建康华林园延贤馆，后筑崇虚馆居之。据《宋书》记载，泰始七年（471）四月戊申夜，“京邑崇虚馆堂前有黄气，状如宝盖，高十许丈，渐有五色，道士陆修静以闻”[③]。崇虚馆，南齐时期在建康东郊东田也有一座。据《南齐书》记载，齐武帝萧赜在文惠太子萧长懋东宫发现其“服玩过制，大怒，敕有司随事毁除，以东田殿堂为崇虚馆”[④]。太子右卫率庾杲之“历在上府，以文学见遇。上造崇虚馆，使为碑文”[⑤]。

元末茱萸坞已荒芜，但明清时期到此怀古者依然很多。宋濂《游钟山记》云：

---

① ［南朝梁］沈约撰：《宋书》卷七十八《列传第三十八·萧思话》，北京，中华书局，1974年，第2011—2014页。

② ［元］张铉纂修，王会豪、郭建强、吴艳、付天星、胡尧、梁欣校点：《至正金陵新志》卷一《地理图考》“蒋山图考”条，成都，四川大学出版社，2009年，第57页。

③ ［南朝梁］沈约撰：《宋书》卷二十九《志第十九·符瑞下》，北京，中华书局，1974年，第836、837页。

④ ［南朝梁］萧子显撰：《南齐书》卷二十一《列传第二·文惠太子》，北京，中华书局，2019年，第450页。

⑤ ［南朝梁］萧子显撰：《南齐书》卷三十四《列传第十五·庾杲之》，北京，中华书局，2019年，第684页。

“（半山报宁寺）南则陆修静茱萸园、齐文惠太子博望苑。白烟凉草，离离蕤蕤，使人踌躇不忍去。”[①] 清代余宾硕《同朱岳青登钟山绝顶作》有“茱萸坞下草色青，杨梅岘前烟光紫”；吴敬梓《钟山》有“言寻茱萸坞，云深不可见”；王友亮《钟山十六咏·茱萸坞》云：“遍坞产茱萸，曾闻陆公采。名重引人多，根株余几在。”陈文述《茱萸坞》有“陆公遗址已荒芜，深坞回环古路纡”；周宝偀《茱萸坞》云：“羽客曾来陆士修，一番佳话至今留。春风不长闲花草，偏发茱萸傍浅流。”

天下名山多名泉，但论奇、险、小、趣，还属钟山“一人泉”。一人泉在钟山绝顶古定林寺后，泉仅容一勺，可供一人饮，但挹之不竭，故有此名。据《景德传灯录》记载，南唐宰相冯延巳同几位僧人游钟山，“至一人泉。问：‘一人泉，许多人争得足？’一僧对曰：‘不教欠少。’延巳不肯，乃别云：‘谁人欠少？’”[②] 北宋章望之《一人泉》云：“一人泉在此山颠，万人可饮闻旧言。顾我无人试此水，盛夏独饮南风前。”王安石《和子瞻同王胜之游蒋山》有“森疏五愿木，蹇浅一人泉”；释觉范（1071—1128）《同庆长游草堂》有“更为明日游，踏遍钟山顶。旋汲一人泉，峰头煮春茗”；《同敦素沈宗师登钟山酌一人泉》有“钟山对吾户，春晓开烟鬟。白云峰顶泉，绀碧生微澜。经年未一酌，对客愧在颜”；李之仪《和游一人泉》有“褰衣愧招携，每见辄汗颜。况兹天际游，物理知难攀。一来金陵居，终岁不得闲”。元代舒頔《七佛庵先登》有“七佛庵先登，一人泉可掬。誓将寂灭心，受此清净福”；宋濂《游钟山记》云：“傍崖寻一人泉，泉出小窾中，可饮一人，继以千百弗竭。”[③] 清代王友亮《钟山十六咏·一人泉》云：“仄径树阴阴，幽窦泉炯炯。山僧每独来，敲火试春茗。”锡龄额《一人泉》有“谁信源源去，浩然江海通”；周宝偀《一人泉》有“愿将一勺清凉水，化作人间普济泉”，汤濂《一人泉》有“江海有其源，江海无此清”；马光祖《一人泉》有“细思钟山英，寓意何深渊。使人对蹇浅，贪心于此捐。世岂尽夷齐，廉

---

① ［明］宋濂：《游钟山记》，［明］宋濂著，黄灵庚编辑校点：《宋濂全集》卷四《记二》，北京，人民文学出版社，2014年，第89页。

② ［宋］道原撰，尚之煜点校：《景德传灯录》卷二十七《诸方杂举征拈代别语》“江南相冯延巳”条，北京，中华书局，2022年，第1115页。

③ ［明］宋濂：《游钟山记》，［明］宋濂著，黄灵庚编辑校点：《宋濂全集》卷四《记二》，北京，人民文学出版社，2014年，第91页。

让庶无愆”。

金陵历史悠久，古井遍布，其中最有奇趣者，当属钟山应潮井。据《六朝事迹编类》载，在钟山山顶第一峰头陀寺佛殿后，“有一井泉，与江潮盈缩增减相应”[①]，故名“应潮井”。《景定建康志》记载：

段成式《酉阳杂俎》云：“蒋山有应潮井，在半山之间，俗传云与江潮相应，尝有破船朽板自井中出。贞观中，有牧儿汲水，得杉板，长尺余，上有朱漆字曰：‘吴赤乌二年，豫章王子骏之船。’”石迈《古迹编》曰：“应潮井，蒋山之顶，古头陀寺之后，其井与江潮相通，盈缩往来常应之，时于井间得芦根断帆之属。”[②]

宋代杨备《应潮井》云：“碧甃时时减复增，山头海面密相应。古来泉脉谁穿凿，潮落潮生不暂澄。”马之纯《应潮井》有“有井无冬亦无夏，与潮俱往又俱还。想应透彻深无底，怪得浮沉转似环”；清代王友亮《钟山十六咏·应潮井》有“古井暗通潮，盈缩无差候”；周宝偀《应潮井》云：

古径盘云入岭东，来寻古井半山中。
潮消潮长无差候，因识江山一脉通。

六、六朝祭坛：云拥梁僧塔，苔封宋帝坛

“国之大事，在祀与戎”。在我国古代，祭祀是一项极为重要的国家事务，与此相应，就要建设一系列的礼制建筑，如郊坛、宗庙、社稷等。祭祀天地是封建帝王独占的权力，仪式一般在郊外举行，称为郊祀，最早的记录见于《尚书》：“若

① ［宋］张敦颐撰，张忱石点校：《六朝事迹编类》卷五《江河门》“应潮井”条，北京，中华书局，2012年，第87页。

② ［宋］周应合纂：《景定建康志》卷十九《山川志三·井泉》，南京，南京出版社，2009年，第462页。

翼日乙卯，周公朝至于洛，则达观于新邑营。越三日丁巳，用牲于郊，牛二。”①郊祀有南郊与北郊之分：南郊祭天，南郊之地称作南郊坛；北郊祭地，北郊之地称作北郊坛。南北郊坛，是西汉之后都城建设中地位最为崇高的礼仪性建筑。据《汉书》记载，汉成帝初即位，丞相匡衡、御史大夫张谭奏言“帝王之事莫大乎承天之序，承天之序莫重于郊祀，故圣王尽心极虑以建其制。祭天于南郊，就阳之义也；瘗地于北郊，即阴之象也。天之于天子也，因其所都而各飨焉”。右将军王商、博士师丹、议郎翟方进等五十人以为“《礼记》曰：‘燔柴于太坛，祭天也；瘗薶于大折，祭地也。’兆于南郊，所以定天位也。祭地于大折，在北郊，就阴位也。郊处各在圣王所都之南北”②。据《隋书》记载，南朝陈宣帝太建十一年（579），尚书祠部郎王元规议曰：

《礼记》云：“为高必因丘陵，为下必因川泽。因名山升中于天，因吉土飨帝于郊。”《周官》云：“冬日至，祠天于地上之圆丘。夏日至，祭地于泽中之方丘。”《祭法》云：“燔柴于泰坛，祭天也。瘗埋于泰折，祭地也。”《记》云：“至敬不坛，扫地而祭。”于其质也，以报覆焘持载之功。《尔雅》亦云：“丘，言非人所造为。”古圆方两丘，并因见有而祭。本无高广之数。后世随事迁都，而建立郊礼。或有地吉而未必有丘，或有见丘而不必广洁。故有筑建之法，而制丈尺之仪。③

六朝历史上设立的第一个南郊坛，是孙吴黄龙元年（229）夏四月孙权称帝“柴燎告天”时在武昌所立。迁都建业后，孙权只在太元元年（251）举行过一次南郊活动，其后三嗣主均未郊祀。东晋定都建康后，于晋元帝太兴二年（319）设立南郊坛，因未设立北郊坛，所以“地祇众神共在天郊”，所谓“中兴草创，百度从简，合七

① ［清］皮锡瑞撰，盛冬铃、陈抗点校：《今文尚书考证·召诰第十七（周书八）》，北京，中华书局，1989年，第335页

② ［汉］班固撰，［唐］颜师古注：《汉书》卷二十五下《郊祀志第五下》，北京，中华书局，1962年，第1253、1254页。

③ ［唐］魏征等撰：《隋书》卷六《志第一·礼仪一》，北京，中华书局，1973年，第113页。

郊于一丘，宪章未备，权用斯礼，盖时宜也”[①]。东晋明帝太宁三年（325）七月，下诏设立独立的北郊坛，未及建设晋明帝就驾崩了。晋成帝咸和八年（333）正月，“追述前旨”，在覆舟山（今南京市区小九华山）南建立了六朝历史上第一个独立的北郊坛，南、北郊坛正式分开[②]。

刘宋时期，南郊位置延续前代，方位处于宫城东南的“巳”位，而北郊坛处于宫城之北的“子”位，南、北郊坛的位置并不是南北相对的。虽然此后北郊坛的迁移频繁，但初期的大体位置，都在“子”位徘徊。东晋时期，覆舟山北郊坛曾为药圃，南朝宋文帝刘义隆元嘉年间（424—453）以其地为北苑，在覆舟山上建亭台楼阁，后改名“乐游苑”，于是将北郊坛移至覆舟山西北。不久因筑堤壅水，以覆舟山西北之地为北湖（即玄武湖），又把北郊坛迁到了湖塘西北。后因此地“卑下泥湿”，又把北郊坛迁到了白石村东。

据唐杜佑《通典》记载，宋孝武帝刘骏大明三年（459），“移北郊于钟山北原道西，与南郊相对”[③]。此事南朝梁沈约《宋书》记作：“其地又以为湖，乃移于钟山北京道西。”[④]“京”为高丘，“原”为高平之地，此处所记北郊坛的地势都在平地以上的高处。所谓钟山北原道西，当是指钟山北岭上的登山主道路的西侧。

1999 年 4 月，南京市文物研究所与中山陵园管理局文物处在明孝陵陵域内作文物调查时，于钟山海拔 266.45 米处的丛林深处，发现了一处长达 50 多米、高近 2 米，呈正南北方向走势的石墙建筑遗存，并在石墙附近草丛中发现少量具有六朝特征的绳纹砖。在江苏省文化厅和南京市文物局、中山陵园管理局支持下，考古人员对这处石墙遗存及附近地区做了全面的调查和勘探，确认这是一处南朝时期的大型坛类建筑遗存，编号一号坛（NZJ1）。一号坛平面近于方形，边长 80

---

① ［唐］房玄龄等撰：《晋书》卷十九《志第九・礼上》，北京，中华书局，1974 年，第 585 页。“合七郊于一丘”，《宋书》作“合北郊于一丘”，误。［南朝梁］沈约撰：《宋书》卷十六《志第六・礼三》，北京，中华书局，1974 年，第 424 页。

② 卢海鸣：《六朝都城》，南京，南京出版社，2002 年，第 126—131 页。

③ ［唐］杜佑撰，王文锦、王永兴、刘俊文、徐庭云、谢方点校：《通典》卷四十五《礼五・沿革五・吉礼四・方丘》，北京，中华书局，2016 年，第 1247 页。

④ ［南朝梁］沈约撰：《宋书》卷十四《志第四・礼一》，北京，中华书局，1974 年，第 346 页。“钟山北京道西”，中华书局校点本据《通典》，改“京”为“原”。

多米，东、南、西三面各有 5 道石墙构成 4 个坛层，坛层由黄土、细砂、碎石等填成，其南部上、下坛层之间落差达到 11 米；坛面上有纯净细砂土构筑的 4 个小方坛，小方坛作覆斗形，一个位于南部居中，其他三个呈南北一线排列于坛面中部。后又陆续在一号坛北发现另一座坛类建筑遗存，编号为二号坛（NZJ2），并在一号坛南发现一处附属建筑区。二号坛海拔高度为 288.88 米，平面近于方形，边长 30 多米，东、南、西三面各有 5 道石墙构成 4 个坛层，坛层由黄土、细砂、碎石等填成，总高度超过 9 米。坛面中部有一口部呈圆形的大坑，深 3 米。一、二号坛主体均用石片和黄土构筑，总体积超过 4 万立方米，坛墙壁立，体积庞大，气势雄伟。为了全面揭示这组遗存的结构和文化内涵，2000 年经国家文物局批准，南京市文物研究所与中山陵园管理局文物处联合对两座坛类建筑遗存及其附属建筑遗存做了发掘。

钟山坛类建筑遗存处于宫城东北方的“丑”位，与位于宫城东南“巳”位的南郊坛南北相对，与文献记载相合。一号坛虽然地势较高，但其建造于地势前凸的山嘴之上，左右两侧及前方低处都有峡谷山溪和小湖泊相绕，大体具备“地处于山泽之中”的中国古代地坛建筑要求。主坛及其坛面上加筑的四座小土台，平面皆近于方形，符合中国古代“天圆地方”观念及祭地之坛皆作方形的文献记载，且其地处钟山之阳，与东晋北郊坛在覆舟山之阳、陈朝北郊坛在幕府山之阳的择地特征相符。坛上出土的瓷片质地粗松，脱釉严重，符合古代郊祀用器“以质表诚，器尚陶匏”追求天然朴素的理念。这种理念还反映在坛体只用黄土和石两种材料上，石料加工粗糙，所用砖、板瓦、瓦当也不够精致。遗存出土的石雕莲花器座，造型下大上小，顶部还有凸榫，可以插置木质的神主牌位，应是北郊坛祭祀神主在坛上的“神座”。可以推断，“钟山一号坛建筑遗存应为南朝刘宋孝武帝大明三年（459）所建的国家北郊坛遗存”①。

钟山建筑遗址存在上下两座坛体的形制明确见于文献记载，可追溯到南宋张敦颐《六朝事迹编类》：“成帝作北郊坛于覆舟山之阳，制度一如南郊。《实录》云：北郊坛，在县东八里潮沟后，东近青溪。又按《通典》：宋孝武帝大明三年，移北

---

① 南京市文物研究所、中山陵园管理局文物处、南京大学历史系考古专业：《南京钟山南朝坛类建筑遗存一号坛发掘简报》，《文物》2003 年第 7 期，第 18—34 页。

郊坛于钟山北原道西。今钟山定林寺山颠有平基二所，阔数十丈，乃其地也。”[①]其后《景定建康志》《至正金陵新志》都沿用这种说法。元至正二十一年（1361）宋濂游钟山时亲见此遗存，所作《游钟山记》云：“有二台，阔数十丈，止可坐百人，即宋北郊坛，祀四十四神处。”[②]明初画家还有将钟山北郊坛入画者，“吴中四杰”之一的高启也曾游山到此，其《钟山雪霁图》云：

山势识龙蟠，香台拥翠峦。草堂猿啸晚，蕙帐鹤惊寒。

云拥梁僧塔，苔封宋帝坛。昔年游历处，今向画中看。

明弘治年间任礼部尚书的书画家吴宽《分题蒋山送屠寺丞》中有“其阳筑坛场，高帝始建国。是时昭瑞应，香雾俄四塞”；“后七子”之首谢榛（1495—1575）《望紫金山有作》有“泉奔巨壑常风雨，月傍高坛自鬼神”；清代佘宾硕《灵谷寺》诗序有“过郊坛折而北，历梅花坞，遂游灵谷寺”；罗晋亨（1847—1874）《新秋游钟山》有“荒坛日落松涛壮，古道人归鸟语清。我欲结茅临绝顶，尘襟洗尽古今情”。

关于六朝建筑遗址的性质，也有其他各种推测。一种认为它是刘宋通天台遗址。《宋书》记载，刘宋孝武帝大明七年（463），“钟山通天台新成，飞倒，散落山涧”[③]。另一种认为，它是梁武帝天监十一年（512）所筑西静坛。不过，通天台和西静坛的规模恐怕不会如六朝建筑遗址这般庞大。还有一种认为，随着佛教在江南的传播，戒坛作为授戒、礼佛的设施也出现了，道宣《关中创立戒坛图经》中曾直言“宋智严于上定林寺立坛”，虽不严谨，但定林上寺寺域内存在戒坛应是事实，钟山南朝坛类建筑遗存推断就是南朝初年建立的定林上寺戒坛式土塔，与定林上寺有着密切的关系[④]。

---

① ［宋］张敦颐撰，张忱石点校：《六朝事迹编类》卷一《总叙门》“六朝郊社”条，北京，中华书局，2012年，第28页。

② ［明］宋濂：《游钟山记》，［明］宋濂著，黄灵庚编辑校点：《宋濂全集》卷四《记二》，北京，人民文学出版社，2014年，第90页。

③ ［南朝梁］沈约撰：《宋书》卷三十四《志第二十四·五行五》，北京，中华书局，1974年，第985页。

④ 张学锋：《论南京钟山南朝坛类建筑遗存的性质》，《文物》2006年第4期，第60—67页。

关于钟山建筑遗址二号坛坛面上接近圆形的大坑，坑底有构筑痕迹，很可能是用于祭地时沉埋祭祀牺牲的“瘗坎”[①]。《宋书》记载：“北郊斋、夕牲、进熟，及乘舆百官到坛三献，悉如南郊之礼；唯事讫，太祝令牲玉馔物诣埳置牲上讫，又以一牲覆其上。治礼举手曰：‘可埋。’二十人俱时下土。填埳欲半，博士仰白：‘事毕。’帝出。”[②]这个“埳”需要二十个人往里填土。二号坛的建造可能还要早于一号坛，是东晋时期的“钟山坛”所在。《景定建康志》记载：“钟山坛，在钟山南岩上。苻坚大军至寿春，晋武祷于坛，神曰：‘当助攻坚。’见八公山上草木尽为人形，又闻风声鹤唳，皆言王师至，坚众大溃西走。”[③]

北郊坛迁到钟山不久，宋孝武帝刘骏大明三年（459）九月，根据尚书右丞徐爰之议，“移郊正午，以定天位”，把南郊坛移到了牛头山（今牛首山）西边、宫城正南的“午”位上。如此一来，与在宫城东北方“丑”位的北郊坛又不对应了。大明八年（464）闰五月廿三日，宋孝武帝刘骏去世，前废帝刘子业继位，以南郊坛“旧地为吉祥，移还本初”，依然处于宫城东南“巳”位。同时，以北郊坛“旧地吉祥，复之”，移回到了白石村旧址，依然处于宫城之北的“子”位，恢复到了大明三年之前南、北郊坛不相应的状态。钟山的北郊坛从大明三年建立，到大明八年迁移，实际使用的时间总计只有六年，其后逐渐荒废，考古发掘中出土的遗物不多，也就容易理解了。

北郊坛即地坛的建筑实物，现存时代最早的是明嘉靖九年（1530）初建，后清代屡加重修的北京地坛，南京钟山南朝坛类建筑遗址作为迄今所发现的时代最早的国家北郊坛遗存，对认识早期北郊坛礼仪制度有直接的价值，对进一步认识早期郊祀礼仪形式和内涵提供了新的实物资料。2000 年 9 月，中山陵园管理局对主坛坛体进行了保护加固。2001 年 8 月，南京钟山六朝坛类建筑遗址的考古发现被国家

---

① 刘巍：《紫金山六朝祭坛遗存考证与原状研究》，东南大学建筑历史与理论专业硕士论文，2002 年，第 28 页。

② ［南朝梁］沈约撰：《宋书》卷十四《志第四·礼一》，北京，中华书局，1974 年，第 348 页。

③ ［宋］周应合纂：《景定建康志》卷四十四《祠祀志一·社稷》，南京，南京出版社，2009 年，第 1081 页。

文物局公布为“2000 年全国十大考古新发现”。2002 年 10 月，南京钟山坛类建筑遗存被公布为江苏省级文物保护单位。2006 年 6 月，遗址定名为“钟山建筑遗址”，被公布为第六批全国重点文物保护单位。

第三章 唐宋遗响

第一节　颜公遗墨：长播英风遍九垓

一、鲁公交游：倚石忘世情，援云得真意

六朝时期，建康作为都城，一度兴盛繁华。陈祯明三年、隋开皇九年（589），隋朝分兵八路攻灭陈朝，将陈朝皇室与权贵移徙长安，在建康城西的石头城设置蒋州，在广陵（今江苏扬州）设置扬州大总管府管理江南政治军事事务，以秦王杨俊为大总管，压制建康政治、经济中心地位，并在军事上加以钳制。开皇十年（590），为平定原陈朝境内叛乱，隋文帝杨坚派原平陈总元帅晋王杨广与秦王杨俊换防，长期驻守扬州，坐镇江南，尤其是随着后来杨广即位和大运河的开通，金陵地位渐次重要。虽经过隋末唐初杜伏威、辅公祏江淮军与隋、唐军的征战，以及唐初徐敬业的叛乱，金陵经济仍得以继续发展，并最终成为唐朝中后期的财赋重地。

从六朝到隋唐，南京经历了频繁的改朝换代，强烈的兴衰荣辱和沧海桑田的历史变迁，留给唐代文人足够的情感刺激，拓宽了他们的书写视野和空间。唐人或生长于此，或仕宦于此，或羁旅于此，或途经于此，都被古都金陵独特的气质吸引，留下了数不尽的诗文遗迹、佳话传说。而在这些对金陵篇帙浩繁的吟咏中，钟山往往是不可或缺的抒情背景。李白《金陵歌送别范宣》中的“钟山龙盘走势来，秀色横分历阳树”、《金陵三首》中的“地即帝王宅，山为龙虎盘”、《金陵听韩侍御吹笛》中的“风吹绕钟山，万壑皆龙吟”、《留别金陵诸公》中的“钟山危波澜，倾侧骇奔鲸”、《登梅岗望金陵》中的“钟山抱金陵，霸气昔腾发”；李嘉祐《送韦邕少府归钟山》中的“万卷长开帙，千峰不闭门”；郎士元《送韦逸人归钟山》中的“柴扉多岁月，藜杖见公卿”；温庭筠《访知玄上人遇暴经因有赠》中的“缥帙无尘满画廊，钟山弟子静焚香”；李商隐《咏史》“三百年间同晓梦，钟山何处有龙盘”等，早已是世人耳熟能详的名句。

唐代金陵文风鼎盛，名家辈出，其中就有以节气、书法名世的颜真卿。颜真卿（709—784），字清臣，京兆万年（今陕西西安）人，祖籍琅琊孝悌里（今山东临沂），唐开元进士，天宝十二载（753）任平原太守。当时安禄山反态已萌，颜真卿以防雨为名完修城池，招募丁壮，储备粮草。天宝十四载（755）安禄山举兵叛乱后，颜真卿与从兄常山太守颜杲卿联合抵抗，后被推为盟主，横绝燕赵。安禄山重兵压境，常山被迫，颜杲卿、颜季明父子被杀，颜真卿被迫放弃平原郡，率众投奔在灵武即位的李亨。唐肃宗李亨至德二载（757），朝廷因受到内乱困扰，在金陵置昇州以资镇抚。乾元二年（759），颜真卿由饶州刺史转任昇州刺史，充浙西节度使兼江宁节度，领昇、润、饶、常、杭、湖、歙等十州。颜真卿到任后，发现宋州刺史刘展手握精兵准备造反，于是整顿军备早做应对。不料都统江淮节度宣慰观察使李峘上书讲颜真卿的备战是无事生非，乾元三年（760），颜真卿被召入朝，任刑部侍郎。唐代宗李豫广德二年（764），颜真卿被封为鲁郡开国公，后世由此尊称他为“颜鲁公”。唐德宗兴元元年（784），淮西节度使李希烈叛乱，奸相卢杞派颜真卿前往劝谕，最后被李希烈缢杀。

颜真卿任昇州刺史时间不长，却在钟山文脉中留下了深刻的文化印记。他为钟山开善寺吴道子所画宝志像题写了李白所作《宝公赞》，寺僧刻为一碑，世称“唐贤三绝碑”，后屡毁屡刻，现存于钟山灵谷寺。颜真卿出身于世代为官、以儒学传家的名门大族，服膺儒学，身体力行，正色立朝，尤崇忠孝。他虽然不信佛法，却好居佛寺，喜与学佛者语，如他在《泛爱寺重修记》中所言：“人视之，若酷信佛法者然，而实不然也。予未仕时，读书讲学，恒在福山。邑之寺有类福山者，无有无予迹也。始僦居，则凡海印、万福、天宁诸寺，无有无予迹者。既仕于昆，时授徒于东寺，待客于西寺。每至姑苏，恒止竹堂。目予实信其法，故为张侈其事，以惑沙氓，则非知予者矣。”[①]他还为书僧怀素延誉，在《怀素上人草书歌序》中说：“开士怀素，僧中之英。气概通疏，性灵豁畅。精心草圣，积有岁时。江岭之间，

① ［唐］颜真卿：《泛爱寺重修记》，［清］周绍良编：《全唐文》卷三百三十七《颜真卿（二）》，第18b、19a页。

其名大著。”[1] 颜真卿任湖州刺史期间常到妙喜寺雅集，著名诗僧皎然与他唱酬的诗就有 20 多首。颜真卿《赠僧皎然》有“俯砌披水容，逼天扫峰翠。境新耳目换，物远风尘异。倚石忘世情，援云得真意。嘉林幸勿剪，禅侣欣可庇”之句。

颜真卿除了与僧人讲谈，与道士也有交游。李含光（682—769）是唐代道教上清派茅山宗十三代宗师，其父与道教上清派祖师、茅山宗十二代宗师司马承祯为方外之交，谥号“贞隐先生”。李含光于开元十七年（729）在王屋山师从司马承祯，后来在茅山修道，开元、天宝年间屡被唐玄宗李隆基召至长安，问理化天下事。天宝七载（748）春，玄宗欲受《三洞真经》，“于大同殿洁修其事，遂遥请先生为玄师，并赐衣一袭，以申师资之礼。因以‘玄靖’为先生之嘉号焉。仍诏刻石于华阳洞宫以志之”。李含光“能于阴阳术数之道，而不以艺业为能；极于转炼服食之事，而不以寿养为极”[2]，于唐代宗李豫大历四年（769）去世。

颜真卿任昇州刺史期间，虽因公务繁忙不能亲到茅山，但与李含光有书信往还：“（真卿）钦承至德，结慕玄微，遂专使致书于茅山，以抒诚恳。先生特令韦炼师景昭复书于真卿，恩眷绸缪，足励超然之志。然宗师可仰，望紫府而非遥；王事不遑，寄白云而攸远。”大历六年（771），颜真卿罢抚州刺史，八月返京途中到上元，还曾专程去游茅山。大历七年（772），颜真卿被贬为湖州刺史，次年上任，大历十二年（777）八月离任赴京，在此期间受李含光弟子韦景昭等人之托，撰写了《茅山玄靖先生广陵李君碑铭》，后世也称《李玄靖碑》。《李玄靖碑》于大历十二年（777）立于茅山玉晨观，南宋绍兴七年（1137）断裂，明嘉靖三年（1524）遭火石碎，有拓片传世。清钱大昕《跋玄靖先生李君碑》云：

鲁公书《玄靖先生碑》，与殷君夫人及家庙碑同一笔意，皆晚年书之最善者。世人爱《千福寺碑》，不惜多金购之，此季咸所见善者机尔。碑石已糜碎，此本为

---

① ［唐］颜真卿：《怀素上人草书歌序》，［宋］李昉等编：《文苑英华》卷七百三十七《序三十九·杂序三》，北京，中华书局，1966 年，第 3837 页。

② ［唐］颜真卿：《茅山玄靖先生广陵李君碑铭》，［唐］颜真卿撰：《颜鲁公文集》卷九《碑六》，北京，中国书店，2018 年，第 244、248 页。

江都汪容甫所藏。独完好。盖南宋后拓本经绍兴丁巳风折之后，仅损三十许字耳。碑中门人“人”字误写“中”字，遗名子“子”字误写“韦”字，韦渠牟“韦”字误写“渠”字，“接”字误写“采”字，皆即其误改之。舍（含）光父孝威，私谥贞隐先生，见张从申碑。此作“正隐”者，鲁公避其家讳也。说文：“疋，足也。古文以为诗《大疋》字（即《大雅》也），亦以为足字。或曰胥字。”唐宋以来，误作绢匹之“匹”。此碑“赐绢二百匹”亦用“疋”字，盖俗札相沿久矣。[1]

唐宋之后，还流传着颜真卿留心仙道、死后尸解的传说。《太平广记》拾缀唐杜光庭《仙传拾遗》、韦绚《戎幕闲谭》、五代王仁裕《玉堂闲话》的记载，撰为《颜真卿》一篇云：

真卿年十八九时，卧疾百余日，医不能愈。有道士过其家，自称北山君，出丹砂粟许救之，顷刻即愈，谓之曰：“子有清简之名，已志金台，可以度世，上补仙宫，不宜自沉于名宦之海。若不能摆脱尘网，去世之日，可以尔之形炼神阴景，然后得道也。”复以丹一粒授之，戒之曰：“抗节辅主，勤俭致身，百年外，吾期尔于伊洛之间矣。”真卿亦自负才器，将俟大用，而吟阅之暇，常留心仙道。……真卿四朝重德，正直敢言，老而弥壮，为卢杞所排，身殃于贼，天下冤之。《别传》云，真卿将缢，解金带以遗使者曰：“吾尝修道，以形全为先。吾死之后，但割吾支节血，为吾吭血，以绐之，则吾死无所恨矣。”缢者如其言。既死，复收瘗之。贼平，真卿家迁丧上京，启殡视之，棺朽败而尸形俨然，肌肉如生，手足柔软，髭发青黑，握拳不开，爪透手背。远近惊异焉。行及中路，旅榇渐轻，后达葬所，空棺而已。[2]

---

① ［清］钱大昕撰，吕友仁校点：《潜研堂集》卷三十二，上海，上海古籍出版社，2009 年，第 572 页。

② ［宋］李昉等编：《太平广记》卷三十二《神仙三十二·颜真卿》，北京，中华书局，1961 年，第 205—207 页。

二、三教会宗：金陵传心印，华阳授谷神

在《李玄靖碑》中，颜真卿还提到了自己和李含光门人中林子殷淑、遗名子韦渠牟尝“接采真之游”。殷淑，号林中子，屡见于李白诗中。李白《三山望金陵寄殷淑》云：“三山怀谢朓，水澹望长安。芜没河阳县，秋江正北看。卢龙霜气冷，鳷鹊月光寒。耿耿忆琼树，天涯寄一欢。”《送殷淑三首》有“相看不忍别，更进手中杯”，《五松山送殷淑》有“抚酒惜此月，流光畏蹉跎。明日别离去，连峰郁嵯峨”。

韦渠牟（749—801）年龄比颜真卿小 40 岁，是他的忘年交。韦渠牟出身于京兆韦氏的显宦世家，祖父韦景骏为唐房州刺史，父亲韦冰为著作郎兼苏州司马。据权德舆所撰《右谏议大夫韦君诗集序》，韦渠牟自幼聪慧，11 岁时，曾赋《铜雀台》绝句，“右拾遗李白见而大骇，因授以古乐府之学”[①]。据权德舆为其所撰墓志铭，韦渠牟“传心印之法于金陵，授谷神之道于华阳。或为尘外人，或为遗名子。其达观也，不名一行；其玄同也，会归三教。盖周流揭厉，无入而不自得焉。终以儒服服素王之道”[②]。韦渠牟先当道士，号为“遗名子”，后来出家为僧，“尘外”可能是他的法号。大历四年（769）其师李含光去世时，他只有 20 岁。

颜真卿撰写《李玄靖碑》最迟在大历十二年（777），此时韦渠牟只有 28 岁。据权德舆所撰韦氏墓志铭，颜真卿对韦渠牟青眼有加，“常称遗名子洞彻三教，读佛书儒书道书，向三万卷。又多言其神奇之迹”。据权德舆为其诗集所撰《序》，韦渠牟曾作《天竺寺》六十韵，颜真卿序引而和之，让画工在寺院绘为壁画，以诗句配画境，相得益彰。韩滉曾任苏州刺史、浙江东西都团练观察史，韦渠牟之父苏州司马韦冰是他的僚佐。韩滉对韦渠牟也很欣赏，看到其所作《卧疾》二十韵，手翰以美之曰：“卓尔独立，其在我韦生乎！”大历末年父亲韦冰去世，韦渠牟“倚

---

① ［唐］权德舆：《右谏议大夫韦君诗集序》，［唐］权德舆撰，郭广伟校点：《权德舆诗文集》卷三十四《序》，上海，上海古籍出版社，2008 年，第 524 页。

② ［唐］权德舆：《唐故太常卿赠刑部尚书韦公墓志铭并序》，［唐］权德舆撰，郭广伟校点：《权德舆诗文集》卷二十三《墓志铭》，上海，上海古籍出版社，2008 年，第 345 页。

庐于壤树之侧，以纯孝感生，廉车列上，州闾耸敬”。唐德宗李适贞元二年（786），韩滉遂荐韦渠牟出仕，起家校书郎。韦冰去世前的十多年间，韦渠牟一直隐居钟山，颜真卿还为他隐居之所题写匾额，如《六朝事迹编类》所载：“唐大历中，处士韦渠牟亦隐此山，号遗名子。颜真卿题其所隐之室，曰‘遗名先生三教会宗堂’。”[①]

“三教会宗”指会通儒释道三教思想的宗旨，与晚唐比较流行的“三教同源”“三教圆融”同一思潮，韦渠牟又是坚定的践行者，他撰《庄子会释》《老子金刚经释文》《孝经维摩经疏》《三教会宗图》十余万言。其中《三教会宗图》大概与唐代出现的《三教图》《三圣图》类似，即绘制儒释道三教圣人孔子、佛祖、老子形象于一图，并且附以赞颂或评论性文字的作品。而三教会宗堂可能不仅仅是居所、书斋性质的建筑，或许还尊奉三教圣人像，可以视为后世“三教合祀”信仰实践形式的早期渊源[②]。

韦渠牟仕途得意，但名声并不好，被视为“佞臣”。唐贞元十二年（796），唐德宗李适寿辰，下诏给事中徐岱、兵部郎中赵需、礼部郎中许孟容与韦渠牟，以及佛、老两派对论于麟德殿。韦渠牟辩才凌厉，答问锋生，德宗听之意动，于是调任他为秘书郎。韦渠牟进诗七百言，不至十日，被提拔为右补阙内供奉，同年官至谏议大夫。韦渠牟颇善逢迎，口辩过人，刘禹锡曾谈道：“韦渠牟曾为道士及僧，德宗问：‘卿从道门，本师复是谁？’渠牟曰：‘臣师李仙师，仙师师张果老先生。肃宗皇帝师李仙师为仙帝，臣道合为陛下师，由迹微官卑，故不足为陛下师。’”[③]据《新唐书》所载，“大抵延英殿对，遂大臣率漏下二三刻止，渠牟每奏事，辄五六刻乃下，天子欢甚。渠牟为人佻躁，志向浮浅，不根于道德仁义，特用憸巧中帝意，非有嘉谟正辞感悟得君也……帝既偏于任听，士之浮竞甘进者争出其门，赫然势焰可炙”[④]。

---

① ［宋］张敦颐撰，张忱石点校：《六朝事迹编类》卷二《形势门》“钟阜”条，北京，中华书局，2012 年，第 42 页。

② 王群韬：《钟山三教会宗堂考述》，《江苏地方志》2018 年第 5 期，第 81 页。

③ ［唐］韦绚撰，陶敏、陶红雨校注：《刘宾客嘉话录》“李泌 韦渠牟”条，北京，中华书局，2019 年，第 17、18 页。

④ ［宋］欧阳修、宋祁撰：《新唐书》卷一百六十七《列传第九十二・韦渠牟》，北京，中华书局，1975 年，第 5109 页。

韦渠牟后累迁为太常卿，于贞元十七年（801）去世，赠刑部尚书，谥曰“忠”。其墓志撰文者权德舆为文坛领袖、中唐名臣、唐宪宗朝宰相，名重于世，“其文雅正而弘博，王侯将相洎当时名人薨殁，以铭记为请者什八九，时人以为宗匠焉”[①]。

三、书星集萃：颜真卿碑林，天下放生池

1972年9月，时任日本首相的田中角荣应邀访华并与中国政府签署了《中日两国政府联合声明》，中日两国中断了数十年的邦交得以恢复。1992年，为纪念中日邦交恢复20周年，弘扬中日书法艺术和发扬颜真卿为官清廉的崇高精神，由颜真卿书画院牵线搭桥，日本书道协会捐款在南京选址建造颜真卿碑林。最初拟建于乌龙潭公园颜鲁公祠附近，因场地狭小而改在地域广阔、风景优美的钟山山麓，位于明东陵遗址东北、定林山庄西北数十米处。

颜真卿碑林占地约2000平方米，包括牌坊、碑廊、放生亭等建筑，按唐代建筑风格设计，由中山园林建设总公司承建。碑林的入口处是一座石牌坊，坊额横书“三教会宗堂”五字；颜真卿碑林正门朝南，门上横额“书星集粹”，均为颜真卿书法集字。院内东、南、西三面环以碑廊，碑廊全长150米，壁上嵌青石碑60块，每块碑高1.2米、宽0.6米，也有数块不规则的横碑，因碑文的需要而有不同的尺寸。门内西侧第一块碑，镌刻日本青森大学教授永畑恭典在1992年10月28日中日邦交恢复20周年之际为颜真卿碑林开园所致的祝词；东侧第一块碑是江苏省人大常委会原副主任张耀华题书的“博爱”两字。

碑廊东侧镌刻颜真卿《裴将军碑》《自书告身帖》《八关斋会报德记》《多宝塔碑》《东方朔画赞》《祭侄文稿》《谒金天王神祠题记》等著名书法作品，西侧镌刻日本书法作品。院内有27块立碑，每块碑高1.6米、宽0.8米、厚0.17米，下有碑座。西侧18块碑镌刻日本书法家的作品，其中有曾获得国际和平大奖的日本北海道联盟中心美术院院长毛利寿海赞扬颜真卿清正廉洁所书的“一身正气，两袖清风”。

---

① ［后晋］刘昫等撰：《旧唐书》卷一百四十八《列传第九十八·权德舆》，北京，中华书局，1975年，第4005页。

东侧中国书法家的立碑共有 8 块，均系颜真卿书画院提供的林散之、胡小石、高二适、于右任、费新我、沈鹏、舒同、杜平等现代书法家的手笔。院落北壁正中是一座高 1.3 米的颜真卿半身汉白玉雕像，像下有 1.1 米高的黑色大理石基座。

颜真卿碑林的东北侧路边，还有一泓放生池，池畔筑有仿唐式的放生亭，亭中置放生池碑，碑的反面刻颜真卿所书的放生池残碑文。乾元二年（759）三月，唐肃宗李亨诏命左骁卫左郎将史元琮、中使张庭玉“始于洋州之兴道，洎山南、剑南、黔中、荆南、岭南、江西、浙江西诸道，讫于昇州之江宁秦淮太平桥，临江带郭，上下五里，各置放生池，凡八十一所，盖所以宣皇明而广慈爱也”[①]。时任昇州刺史的颜真卿依诏设放生池，位置就在今天南京清凉山附近的乌龙潭，并撰写《天下放生池碑铭》，自己出资开采镌刻碑铭的石料。乾元三年（760）二月，颜真卿追授刑部侍郎，并上《乞御书天下放生池碑额表》，将自书碑铭“绢写一本，附史元琮奉进，兼乞御书题额”。考虑前书“点画稍细，恐不堪经久”，又“擘窠大书一本，随表奉进”。唐肃宗《御书批答》云：

朕以中孚及物，亭育为心。凡在覆载之中，毕登仁寿之域。四灵是畜，一气同和。江汉为池，鱼鳖咸若。卿慎徽盛典，润色大猷，能以懿文，用刊乐石。体含飞动，韵合鉴锵。成不朽之立言，纪好生之上德。唱而必和，自古有之。情发于中，予嘉乃意。所请依奏。[②]

颜真卿所撰《天下放生池碑铭》明显是出于佛教意图，但其思想基调又明显是儒家的，苏轼如此推测颜真卿的动机：“湖州有《颜鲁公放生池碑》，载其所上肃宗表云：‘一日三朝，大明天子之孝；问安侍膳，不改家人之礼。’鲁公知肃宗有愧于是也，故以此谏。孰谓公区区于放生哉？”[③]唐玄宗于安禄山叛乱时逃离长安

---

① ［唐］颜真卿：《有唐天下放生池碑铭》，［宋］姚铉编：《唐文粹》卷六十五《碑十七》，［清］纪昀等编：《钦定四库全书荟要·集部》，第 18b、19a 页。

② ［唐］颜真卿：《乞御书天下放生池碑额表》，［唐］颜真卿撰：《颜鲁公文集》卷三《表下（并批答）》，北京，中国书店，2018 年，第 56—58 页。

③ ［宋］苏轼：《题鲁公放生池碑》，［宋］苏轼撰，［明］茅维编，孔凡礼点校：《苏轼文集》卷六十九《制敕》，北京，中华书局，1986 年，第 2178 页。

入蜀，唐肃宗在宁夏灵武登基，形同篡位。叛乱平定后玄宗回到长安，在唐肃宗默许下，于乾元三年（760）被宦官李辅国胁迫迁入西宫软禁。此时，颜真卿又率百僚上表请问玄宗起居，为李辅国所恶。接到肃宗《御书批答》不久，颜真卿尚未来得及将《天下放生池碑铭》刻石，就被贬为蓬州长史离开昇州了。

宦海浮沉，直到大历八年（773）湖州刺史任上，颜真卿才在湖州西的白鹤山采斫石料，重新书写镌刻碑铭。大历九年（774），又书《乞御书天下放生池碑额表》及《乞御书题额恩敕批答碑阴记》，与碑铭并立于湖州骆驼桥东。唐肃宗已于762年驾崩，颜真卿之所以在十几年后还要追建立碑，或许是因为随着岁月的流逝，他才能与被贬蓬州之事保持距离，最终与已故的皇帝和解并表达纪念。另一个动机，或是对继位的唐代宗李豫表示感激，正是他将颜真卿从荒蛮之地召回到南方童年的家乡。“也许颜真卿想要为他在湖州的新生，为皎然和陆羽这样的道友，为儿子的回归，为他的文学计划的成功而感谢皇上。”①

颜真卿在南京文化发展史上地位独特，也为钟山文脉增色不少，颜真卿碑林的建立，是对他的最好纪念。

第二节　南唐君相：江山不管兴亡事

一、李后主：惊涛千万里，无乃见钟山

唐代江南地区不断开发，金陵地位愈益重要。安史之乱后，天下裂于方镇，江南成为中央的主要财赋来源地，朝廷“每岁赋税倚办，止于浙江东、西、宣歙、淮南、江西、鄂岳、福建、湖南八道四十九州，一百四十四万户”②，“唐终不倾者，

---

① ［美］倪雅梅著，杨简茹译：《中正之笔——颜真卿书法与宋代文人政治》，南京，江苏人民出版社，2018年，第152页。

② ［宋］司马光编著，［元］胡三省音注：《资治通鉴》卷二百三十七《唐纪五十三》“宪宗元和二年”，北京，中华书局，1955年，第7647页。

东南为之根本也”[①]。唐末黄、淮地区农民起义爆发，威胁运河漕运安全，关系唐王朝存亡。为加强对江淮的控制，唐僖宗任命高骈为诸道行营兵马都统、淮南节度副大使，统辖包括金陵在内的淮南诸道。高骈认为唐朝气数已尽，放黄巢大军过长江横扫中原，拒不出兵救援。黄巢起义军虽然失败，唐朝已元气大伤，经朱全忠最后一击而灭亡。

唐僖宗中和三年（883），杨行密被高骈任命为庐州刺史，在毕师铎攻破扬州杀高骈后，攻取扬州平定毕师铎之乱，掌控淮南，并于天祐二年（905）“大城昇州，建大都督府，其子溥改为金陵府治”[②]。杨行密去世后，其长子杨渥继位为淮南节度使，但很快为掌握亲兵的杨行密旧将徐温所杀。天祐八年（911），杨行密次子杨隆演任命徐温为昇州刺史。杨隆演死后，徐温又拥立杨行密第四子杨溥继位。此时徐温去世，其养子徐知诰通过各种手段击败徐温诸亲子，掌控杨吴大权，并将治所迁到自己经营多年的金陵。天祚三年（937）十月，徐知诰受杨吴主杨溥禅让，在金陵称帝，复姓李，改名李昪，改元“升元”，国号“大唐”，建立了南唐政权。

李昪少长军旅之中，深知战乱为民大患，力排众议，采取息兵睦邻的政策，与周边吴、闽、吴越、荆南等政权和睦相处，同时加强内政管理，网罗人才，整顿吏治，广用儒吏，轻徭薄赋，发展生产，促进了以金陵为中心的江淮地区的恢复与发展。五代时期，战乱频仍，礼崩乐坏，文献俱亡，金陵却在北方文化衰落之际，成为新的文化中心。早在徐知诰受徐温之命镇守金陵之时，他就“以文艺自好，招徕儒俊，共论治体，总督廉吏，勤恤民隐”[③]，并创延宾亭，以待四方之士，北方南渡的士人韩熙载、孙晟、江文蔚等，与本土士人宋齐丘、冯延巳、徐铉等，共同创造了金陵灿烂辉煌的文化成就。

南唐中主李璟和后主李煜也颇喜文学，身体力行，提倡诗词创作。徐铉《御制

① ［清］王夫之：《读通鉴论》卷二十六《唐宣宗·九》，北京，中华书局，1975年，第818页。

② ［宋］周应合纂：《景定建康志》卷十五《疆域志一·地为治所》，南京，南京出版社，2009年，第347页。

③ ［宋］阙名撰：《钓矶立谈》，［清］纪昀等编：《四库全书·史部九·载记》，第1a页。

春雪诗序》记载了李璟召集群臣文士举行宴饮、赋诗唱和的盛况："笔落天波，言成帝典，七言四韵，宣示群臣。乃命太弟太傅建勋，翰林学士、给事中朱巩、常梦锡，翰林学士、中书舍人殷崇义、游简言，吏部尚书、毗陵郡公景运，工部尚书、上饶郡公景逊，左常侍、勤政殿学士张义方，谏议大夫、勤政殿学士潘处常、魏岑，驾部员外郎、知制诰乔舜，主客员外郎、知制诰徐铉，膳部员外郎、知制诰张纬，光禄卿、临汝郡公景辽，鸿胪卿、文安郡公景游，太府少卿、陈留郡公景道，左卫将军、乐安郡公弘茂，驾部郎中李瞻等，或赓'元首'之歌，或和《阳春》之曲。"[①]其《北苑侍宴诗序》则记载了后主李煜泛舟和群臣引觞赋诗之事："亲王旧相，至于近臣，并俨华缨，同参曲宴。时也风晴景淑，物茂人和。望蒋峤之嵚崟，祝为圣寿；泛潮沟之清浅，流作天波。"[②]

五代时期，金陵文学以词的成就最为突出，而南京词人中成就最大的当数后主李煜。李煜字重光，即位前名从嘉，为李璟第五子。交泰元年（958），李璟之弟李景遂辞去太弟之位，李璟嫡长子李弘冀被立为太子，"弘冀为人猜忌严刻，景遂左右有未出东宫者，立斥逐之"[③]。李煜当时封安定公，畏李弘冀，不敢预事，以经籍自娱。他自号"钟隐""钟峰隐者""钟山隐者""莲峰居士""钟峰白莲居士"等，明确表示自己无意于帝位，以躲避其兄的迫害。米芾《画史》云："锦峰白莲居士，又称钟峰隐居，又称钟峰隐者，皆李重光画自题号，意是钟山隐居耳。每自画，必题曰'钟隐笔'，上著'内殿图书之印'，及押用'内合同集贤院'黑印。"[④]沈括《梦溪笔谈》云："江南府库中书画至多……诸书画中时有李后主题跋，然未尝题书画人姓名，唯钟隐画皆后主亲笔题'钟隐笔'三字。后主善画，尤工翎毛。

---

① ［宋］徐铉：《御制春雪诗序》，［宋］徐铉撰，李振中校注：《徐铉集校注》卷一八《序》，北京，中华书局，2016年，第528页。

② ［宋］徐铉：《北苑侍宴诗序》，［宋］徐铉撰，李振中校注：《徐铉集校注》卷一八《序》，北京，中华书局，2016年，第537页。风晴，《四库全书》本、《全唐文》作"风清"。

③ ［宋］司马光编著，［元］胡三省音注：《资治通鉴》卷二百九十四《后周纪五·世宗显德五年》，北京，中华书局，1956年，第9580页。

④ ［宋］米芾撰，刘世军、黄三艳校注：《画史校注》，桂林，广西师范大学出版社，2020年，第72页。

或云凡言‘钟隐笔’者皆后主自画，后主尝自号‘钟山隐士’，故晦其名，谓之‘钟隐’，非姓钟人也。今世传钟画，但无后主亲题者皆非也。”[①]

关于李煜是否为钟山隐者，也有争议。宋郭若虚《图画见闻志》云：“钟隐，天台山人，工画鸷禽竹木，师郭乾晖，深得其旨。乾晖始秘其笔法，隐变姓名趋汾阳之门，服勤累月，乾晖不知其隐也。隐一日缘兴于壁上画鹞子一只，人有报乾晖者，乾晖亟就视之，且惊曰：‘子得非钟隐乎？’隐再拜具道所以，乾晖喜曰：‘孺子可教也。’乃遇之文席，以讲画道，隐遂驰名海内焉。兼工画山水人物，有《鹰隼杂禽》《周处斩蛟》《山水》等图传于世。”[②]《宣和画谱》则记载，钟隐“居江南，所画多为伪唐李煜所有。煜皆题印以秘之。近时有米芾论画，言钟隐者，盖南唐李氏道号，为钟山之隐者耳，固非钟隐也。因以辨之”[③]。

交泰二年（959）九月，李弘冀病死，李煜以尚书令知政事，居东宫。交泰四年（961）二月，李璟迁都洪州，立李煜为太子，在金陵监国。当年李璟死于洪州，李煜在金陵即位。当时南唐颓势已成，积重难返，李煜则不顾政事，整日醉生梦死，面对宋朝咄咄逼人之势，贡奉财物，极尽恭顺屈膝之礼，苟且偷安。后主十五年（975）十一月，金陵城被宋军攻破，后主率众投降，南唐历三帝共三十九年，至此灭亡。李煜降宋后，被宋太祖封为违命侯、右千牛卫上将军。宋太宗赵光义即位后，李煜改封为陇西公，在屈辱中生活了三年，于太平兴国三年（978）七月八日去世。至于死因，传说是七夕之时李煜在家命旧妓奏乐，演唱他所作的新词《虞美人》，声闻于外，其中“小楼昨夜又东风，故国不堪回首月明中”与“问君能有几多愁，恰似一江春水向东流”等怀念故国、不满现状的词句激怒了宋太宗，遂被毒死。李煜死后，宋太宗追封他为吴王，赠太师之职，并辍朝三日，表示哀悼，将他葬在洛阳北邙。宋太宗命南唐旧臣徐铉为李煜撰写墓志铭，徐铉不敢如实写他的死因，只好

---

① ［宋］沈括著，施适校点：《梦溪笔谈·补笔谈卷二·艺文》“后主钟隐笔”条，上海，上海古籍出版社，2015年，第206、207页。

② ［宋］郭若虚著，俞剑华注释：《图画见闻志》卷二《纪艺上·五代九十一人·钟隐》，南京，江苏凤凰美术出版社，2007年，第71页。

③ 俞剑华注译：《宣和画谱》卷十六《花鸟二·五代·钟隐》，南京，江苏凤凰美术出版社，2007年，第338页。

说是因病而终。但从徐铉所记他死于七月八日这一时间来看，他因七夕之事被毒死之说是比较可信的[①]。

据《诗话总龟》记载，宋仁宗朝宰相、魏国公贾昌朝权知开封府的时候，发生了一件异事，一位道士，自称李煜，前来见他：

贾魏公尹京日，忽有人来展，刺谒曰“前江南国主李煜”，相见则一清瘦道士尔。公曰：“太师已物故，何得及此？”曰：“某幼探释氏未达，误有所见，今为师子国王。偶思钟山而来。”怀中取一诗授公，曰：“异国非所志，烦劳殊清闲。惊涛千万里，无乃见钟山。”公读之，随身灰灭。[②]

二、钟山公：空为百官首，但爱千峰青

隐居钟山，只是李煜的一种理想，千里江山是他的家业，也是他的负担。他私下羡慕的，应该是那位主动放弃权势，选择终老钟山的“钟山公”——南唐宰相李建勋。

李建勋之父李德诚，以忠勇为杨行密所知，妻以宗女。李建勋是李德诚第四子，娶了杨吴大丞相徐温的女儿，徐温养子徐知诰出镇金陵的时候，以李建勋为副使。杨吴时期，李建勋虽为贵游子弟，却杜门不预世事，所交者多为贫寒好学之士，并与避乱南来的许多诗人往来酬答，相互切磋。五代时期承唐启宋，崇拜白居易写作之风，代表人物孙鲂、沈彬居金陵时，与李建勋创建诗社，互相品题。沈彬隐居山林，诗作颇有古风，其《再过金陵》可为代表：“玉树歌终王气收，雁行高送石城秋。江山不管兴亡事，一任斜阳伴客愁。”李建勋《中春写怀寄沈彬员外》云：“省从骑竹学讴吟，便殢光阴役此心。寓目不能闲一日，闭门长胜得千金。窗悬夜雨残灯在，庭掩春风落絮深。唯有故人同此兴，近来何事懒相寻。”又有《阙下偶书寄

---

① 杜文玉：《南唐春秋》，西安，陕西师范大学出版总社，2023年，第195—197页。

② ［宋］阮阅编，周本淳校点：《诗话总龟前集》卷四十九《鬼神门上》，北京，人民文学出版社，1987年，第479页。

孙员外》云："长安驱驰地，贵贱共悠悠。白日谁相促，劳生自不休。凤翔双阙晓，蝉噪六街秋。独有南宫客，时来话钓舟。"据《江南野史》记载：

孙鲂世南昌人，家贫好学，长会唐末丧乱，都官郎郑谷亦避乱归宜春，鲂往师之，颇为诱掖，后有能诗名。尝与沈彬及桑门齐己、虚中之徒为倡和俦侣。属吴王行密据有江淮，遂归，射策授□郡从事。与沈彬尝游于李建勋，为诗社。彬为人口辩，能评较人诗句，时鲂有《夜坐》句美于时辈，建勋因试之。先匿鲂斋中，候彬至，乃问鲂之为诗何如。彬答曰："人言鲂非有国风雅颂之体，实得田舍翁火炉头之作，何足称哉！"鲂闻之怒，突然而出，乃让彬曰："公何诽谤之甚，而比田舍翁言，无乃太过乎！"彬答曰："子《夜坐》句云：'划多灰渐冷，坐久席成痕。'此非田舍翁炉上作而何？"阖座大笑，善彬能近取譬也。[①]

徐知诰受禅之事，李建勋参与了谋划，其父李德诚则首先与周本劝进。南唐建立后，中书侍郎李建勋与原杨吴的同平章事张延翰、门下侍郎张居咏并同平章事，当了宰相，李建勋之妻被封为广德长公主。李德诚作为佐命功臣，拜太师，封南平王，进封赵王，"初无大勋劳，特以际会至高位，富贵寿考，世罕及者"[②]。李建勋自幼好学，诗文俱佳，很受李昪倚重，如《钓矶立谈》所说："烈祖初造唐，劳心五十余年，须发为之早白。其所以侧席倾迟天下之士，盖可谓无所不至者矣，然仅得宋齐丘、孙忌、李建勋等数人而已。就数人中，孙与宋不能善终，而钟山公又雅尚廉退，是以三世开国，而谱传所录无大可纪者。"[③]

李昪在位凡七年，李建勋居相位五年，至升元五年（941）七月始罢。据《资治通鉴》记载："唐主自以专权取吴，尤忌宰相权重，以右仆射兼中书侍郎、同平

---

① ［宋］龙衮撰：《江南野史》卷七，南京，南京出版社，2011年，第126、127页。

② ［宋］陆游撰，胡阿祥、胡箫白点校：《南唐书》卷六，南京，南京出版社，2010年，第286页。

③ ［宋］佚名撰，邹劲风点校：《钓矶立谈》，南京，南京出版社，2022年，第18页。《钓矶立谈》，《宋史·艺文志》题为南唐史虚白著，钱曾《读书敏求记》著录其书南宋刊本，题为"不著名氏"，《知不足斋丛书》题为史虚白次子著，此说为《四库全书》所用。

章事李建勋执政岁久，欲罢之。会建勋上疏言事，意其留中；既而唐主下有司施行。建勋自知事挟爱憎，密取所奏改之；秋，七月，戊辰，罢建勋归私第。”[①]李建勋罢相后，其妻广德长公主觐见李昪说：“吾父亡恙时，兄亦常求见与李郎书，今何见负？”李昪答道：“此自国事，吾与李郎骨肉之情，固无间也。”于是召见李建勋，慰勉有加，没多久就复其相位了。李昪迷于长生之术，访求仙人，服食丹药，时常暴怒，还将其药赐给李建勋。李建勋趁机进谏：“臣服甫数日，已觉炎躁，此岂可常进哉？”李昪却笑称：“孤服之已久，宁有是事！”很快“疽发，遂至大渐”，李昪后悔莫及，对李璟说：“吾服金石求长生，今反若此，汝宜以为戒也。”[②]

李璟即位以后，因李建勋是开国勋劳，又联姻戚，对他尊礼有加，“与宋齐丘埒，每谓为史馆而不名”。李璟原来做太子的时候跟随他的一批东宫官开始占据南唐政治舞台，他们“争以事业自许，以为荡平天下，可以指日而就”，推动对外征伐，同时结交宋齐丘等人，激起党争。面对混乱的局势，李建勋无可奈何，被罢为昭武军节度使，镇抚州。临行之际，他不无忧虑地对所亲之人说：“今主上宽大之度，比于先帝远矣，但性习未定，左右献替，须得正方之士。若目前所睹，终恐不守旧业。”[③]出镇抚州期间，李建勋崇尚放逸，以雅逸作风垂范后学，据文莹《湘山野录》记载：

李建勋罢相江南，出镇豫章。一日，与宾僚游东山，各事宽履轻衫，携酒肴，引步于渔溪樵坞间，遇佳处则饮。忽平田间一茆舍，有儿童诵书声，相君携策就之，乃一老叟教数村童。叟惊悚离席，改容趋谢，而翔雅有体，气调潇洒。丞相爱之，遂觞于其庐，置之客右，叟亦不敢辄谈。李以晚渴，连食数梨，宾僚有曰：“此不宜多食，号为五脏刀斧。”叟窃笑。丞相曰：“先生之哂，必有异闻。”叟谢曰：

---

① ［宋］司马光编著，［元］胡三省音注：《资治通鉴》卷二百八十二《后晋纪三·高祖天福六年》，北京，中华书局，1956 年，第 9225 页。

② ［宋］陆游撰，胡阿祥、胡箫白点校：《南唐书》卷十四，南京，南京出版社，2010 年，第 347 页。

③ ［宋］郑文宝撰，邹劲风点校：《江表志》卷中，南京，南京出版社，2022 年，第 62 页。

“小子愚贱，偶失容于钧重，然实无所闻。”李坚质之，仍胁以巨觥，曰：“无说则沃之。”叟不得已，问说者曰：“敢问‘刀斧’之说有稽乎？”曰：“举世尽云，必有其稽。”叟曰：“见《鹖冠子》所谓五脏刀斧者，非所食之梨，乃离别之‘离’尔。盖言人之别离，戕伐胸怀，甚若刀斧。”遂就架取一小策，振拂以呈丞相，乃《鹖冠子》也。检之，如其说，李特加重。[1]

保大四年（946）正月，李建勋为右仆射兼门下侍郎，与中书侍郎冯延巳皆同平章事。复相的李建勋遇事循默，冯延巳无所献替，张义方献诗曰：“两处沙堤同日筑，其如启沃籍良谋。民间有病谁开口，府下无人只点头。”当时冯延鲁、陈觉出兵讨闽，征督军粮甚急，李建勋寄诗提醒：“粟多未必为全计，师老须防有伏兵。”后南唐讨闽之兵果为吴越所乘，证明他并非杞人忧天。陈觉、冯延鲁丧师还朝，李建勋累表称疾乞赐骸骨，在钟山营建亭榭，放意山水，自称“钟山公”（一说赐号“钟山公”），诏授司徒。不起。学士汤悦致状祝贺，李建勋赋诗作答：“司空犹不受，那敢作司徒。幸有山公号，如何不见呼。”在此之前，南唐宰相宋齐丘也曾退居青阳山，号九华先生，可一年不到，皇帝一开口，就迫不及待地出山了，故为时论所薄。有人以为李建勋也会重蹈覆辙，李建勋以诗明志：“桃花流水须相信，不学刘郎去又来。”

退居钟山的李建勋住处靠近发源于钟山的青溪，叫青溪草堂。他喜欢在自己的草堂里吟咏诗章，其为诗“少时犹浮靡，晚年颇清淡平易，见称于时”。如《梅花寄所亲》云：“一气才新物未知，每惭青律与先吹。雪霜迷素犹嫌早，桃杏虽红且后时。云鬓自粘飘处粉，玉鞭谁指出墙枝。老夫多病无风味，只向樽前咏旧诗。”虽然《唐才子传》说李建勋“以司徒致仕，赐号钟山公，年已八十，志尚散逸，多从仙侣参究玄门。……能文赋诗，琢炼颇工，调既平妥，终少惊人之句也”[2]，但

---

① ［宋］文莹撰，郑世刚、杨立扬点校：《湘山野录》，北京，中华书局，1984年，第12、13页。

② 傅璇琮主编：《唐才子传校笺（第四册）》卷十“李建勋”条，北京，中华书局，1990年，第382—386页。

他在钟山所作《金陵所居青溪草堂闲兴》诸诗，是非常清丽可读的：

窗外皆连水，杉松欲作林。自怜趋竞地，独有爱闲心。

素壁题看遍，危冠醉不簪。江僧暮相访，帘卷见秋岑。

他的青溪草堂从来不乏诗友相访，分题赋诗，如其《赋得冬日青溪草堂四十字》所写的：

莫道无幽致，常来到日西。地虽当北阙，天与设东溪。

疏苇寒多折，惊凫去不齐。坐中皆作者，长爱觅分题。

他的一首《小园》，写的应该也是青溪草堂：

小园吾所好，栽植忘劳形。晚果经秋赤，寒蔬近社青。

竹萝荒引蔓，土井浅生萍。更欲从人劝，凭高置草亭。

又有《溪斋》云：

水木绕吾庐，搴帘晚槛虚。衰条寒露鹊，幽果落惊鱼。

爱酒贫还甚，趋时老更疏。乖慵自有素，不是忽簪裾。

除了师友，李建勋还有另外“四友”，并建“四友轩”以居之：“尝畜一玉磬，尺余，以沉香节安柄，叩之，声极清越，客有谈及猥俗之语者，则击玉磬数声于耳。客或问之，对曰：‘聊代洗耳。’一轩，榜曰‘四友轩’。以琴为峄阳友，以磬为泗滨友，《南华经》为心友，湘竹簟为梦友。”[①]一百多年后，官至北宋副宰相的诗人欧阳修，以藏书一万卷、集录三代以来金石遗文一千卷、琴一张、棋一局、酒一壶、老翁一人，自号“六一居士”，“其中透露的人生趣味，很像是‘四友轩’的2.0版。就平易清淡的诗风来说，欧阳修与李建勋也是殊途同归”[②]。

李昪、李璟意图通过提倡佛教来使国家恢复太平之相，金陵佛教逐渐兴盛，“每建兰若，必均其土田，谓之‘常住产’”[③]。钟山自六朝以来就是隐者息心之地，

① [宋]文莹撰，郑世刚、杨立扬点校：《玉壶清话》卷十“江南遗事”条，北京，中华书局，1984年，第96页。

② 程章灿：《山围故国：旧闻新语读南京》，南京，南京大学出版社，2019年，第181—184页。

③ [宋]马令撰，濮小南点校：《南唐书》卷二十六《浮屠传》，南京，南京出版社，2010年，第177页。

寺院丛集之区，南唐时仍有不少古寺，李建勋常去盘桓，其《钟山寺避暑勉二三子》：“楼台虽少景何深，满地青苔胜布金。松影晚留僧共坐，水声闲与客同寻。清凉会拟归莲社，沉湎终须弃竹林。长爱寄吟经案上，石窗秋霁向千岑。”又有《道林寺》云：

虽向钟峰数寺连，就中奇胜出其间。

不教幽树妨闲地，别着高窗向远山。

莲沼水从双涧入，客堂僧自九华还。

无因得结香灯社，空向王门玷玉班。

钟山北高峰的大爱敬寺，唐代乾符年间（874—879）重修过一次，唐僖宗李儇广明元年（880）改为广明爱敬禅院，南唐时改为广孝禅院。李建勋《爱敬寺》有“云散经窗湿，山晴石路香”之句；又有《留题爱敬寺》云：

野性竟未改，何以居朝廷。空为百官首，但爱千峰青。

南风新雨后，与客携觞行。斜阳惜归去，万壑啼鸟声。

李建勋临终前嘱咐告门人曰：“时事如此，吾得保全，为幸已甚。吾死，不须封树立碑，冢土任民耕凿，无延他日毁斫之弊。”其后宋军南下金陵城破之际，“公卿茔域为兵发殆遍，独建勋莫知葬所，讫不及祸”①。李建勋留给后世的，是一部二十卷的诗集《钟山公集》，还有一个“钟山诗人”的名号，一百多年后，这个名号又有人来争夺，这个人也是一个罢相后退居钟山的诗人，名字叫王安石。

第三节　钟山云色：王安石精神家园

一、尊孟：故有斯人慰寂寥

六朝时期，金陵人文荟萃，代有高峰，名家辈出。到晚唐五代时期，北方战乱

---

① ［宋］郑文宝撰，邹劲风点校：《江表志》卷中，南京，南京出版社，2022年，第63页。

不断，中国古代史上的文化中心向东南转移，金陵成为重要的文化中心，许多名流墨客寓居于此。金陵本以自然形胜见长，嵯峨的钟山见证着这座城市自六朝以来的几多风雨，江山形胜与历史沧桑相互呼应，使诗人的笔下平添深沉豪壮、抑郁苍凉之气。其中，又尤以隐居于此多年、歌哭于斯的北宋名相王安石最能得钟山之情致。

王安石籍贯为抚州临川（今江西抚州），宋天禧五年（1021）出生在江西临江军清江县，其父王益时任临江军判官。乾兴元年（1022），王益出领新淦县，又先后知庐江县、新繁县，直到宋仁宗赵祯天圣七年（1029），王益新繁任满，王安石随父入京。天圣八年（1030），王益以殿中丞知韶州，已经10岁的王安石随父赴任韶州。宋仁宗明道二年（1033），其祖父王用之去世，王安石才随父回到家乡临川。临川居丧期间，王安石从学于邻县宜黄杜子野，时常到金溪吴氏舅家，与诸外弟相得甚欢，并得识神童方仲永。宋仁宗景祐三年（1036），王益服除入京，第二年通判江宁府赴任江宁（今南京），王安石都随侍左右。从此，南京成为王安石的第二故乡，他从这里出发，开始了起伏不定、波澜壮阔的宦海生涯，又在政治风浪中急流勇退，最终选择归隐钟山。他不但葬父母、兄弟于南京，葬爱子于钟山，还将钟山作为自己的百年之地。钟山，是他非凡才学和政治抱负的养成之地，是他步入仕途的开端，也是他的避世之所，是他成年后始终向往、反复形于吟咏的精神家园。

王益通判江宁，政务繁忙，王安石则整日闭门苦读，“闻古有尧、舜也者，其道大中至正常行之道也。得其书，闭门而读之，不知忧乐之存乎己也。穿贯上下，浸淫其中，小之为无间，大之为无崖岸，要将一穷之而已矣”①。正是这个时候，熟读诗书的他树立了致君尧舜的理想，开始以稷契自期，如其《忆昨诗示诸外弟》所云：“男儿少壮不树立，挟此穷老将安归？吟哦图书谢庆吊，坐室寂寞生伊威。材疏命贱不自揣，欲与稷契遐相希。”这种用世的思想，也受到了孟子“大有为”的承当精神的启发和鼓舞。“如欲平治天下，当今之世，舍我其谁也？”② 孟子这句话在青年王安石，也在当时众多跃跃欲试施展抱负的年轻人心中激起了宏大的

---

① ［宋］王安石：《上张太博书二》，［宋］王安石撰，聂安福等整理：《临川先生文集》卷七十七《书》，上海，复旦大学出版社，2016年，第1367页。

② 《孟子·公孙丑下》。

回响。

王安石是北宋提倡孟子最有力的人，出仕前居南京的岁月，他对孟子的学说便有了初步的思考。载于《圣宋文选》卷十的王安石《性论》云：“古之善言性者，莫如仲尼。仲尼，圣之粹者也。仲尼而下，莫如子思。子思，学仲尼者也。其次莫如孟轲。孟轲，学子思者也。”文中“父性犹水也，江河之与畎浍，小大虽异，而其趋于下同也。性犹木也，楩楠之与樗栎，长短虽异，而其渐于上同也”，直接沿袭《孟子·告子》，当是早年的模拟之作[①]。后来王安石《淮南杂说》出，世人遂称“其言与孟轲相上下”[②]。在其《原性》《性情》《扬孟》诸篇中，王安石以性为本观，发展出了他的性本情用论。王安石认为，孟子以至韩愈之所谓性善，无非是说人先天具有“四端”或“五常”，但王安石对此却予以否定，认为“性者，五常之太极也，而五常不可以谓之性”，这样就把历来以五常为根据判定人先天性善的做法颠倒过来，将五常规定为后天的社会道德评价，在基础上将性善论进行了消解。自孟子、荀子、扬雄到韩愈四子，自性善、性恶、性善恶混等不同的性论，在王安石都是指后天的情用，而非先天的性本体：“且诸子之所言，皆吾所谓情也、习也，非性也。”[③]王安石以本（体）用有别而又一致的观点规定性情，以本性（未发）和善恶之性（已发）判定或本或用，相当程度上展示了以性为本的雏形，可谓哲学史上前进的一大步[④]。当然，王安石的“无定性论”或“情一元论”，使他的性本情用说得不到彰显，不能“返本”“复性”，却要自“外”寻求善恶的标准，从而和时人大异其趣，也不能在理学史上居于正统的地位[⑤]。

---

① 刘成国：《王安石年谱长编》，北京，中华书局，2018年，第89、90页。

② ［宋］晁公武撰，孙猛校证：《郡斋读书志校证》卷十九《别集类下》“王介甫临川集一百三十卷”条，上海，上海古籍出版社，2011年，第1000页。

③ ［宋］王安石：《原性》，［宋］王安石撰，聂安福等整理：《临川先生文集》卷六十八《论议》，上海，复旦大学出版社，2016年，第1234页。

④ 向世陵：《理气性心之间——宋明理学的分系与四系》，北京，人民出版社，2008年，第19—23页。

⑤ 石峻：《略论中国人性学说之演变·宋元明》，《石峻文存》，北京，华夏出版社，2006年，第374页。

宋仁宗庆历二年（1042）王安石的《送孙正之序》云："时然而然，众人也；己然而然，君子也。己然而然，非私己也，圣人之道在焉尔。夫君子有穷苦颠跌，不肯一失诎己以从时者，不以时胜道也。故其得志于君，则变时而之道，若反手然，彼其术素修而志素定也。时乎杨、墨，己不然者，孟轲氏而已；时乎释、老，己不然者，韩愈氏而已。如孟、韩者，可谓术素修而志素定也，不以时胜道也。惜也不得志于君，使真儒之效不白于当世，然其于众人也卓矣。"文中从精神到文字，处处有孟子在，所谓"以孟、韩之心为心"①，名为勉励孙正之，实为自勉，其"得君行道"的政治抱负显露无遗，"几乎可看作关于他未来发展的一个预言"②。

和同时代的年轻人一样，王安石曾受到韩愈的极大感发，故《寄孙正之》有"年少已感韩子诗，东西南北俱欲往"之句。不过在其成学之后，仰慕孟子之心逐渐驾韩氏而过之，后来面对有"今之韩愈"之誉的欧阳修，王安石《奉酬永叔见赠》以"欲传道义心犹在，强学文章力已穷。他日若能窥孟子，终身何敢望韩公"奉答，将这种心态表露无遗。在给友人的书信中，为说明圣、贤之别，他更尊孟子为"圣人"："孟轲，圣人也。贤人则其行不皆合于圣人，特其智足以知圣人而已。"③又云："孔子、孟子书之策而善者也，皆圣人也，易地则皆然。"④

王安石不但以孟子奋发有为的精神风貌自励，其出处行藏也以孟子为楷模，如其所言："万物之废兴，皆命也。孟子曰：'君子行法以俟命而已矣。'"⑤在这里，王安石强调了"处"与"藏"的必要性，行道的时机还没成熟就不能强而为之，否则就有可能降志辱身，作为君子这时只有静待天命。

---

① ［宋］王安石：《送孙正之序》，［宋］王安石撰，聂安福等整理：《临川先生文集》卷八十四《序》，上海，复旦大学出版社，2016年，第1489页。

② 余英时：《宋明理学与政治文化》，长春，吉林出版集团有限责任公司，2008年，第112页。

③ ［宋］王安石：《答龚深父书》，［宋］王安石撰，聂安福等整理：《临川先生文集》卷七十二《书》，上海，复旦大学出版社，2016年，第1293、1294页。

④ ［宋］王安石：《与祖择之书》，［宋］王安石撰，聂安福等整理：《临川先生文集》卷七十七《书》，上海，复旦大学出版社，2016年，第1371页。

⑤ ［宋］王安石：《答史讽书》，［宋］王安石撰，聂安福等整理：《临川先生文集》卷七十五《书》，上海，复旦大学出版社，2016年，第1349页。

宋神宗赵顼熙宁四年（1071），王安石推行新法，推出贡举的新制，便以《孟子》为“兼经”以试士，使得《孟子》晋列经书，成为天下士子的必读书[①]。孔庙祀典，是当时儒家学术最忠实的风向标，两宋时期，孟子地位不断升格，最终在元丰七年（1084）独获“配享”，而其余诸子则仅充从祀，这离不开已经退居林下的王安石所施加的影响，南宋大儒朱熹就曾言：“孟子配享，乃荆公（王安石）请之。”[②]在王安石的政治生涯中，孟子无疑是他最大的精神支柱，如其《孟子》所云：“沉魄浮魂不可招，遗编一读想风标。何妨举世嫌迂阔，故有斯人慰寂寥。”

二、出山：故园回首三千里

宋仁宗宝元二年（1039），王益在江宁通判任上去世，当时19岁的王安石祖母尚在，上有寡母和两个异母的哥哥，下有四个弟弟和三个妹妹，其中最大的妹妹王文淑已在上一年嫁给了江宁知府张若谷之子张奎，而最小的妹妹还在蹒跚学步。一家十几口人原来都仰赖王益的俸禄，此时不免陷入困顿，他们甚至常到钟山挖蕨菜充饥，其《忆昨诗示诸外弟》有“旻天一朝畀以祸，先子泯没予谁依！精神流离肝肺绝，眦血被面无时晞。母兄呱呱泣相守，三载厌食钟山薇”之句。在张若谷之后相继担任江宁知府的盛京、郎简对王安石一家都颇为照恤，视王安石同子侄，王安石一家也把希望寄托在这个自小聪慧、志存高远的年轻人身上。王安石又从江宁通判田况问学，与兄王安仁、王安道入学为诸生，得与李不疑（通叔）为友，“忧惧释然，作《太阿》诗贻之，道气类之同而合也。通叔亦作《双松》诗，道气类之同而期之久也以为报。自予之得通叔，然后知圣人户庭可策而入也”[③]。

庆历元年（1041），服丧期满的王安石入京应礼部试，与曾巩订交，并在第二

---

① 黄进兴：《优入圣域：权力、信仰与正当性》（修订版），北京，中华书局，2010年，第214页。

② ［宋］黎靖德编，王星贤点校：《朱子语类》卷九十《礼七·祭》，北京，中华书局，1986年，第2294页。

③ ［宋］王安石：《李通叔哀辞》，［宋］王安石撰，聂安福等整理：《临川先生文集》卷八十六《祭文》，上海，复旦大学出版社，2016年，第1512、1513页。

年以第四名进士及第，被委派为签书淮南东路节度判官厅公事，赴扬州做了地方长官的幕僚，朋友曾巩则落第归抚州。扬州任上，王安石曾于庆历三年（1043）回家乡临川省亲，看望祖母并扫先人墓，还赴金溪舅家与诸外弟相聚，到南丰去拜访曾巩，指疵攻瑕，相得甚欢。这次回乡，大概还迎娶了夫人吴氏，第二年长子王雱出生①。

庆历五年（1045），王安石秩满解官回江宁，得以盘桓钟山，后归临川，又自临川赴京。庆历六年（1046），王安石曾充点检试卷官，他以上第擢进士，按例此时可以求试馆职，走这条致位通显的捷径，但他独辞不就。庆历七年（1047），王安石出知鄞县，并于11月告归江宁葬父。

庆历八年（1048），王安石撰《先大夫述》，请曾巩为父亲王益撰写墓志铭。但这年秋天王安石回江宁，却不曾葬父，也没有将曾巩所撰墓志入石、填讳，而是另请孙侔重新撰写②。王安石任职鄞县期间政绩斐然，与余姚的谢景初、杭州的韩缜、会稽的谢景温等青年官员成为吴越一带官员的榜样③。皇祐二年（1050）三月，王安石知鄞县任满，归临川，有诗《到家》："五年羁旅倦风埃，旧里依然似梦回。猿鸟不须怀怅望，溪山应亦笑归来。身闲自觉贫无累，命在谁论进有材。秋晚吾庐更潇洒，沙边烟树绿洄洄。"自庆历五年冬返临川，到此恰有五年。这年冬天，王安石又回到江宁旧居，此时姚辟前来问学，王安石诲以"夫圣人之术，修其身，治天下国家，在于安危治乱，不在章句名数焉而已"，认为章句名数不足以尽圣人之术④。看到田宅荒凉，王安石颇有感触，其《次韵答陈正叔二首》中，既有他年归隐的期待，更有此道未行的遗憾：

田宅荒凉去复来，诗书颜发两尘埃。
忘机自许鸥相狎，得祸谁期鹤见媒。

① 刘成国：《王安石年谱长编》，北京，中华书局，2018年，第116、137页。

② 刘成国：《王安石年谱长编》，北京，中华书局，2018年，第198—202页。

③ [日]三浦国雄著，李若愚、张博译：《王安石：立于浊流之人》，上海，上海人民出版社，2021年，第71页。

④ [宋]王安石：《答姚开辟书》，[宋]王安石撰，聂安福等整理：《临川先生文集》卷七十五《书》，上海，复旦大学出版社，2016年，第1347页。

此道未行身有待，古人不见首空回。

何当水石他年住，更把韦编静处开。

皇祐三年（1051）三月，王安石再回江宁，葬父于牛首山。2009年10月，在与牛首山相衔的南京将军山南麓，出土了王益、王安仁墓志。王益墓志为石质，1合2块，志盖长103厘米、宽76厘米、厚7.5厘米，盖铭为“王公之墓”四字，志铭长103厘米、宽74厘米、厚6.5厘米，楷体阴刻，部分志文风化泐失，末云：“七男，长安仁，登进□□□有学行。三女，适延平张奎、广陵朱明之、钱塘沈季长。其□也用四月十日。安石以侔友，故来告请侔□。铭曰：已矣！公之年孰不修兮，材不时尽兮，止乎一州，德在其地兮，宜贵以休。公去日远兮，神焉尔留，民思不忘兮，视如其丘。”[①]这一年，王安石赴任舒州通判，十月间就收到了长兄王安仁去世的噩耗。王安仁七岁好学，读书二十多年，庆历年间“江淮间州争欲以为师，所留，辄以《诗》《书》《礼》《易》《春秋》授弟子。慕闻来者，往往千余里”[②]。皇祐元年（1049），王安仁才以进士及第，后得宣州司户。皇祐三年（1051），到任后转运使又派去监江宁府盐院，没想到刚上任三个月就染病去世了。皇祐四年（1052），王安石回江宁，将长兄葬在了父亲王益墓“东南五步”之处，有《宣州府君丧过金陵》云：

百年难尽此身悲，眼入春风只涕洟。

花发鸟啼皆有思，忍寻棠棣脊令诗。

王安石选择将父兄安葬在江宁，而不是归葬临川祖墓，既有生活方面的考虑，也说明他对江宁这个第二故乡的归属感。这年寒食，王安石《壬辰寒食》云：“客思似杨柳，春风千万条。更倾寒食泪，欲涨冶城潮。巾发雪争出，镜颜朱早凋。未知轩冕乐，但欲老渔樵。”江宁虽然有“客思”，却正是他日后的归老“渔樵”的乐土。

---

① 马涛、许志强：《将军山北宋王安石家族葬地及相关问题研究》，南京市江宁区政协教卫文体和文史委编：《江宁春秋》第13辑，南京，南京出版社，2013年，第44页。

② ［宋］王安石：《亡兄王常甫墓志铭》，［宋］王安石撰，聂安福等整理：《临川先生文集》卷九十六《墓志》，上海，复旦大学出版社，2016年，第1649页。

至和元年（1054），舒州任满的王安石曾回江宁，并偕同全家再赴京师。为官数年，他的家庭经济情况依然紧张，因京师生活成本太高，他只好让一家人寄居在船上，结果船只失火，“为生之具略尽，所不燔者人而已”[1]。相比京官，地方官的收入较高，王安石向朝廷请求，希望外放，朝廷却给他一个收入较高的京官职务——群牧司判官。此次到京师，他终于得见欧阳修，并与司马光、吕公著、韩维等人结交。虽远在京师，但也不乏江宁友人的消息，至和三年（1056），收到建康军节度推官熊本寄来的美酒，王安石《答熊本推官金陵寄酒》云：

郁金香是兰陵酒，枉入诗人赋咏来。
庭下北风吹急雪，坐间南客送寒醅。
渊明未得归三径，叔夜犹同把一杯。
吟罢想君醒醉处，钟山相向白崔嵬。

白云掩映的钟山，如同陶渊明的五柳居，在之后的许多年，都是他理想中的归隐之所。嘉祐二年（1057）清明，王安石《清明辇下怀金陵》云：“春阴天气草如烟，时有飞花舞道边。院落日长人寂寂，池塘风慢鸟翩翩。故园回首三千里，新火伤心六七年。青盖皂衫无复禁，可能乘兴酒家眠。”此处的“六七年”，指的是距他皇祐三年葬父、兄于江宁的时间，这时他对江宁已以“故园”相许了。

嘉祐二年五月，王安石赴任知常州。嘉祐三年（1058）五月调任提点江南东路刑狱，赴任江西鄱阳。恰逢母亲吴氏六十大寿，王安石和诸弟、妹和妹婿们欢聚于江宁，回顾往事，宛如梦幻。聚会别后有诗寄朱氏妹（夫婿为朱明之），回顾了自己十年前在高邮遇朱明之，从容谈笑，共同读书的情景。那个时候大妹婿张奎尚远在庐山，另一位妹婿沈季长尚未完婚，自己只是习闻其名而已。其《寄朱氏妹》有“安知十年来，乖隔非愿始。相逢辄念远，悲咤多于喜。今兹岂人力，所念皆聚此。诸甥昔未有，满眼秀而美。低徊吾亲侧，亦足慰劳止。嗟予迫时恩，一传日千里”。聚会后匆匆一别，自己也要奔赴新任，后会不知又在何年，只有对亲人的思念永在心头。《寄虔州江阴二妹》云：“贡水日夜下，下与章水期。我行二水间，无日不

---

① ［宋］王安石：《与孙侔书三·三》，［宋］王安石撰，聂安福等整理：《临川先生文集》卷七十七《书》，上海，复旦大学出版社，2016 年，第 1374 页。

尔思。飘若越鸟北，心常在南枝。又如岐首蛇，南北两欲驰。逝者日已远，百忧讵能追。生存苦乖隔，邂逅亦何时？女子归有道，善怀见于诗。庶云留汝车，慰我堂上慈。”江宁钟山，作为亲人们一起生活、同甘共苦的故园，自然也是联系亲人的感情纽带。

王安石在提点江南东路刑狱任上不喜乱用刑法，任期中只揭发了五名有罪官员，罪大者降职，罪小者罚金，不过即便如此，对当时官场的因循苟简之风已颇多违戾，引起一些人的怨怒。他时回江宁，其间回书友人王令，颇多感慨：“古者一道德以同天下之俗，士之有为于世也，人无异论。今家异道，人殊德，又以爱憎喜怒变事实而传之，则吾友庸讵非得于人之异论、变事实之传，而后疑我之言乎？”[①]虽有愤懑，幸有金陵名胜可以遣怀，登赏心亭，有诗《游赏心亭寄虔州女弟》寄给长妹王文淑：

秀发千峰霁，清涵万里秋。沧江天上落，明月镜中流。

眼与魂俱断，身依影独留。为怜幽兴极，不见尔来游。

嘉祐三年（1058）十月，王安石调任三司度支判官。他先回临川，翌年入京赴职，从此结束了地方官的生涯，其间向仁宗皇帝上“万言书”，极陈当世之务，建言改革，不过未获皇帝和朝廷的回应，他则开始兼任“直集贤院”。嘉祐五年（1060），奉命送契丹使者归国，返京后又被任命为“同修起居注”。嘉祐六年（1061），任“知制诰”，走上了通向高级官员的快车道。嘉祐七年（1062），有诗《季春上旬苑中即事》怀念故园江宁钟山：

辇路行看斗柄东，帘垂殿阁转春风。

树林隐翳灯含雾，河汉欹斜月坠空。

新蕊漫知红簌簌，旧山常梦碧丛丛。

赏心乐事须年少，老去应无日再中。

嘉祐八年（1063）三月，仁宗皇帝驾崩；四月，英宗即位，一个时代结束了。同年八月，王安石的母亲吴老夫人去世，享年66岁。王安石丁母忧，解职归江宁，

① ［宋］王安石：《答王深甫书三·二》，［宋］王安石撰，聂安福等整理：《临川先生文集》卷七十二《书》，上海，复旦大学出版社，2016年，第1300页。

安葬母亲于钟山（蒋山）。一别数年，再一次踏上回家的路，经过钟山旁的青溪，除了丧母之痛，还有对未能施展抱负的遗憾和对江宁故园的几许期盼，《秣陵道中口占二首》有“经世才难就，田园路欲迷。殷勤将白发，下马照清溪”。

三、归来：身如泡沫亦如风

王安石事母至孝，母亲在世时，每逢徙官，总是先考虑是否便于养母，多以此作为是否奉命就职的先决条件。居母丧期间，王安石哀毁过甚，其弟王安国则常在母墓之侧，“出血和墨，书佛经甚众”[①]。英宗治平二年（1065），王安石母丧期满，朝廷复以他为工部郎中知制诰，但他并未应命赴汴京赴职，而是留在江宁，读书钟山，从事著作，收徒讲学，陆佃、龚原、王据、杨驯、蔡渊、徐君平、李定、蔡卞、侯书献、郑侨等人前来从学[②]。

居留江宁期间，王安石治学和教学方面经世致用的宗旨更为明确，思考也更为深入。这一时期他写的《洪范传》指出“不蔽不葸者、不固不怠者，亦以天变为己惧，不曰天之有某变必以我为某事而至也”[③]，第一次表述了对早已盛行于世的“天人感应”学说的反对。其《风俗》一篇，则是对上宋仁宗《言事书》中“因天下之力以生天下之财，取天下之财以供天下之费”等开放财源方面的理财主张的补充，指出“天地之生财也有时，人之为力也有限，而日夜之费无穷。以有时之财，有限之力，以给无穷之费，若不为制，所谓积之涓涓、泄之浩浩，如之何使斯民不贫且滥也”[④]，从而提出了“制奢”的主张。

---

① [宋]王安石：《王平甫墓志》，[宋]王安石撰，聂安福等整理：《临川先生文集》卷九十一《墓志》，上海，复旦大学出版社，2016年，第1585页。

② 邓广铭：《北宋政治改革家王安石》，北京，生活·读书·新知三联书店，2017年，第59页。

③ [宋]王安石：《洪范传》，[宋]王安石撰，聂安福等整理：《临川先生文集》卷六十五《论议》，上海，复旦大学出版社，2016年，第1190页。

④ [宋]王安石：《风俗》，[宋]王安石撰，聂安福等整理：《临川先生文集》卷六十九《论议》，上海，复旦大学出版社，2016年，第1250页。

这个时期王安石最引人注目的文章，无疑是《虔州学记》。文中提出了一个通过对“士”的教育把学术与政治统一为一体，也把全国统一为一体的一元化模式，它的基础建立在“士”上面，整体统一体制的核心则是“王”或“天子”，其中则有“道隆而德骏”的士大夫承担导师角色，沟通“学”“政”，保证这种一元化模式成为一种士大夫文化的模式，从而避免暴君独裁的出现[①]。治平四年（1067）正月宋英宗逝世，19 岁的神宗即位。第二年即熙宁元年（1068），王安石以翰林学士“越次入对”，和神宗对面长谈，言为治当以择术为先，勉神宗当法尧舜，上《本朝百年无事札子》，君臣心志契合，遂于熙宁二年（1069）二月除右谏议大夫、参知政事，创置三司条例司，议行新法。熙宁变法中，王安石对“新法”的各种设计，正是《虔州学记》所述模式的体现。新法推行的阻力，显然远远超出了宋神宗和王安石的想象，虽然新法的实施扭转了国家积贫的局面，政治理念和利益的不同却造成了士大夫阶层深刻的政治对立和分裂。保守派人物借旱灾肆虐谏言，导致熙宁七年（1074）四月王安石罢相，回到江宁去做知府，不过十个月后神宗又恢复了他的宰相之位。

随着年齿渐增，在朝为官的时间越长，王安石对江宁、对钟山的向往越是强烈，父母坟墓所在的江宁，已成为他口中的“故乡”。他复相之后，曾有江宁钟山的寺僧来谒，王安石赋诗怀归，《道人北山来》云：“道人北山来，问松我东冈。举手指屋脊，云今如此长。开田故岁收，种果今年尝。告叟去复来，耘耔尚康强。死狐正首丘，游子思故乡。嗟我行老矣，坟墓安可忘。”归老钟山的想法，王安石其实早就有了，并且安排人在钟山治屋，做退身的准备。他给友人的书信中曾提到：“投老触绪多感，但日有东归之思尔！上聪明日隮，然流俗险肤，未有已时，亦安能久自困苦于此？北山松柏，闻修雅说，已极茂长。一两日令俞逊往北山，因欲渐治垣屋矣。”[②] 他时常想象自己在钟山渔钓悠然的闲散生活，并形诸吟咏，其《世故》云：

世故纷纷谩白头，欲寻归路更迟留。

钟山北绕无穷水，散发何时一钓舟。

---

① 朱刚：《苏轼十讲》，上海，上海三联书店，2019 年，第 247、248 页。

② ［宋］王安石：《与沈道原舍人书二・一》，［宋］王安石撰，聂安福等整理：《临川先生文集》卷七十五《书》，上海，复旦大学出版社，2016 年，第 1340 页。

熙宁九年（1076）六月，王安石长子王雱（字元泽）病逝。王雱曾积极支持并深入参与父亲王安石的变法事业，颇有干才与决断，同时也树敌众多。北宋士大夫去世，照例要请当世名人撰写一篇墓志，北宋碑志不单是为了标圹与颂德，而且常需要涉及墓主生平政绩，具有明显的史传性质。王安石变法时期，朝臣政见歧异，纷争日激，士大夫撰写墓志文字，不能不受到政治环境影响。熙宁初年，神宗欲起用王安石为相，唐介等极力反对，后常与之争论，多次上书反对变法。不久唐介去世，王安石当政，王珪应唐介之子所请撰写的《唐介墓志铭》，便对唐介反对变法之事只字不提。司马光曾多次拒绝他人请铭，除了爱惜羽毛，也有避祸心态[①]。王雱病重之际，为了减少家人不必要的麻烦，同时也显达观，遂自撰了墓志。据文莹《玉壶清话》记载：

元泽病中，友人魏道辅泰谒于寝，对榻一巨屏，大书曰“宋故王先生墓志：先生名雱字元泽，登第于治平四年，释褐授星子尉，起身事熙宁天子，裁六年，拜天章阁待制，以病废于家”云。后尚有数十言，挂衣于屏角，覆之不能尽见。[②]

王安石不堪丧子之痛与扰攘的政治纷争，向神宗恳求解除职务。这一年的十月朝廷发布诏令，王安石再次罢相，以同平章事判江宁府。回到江宁，王安石立即上书，坚请“奉祠”，此后退居钟山，过起了诗人兼学者的半隐居生活，直到去世。走出政治的烟云，王安石在钟山要经营的，是一个舒适的人间居所，更是一个远为丰茂深邃的精神世界，他日日思念的钟山，也将向他敞开怀抱，如《思北山》所云：“日日思北山，而今北山去。寄语白莲庵，迎我青松路。”

回到江宁，王安石在与府城东门和钟山距离各七里的白塘地段购地治屋，作为府第，取名“半山园”。半山园地卑积水，他又因利乘便，凿渠决水，通江宁城河，如此一来，他便可泛舟入城了。半山园所在有谢公墩，王安石认为此地就是东晋谢

---

① 罗昌繁：《北宋党争与石刻》，北京，中华书局，2024年，第37—40页。

② ［宋］文莹撰，郑世刚、杨立扬点校：《玉壶清话》卷五，北京，中华书局，1984年，第55页。

安与王羲之登览之所，在《谢安墩二首》中有“我名公字偶相同，我屋公墩在眼中。公去我来墩属我，不应墩姓尚随公”，要与谢安争墩。其实谢安与王羲之登临之地在冶城西北，位于现在的南京城西朝天宫一带，唐代李白《登金陵冶城西北谢安墩》早就有“冶城访古迹，犹有谢安墩。凭览周地险，高标绝人喧。想像东山姿，缅怀右军言。梧桐识嘉树，蕙草留芳根”之句。半山园所在之地旧名康乐坊，而谢玄曾封康乐公，到谢灵运仍袭封，此处的谢公墩很有可能是因为谢玄旧宅而得名。

江宁南朝时为都城建康，为当时佛教的中心，王安石退居江宁时，钟山依然寺庙众多，尤以太平兴国寺香火最盛。王安石与江宁佛门弟子多有交往，与驻锡太平兴国寺的赞元禅师更是亲如兄弟。王安石丁母忧居钟山时，便曾向赞元请教佛法，成为一段著名的公案：

舒王初丁太夫人忧，读经山中，与元游如昆弟，问祖师意旨，元不答，王益扣之，元曰：“公般若有障三，有近道之质一，更一两生来，恐纯熟。”王曰：“愿闻其说。”元曰：“公受气刚大，世缘深，以刚大气，遭深世缘，必以身任天下之重，怀经济之志。用舍不能必，则心未平，以未平之心，持经世之志，何时能一念万年哉？又多怒，而学问尚理，于道为所知愚。此其三也。特视名利如脱发，甘澹泊如头陀，此为近道。且当以教乘滋茂之，可也。”王再拜受教。[①]

除了赞元，与王安石交往频繁、情谊密切的僧人还有很多，他常以“故人”相称，如《送僧无惑归鄱阳》有“故人独往今为乐，何日相随我亦闲”；《长干释普济坐化》有“投老唯公最故人，相寻长恨隔城闉”。王安石喜谈禅理，曾有《拟寒山拾得二十首》，其《题半山寺壁》云“寒时暖处坐，热时凉处行。众生不异佛，佛即是众生”；《即事》云“云从无心来，还向无心去。无心无处寻，莫觅无心处”；《无动》云“无动行善行，无明流有流。种种生住灭，念念闻思修。终不与法缚，亦不着僧裘”，类多偈语，不胜枚举。王安石曾与居金陵蒋山太平兴国寺的法泉谈

① ［宋］惠洪著，吕有祥点校：《禅林僧宝传》卷二十七“蒋山元禅师　南岳十二世”条，郑州，中州古籍出版社，2014 年，第 184 页。

论佛法，《宗门杂录》云：“王荆公问佛慧泉禅师云：‘禅家所谓世尊拈花，出在何典？’泉云：‘藏经亦不载。’公曰：‘余顷在翰苑，偶见《大梵天王问佛决疑经》三卷，因阅之，经文所载甚详。梵王至灵山，以金色波罗花献佛，舍身为床座，请佛为众生说法。世尊登座，拈花示众，人天百万，悉皆罔措。独有金色头陀，破颜微笑。世尊云：“吾有正法眼藏，涅槃妙心，实相无相，分付摩诃大迦叶。”此经多谈帝王事佛请问，所以秘藏，世无闻者。’”

王安石多览佛经，颇有收获，至以维摩诘自况。《读维摩经有感》云：“身如泡沫亦如风，刀割香涂共一空。宴坐世间观此理，维摩虽病有神通。”他还深研佛理，注释佛经，《宋史》卷三〇《艺文志》四著录其注《维摩诘经》三卷，叶梦得《岩下放言》也说他“作《金刚经解》。裕陵尝宣取，今行于世。其余如《楞严》《华严》《维摩》《圆觉》，皆间有说”[①]。王安石注佛经，以《首楞严经注》最为知名，觉范惠洪在《林间录》中说：“王文公罢相，归老钟山。见衲子必探其道学，尤通《首楞严》，尝自疏其义。其文简而肆，略诸师之详，而详诸师之略，非识妙者莫能窥也。”

说佛味禅、吟诗著文的闲散生活背后，王安石依然关心着新法各项政、教措施的实施。执政期间，王安石父子和吕惠卿等人重新注释《周官》（《周礼》）、《尚书》《诗经》，即所谓《三经新义》，“为现实社会的改革提供思想指导和理论根据”[②]，并于熙宁八年（1075）颁于学校作为法定教材。罢相居半山园期间，王安石常到钟山定林寺昭文斋读书，着手编撰了一部《字说》，并于元丰五年（1082）进呈神宗。其《熙宁字说序》云：“文者，奇偶刚柔，杂比以相承，如天地之文，故谓之文。字者，始于一二，而生生至于无穷，如母之字子，故谓之字。其声之抑扬开塞、合散出入，其形之衡纵曲直、邪正上下、内外左右，皆有义，皆本于自然，非人私智能所为也。”[③] 文字反映了自然界的秩序，他相信从制度整体的组织性来

---

① ［宋］叶梦得撰：《岩下放言》卷上，［清］纪昀等编：《四库全书·子部十·杂家类三·杂说之属》，第 13 页。

② 肖永明：《荆公新学的两个发展阶段及其理论特点》，《湖南大学学报》（社会科学版）2000 年第 1 期，第 22 页。

③ ［宋］王安石：《熙宁字说序》，［宋］王安石撰，聂安福等整理：《临川先生文集》卷八十四《序》，上海，复旦大学出版社，2016 年，第 1481 页。

考察每一个制度，从文字方面分析其名称，便可得到具有客观性的解释，他的《周礼义》中便有许多与《字说》相通的文字解释；对于《易经》，他也试图通过个别词语解释的集积来追求统一的理解[①]。值得注意的是，《字说》中的许多说法出自佛书，故叶梦得《岩下放言》云："王荆公再罢相居钟山，无复他学，作《字说》外，即取藏经读之，虽厕溷间亦不废，自言《字说》深处，亦多出于佛书。"[②]朱翌《猗觉寮杂记》云："介甫《字说》，往往出于小说、佛书。且如：天，一而大，盖出《春秋说辞》；天之为言填也，居高理下，含为太一，分为殊形，故立字一而大，见《法苑珠林》。"[③]

又如《字说》对"空"字的解释："无土以为穴，则空无相。无工以穴之，则空无作。无相无作，则空名不立。"[④]这里把"空"字分割为"穴"和"工"两个意符来解释，还利用了《维摩诘经·入不二门品》有关空、无相、无作的议论。从"穴"看出存在状态，从"工"看出作为之义，从而在"空"的存在与作为的两个意义上又超越性地形成一个概念加以阐明，这种解释方法，比后来朱熹、熊朋等人所批评的《字说》专以"会意"之法解释文字更上层楼[⑤]。王安石的《字说》从各字含义的协调上确实遇到了许多困难，但也应该看到，"为了确定文字含义，儒教之外的各种思想被置于跟儒教相同的层面，加以检讨，这里也许可以看到一条超越学派、宗派，通向共识的道路被开启"[⑥]。从文学史上"古文运动"发展的角度看，

---

① ［宋］王安石：《易泛论》，［宋］王安石撰，聂安福等整理：《临川先生文集》卷六十三《论议》，上海，复旦大学出版社，2016 年，第 1150—1154 页。

② ［宋］叶梦得撰：《岩下放言》卷上，［清］纪昀等编：《四库全书·子部十·杂家类三·杂说之属》，第 13a 页。

③ ［宋］朱翌撰：《猗觉寮杂记》卷上，［清］纪昀等编：《四库全书·子部十·杂家类二·杂考之属》，第 50a 页。

④ ［宋］杨时：《王氏字说辨》，［宋］杨时撰，林海权校理：《杨时集》卷七《辨二》，北京，中华书局，2018 年，第 143 页。

⑤ 朱熹云："安石既废其五法，而专以会意为言，有所不通，则遂旁取后来书传一时偶然之语以为证。"［宋］朱熹：《读两陈谏议遗墨》，［宋］朱熹著，郭齐、尹波编注：《朱熹文集编年评注》卷七十《杂著》，福州，福建人民出版社，2019 年，第 3431 页。

⑥ ［日］土田健次郎著，朱刚译：《道学之形成》，上海，上海古籍出版社，2010 年，第 329、330 页。

王安石以一代政治人物、大古文家而崇佛如此，“古文运动所标榜排击异端之宗旨，自必趋于落空而已”[①]。

四、诗思：眼中唯见北山云

熙宁十年（1077）二月，王雱的灵柩在内臣李友询护送下到达江宁，王安石将其葬在钟山太平兴国寺宝公塔侧，并建了一座祠堂，其《题雱祠堂》云：“斯文实有寄，天岂偶生才？一日凤鸟去，千秋梁木摧。烟留衰草恨，风造暮林哀。岂谓登临处，飘然独往来。”有人认为王安石以儿子比孔子太过分了，不过宋代以孔子典故自喻或喻人的现象十分普遍，王安石以“凤鸟”“梁木”比拟王雱并不足怪，如杨亿为宰相毕士安所作墓志铭有“叹梁木斯坏，何哲人之云亡”。熙宁九年（1076）罢相制词有“俄属伯鱼之逝”，就是以孔子喻指王安石。王安石游永庆寺，见壁上有王雱题书，不由神伤，《题永庆壁有雱遗墨数行》：“永庆招提墨数行，岁时风露每凄伤。残骸岂久人间世，故有情钟未可忘。”

熙宁十年（1077）八月，王安石四弟王安国（字平甫）因病去世，年仅47岁，王安石将他葬在钟山。王安石与四弟虽政见不同，却情感甚笃，丧子之痛加上手足之伤，令他黯然神伤。宋神宗特意任命王安石六弟王安上（字纯甫）为权发遣江南东路提点刑狱，将治所从饶州移到江宁，以便照顾王安石的生活，又命王安石的忠实追随者吕嘉问知江宁府。十一月冬至日南郊大典，宋神宗率百官合祭天地后，封王安石为舒国公，时人称为“舒公”。虽然宋神宗对王安石照顾有加，但二次罢相后，王安石已彻底厌倦政坛，钟山使他的心灵摆脱是非，归于虚静，如其《赠僧》所云：“纷纷扰扰十年间，世事何尝不强颜。亦欲心如秋水静，应须身似岭云闲。”又如《人间》：

人间投老事纷纷，才薄何能强致君。
一马黄尘南陌路，眼中唯见北山云。

---

① 何寄澍：《北宋的古文运动》，上海，上海古籍出版社，2011年，第313—315页。

退闲钟山的十年，是王安石诗歌风格和技巧的成熟期，他漫游金陵名胜，逐一题咏，近在咫尺的钟山更是他日常读书、流连的所在。流传至今的王安石诗歌，有数百首与钟山有关，举凡治园凿池、移柳栽松、观云步月、听风看雪、读书听琴、欹眠露坐、题画书壁、登山临水、泛舟骑驴、招客访友、迎来送往，无不一一入于诗，蔚为大观。

宋神宗曾赐了一匹御马给王安石，马死之后，他就用一头毛驴来代步，如《马死》所云："恩宽一老寄松筠，晏卧东窗度几春。天厩赐驹龙化去，谩容小蹇载闲身。"王安石常幅巾杖履，或乘驴而出，自在行游，既无目标，也无计划。如果牵驴的老兵走在前边，那就由他带路；如果老兵走在了后边，就由驴子任意驰行。想停就停，有时随意坐在松石之间，有时则到田野农家小坐片刻，有时到寺院稍作休息。每次出行他都带着书，乘驴或休息，都不妨碍他诵书。出门带十几个烧饼，他和老兵吃不完，就喂给驴子。碰上热情的乡民敬献饮食，他也会接过来吃。亲友见他年迈体衰，劝他乘轿出行，他却说不愿以人代畜[①]。

钟山当时许多名胜，如草堂寺、定林寺、太平兴国寺、宝公塔、八功德水、白莲庵、淬亭、道光泉、蒙泉等处，他都多次到访。其《淬亭》有"朝寻东郭来，西路历淬亭。众山若怨思，惨澹长眉青"；《悟真院》有"春风日日吹香草，山北山南路欲无"；《重游草堂寺次韵》有"野寺真兰若，山僧老病多。疏钟挟谷响，悲梵入樵歌"；《定林寺》有"众木凛交覆，孤泉静横分"，《定林示道原》有"壮观非复昔，平芜夜莓苔"；《定林院》有"漱甘凉病齿，坐旷息尘襟"；《书八功德水庵》有"见山不碍目，闻水不逆耳"；《八功德水》有"道力起缘非一路，但知瓢饮是生疑"；《同沈道原游八功德水》有"解鞍寒山中，共坐寒水侧。新甘出短绠，一酌烦可涤"；《钟山西庵白莲亭》有"山亭新破一方苔，白帝留花满四隈"；《道光泉》有"云涌浴槽朝自暖，虹垂斋镬午还晴"；《蒙泉》有"夏风檐楹寒，冬雪窗户燠。春樊乱梅柳，秋径深秋菊"；《登宝公塔》有"江月转空为白昼，岭云分暝与黄昏"；《重登宝公塔》有"应身东返知何国，瑞像西归自本朝"；《宝

---

① 崔铭：《王安石传》，天津，天津人民出版社，2021 年，第 636—649 页。

公塔》云：

道林真骨葬青霄，窣堵千秋未寂寥。
宝势旁连大江起，尊形独受众山朝。
云泉别寺分三径，香山幽人止一瓢。
我亦鹫峰同听法，岁时歌呗岂辞遥。

许多旧友新朋特意来到钟山探望他，也让王安石的山居生活颇不寂寞。耿宪（字天骘）是王安石少年时代的至交，湖海相隔多年，王安石官至宰相，耿宪则位止县令。王安石隐于钟山，耿宪则退居苏州，除了日常馈遗，赋诗唱和，耿宪来到钟山与老友相聚，策杖同游。王安石《与耿天骘会话》有“邯郸四十余年梦，相对黄粱欲熟时”；《示耿天骘》有“白土长冈路，朱湖小洞天。望公时顾我，于此畅幽悁”；《和耿天骘同游定林》云：“道人深闭门，二客来不速。摄衣负朝暄，一笑皆捧腹。逍遥烟中策，放浪尘外躅。晤言或世闻，谁谓非绝俗。”南郭先生陈辅之一天到定林寺访王安石，恰巧王安石不在，题诗《金陵即事》于壁间：“北山松粉未飘花，白下风高麦脚斜。正是旧时王谢燕，一年一度到君家。”王安石看到后对龚深之说：“此郎复以我为寻常百姓矣。”[①]《和陈辅秀才金陵即事》云：

南郭先生比鷾鸸，年年过我未愆期。
休论王谢当时事，大抵乌衣只旧时。

元丰六年（1083）二月，王安石的老朋友曾巩扶母丧过江宁，船刚靠岸，王安石便去吊祭。当时曾巩也已病重，王安石每天去看望，直到曾巩两个月后在江宁病逝。七月，一个年轻人到访钟山，让王安石欣喜不已，这个人就是一代奇才米芾（1051—1107）。米芾书法技艺超群，山水自名一家，精于鉴藏，长于诗文。王安石早就见过他的诗笔，十分喜欢，曾摘其佳句书于便面。米芾这次来江宁，本是应新任江宁知府刘庠之聘来就幕职，谁知朝廷临时取消了刘庠的任命，他正好趁此机会拜会名士大家。王安石年少时书法的取法对象是唐末五代书法家杨凝式，后来又加以转变，以致无人能看出他书法的渊源。这次到访的米芾却一眼就识破了其书法的玄机，让

① ［宋］王安石撰，［清］翁长森重订：《荆公金陵诗钞》，南京，南京出版社，2024年，第58页。

王安石大加叹赏。米芾又为王安石定林寺读书室题写了匾额“昭文斋”，赞美王安石传承弘扬文化的伟大功业，王安石则用《庄子·齐物论》“无成与亏，故昭氏之不鼓琴也”之意，谦称自己因无所成就，人不测其深浅，其《昭文斋》云：

我自山中客，何缘有此名？当缘琴不鼓，人不见亏成。

王安石的诗作长于叙事，巧于抒情，黄庭坚推崇王安石人品的同时，曾以“雅丽精绝”四个字来概括王安石晚年诗作的艺术特点：“荆公学佛，所谓‘吾以为龙又无角，吾以为蛇又有足’者也。然余尝熟观其风度，真视富贵如浮云，不溺于财利酒色，一世之伟人也。暮年小语，雅丽精绝，脱去流俗，不可以常理待之也。”[①] 退居钟山，让王安石有足够的时间来锤炼语言，雕琢诗艺，使他的诗构思精巧，新意迭出，如其《半山春晚即事》云：“春风取花去，酬我以清阴。翳翳陂路静，交交园屋深。床敷每小息，杖屦或幽寻。惟有北山鸟，经过遗好音。”《游北山》云：“揽辔出东城，登临目暂明。烟云藏古意，猿鹤弄秋声。客坐苔纹滑，僧眠荫樾清。赏心殊未已，山日下西荣。”《游钟山》云：“终日看山不厌山，买山终待老山间。山花落尽山长在，山水空流山自闲。”《北山》云：

北山输绿涨横陂，直堑回塘滟滟时。
细数落花因坐久，缓寻芳草得归迟。

王安石和居于钟山的诗人韵士也颇有往还，其《题北山隐居王闲叟壁》云：“荒村日午未开门，雨后余花满地存。举世但知旌隐逸，谁人知道是王孙。”《过刘全美所居》云：“西崦晴天得强扶，出林知有故人居。数能过我论奇字，当复令公见异书。”湖阴先生杨德逢学问赅博，与王安石性情相投，比邻而居，交情最深。王安石《过杨德逢庄》有“饭新秔有香，煮菜旨且柔。暮从秀岩归，秣蹇得少留”；《元丰行示德逢》有“四山翛翛映赤日，田背坼如龟兆出。湖阴先生坐草室，看踏沟车望秋实”；《书湖阴先生壁》云：“茅檐长扫净无苔，花木成畦手自栽。一水护田将绿绕，两山排闼送青来。”金陵陶缜善画瓜果，尤工蔬菜，王安石拿出陶缜的画与杨德逢共赏，有《陶缜菜示德逢》云：

---

① ［宋］黄庭坚：《跋王荆公禅简》，［宋］詹大和等撰，戎默、苏贤整理：《王安石全集附录·序、题跋》，上海，复旦大学出版社，2016 年，第 120 页。

江南种菜漫阡陌，紫芥绿菘何所直。
陶生画此共言好，一幅往往黄金百。
北山老圃不外慕，但守荒畦斸荆棘。
陶生养目渠养腹，各以所能为物役。

王安石的词作，雅洁清隽如《渔家傲》的“尘不到，时时自有春风扫”，深情缱绻如《浣溪沙》的“山桃溪杏两三栽，为谁零落为谁开”，都已脱尽花间的气息；以怀古幽情动人肺腑的《桂枝香》“六朝旧事随流水，但寒烟衰草凝绿”，有一种桀骜不凡的风韵，成为苏轼、辛弃疾等大家的先导[①]。

元丰七年（1084），王安石大病一场，神宗派内侍陪同御医前来诊治，后又派内侍凌文炳送来黄金二百两，王安石将其“送蒋山定林寺，置田修庙，祝延圣寿”。六月，王安石又上《乞以所居园屋为僧寺并乞赐额札子》，请求以自己“今所居江宁府上元县园屋为僧寺一所，永远祝延圣寿。如蒙矜许，特赐名额，庶昭希旷，荣遇一时”[②]。奏准，神宗赐名“报宁禅寺”并亲书匾额。第二年，王安石与王安礼上疏礼请真净克文禅师为住持。此寺后又称“半山寺”，寺中有王斿撰、米芾书的《实禅师语录序》。杨万里《题半山寺》有“霜松雪竹老重寻，南荡东陂水自深。凤去宅存谁与住，不如作寺免伤心”，他误解王安石是因王雱去世才舍宅为寺的。也有批评者在此题诗，如罗北谷《题半山寺》云：“道德文章一世师，只伤学术欠通时。不思翻动熙宁祸，却欲重修作福基。”元萨都剌（1272—1340）《题半山寺》云：“今日偶成林壑趣，清幽恨未得从容。龙归石洞半山雨，潮卷天风十里松。春路泥深多滑马，晚楼雾重只闻钟。荆公旧隐知何处，回首苍茫第几重。”明代刘基《半山寺二首》其一云：

王家废寺旧闻名，荆棘花开鸟自鸣。
深夜狐狸穿破冢，佛灯争似鬼灯明。

---

① 台湾中华文化总会、王寿南编，王德毅等著：《中国历代思想家·宋明》，北京，九州出版社，2011 年，第 269、270 页。

② ［宋］王安石：《乞以所居园屋为僧寺并乞赐额札子》，［宋］王安石撰，聂安福等整理：《临川先生文集》卷四十三《札子》，上海，复旦大学出版社，2016 年，第 824、825 页。

元丰八年（1085）三月，宋神宗英年早逝，10岁的太子赵煦继位，即宋哲宗。神宗的母亲高氏以太皇太后的身份垂帘听政，起用司马光任门下侍郎，开始紧锣密鼓地废罢“新法”。远在江宁的王安石徒唤奈何，于元祐元年（1086）的四月初六日，在孤寂中离开人世，葬于钟山。从少年、青年到壮年、老年，王安石与钟山之间建立起了割不断的生活联系与情感契合，无论世事如何变迁，钟山始终在他的心头，无条件地向他敞开怀抱，为他提供庇护和慰藉，如《两山间》所写的：“山花如水净，山鸟与云闲。我欲抛山去，山仍劝我还。只应身后冢，亦是眼中山。”钟山是他身后归于不朽的百年之地，更是他生命中歌哭于斯的精神家园。

五、身后：坟草春回雪半消

王安石去世后，朝廷命中书舍人苏轼所撰《王安石赠太傅制》中，称王安石“少学孔、孟，晚师瞿、聃。罔罗六艺之遗文，断以己意；糠秕百家之陈迹，作新斯人。属熙宁之有为，冠群贤而首用。信任之笃，古今所无。方需功业之成，遽起山林之兴。浮云何有，脱屣如遗。屡争席于渔樵，不乱群于麋鹿。进退之美，雍容可观”[1]。对他的道德人品、学问文章不乏褒扬，对他的政治事业则一笔带过。

随着政局的变化，王安石的身后地位也随之升沉起伏。宋哲宗绍圣元年（1094），王安石配享宋神宗庙庭，以其有功于斯文，定谥号为“文”。宋徽宗崇宁三年（1104），诏王安石配享孔子庙庭，令国子监“图其像，颁之天下”。政和三年（1113），追封王安石为舒王，王雱为临川伯，从祀孔子庙庭。宋钦宗靖康元年（1126），诏降王安石配享孔子庙庭为从祀。宋高宗赵构建炎三年（1129），诏罢王安石配享神宗庙庭。绍兴四年（1134）八月，追夺“舒王”封号。宋孝宗淳熙四年（1177），罢王雱从祀孔庙。宋理宗淳祐元年（1241），罢王安石从祀孔庙。随着王安石身后地位的变化，门人故旧的态度也是变幻莫测，如王辟之《渑水燕谈录》所记：

---

① ［宋］苏轼：《王安石赠太傅制》，［宋］苏轼撰，［明］茅维编，孔凡礼点校：《苏轼文集》卷三十八《制敕》，北京，中华书局，1986年，第1077页。

荆国王文公，以多闻博学为世宗师，当世学者得出其门下者，自以为荣，一被称与，往往名重天下。公之治经，尤尚解字，末流务多新奇，浸成穿凿。朝廷患之，诏学者兼用旧传注，不专治新经，禁援引《字解》。于是学者皆变所学，至有著书以诋公之学者，且讳称公门人。故芸叟为挽词云："今日江湖从学者，人人讳道是门生。"传士林。及后诏公配享神庙，赠官并谥，俾学者复治新经，用《字解》。昔从学者，稍稍复称公门人，有无名子改芸叟词云："人人却道是门生。"[1]

"今日江湖从学者，人人讳道是门生"，出自张舜民（字芸叟）《哀王荆公》四首，其中还有"恸哭一声唯有弟，故时宾客合如何"，可知王安石的丧葬之事可能是靠他尚在世的五弟王安世、六弟王安上、七弟王安礼等人操办的，且其墓前也没有随例树立神道碑。虽说如此，后世到钟山凭吊王安石墓的还是不乏其人。王安石门生陆佃《丞相荆公挽歌词》云："惯识无心有海鸥，行藏须向古人求。皋陶一死随神禹，孟子平生学圣丘。雕篹想陪清庙食，玉杯应从裕陵游。遥瞻旧馆知难报，绛帐横经二十秋。"元祐七年（1092），刚刚到任知江宁军府事充江南东路兵马钤辖的陆佃，亲至墓前致祭，祭文有云：

呜呼！法始乎羲，朴散而器。列灵嗣兴，文始具备。祖述宪章，约成六艺。大明西没，群星争丽。派别支分，散作百氏。历汉更唐，众说蜂起。天锡我公，放黜淫诐。发挥微言，贻训万祀。卒相裕陵，真真伪伪。义兼师友，进退鲜俪。荆山鼎成，龙去不回。公从而上，梁坏山颓。某始以诸生，得依门墙。一见如素，许以升堂。春风濯我，暴之秋阳。今也受命，来守是邦。公之所憩，蔽芾甘棠。蕙帐一空，墓柏已行。俯仰陈迹，失涕沾裳。论德叙情，以侑一觞。尚飨！[2]

王安石老友郭祥正《王丞相荆公挽词二首》其一云："间世君臣会，中天日月

---

① ［宋］王辟之撰，吕友仁点校：《渑水燕谈录》卷十《谈谑》，北京，中华书局，1981年，第126、127页。

② ［宋］陆佃：《江宁府到任祭丞相荆公墓文》，［宋］陆佃撰：《陶山集》卷十三《祭文》，北京，中华书局，1985年，第147页。

圆。裕陵龙始蛰，钟阜鹤随仙。畜德何人绍，成书阖国传。回头尽陈迹，麟石卧孤烟。”王安石安葬后，郭祥正专程赴江宁钟山奠谒，《奠谒王荆公坟三首》其二云：

大手曾将元鼎调，龙沉鹤去事寂寥。

寺楼早晚传钟响，坟草春回雪半消。

郭祥正多次来钟山，《次韵朱世昌察院登钟山》还有“回首临川埋骨处，后来经纬付诸公”。曾巩的弟弟曾肇（字子开）来墓前吊谒，有《上王荆公墓》云：“天上龙胡断，人间鹏鸟来。未应淮水竭，所惜泰山颓。华屋今非昔，佳城闭不开。白头门下士，怅望有余哀。”叶梦得《同惇立游蒋山，谒宝公塔、王荆公墓，晚过草堂寺，周颙故宅也》有“麦陇稍已滋，横水涨微涟。佳城倚华表，拱木埋貂蝉”。绍兴二十八年（1158），周必大任江宁府学教授，两年的时间里，他遍游金陵古迹，有《记金陵登览》，记游钟山云：

东门即白门也。五里至报宁寺，本王介甫旧宅，元丰中舍为寺，赐今额。兵火后，败屋数间，土人但呼半山寺。言自城去蒋山十里，此适半塗也。迥野之中，鸡犬不闻，介甫居时已如此。介甫入城，必以小舟循沟而西。若东过蒋山，则跨驴云。顷之，至蒋山精舍，盖王氏功德院。近年募缘重造，殿基华焕。有修武郎某人脱尺籍，与其媪燃指苦行，前后化钱帛，助土木费以万计。

宝公塔在钟山顶，此山孤立于蒋山之内，坐木末先照新月，三轩形势皆可见。问宝公刀尺幂，太宗时取入内矣。今无古物，惟秦熺施锦衣、七宝念珠而已。饭罢，肩舆访八功德池，水皆山行中，路有支径过定林。子柔步往，予负杖以俟。回望方山甚平阔，亦见大江。既而子柔归，云定林无足观，遂至池上，移时乃下山。复与子柔驰马穿松林，约四五里到介甫坟庵，一僧守之，平甫、和甫、元泽诸坟相望也。日斜，归憩半山，主僧出介甫画像。屋壁之后陷小碑，刻介甫《谢公墩绝句》及他诗数篇。自蒋山望幕府、覆舟诸山，气象甚佳。[1]

---

① ［宋］周必大：《记金陵登览》，［宋］周必大撰，王瑞来校证：《周必大集校证》卷一百八十三《杂著述二十一·二老堂杂志五》，上海，上海古籍出版社，2020年，第2789页。

可知当时钟山与王安石相关的遗迹除了王安石墓、报宁禅寺（半山寺），还有王氏功德院。王安石墓地旁还设有坟庵一所，不远处是他的四弟王安国（字平甫）、七弟王安礼（字和甫）、儿子王雱（字元泽）的坟冢。虽然《景定建康志》说“王舒王墓在半山寺后”，但王安石墓距离半山寺应该是比较远的。南宋周煇（1126—1198）《清波杂志》云：“王荆公墓在建康蒋山东三里，与其子雱分昭穆而葬。绍圣初，复用元丰旧人，起吕吉甫知金陵，时待制孙君孚责知归州，经从，吕燕待之，礼甚厚。一日，因报谒于清凉寺，问孙：‘曾上荆公坟否？’盖当时士大夫道金陵，未有不上荆公坟者。五十年前，彼之士子，节序亦有往致奠者，时之风俗如此。曾子开亦有《上荆公墓》诗，见《曲阜集》。”[①] 北宋末年以后，奠谒王安石墓成为风俗。周文璞《王荆公墓》四首其一云：“一丈荒坟上，悠悠落日斜。子孙来祭后，守墓扫杏花。”曾极《金陵百咏·荆公墓》云：“谋把清标犯世纷，平生功业自超群。如何今代麒麟阁，只道诗名合策勋。”范成大《荆公墓二首》其一云：

百岁谁人巧拙，一丘底处亏成。
半世青苗法意，当年雪竹诗情。

元萨都剌《游钟山》云：“林影扶疏护碧苔，肩舆上下路萦回。潮声万壑松风过，云气满楼山雨来。梁武庙荒春草冷，荆公墓在野棠开。百年感慨成何事，且进生前酒一杯。”元顺帝至正七年（1347），江南行台御史大夫星吉曾处理王安石后人与守坟寺僧的纠纷：“建康城北有宋丞相荆国王公坟，寺僧世守既久，视为己有。王氏孙伐山木，僧执送官，官将以盗论。事上公，公怒曰：‘王氏山，王氏孙伐之，何谓盗耶？’即归山于王氏，而逐僧出之。”[②] 明武宗正德四年（1509），王安石墓遭受了一场无妄之灾。据沈德符《万历野获编》记载：“冢墓被发，即帝王不免，然必多藏始为盗朵颐。如王荆公清苦，料无厚葬。其墓在金陵。正德四年，南京太监石岩者，营治寿穴，苦乏大砖，或献言，云近处古冢砖奇大，遂拆以充用。视其

① ［宋］周煇撰，秦克校点：《清波杂志》卷十二“王荆公墓”条，上海，上海古籍出版社，2012 年，第 160 页。

② ［明］宋濂：《元赠开府仪同三司上柱国录军国重事江西等处行中书省丞相追封咸宁王谥忠肃星吉公神道碑铭》，［明］宋濂著，黄灵庚编辑校点：《宋濂全集》卷五十四《神道碑四》，北京，人民文学出版社，2014 年，第 1282 页。

碣乃介甫也。则薄葬亦受祸矣。”[①] 此后，王安石墓就逐渐湮没无闻了。

第四节　问道钟山：当年丞相读书林

一、黄山谷：得半山古诗句法

北宋中后期，中国社会出现了一个特别引人瞩目的文化现象：身为中央的显官，同时又是第一流的学者，又是领袖文坛的作家，这种“官—学—文”三位一体型的知识人连续出现，而范仲淹、欧阳修、司马光、王安石、苏轼、苏辙都是其代表人物，这与宋代官僚的进用向进士科一途集中的形势是分不开的[②]。宋代进士科考试包括策论、诗赋、帖经、墨义、经义等内容，后来宋神宗根据王安石的建议，废止了考“诗赋”，直到宋室南渡后的建炎二年（1128）才恢复了“诗赋”考试。虽说如此，诗歌仍然是当时官僚士大夫的基本文化修养，早在北宋末到南宋中期，将王安石（号半山）、苏轼（号东坡）、黄庭坚（号山谷）视为北宋诗坛的顶尖人物的看法已经司空见惯。陈善《扪虱新话》云：“欧阳公诗犹有国初唐人风气，公能变国朝文格，而不能变诗格。及荆公、苏黄辈出，然后诗格极于高古。”[③] 释普闻《诗论》云：“老杜之诗，备于众体，是为诗史。近世所论，东坡长于古韵，豪逸大度；鲁直长于律诗，老健超迈；荆公长于绝句，闲暇清癯。其各一家也。然则荆公之诗，覃深精思，是亦今时之所尚也。”[④]

---

① ［明］沈德符撰：《万历野获编》卷二十九《叛贼》“发冢”条，北京，中华书局，1959 年，第 757、758 页。

② ［日］内山精也著，朱刚、张淘、刘静、益西拉姆译：《庙堂与江湖——宋代诗学的空间》，上海，复旦大学出版社，2019 年，第 3—5 页。

③ ［南宋］陈善撰，袁向彤点校：《扪虱新话》卷九《诗文类》“欧公变文格而不能变诗格”条，济南，山东人民出版社，2018 年，第 111 页。

④ ［宋］释普闻撰：《诗论》，［明］陶宗仪等编：《说郛三种·说郛一百二十卷》卷七十九，上海，上海古籍出版社，2012 年，第 3672 页。

王安石退居钟山，而黄庭坚、苏轼都是因为到半山园拜会王安石而与钟山结缘。元丰七年（1084）二月初，黄庭坚赴德州任时路过江宁，由好友俞清老、俞秀老引见，特地拜访了他素所景仰的王安石。王安石早就知道黄庭坚的诗名，熙宁四年（1071），任叶县尉的黄庭坚曾作《新寨》诗，有“俗学近知回首晚，病身全觉折腰难”之句，传到京城，王安石读罢称叹，认为黄庭坚乃是清逸之才，不是奔走风尘的俗吏[①]。后人对二人的这段盛事少有提及，令清代作《王荆公年谱考略》的蔡上翔深感不解和遗憾：“旧载熙宁四年，山谷尉叶县时作《新寨》诗，传至都下，荆公见之，爱叹称赏。然未知相见在何年也。至元丰间，始亲见公于钟山，且云：‘予尝熟观其风度。’然犹唱和阙如，惟公有《跋黄鲁直画》一首曰：‘江南黄鹌飞满野，徐熙画此何为者？百年幅纸无所直，公每玩之常在把。’虽书率尔命笔，亦自大有风致。荆公生前身后，山谷倾服甚至，备见于诗文。后人读《豫章集》者，未闻有举此以为盛事者，何也？”[②]

黄庭坚与苏轼关系密切，名列“苏门四学士”之首，文学史上素与苏轼以“苏黄”并称。不过，从诗歌上看，苏轼与黄庭坚风格迥异。南宋刘克庄《后村诗话·前集》卷二云：“元祐后，诗人迭起，一种则波澜富而句律疏，一种则锻炼精而性情远，要之不出苏黄二体而已。”“波澜富而句律疏”是苏诗的风格，“锻炼精而性情远”则是黄诗的特点。对比来看，黄庭坚苦吟型的作诗姿态和用典深密、“脱胎换骨”、“点铁成金”的创作手法和王安石更为切近[③]。陈善《扪虱新话》云：“荆公晚年诗极精巧，如云‘木落山林成自献，潮回洲渚得横陈’‘一水护田将绿绕，两山排闼送青来’之类，可见其琢句工夫，然论者犹恨其雕刻太过。”[④]叶梦得《石林诗话》卷上云：“王荆公晚年诗律尤精严，造语用句，间不容发。然意与言会，言随意遣，浑然天成，殆不见有牵率排比处。如‘含风鸭绿鳞鳞起，弄日鹅黄袅袅垂’，

① 郑永晓：《黄庭坚年谱新编》，北京，社会科学院文献出版社，1997 年，第 145 页。

② ［清］蔡上翔：《王荆公年谱考略》卷二十二，上海，上海人民出版社，1973 年，第 313 页。

③ ［日］内山精也著，朱刚等译：《传媒与真相：苏轼及其周围士大夫的文学》，上海，上海古籍出版社，2013 年，第 463—509 页。

④ ［南宋］陈善撰，袁向彤点校：《扪虱新话》卷八《诗类》“王荆公晚年极精巧”条，济南，山东人民出版社，2018 年，第 98、99 页。

读之初不觉有对偶。至‘细数落花因坐久，缓寻芳草得归迟’，但见舒闲容与之态耳。而字字细考之，若经檃括权衡者，其用意亦深刻矣。”[①]《石林诗话》卷中云：

荆公诗用法甚严，尤精于对偶。尝云，用汉人语，止可以汉人语对，若参以异代语，便不相类。如“一水护田将绿去，两山排闼送青来”之类，皆汉人语也。此法惟公用之不觉拘窘卑凡。如“周颙宅在阿兰若，娄约身随窣堵波”，皆以梵语对梵语，亦此意。尝有人面称公诗“自喜田园安五柳，但嫌尸祝扰庚桑”之句，以为的对。公笑曰：“伊但知柳对桑为的，然庚亦自是数，盖以十日数之也。”[②]

王安石和黄庭坚都对杜甫十分推崇并积极学习，王安石云：“予考古之诗，尤爱杜甫氏作者。”[③]有“小东坡”之称的唐庚指出：“王荆公五字诗，得子美句法。”[④]黄庭坚介绍自己学杜诗的经验说：“如老杜诗，字字有出处，熟读三五十遍，寻其用意处，则所得多矣。”[⑤]同时，王安石诗作也是黄庭坚玩味和取法的对象，对王诗既有中肯的批评，也有用心的揣摩。据陈师道《后山诗话》记载：“鲁直谓荆公之诗，暮年方妙，然格高而体下。如云：‘似闻青秧底，复作龟兆坼。’乃前人所未道。又云：‘扶舆度阳焰，窈窕一川花。’虽前人亦未易道也。然学二谢，失于巧尔。”[⑥]吴聿《观林诗话》则提到：“山谷云，余从半山老人得古诗句法。”王

① ［宋］叶梦得撰，逯铭昕校注：《石林诗话校注》卷上，北京，人民文学出版社，2011年，第12页。

② ［宋］叶梦得撰，逯铭昕校注：《石林诗话校注》卷中，北京，人民文学出版社，2011年，第118页。“十日”，丛话本、茶陵本作“十干”。

③ ［宋］王安石：《老杜诗后集序》，［宋］王安石撰，聂安福等整理：《临川先生文集》卷八十四《序》，上海，复旦大学出版社，2016年，第1483页。

④ ［宋］强幼安述：《唐子西文录》，［清］何文焕辑：《历代诗话》，北京，中华书局，2004年第2版，第445页。

⑤ ［宋］黄庭坚著，刘琳、李勇先、王蓉贵点校：《黄庭坚全集·宋黄文节公全集·别集》卷十一《杂著》“论作诗文”条，北京，中华书局，2021年，第1542页。

⑥ ［宋］陈师道：《后山诗话》，［清］何文焕辑：《历代诗话》，北京，中华书局，2004年第2版，第306页。

安石曾将黄庭坚一首诗题于扇上把玩，也令黄庭坚引以为豪："某有《梅花》一诗，东坡居士为和，王荆公书之于扇，却待手写一本奉酬也。"[①]对王安石的文章，黄庭坚也格外称道，曾抄写了王安石《虔州学记》送给吴季成。黄庭坚还学习过王安石的书法[②]，李之仪《跋苏黄陈书》云："鲁直晚喜荆公行笔，其得意处往往不能真赝。"[③]

王安石在半山园筑草堂，引八功德水作小港，在上边垒石作桥，并集句作《菩萨蛮》一首：

数间茅屋闲临水，窄衫短帽垂杨里。花是去年红，吹开一夜风。

梢梢新月偃，午醉醒来晚。何物最关情，黄鹂三两声。

黄庭坚和词一首云：

半烟半雨溪桥畔，渔翁醉着无人唤。疏懒意何长，春风花草香。

江山如有待，此意陶潜解。问我去何之，君行到自知。

此次到访钟山，黄庭坚将自己作品集呈上，王安石爱不释手。谈到近代诗词，王安石问黄庭坚，李后主的词何处最好，黄庭坚答以"一江春水向东流"。王安石摇头道："未若'细雨梦回鸡塞远，小楼吹彻玉笙寒'。又'细雨湿流光'最妙。"[④]"细雨梦回"两句出自南唐中主李璟《摊破浣溪沙》，"细雨湿流光"出自冯延巳《南乡子》，可见当时多见将二人作品误置入后主集中者。王安石论诗，曾说："前辈

---

① ［宋］黄庭坚著，刘琳、李勇先、王蓉贵点校：《黄庭坚全集·宋黄文节公全集·别集》卷六《题跋》"书赠花光仁老"条，北京，中华书局，2021年，第1450页。

② ［日］内山精也著，朱刚等译：《传媒与真相：苏轼及其周围士大夫的文学》，上海，上海古籍出版社，2013年，第476页。黄庭坚《跋王介甫帖》云："余尝评东坡文字、言语，历劫赞扬有不能尽，所谓竭世枢机，似一滴投于巨壑者也。而此帖论刘敞侍读晚年文字，非东坡所及。蝍蛆甘带，鸱鸦嗜鼠，端不虚语。"内山精也先生引用这段文字，认为"值得注目的是，在这里，黄庭坚评价王安石晚年的书法比苏轼更好"，恐怕是误读，黄庭坚只是指出，王安石帖中谈到了刘敞的晚年文章比苏东坡好，感叹不同的人对文章的欣赏口味不同，跋语并未论及王安石与苏轼书法的优劣。

③ ［宋］李之仪撰：《姑溪居士前集》卷三十八《题跋》"跋苏黄陈书"条，［清］纪昀等编：《四库全书·集部三·别集类二·宋》，第6a页。

④ ［宋］阮阅编，周本淳校点：《诗话总龟后集》卷三十二《乐府门》，北京，人民文学出版社，1987年，第209页。

诗云‘风静花犹落’，静中见动意；‘鸟鸣山更幽’，动中见静意。”黄庭坚评价：“此老论诗，不失解经旨趣，亦何怪耶？”[①]

有关王安石与黄庭坚，令后人议论纷纷的，还有另外一件事。风传王安石第二次罢相，是因为吕惠卿弹劾王安石在给自己的书简中有“勿令上知”“勿令齐年知”的话。元祐元年（1086）黄庭坚以实录检讨官编纂《神宗实录》，主张将此风传载入《实录》，后因与上司陆佃的意见相左而作罢。如果实有此事，恐怕与元祐初年的政治环境有关。黄庭坚是站在反新法的派别一边的，不过即便此时，他仍然敢于公开表达对王安石学问和诗歌的推崇，故《次韵王荆公题西太一宫壁二首》有“晚风池莲香度，晓日宫槐影西。白下长干梦到，青门紫曲尘迷”，《有怀半山老人再次韵二首》有“短世风惊雨过，成功梦迷酒酣。草玄不妨准易，论诗终近周南”；《奉和文潜赠答无咎，篇末多以见及，以既见君子云胡不喜为韵》有“荆公六艺事，妙处端不朽”的诗句。

二、苏东坡：从公已觉十年迟

王安石舍宅为寺，将要搬出半山园之际，又有佳客来访，这就是已谪居黄州四年的苏轼。元丰七年（1084）正月，宋神宗出手札说“苏轼黜居思咎，阅岁滋深，人材实难，不忍终弃”[②]，移为汝州团练副使，本州安置。汝州（今河南临汝）在宋时属京西北路，离北宋政治中心较近。从黄州移汝州，虽然仍是团练副使、本州安置，但那意思，似乎是将得罪贬窜转为赋闲待用了。这大概是宋神宗晚年准备调和参用新、旧党人的一个表示。元丰七年（1084）四月，苏轼离开黄州，顺江东行，行程是从长江入运河，转淮河，再转汴水，然后设法赴汝州。舟至九江，苏轼登岸游庐山，又南赴筠州与苏辙会晤，留居十日而别，已经到了五月。回程再游庐山，

---

① ［宋］惠洪撰，李保民校点：《冷斋夜话》卷五“诗置动静意”条，上海，上海古籍出版社，2012 年，第 32 页。

② ［元］脱脱等撰：《宋史》卷三百三十八《列传第九十七·苏轼》，北京，中华书局，1977 年，第 10809 页。

送刚被任命为德兴尉的长子苏迈到湖口，夜游石钟山，写下著名的《石钟山记》。接着继续东行，于七月抵达江宁（今南京）[1]。七月十一日，苏轼亲书自己的诗文十篇寄给王安石，最后一页写道："元丰七年七月十一日，舟行过金陵，亲录此数篇，呈丞相荆公，以发一笑而已，乞不示人。轼拜白。"

王安石与苏轼政见不同，曾多次阻止宋神宗重用苏轼，但他对苏轼的作品非常关注，时加品评，当然有批评，更多的是赞许。韩琦在世时，在私第之池上筑堂，取白居易《池上篇》之意，作《醉白堂》诗，表达对白居易晚年悠闲生活的向往而自叹弗如。熙宁八年（1075），苏轼应韩琦之子韩忠彦请求，作《醉白堂记》。在《醉白堂记》中，苏轼比较了韩琦与白居易人生得失的不同：出将入相，安邦定国是韩琦之所有、白居易之所无；退居悠游，"日与其朋友赋诗饮酒，尽山水园池之乐"是白居易之所有、韩琦之所无；"忠言嘉谋效于当时，而文采表于后世。死生穷达，不易其操，而道德高于古人"是韩琦、白居易之所同。堂名为"醉白"，"非独自比于乐天而已"，乃是"齐得丧，忘祸福，混贵贱，等贤愚，同乎万物，而与造物者游"[2]。王安石读罢，开玩笑说是看到了一篇《韩白优劣论》。王安石的评价传到苏轼耳朵里，苏轼也不生气，只是指出，王安石的名篇《虔州学记》"乃学校策耳"[3]。

熙宁十年（1077），苏轼《眉山集》付梓，王安石买来读时，对其中的《雪后书北台壁二首》格外感兴趣。因为这两首诗，一首押"尖"字韵，另一首押"叉"字韵：

城头初日始翻鸦，陌上晴泥已没车。
冻合玉楼寒起粟，光摇银海眩生花。
遗蝗入地应千尺，宿麦连云有几家？
老病自嗟诗力退，空吟冰柱忆刘叉。

---

① 王水照、朱刚：《苏轼评传》，武汉，长江文艺出版社，2019 年，第 44、45 页。

② ［宋］苏轼：《醉白堂记》，［宋］苏轼撰，［明］茅维编，孔凡礼点校：《苏轼文集》卷十一《记》，北京，中华书局，1986 年，第 345 页。

③ ［宋］胡仔纂集，廖德明校点：《苕溪渔隐丛话》前集卷三十五《半山老人三》，北京，人民文学出版社，1962 年，第 236 页。

两个韵字都极难押，这激起了王安石的争奇斗胜之心，于是连写了五首“叉”韵诗。过了几天，意犹未尽的他又作《读〈眉山集〉，爱其雪诗能用韵，复次韵一首》。《读眉山集次韵雪诗五首》其一云：

惠施文字黑如鸦，于此机缄漫五车。
嚼若易缁终不染，纷然能幻本无花。
观空白足宁知处，疑有青腰岂作家。
慧可忍寒真觉晚，为谁将手少林叉。

元丰二年（1079），苏轼“乌台诗案”震惊朝野，七月二十八日，知湖州的苏轼因讥讽时政遭御史台羁押。御史何正臣、舒亶等交章力诋，指责他愚弄朝廷，妄自尊大，罪不容诛。苏轼系狱130天，审讯期间饱受恐吓威逼，与他有诗文来往的友朋纷纷被传唤问话，一时间人人自危。王安礼从容向宋神宗进言：“自古大度之主，不以言语罪人。轼以才自奋，谓爵位可立取，顾录录如此，其心不能无觖望。今一旦致于理，恐后世谓陛下不能容才。”宋神宗说：“朕固不深谴也，行为卿贳之。卿第去，毋漏言，轼方贾怨于众，恐言者缘以害卿也。”[①]王安石进言：“岂有圣世而杀才士者乎！”[②]最终苏轼被从轻发落，贬为黄州团练副使。

元丰三年（1080），有客从黄州来，王安石向他询问苏轼近来有何妙语，客人举《胜相院经藏记》为对，说这篇文章乃是苏轼宿于临皋亭时醉梦醒来所作，千余言的文章，仅修改了一两个字就定稿了。客人船上恰有抄本，王安石忙派人取来一读。当时月出东南，林影在地，王安石站在屋檐下展卷细读，面露欣喜之色，评论说：“子瞻，人中龙也，然有一字未稳。”客人请闻其详，王安石指出，文中的“如人善博，日胜日贫”不如“如人善博，日胜日负”。后来苏轼听到王安石的意见，“拊手大笑，亦以公为知言”[③]。据《苕溪渔隐丛话》记潘子真《诗话》云：

① [元]脱脱等撰：《宋史》卷三百二十七《列传第八十六·王安礼》，北京，中华书局，1977年，第10554页。

② [宋]周紫芝撰：《太仓稊米集》卷四十九《杂说十二首》“读诗谳”条，[清]纪昀等编：《四库全书·集部四·别集类三·宋》，第8b页。

③ [宋]惠洪撰，李保民校点：《冷斋夜话》卷五“东坡藏记”条，上海，上海古籍出版社，2012年，第31页。

东坡作《表忠观碑》，荆公置坐隅，叶致远、杨德逢二人在坐，有客问曰："相公亦喜斯人之作也。"公曰："斯作绝似西汉。"坐客叹誉不已。公笑曰："西汉谁人可拟？"德逢对曰："王褒。"盖易之也。公曰："不可草草。"德逢复曰："司马相如、扬雄之流乎？"公曰："相如赋《子虚》《大人》洎《喻蜀文》《封禅书》耳，雄所著《太玄》《法言》，以准《易》《论语》，未见其叙事典赡若此也。直须与子长驰骋上下。"坐客又从而赞之。公曰："毕竟似子长何语？"坐客悚然。公徐曰："《楚汉以来诸侯王年表》也。"①

收到苏轼亲书诗文，王安石十分惊喜，也明白苏轼的顾虑，第二天就身着便服骑驴到苏轼停舟之处拜访。苏轼来不及戴上帽子就出来迎接，说："轼今日敢以野服见大丞相。"王安石笑道："礼为我辈设哉！"苏轼说："轼亦自知相公门下用轼不著。"王安石并不答话，而是与苏轼约期同游蒋山。就在苏轼到半山园造访的前一晚，王安石与诸门生讲谈时，问大家如何解释"动""静"二字。诸生的回答动辄数百言，但王安石都不满意，说："等子瞻明天来了问问他吧！"第二天苏轼来访，王安石问了相同的问题，苏轼应声答道："精出于动，神守为静，动静即精神也。"王安石击节称叹②。

此后苏轼逗留江宁，经常和王安石相晤同游。一次在山寺方丈饮茶，王安石指着案上的大砚台说："可集古人诗联句赋此砚。"苏轼应声说："轼请先道一句。"于是首先吟出一句"巧匠斫山骨"。王安石沉思良久，不能续出下一句，于是转移话题起身说："且趁此好天色，穷览蒋山之胜，此非所急也。"在后边跟随的田画（字承君）对其他几个同游者说："荆公寻常好以此困人，而门下士往往多辞以不能，不料东坡不可以此慑伏也！"③ 苏轼《雪后书北台壁二首》中的诗句"冻合玉

---

① [宋]胡仔纂集，廖德明校点：《苕溪渔隐丛话》前集卷三十八《东坡一》，北京，人民文学出版社，1962年，第257、258页。

② [宋]吴垧撰：《五总志》，[清]纪昀等编：《四库全书·子部十·杂家类三·杂说之属》，第31页。

③ [宋]朱弁撰，孔凡礼点校：《曲洧旧闻》卷五"东坡过金陵晤荆公"条，北京，中华书局，2002年，第151、152页。

楼寒起粟，光摇银海眩生花”，大家都不知道其中有用典之处，这次和王安石论诗时谈到，王安石说：“道家以两肩为玉楼，以目为银海，是用这两个典故吗？”苏轼大笑，事后对叶涛（字致远）感叹：“学荆公者，岂有此博学哉！”[①] 王安石将近作给苏轼欣赏，苏轼评价《寄蔡氏女子二首》其一中的“若积李兮缟夜，崇桃兮炫昼”说：“自屈、宋没世，旷千余年，无复离骚句法，乃今见之！”王安石道：“非子瞻见谀，自负亦如此，然未尝为俗子道也！”苏轼在金陵“日与公游，尽论古昔文字。闲即俱味禅说，公叹息谓人曰：‘不知更几百年，方有如此人物！’”[②]

王安石与苏轼纵论诗文之际，还谈到史书编撰问题。王安石认为，苏轼是蜀地人，平生步履遍及中原和荆吴等地，是重写三国史书的最佳人选，说：“子瞻当重作《三国书》。”苏轼推辞道：“某老矣，愿举刘道原自代！”[③] 徐度《却扫编》云：

刘羲仲字壮舆，道原之子也。道原以史学自名，羲仲世其家学。尝摘欧阳公《五代史》之讹误为纠谬，以示东坡。东坡曰：“往岁欧阳公著此书初成，王荆公谓余曰：‘欧阳公修《五代史》而不修《三国志》，非也。子盍为之乎？’余固辞不敢当。夫为史者，网罗数十百年之事以成一书，其间岂能无小得失邪？余所以不敢当荆公之托者，正畏如公之徒掇拾其后耳。”[④]

王安石与苏轼的交谈，自然也绕不开时局，据《宋史》记载：

---

① ［宋］赵令畤撰，孔凡礼点校：《侯鲭录》卷一“荆公博学”条，北京，中华书局，2022 年，第 50 页。

② ［宋］胡仔纂集，廖德明校点：《苕溪渔隐丛话》前集卷三十五《半山老人三》，北京，人民文学出版社，1962 年，第 236 页。

③ ［宋］邵博撰，刘德权、李剑雄点校：《邵氏闻见后录》卷二十一，北京，中华书局，1983 年，第 167 页。

④ ［宋］徐度撰，尚成校点：《却扫编》卷中，上海，上海古籍出版社，2012 年，第 132 页。又朱弁《曲洧旧闻》载：“东坡尝谓刘壮舆曰：‘《三国志》注中，多事甚好，道原欲修之而不果，君不可辞也。’壮舆曰：‘端明曷不为之？’东坡曰：‘某虽工于语言，也不是当行家。’”［宋］朱弁撰，孔凡礼点校：《曲洧旧闻》卷五“东坡勉刘壮舆修三国志”条，北京，中华书局，2002 年，第 151 页。

（苏轼）曰："大兵大狱，汉、唐灭亡之兆。祖宗以仁厚治天下，正欲革此。今西方用兵，连年不解，东南数起大狱，公独无一言以救之乎？"安石曰："二事皆惠卿启之，安石在外，安敢言？"轼曰："在朝则言，在外则不言，事君之常礼耳。上所以待公者非常礼，公所以待上者，岂可以常礼乎？"安石厉声曰："安石须说。"又曰："出在安石口，入在子瞻耳。"又曰："人须是知行一不义，杀一不辜，得天下弗为，乃可。"轼戏曰："今之君子，争减半年磨勘，虽杀人亦为之。"安石笑而不言。①

苏轼爱好收集药方，王安石便把自己得自宋神宗的治疗偏头痛的药方传给了他，据宋张邦基《墨庄漫录》记载：

王文公安石为相日，奏事殿中，忽觉偏头痛不可忍，遽奏上，请归治疾。裕陵令且在中书偃卧，已而小黄门持一小金杯药少许赐之，云："左痛即灌右鼻，右即反之；左右俱痛，并灌之。"即时痛愈。明日，入谢，上曰："禁中自太祖时，有此数十方，不传人间，此其一也。"因并赐此方。

苏轼自黄州归过金陵，安石传其方，用之如神。但目赤，少时头痛即愈。法用新萝卜取自然汁，入生龙脑少许，调匀，昂头使人滴入鼻窍。②

"先天下之忧而忧，后天下之乐而乐"，是士大夫辈的自我期许，他们应不应该为了生活的安定主动去求田问舍呢？王安石与苏轼谈到求田问舍的问题，并不忌讳，还劝苏轼在金陵买点田地，寻所住宅，先把生活安顿下来，才有精力读书治学。三国时，许汜对陈登（字元龙）有微词，说"昔遭乱过下邳，见元龙。元龙无客主之意，久不相与语，自上大床卧，使客卧下床"。刘备对许汜说："君有国士之名，

① ［元］脱脱等撰：《宋史》卷三百三十八《列传第九十七・苏轼》，北京，中华书局，1977 年，第 10809、10810 页。

② ［宋］张邦基撰，孔凡礼点校：《墨庄漫录》卷五"裕陵赐王文公偏头疼方"条，北京，中华书局，2002 年，第 144 页。

今天下大乱，帝主失所，望君忧国忘家，有救世之意，而君求田问舍，言无可采，是元龙所讳也，何缘当与君语。如小人，欲卧百尺楼上，卧君于地，何但上下床之间邪？”[①]后人多以忧国忘家与求田问舍为口实。王安石偏要做翻案文章，其《读蜀志》云：

千载纷争共一毛，可怜身世两徒劳。
无人语与刘玄德，问舍求田意最高。

苏轼自然明白，王安石的意思无非是希望自己留居金陵，二人就可以常常往来切磋，于是在金陵逗留期间也留意寻访，可惜匆匆不得遇合。八月，苏轼离开金陵，有《次荆公韵四绝》，其一云：

骑驴渺渺入荒陂，想见先生未病时。
劝我试求三亩宅，从公已觉十年迟。

这是苏轼最真诚的忏悔之辞，是他经过御史台狱的锻炼，经过黄州五年，沉痛的反省之后，才说得出来的真心话[②]。荆公得此诗后，也很感动，说道："十年前后，我便不断争。"苏轼在金陵期间，友人王益柔（字胜之）接替陈睦（字和之）任江宁知府，不过就任一天便被召移南郡了。虽然到金陵的时间短促，王益柔还陪苏轼同游了钟山。苏轼有《渔家傲·金陵赏心亭送王胜之龙图，王守金陵，视事一日移南郡》云："千古龙蟠并虎踞，从公一吊兴亡处。渺渺斜风吹细雨，芳草路，江南父老留公住。公驾飞軿凌紫雾，红鸾骖乘青鸾驭。却讶此洲名白鹭，非吾侣，翩然欲下还飞去。"[③]

苏轼渡江到仪真，作《同王胜之游蒋山》寄给王益柔：

---

① ［晋］陈寿撰，［南朝宋］裴松之注：《三国志》卷七《魏书七·吕布臧洪传第七·陈登》，北京，中华书局，1982 年第 2 版，第 229、230 页。

② 李一冰：《苏东坡新传》，台北，联经出版社，2016 年，第 516 页。

③ 关于此《渔家傲》，赵令畤《侯鲭录》记载为："东坡自黄移汝，过金陵，见舒王。适陈和叔作守，多同饮会。一日，游蒋山，和叔被召将行。舒王顾江山，曰：'子瞻可作歌。'"苏轼醉中书此词。"和叔到任数日而去。舒王笑曰：'白鹭者得无意乎！'"其中，"陈和叔"乃"王胜之"之误。［宋］赵令畤撰，孔凡礼点校：《侯鲭录》卷八"东坡过金陵作渔家傲词"条，北京，中华书局，2022 年，第 195、196 页。

到郡席不暖，居民空惘然。好山无十里，遗恨恐他年。
欲款南朝寺，同登北郭船。朱门收画戟，绀宇出青莲。
夹路苍髯古，迎人翠麓偏。龙腰蟠故国，鸟爪寄层巅。
竹杪飞华屋，松根泫细泉。峰多巧障日，江远欲浮天。
略彴横秋水，浮图插暮烟。归来踏人影，云细月娟娟。

王安石听说苏轼有此作，急命人取来读之，当看到“峰多巧障日，江远欲浮天”时，抚几叹曰：“老夫平生作诗，无此二句！”[①] 激动之余，遂和诗一首。王安石《和子瞻〈同王胜之游蒋山〉》云：

金陵限南北，形势岂其然。楚役六千里，陈亡三百年。
江山空幕府，风月自觥船。主送悲凉岸，妃埋想故莲。
台倾凤久去，城踞虎争偏。司马壖庙域，独龙层塔颠。
森疏五愿木，蹇浅一人泉。棁杖穷诸岭，篮舆罢半天。
朱门园绿水，碧瓦第青烟。墨客真能赋，留诗野竹娟。

苏轼的父亲苏洵曾撰《辨奸论》以诋王安石，后来王安石推行新法，他们在政治上又互相敌对，不过此次钟山一聚，数次往还，颂诗说佛，在政治上也获得了某种程度的互相谅解[②]。元祐年间，王安石新法备受诟病，在一些场合，苏轼成为宋神宗和王安石的辩护者，坚持着对“新法”持“较量利害，参用所长”的主张[③]。苏轼一次奉祠西太一宫，看到王安石旧诗“杨柳鸣蜩绿暗，荷花落日红酣。三十六陂春水，白头想见江南”，注目久之，曰：“此老野狐精也。”[④] 苏轼并次其韵：“秋早川原净丽，雨余风日清酣。从此归耕剑外，何人送我池南。”

宋哲宗绍圣元年（1094），苏轼贬谪岭南惠州，舟至金陵，阻风江浒，在此感受到来自钟山的温暖。钟山太平兴国寺高僧法泉与苏轼相友善，博览群籍，知识渊

---

① ［宋］胡仔纂集，廖德明校点：《苕溪渔隐丛话》前集卷三十五《半山老人三》，北京，人民文学出版社，1962 年，第 236 页。

② 朱刚：《苏轼十讲》，上海，上海三联书店，2019 年，第 229 页。

③ 王水照、朱刚：《苏轼评传》，武汉，长江文艺出版社，2019 年，第 46、47 页。

④ ［宋］胡仔纂集，廖德明校点：《苕溪渔隐丛话》前集卷三十五《半山老人三》，北京，人民文学出版社，1962 年，第 236 页。

贯，人皆称之为“泉万卷”。法泉寄书问候，苏轼有《六月七日泊金陵阻风得钟山泉公书寄诗为谢》：“今日江头天色恶，炮车云起风欲作。独望钟山唤宝公，林间白塔如孤鹤。宝公骨冷唤不闻，却有老泉来唤人。电眸虎齿霹雳舌，为余吹散千峰云。南来万里亦何事，一酌曹溪知水味。他年若画蒋山图，为作泉公唤居士。”法泉“既迎其至，从容语道”，东坡问：“如何是智海之灯？”法泉禅师答道：“指出明明是甚么，举头鹞子新罗过。从来这碗最稀奇，解问灯人能几个。”泉公又说偈云：“脚下曹溪去路通，登堂无复问幡风。如将钟阜临岐句，说似当年踏碓翁！”法泉以佛理喻之，苏轼愁云顿解。苏轼的这次贬窜，将给中国历史留下一个思想和文学都进入炉火纯青境界的文化巨人。

三、陆放翁：冒大雨独游定林

南宋著名爱国诗人陆游（1125—1210），字务观，号放翁。他与金陵、与钟山渊源颇深，他力图恢复中原，主张定都建康，曾三到金陵，两登钟山，访古纪游，并有摩崖石刻留存至今。陆游因在科举考试中得罪权相秦桧，颇受打压，秦桧死后才得以出任福建宁德县主簿，后调到京城任职。

绍兴三十二年（1162），宋高宗赵构禅位给皇太子赵昚，是为宋孝宗。赵昚颇有恢复之志，任命张浚为江淮东西路宣抚使，陆游却因正直敢言被外放为镇江通判。隆兴元年（1163），张浚被赵昚任命为枢密使，都督建康、镇江、江州、池州、江阴军兵马，五月渡淮北伐，先胜后败，溃于符离（今宿州）。隆兴二年（1164），张浚去世，汤思退执政，宋金议和，达成“隆兴和议”，因合议在乾道元年（1165）四月正式成立，又称“乾道之盟”。此时陆游曾上书建议定都建康：“江左自吴以来，未有舍建康他都者。驻跸临安出于权宜，形势不固，馈饷不便，海道逼近，凛然意外之忧。一和之后，盟誓已立，动有拘碍。今当与之约，建康、临安皆系驻跸之地，北使朝聘，或就建康，或就临安，如此则我得以暇时建都立国，彼不我疑。”①

① ［元］脱脱等撰：《宋史》卷三百九十五《列传第一百五十四·陆游》，北京，中华书局，1977年，第12057、12058页。

上书未被采纳，陆游则改任隆兴（今南昌）通判。

乾道元年（1165），陆游在赴任隆兴的途中经过建康，为寻访王安石遗迹冒雨游定林庵，并在定林庵壁上题字："乾道乙酉七月四日，笠泽陆务观冒大雨独游定林。"到定林庵，陆游确实是"独游"，不过他停留建康，却是应朋友之邀，此次登钟山，这位朋友陪同前来，不过因有病在身，才在宝公塔下避雨，让陆游独游定林。陆游这位朋友，就是时任军器监丞的翁蒙之。翁蒙之（1123—1174），字子功，以忠直侠义著称于世。绍兴十七年（1147），被秦桧构陷罢相的南宋中兴名臣赵鼎，绝食死于吉阳军贬所，其子赵汾扶柩回衢州府常山县安葬。衢州知州章杰是章惇的孙子，也是秦桧的爪牙，他怨恨赵鼎曾治章惇的罪，想趁此机会报私仇，又可向秦桧邀宠。于是章杰表面上命时任常山尉的翁蒙之护其丧，暗中却让他搜取赵鼎与故友知交的往来书信。威逼利诱之下，翁蒙之不为所动。几次接到章杰的指示之后，翁蒙之担心他会派别人办这件事，干脆密告赵氏家人将有关信件文书尽数焚毁。章杰大怒，以他罪劾翁蒙之。当时寄寓章杰家的魏掞之，遗书责备章杰，愤然辞归，筑"艮斋"隐居读书。事情传到秦桧耳朵里，秦桧感觉被章杰蒙蔽，于是调翁蒙之为兰溪县尉，而不复用章杰。宋孝宗即位后听说此事，再三嘉叹翁蒙之节义，召监登闻鼓院，后任其为军器监丞。

乾道三年（1167），陆游好友、奉祠管理台州崇道观的周必大，携家人去宜兴探望岳父王褒，返程经过建康，游览钟山，陪同的东道主还是翁蒙之。他们一路礼宝公塔，酌八功德水，访定林庵，见到了两年前陆游的题字，于是在其后续题："丁亥九月十一日，务观之友周子充陪翁子功来游。"他们饭后由山路访草堂寺，发现旧有的宝成寺、娄约法师讲经台、大井和其他遗迹，都已被名将恭国公杨存中（杨沂中）毁去，用来为他的祖父杨宗闵筑坟，草堂寺寺额换成了敕赐的"隆报"，还在寺旁立庙，也有敕赐门额，"殿宇极侈，营造犹未已，古迹为之一空。太息而归"①。建炎二年（1128），永兴路（今陕西西安）总管杨宗闵指挥陕西部队据守黄河，城破时战死。《景定建康志》记载："杨忠介墓，在上元县钟山乡。考证：杨宗闵，

① ［宋］周必大：《泛舟游山录二》，［宋］周必大撰，王瑞来校证：《周必大集校证》卷一百六十八《杂著述六》，上海，上海古籍出版社，2020年，第2539页。

字景齐（贤），代州崞县人，太傅、和义郡王存中之父也。屡立战功。建炎元年十二月，金人犯永兴。众以永兴无备，劝宗闵去。宗闵曰：‘吾结发从戎，蒙国厚恩，行年六十有七，唯有死耳！他非所知。’明年正月，城陷，血战而死。赠太师、魏国公，谥忠介。其子存中招魂葬于钟山。敷文阁待制刘一正（止）为之铭。”[①]难怪周必大叹息，绍兴二十八年（1158）任府学教授的时候，“每令休，必出白下，过半山，上钟阜，访定林，酌八功德水”。其《次韵邢怀正（孝庸）通判游蒋山》还有“仙人薄蓬莱，乘槎度河浒。旧观桑田变，今访钟山古。驾言出东门，恍若之帝所。朝曦霁青霜，枫叶落红雨。亭亭望浮图，隐隐插天宇。坡垂北溟鳌，石卧南山虎。遥闻饭后钟，绝胜统如鼓。恭惟布金地，草木谁敢侮”。

乾道五年（1169），陆游改任夔州（今四川奉节）通判。乾道六年（1170）初夏携眷启程，经过江苏、安徽、江西、湖北、湖南等地，通过三峡到达四川，并把旅途见闻以日记的形式记录成《入蜀记》。七月五日，陆游到达建康，探访好友，游览名胜，待了五天时间。这一次，他才得以到钟山仔细寻访王安石遗迹。据《入蜀记》记载，陆游七月八日早晨先到钟山宝公塔焚香，“塔中金铜宝公像，有铭在其膺，盖王文公守金陵时所作。僧言古像取入东都启圣院。祖宗时每有祈祷，启圣及此塔皆设道场，考之信然”。塔西南有曰木末轩，“盖后人取王文公诗‘木末北山云冉冉’之句名之。《建康志》谓公自命此名，非也”。宝公塔后方就是定林庵，陆游听父亲陆宰说起过，李公麟曾在定林庵昭文斋壁上画王安石像，“着帽束带，神彩如生”。王安石去世后，昭文斋日常就关闭了，遇有重要客人的时候，寺僧才把门打开。客人进门猛然看到王安石画像“皆惊耸，觉生气逼人”[②]。

李公麟是王安石好友，一生多次画王安石。陆游的祖父陆佃，曾于治平三年（1066）从学于因母丧闲居金陵的王安石，“朝虚而往，暮实而归，觉平日就师十年，不如从公之一日也”，步入仕途后一直被王安石提携。陆佃在《王荆公游钟山

① ［宋］周应合纂：《景定建康志》卷四十三《风土志二・诸墓》，南京，南京出版社，2009 年，第 1062 页。《景定建康志》以杨宗闵为杨存中之父，误，杨宗闵为杨存中的祖父。

② ［宋］陆游著，钱锡生笺注：《入蜀记》卷二，西安，陕西师范大学出版总社，2024 年，第 125 页。

图》题跋中回忆:“荆公退居金陵,多骑驴游钟山,每令一人提经、一仆抱《字说》前导、一人负木虎子随之。”① 元祐四年(1089)六月六日,李公麟到陆佃家做客,乘兴用这一场景画了这幅画,画中还有进士杨骥、僧法秀两个人立于松树之下。杨骥是王安石学生,法秀是当时名僧,元丰三年(1080)王安石疏请法秀继赞元入主蒋山太平兴国寺。李公麟善画马,苏东坡认为其用笔不减韩幹。法秀则对李公麟说:“公业已习此,则日夕以思其情状,求为神骏,系念不忘,一日眼光落地,必入马胎无疑,非恶道而何?”李公麟大惊问道:“今当何以洗其过?”法秀说:“但画观音菩萨。”从此李公麟以画观音像妙绝天下②。李公麟所画王安石骑驴游钟山图流传甚广,南宋末年官至朝奉大夫直宝章阁的罗必元(1175—1265)《金陵作》有“凭高怀古思悠悠,遥想骑驴白下游。不是龙眠图画里,如今亲到蒋山头”。

陆游这次再到定林庵,发现其已遭火灾被毁,“尺椽无复存者”。所幸他乾道元年(1165)的题壁文字已经被“移刻崖石”,陆游读之感叹。从陆游题刻摩崖遗址看,乾道三年(1167)周必大的续题文字并没有被一同移刻过来,无从判断陆游知不知道续题的存在。下山的归途中,陆游又去了半山报宁禅院即王安石旧宅瞻仰,发现已经残毁不堪了。陆游对王安石的敬仰,多源于祖父陆佃的亲闻亲见,他在《老学庵笔记》曾记:“先左丞(陆佃曾任尚书左丞)言,荆公有《诗正义》一部,朝夕不离手,字大半不可辨。世谓荆公忽先儒之说,盖不然也。”③

此次到建康,陆游时时将迁都之议挂在心头,七月七日登石头城,感慨万千:“西望宣化渡及历阳诸山,真形胜之地。若异时定都建康,则石头当仍为关要。或以为今都城徙而南,石头虽守无益,盖未之思也。惟城既南徙,秦淮乃横贯城中,六朝立栅断航之类,缓急不可复施。然大江天险,都城临之,金汤之势,比六朝为胜,

---

① [宋]陆佃:《书王荆公游钟山图后》,[宋]陆佃撰:《陶山集》卷十一《书后》,北京,中华书局,1985年,第121页。

② [宋]惠洪撰,李保民校点:《冷斋夜话》卷八“李伯时画马”条,上海,上海古籍出版社,2012年,第50页。

③ [宋]陆游撰,李剑雄、刘德权点校:《老学庵笔记》卷一,北京,中华书局,1979年,第6页。

岂必依淮为固邪？”[①]这年十二月二十七日抵达夔州，迁都之事仍萦绕于睡梦之中，《记梦》云：“梦里都忘困晚途，纵横草疏论迁都。不知尽挽银河水，洗得平生习气无？”

宋孝宗淳熙五年（1178），陆游应召离川东下，在建康短暂停留，登赏心亭，作《登赏心亭》，有“黯黯江云瓜步雨，萧萧木叶石城秋。孤臣老抱忧时意，欲请迁都泪已流”。陆游迁都之议虽未被采纳，但他对建康始终怀有感情，如其《一笑》所言：

半醉微吟不怕寒，江边一笑觉天宽。
莫愁艇子急冲雨，何逊梅花频倚阑。
万事任从皮外去，百年聊作梦中观。
放翁纵老狂犹在，倒尽金壶烛未残。

四、张于湖：高名不随世磨灭

长淮望断，关塞莽然平。征尘暗，霜风劲，悄边声。黯销凝。追想当年事，殆天数，非人力；洙泗上，弦歌地，亦膻腥。隔水毡乡，落日牛羊下，区脱纵横。看名王宵猎，骑火一川明，笳鼓悲鸣，遣人惊。

念腰间箭，匣中剑，空埃蠹，竟何成！时易失，心徒壮，岁将零。渺神京。干羽方怀远，静烽燧，且休兵。冠盖使，纷驰骛，若为情！闻道中原遗老，常南望、翠葆霓旌。使行人到此，忠愤气填膺，有泪如倾。

这是南宋状元张孝祥的名作《六州歌头》。张孝祥（1132—1169），字安国，号于湖居士，少年时期曾居建康。绍兴二十四年（1154），廷试擢为进士第一，历任秘书省校书郎、礼部员外郎、试中书舍人。宋孝宗隆兴二年（1164）三月，以都督府参赞军事兼知建康，领行宫留守，十一月遭劾落职。乾道五年（1169）三月，

① ［宋］陆游著，钱锡生笺注：《入蜀记》卷二，西安，陕西师范大学出版总社，2024年，第121页。

因病以显谟阁直学士致仕，提举江州太平兴国宫，六月病逝，年仅 38 岁，葬于建康府上元县钟山后清果寺。高僧应庵昙华禅师曾主蒋山寺，张孝祥《应庵退席蒋山，来寄昭亭万寿，三请不得已而去，辄赠长句，兼简苏州内翰尚书》有“逍遥丘壑欲忘年，忽作风蝉蜕骨仙。钟阜恰从三昧起，灵岩重要一灯传。极知扫迹终无策，且与临岐快着鞭。莫作山林城市想，从来大隐故居廛”。乾道六年（1170），朱旷到钟山拜祭张孝祥墓，有《拜于湖张状元墓留题》云：

瘦马踏乱山，盘折度村坞。处处花柳明，耕锄遍垄亩。
麦苗见肤寸，拳屈方出土。乃知去夏旱，布种坐迟暮。
夏租竟如何，未免催迫苦。投鞭扣萧寺，来谒张公墓。
再拜拭泪行，畴昔感知遇。盛年厌纷华，骑鲸上天去。
校雠三洞章，飞仙自俦侣。笑唾人间世，一品竟何补。
世人患死生，未究死生故。是生本不灭，来往若寒暑。
休矣勿复言，僧窗睡春雨。

张孝祥门人章甫《陪韩子云吊张安国舍人墓》云：“顷从武昌守，来哭清果墓。老泪湿征衫，伤心不忍去。焉知五载后，重到山崔嵬。松柏倏已拱，宿草缠余哀。公乘使者车，忠厚神所赉。远怀平生亲，斗酒相沃酹。曩以门下故，获登君子堂。招呼连屋居，此意讵可忘。青春闭佳城，荣华竟消歇。空余千古名，不随世磨灭。”宋光宗绍熙元年（1190），张孝祥门人董道辅拜谒张孝祥墓，《绍熙庚戌中秋后三日拜张于湖墓》云：“晓出白下门，瘦马踏秋色。钟山度苍翠，慰我远游客。暮投清果寺，花草献幽寂。长廊静无人，落日照西壁。平生张于湖，万里去一息。翩然九州外，汗漫跨鲸脊。乾坤能几时，安用较颜跖。文章失津梁，所念斯道厄。夜阑耿不寐，搔首听萧瑟。怀人感西风，翁仲守孤柏。”清代，还有朱绪曾（1796—1866）到钟山寻访张孝祥墓，《访宋显谟阁学士张公（孝祥）墓，用宋朱旷拜墓诗韵》云：

策蹇出钟山，香气袭林坞。石磴转坡陀，流水灌畦亩。
多少王侯魂，寂寞一抔土。憩足清果寺，松影日未暮。
野僧斸茯苓，力作不惮苦。樵牧问不知，谁表于湖墓。
临风忆天才，龙头荷知遇。读书思十年，遽尔骑箕去。

文章吞老坡，晁陈不敢侣。慨诵水车诗，笔力天能补。

公少居建康，卜葬非无故。精气亘长虹，人世几寒暑。

欲鼓雍门琴，花泪落如雨。

关于张孝祥的葬地，史志记载有两种说法，宋周应合《景定建康志》载张孝祥墓在上元清果寺，明《应天府志》称其墓在江浦七坌山，清《嘉庆江宁府志》则两说并存。清道光年间（1821—1850），江宁贡生金鳌编撰的《金陵待征录》中云："周应合以宋人志宋墓应不妄，而孝祥为张籍后，乌江人，今隶江浦，七坌之墓或其祖茔。"[①]1971年，南京市博物馆在江浦县黄山岭发掘了张孝祥之子张同之墓，从出土墓志铭文可知张氏祖茔在江浦黄叶岭（即今黄山岭）之侧。1982年5月24日，在黄山岭南坡发现刻有张孝祥名号的残石碑三段，经拼合后基本完好，碑身刻"宋故显谟阁直学士状元张公讳孝祥字于湖公之墓"，上题"嘉庆二十五年三月初一日立"，下款刻"裔孙□儒奉祀"。故可认为，张孝祥原葬今南京市太平门外伏家桥附近的清果寺，后来迁葬江浦黄叶岭。

五、古摩崖：晓来秋色挟秋声

陆游题刻所在的石壁上，还有其他四处南宋题刻，其中一方是韩元吉（字无咎）等人题写的："乾道丁亥八月十日，叔涣、伯玉、中父、子云、无咎、伯山、方叔来游钟山，携八功德水，过定林烹茶乃还。"乾道丁亥年为乾道三年（1167），韩元吉（1118—1187）时任江南东路转运判官。

韩元吉与陆游交谊深厚，隆兴二年（1164）闰十一月，刚任饶州知府的韩元吉赴镇江看望母亲，与时任镇江通判的陆游重逢，他们一起登览名胜，60天的时间里唱和歌诗就有30多篇。陆游说"然此特其略也，或至于酒酣耳热，落笔如风雨，好事者从旁掣去，他日或流传乐府，或见于僧窗驿壁，恍然不复省识者，盖又不可

---

① [清]金鳌撰，朱兰霞、邓振明、濮小南点校：《金陵待征录》卷四《志地·宋张孝祥墓》，南京，南京出版社，2009年，第97页。

计也”[①]。韩元吉等人乾道三年八月十日的题字，比周必大九月十一的题字早了一个月，当时定林庵尚在，大概也是题于定林庵中，后被人移刻到石壁上的。韩元吉同友人王季夷畅游钟山，曾夜宿山寺之中，其《次韵王季夷时同宿蒋山》云：“亭亭石塔宝公龛，剩喜僧床得对谈。堪凛词场君亦滞，驱驰世路我何堪。军书又见纷南北，敌势由来说二三。淮岸西风晚更急，似传烽火过江南。”又有《次韵王季夷时同宿蒋山》绝句三首，其三云：

当年丞相读书林，谁识更张万事心。
垅上牛羊共回首，插天乔木暮阴阴。

石壁上面积最大的一处题刻，是以擘窠大字书写的南宋抗金名将赵方诗作：“晓来秋色挟秋声，万虑经心事又新。慷慨长哦《洗兵马》，大功原属小心人。”赵方文武兼资，少年时曾师从理学家张栻，淳熙八年（1181）进士及第，累迁秘阁修撰、江陵知府，主管湖北安抚司事兼权荆湖置司。他力主抗金，帅边十年，以战为守，金人不敢犯边，呼其为“赵爷爷”。他数解枣阳之围，败金驸马阿海于淮西，进升为显谟阁直学士、太中大夫，权刑部尚书，嘉定十四年（1221）八月去世，谥号“忠肃”。周应合《景定建康志》载“《赵忠肃公秋风诗碑》，马观文书”[②]，或许指的就是这一石刻摩崖。赵忠肃公，就是赵方；书碑者马观文，是观文殿学士马光祖。马光祖（1201—1270）是南宋时期著名的良吏，在宋理宗赵昀宝祐三年（1255）至咸淳四年（1268），曾三次出任建康知府，“三至建康，始终一纪，威惠并行，百废无不修举”[③]。景定二年（1261）第二次出任建康知府期间，马光祖在郡圃之钟山阁下设史局，邀请安抚司干官周应合纂《建康志》五十卷，三月开局，七月即成书，成为目前存世最早、最完整的一部南京地方志。

石壁上还有两处南宋题名石刻，一为“赵希壂、李谓道同游，淳祐己酉春”，

---

① ［宋］陆游：《京口唱和序》，［宋］陆游著，朱迎平笺校：《渭南文集笺校》卷十四《序》，上海，上海古籍出版社，2022 年，第 691 页。

② ［宋］周应合纂：《景定建康志》卷三十三《文籍志一・碑刻》，南京，南京出版社，2009 年，第 863 页。

③ ［元］脱脱等撰：《宋史》卷四百一十六《列传第一百七十五・马光祖》，北京，中华书局，1977 年，第 12487 页。

是淳祐九年（1249）春日二人同游定林的题名；一为淳祐己酉刻工题记：“监董磨崖袁可从、张铸，刊工俞寅，淳祐己酉春。”

定林庵乾道年间烧毁后应又重建，曾从陆游学诗的苏泂（1170—？）《金陵杂兴·王文公读书处》云：“钟山窈窕转龙身，小屋低松次第新。试觅定林依旧在，只无当日读书人。”元、明两代，定林庵名迹不显，陆游题刻摩崖也逐渐湮没无闻。直到顺治二年（1645）在定林庵遗址上创立龙泉庵，附近的陆游题刻摩崖才又被寻访者发现。清初余宾硕《金陵览古诗》中的《钟山》诗序云：“近有僧于宋熙寺基就东涧凿石开山，因崖结构作精舍，名‘龙泉庵’，始蓄树，稍稍长数尺矣。”

康熙二十六年（1687）九月，流寓金陵的先著同友人游钟山，其《游钟山龙泉庵，同田志山、徐祖苍、朱福兹、僧不愚，去庚戌十八载》有“志公遗旧藏，定林铲遗址。龙泉创庵居，盖自乙酉始。……搜奇扪悬厓，园茶新发蕊。深刻径尺书，损剥辨形似。体态疑平原，严重不跛倚。隐见洗兵马，以意测文旨。胡为岩谷间，铭功乃在此。犹余乾道字，名姓莫能纪。想见宋辙南，游迹无虚晷”。诗中说“龙泉创庵居，盖自乙酉始”，乙酉年为顺治二年（1645）。石壁的几处题刻，先著关注到了字有径尺的赵方诗，认为其字体为严整郑重的颜真卿体，隐隐看到“洗兵马”几个字，推测为铭功之作。他还注意到了陆游题刻，但只辨认出其中的“乾道”二字。先著觉得，从这些题刻，也可以悬想南宋游人众多的盛况。先著另外一首诗，说的也是在定林寺故址附近发现摩崖石刻文字的事，其《晋江黄长甫招游钟山，得定林寺故址，辨石上乾道年题名，归由旧内志感》云：

飞来一雁天方阔，变尽千山气倍清。
古殿直穿深隧黑，空山荒照夕阳明。
龙山凿浅知何代？石壁题残旧有名。
愁向晚风经旧内，御沟流作断肠声。

晚清上元诸生吴继曾，好游山水，曾遍蹑钟山幽险之处，手拓南宋人摩崖题名而归，有《游钟山观赵希墅、李谓道题名》一诗，“凿遍摹崖名，久久莓苔委。侧闻龙泉庵，镌题未全毁”，说明石刻摩崖旁有龙泉庵；“爰傍宝城行，东偏十注矢。穹岩敞天开，整峻坚壁垒”，说明摩崖在明孝陵宝城东边；“高下胪擘窠，矩方径尺咫。剥蚀文不全，洗秋忠奉使”，说的是赵方诗作；“旁幅卷横披，定林三宿止。

怅望遮团蕉，半露功德水”，说的是韩元吉等人题名；“同游联赵李。结伴踏春山，淳祐值酉已”，说的是淳祐己酉年（1249）赵希塈、李谓道题名。吴继曾感叹：“遥溯六百年，末造丁宋理。赤羽襄樊催，黑祲淮甸起。散怀泉石间，栖心或缘此。抑惩太学狂，放浪不求仕。名字慨湮沦，无复登青史。藉彼石先生，寿我友君子。要知气磅礴，易泐还易圮。姓氏仅暂留，辛勤费砻砥。吾亦好游人，烟云过眼耳。”

清道光二十年（1840）成书的金鳌《金陵待征录》提到钟山的古摩崖时说：“题名石壁。在龙泉庵后，刻‘淳祐己酉赵塈、李谓道同游’等字。左侧又有陆放翁题名。二石皆行书，后正书径尺，仅存‘洗兵马’及‘忠执’字。始见先著诗集，近人迹访得之。”[①] 甘熙《白下琐言》云：“钟山龙泉庵径下，有宋人正书题名云：‘淳熙己酉赵希塈、李谓道同游。’又左侧行书云：‘观八功德水，晚至定林乃还。’又有正书大字径尺许，云‘洗兵马’及‘忠执’字可识，余为石脉横生，苔藓斑剥，不能尽读。严氏《金石记》未载。朱述之绪曾始寻得之，有七古。予采入《金石题咏汇编》。”[②] 著名藏书家、金石家缪荃孙后来曾见陆游题刻拓片，欣然题跋云：“是刻金氏鳌曾见之，久已湮没。打碑人山东荀估携拓本来，阅之喜甚。时大雨如注，东望钟山，在烟云出没间，犹想见镜湖词客蜡屐独行时豪兴也！”[③]

在陆游题刻的右上方，还有一处晚清题刻，为光绪二十二年（1896）8月6日梁鼎芬（字星海，号节庵）、况周颐（原名周仪，字夔笙）、徐乃昌（字积余，号随庵）、刘世珩（字聚卿，一字葱石）、郑孝胥（字太夷）等人同游访得陆游题刻后的题名：“梁鼎芬、况周颐、徐乃昌、刘世珩、郑孝胥光绪丙申□卯同游定林。”郑孝胥有《游定林观乾道题名》云：

> 定林亦何有，惟有石嶕峣。孤泉涩不驶，灌莽围岩腰。
>
> 残寺久难兴，败墙土犹焦。俗僧赞佛力，诳语空哓哓。

---

① ［清］金鳌撰，朱兰霞、邓振明、濮小南点校：《金陵待征录》卷一《志地·钟山》，南京，南京出版社，2009 年，第 55 页。

② ［清］甘熙撰，邓振明点校：《白下琐言》卷七，南京，南京出版社，2007 年，第 127 页。

③ ［清］缪荃孙：《宋陆游钟山题名跋》，［清］缪荃孙：《艺风堂文集》卷六，北京，朝华出版社，2017 年，第 508 页。

那知记名迹，盛述蛇与猫。我怀临川翁，松岑寄寂寥。
穿云复涉水，独往不可招。高躅纵莫寻，神理故非遥。
清咏入山骨，历劫元未销。空山一怅望，凄怆心潜摇。
猗嗟此何世，仰睇仍层霄。题名从剑南，终觉习气饶。
光绪视乾道，后来论宜昭。相牵返城郭，酷日愁山椒。

徐乃昌后请翁绶琪（字印若）绘成《定林访碑图》，并请梁鼎芬、郑孝胥、张謇、缪荃孙、顾云、易顺鼎、王德楷等人题咏，引首为张謇所题。狄葆贤（号平子）《平等阁诗话》云："南陵徐积余，宦游白下，好古綦笃。丙申之秋，尝偕郑太夷诸名士，诣定林，寻陆务观题名处。倩人写《定林访碑图》行卷，题者綦众。"[①]梁鼎芬《徐随庵钟山访碑图题词》（四首）云：

开图仿佛是前身，惟有悲庵画得成。树木依然三径改，几人来此听钟声。
宝华论碑迹偶停，仍年聚散酒初醒。松蝉亭外凄凉月，说道当时泪已零。
风樯战舰当年酒，古旨今情几个人。何必追伤乾道事，重论光绪已酸辛。
宽闲日月谁三泣，跌宕溪山自一筇。爱我随庐不改度，雪深来听定林钟。

光绪二十三年（1897）十月初二日，张謇有日记云："有《题徐积余太守定林访碑图十二韵》。丙申七月，积余与梁节厂（鼎芬）、郑太夷（孝胥）、刘聚卿（世珩）、况葵生（周仪）同游钟山，得陆放翁题名。"[②]诗云：

南宋凭江险，钟山略近边。寇氛时可及，过客每潸焉。
为问开禧代，谁如务观年。泸梁老羁旅，河洛概腥膻。
白发来游偶，苍崖姓氏坚。夷吾今亦绝，谢客故多贤。
七序悲梁疏，三长爱郑虔。徐刘才誉并，支许胜情联。
石墨犹堪寿，文章各自怜。追陪吾阙憾，图画世流传。
林壑看成史，江河莫问天。只应开北户，终日对云烟。

---

① 狄葆贤著，段春旭整理：《平等阁诗话》卷一，南京，凤凰出版社，2015年，第31页。

② 李明勋、尤世玮主编：《张謇日记》，上海，上海辞书出版社，2017年，第435页。"夷吾今亦绝"，原迹作"夷吾今亦寂"。"过客每潸然"，《张謇诗集》作"过客每潸焉"。张謇著，徐乃为校点：《张謇诗集》卷三，上海，上海古籍出版社，2014年，第141、142页。

光绪二十六年（1900）2月28日，郑孝胥有《定林访碑图为徐积余题》，自注云“丙申六月，余亦同游云”，诗云：“题名岩腹墨犹濡，惘惘相看入画图。一段烟云成故事，十年江汉老故吾。钟山游侣踪谁继，乾道诗人世已无。剩就徐郎求搨本，霜松雪竹共模糊。”其中的“乾道诗人”指的是陆游，“霜松雪竹”则出自王安石诗句。魏泰《隐居诗话》云：“熙宁庚戌冬，王荆公安石自参知政事拜相，是日，官僚造门奔贺者，相属于路，公以未谢，皆不见之。独与余坐于西庑之小阁，荆公语次，忽颦蹙久之，取笔书窗曰：‘霜筠雪竹钟山寺，投老归欤寄此生。’放笔揖余而入。元丰癸亥，公已谢事为会灵观使，居金陵白下门外。余谒公，公欣然邀余，同游钟山，憩法云寺，偶坐于僧房。是时，正当霜雪，而虚窗松竹，皆如诗中之景，余因述昔日题窗，并诵此诗，公怃然曰：‘有是乎。’领略微笑而已。”[①]

光绪二十八年（1902），沈曾植致书徐乃昌云：“《访碑图》并缴，率题四绝，惟大雅教之。”[②]《题徐积余定林访碑图》（四首）云：

六代山川满眼中，长衢广广逝波空。
披图最识徐卿意，自剔残碑蹋藓丛。
风烟焦麓昔心悸，雨壁定林今墨凝。
我与龟堂同念乱，小朝何敢薄隆兴。
花枝娅姹冶城北，来及平台啜茗时。
蓄缩雕虫壮夫老，燃脂甘读女郎词。
吴蜀经行总惘然，荆舒得失过云烟。
明朝戴笠骑驴去，试酌僧光一笕泉。

《定林访碑图》后来在世乱中遗失，现藏日本某博物馆。1912年，徐积余请汪洛年（号鸥客）重绘《定林访碑后图》，张謇再题引首，并请沈曾植、郑孝胥、梁鼎芬、瞿鸿禨、陈三立（号散原）、吴庆坻、吴士鉴、刘世珩、胡思敬、陈夔龙、叶昌炽、杨钟羲等人再次题诗吟咏，樊增祥、俞明震、缪荃孙、陈夔龙、金武祥、

---

① ［宋］胡仔纂集，廖德明校点：《苕溪渔隐丛话》前集卷三十四《半山老人二》，北京，人民文学出版社，1962年，第230页。

② 沈曾植著，许全胜整理：《沈曾植书信集》，北京，中华书局，2021年，第400—402页。

胡嗣瑗、余肇康、王乃徵等二十余人均有题跋。杨钟羲有诗纪其事，题为“甫在金陵，积余以定林访碑图属题，久置案头，遭乱失去。填以第二图见视，赋此志慨”。吴庆坻题图诗自注：“原图毁失，此汪鸥客补图也。”[①] 绘者汪洛年题识云：“丙申六月雨中，节庵自头陀寺访随庵于白下，随庵约同太夷、葱石、夔笙游钟山，访放翁题名，今已十六年矣。翁君印若曾为绘《定林访碑图卷》，同人题咏殆遍。旧年九在留坨散失，随庵属余重绘征题，时节庵同在此也。壬子六月，洛年记于上海照清堂。”张謇将《题徐积余太守定林访碑图十二韵》重题于《定林访碑后图》，文字略有改动：“为问”改作“为数”，“追陪”改作“追随”，“林壑”改作“陵壑”，“泸梁”改作“雍梁”。张謇还新题《绝句》二首，其一云：“金陵久已无王气，甲子中兴亦堪忾。前年儿戏江上兵，破碎千门成一概。”其二云：

图书散若飙转蓬，一卷得失真楚弓。
只应务观镌名处，山色重重似画中。

梁鼎芬也在《定林访碑后图》上重录题画之诗，并题识云：“赏心亭月梦如新，访友重来记丙申。无暇追谈乾道事，即论光绪已酸辛。甲乙之间客建康，寻碑每共顾（印愚）杨（锐）汪（康年）。钟山学派须扶起，吾友西庵苦语长（谓陈君树镛）。此山南有半山园，石象年深久不存。欲作祠亭先写愿，幽林细雨共黄昏（乙未三月同重黎寻荆公小像不得，欲他日筑半山亭并为祠以祀公）。爱子才名凤集肩，雠书校字必流传。焦山亦有隆兴石（浮玉岩有放翁题名），他日来参普济禅。此昔年题图诗也，随庵属重录于此以存昔游，宣统五年五月，清士鼎芬是写记。”其时溥仪已下诏退位，梁鼎芬依然用宣统年号，以“清士”自居。沈曾植《徐积余观察重绘定林访碑图属题》云：

人海茫茫复几年，忍从文字话前缘。
画师解补青山角，不补娲皇缺处天。

1913年，曾官清四川按察使、安徽巡抚的冯煦题识云：“昔从江左识徐陵，今日披图感废兴。梦里拈花曾一笑，前身我亦定林僧。（予生时母梦一僧拈花以献，

① 陈永正笺校：《梁鼎芬诗词笺校》，广州，广东人民出版社，2023年，第383页。

故予曰梦华以纪此也。）三度钟陵载酒过，剑南残字几摩挲。蒯候不作翁生遯，蕉萃汪伦独啸歌。（予三游钟山，一同礼卿，一同铁梅，一同振之。今礼卿宰木已拱，铁梅同蛰海上，留白下者只振之耳。回首旧游，如梦如幻。）半山西望一潸然，瓶盔参修又八年。石老云荒耆旧尽，只余怨鹤弄啼鹃。癸丑阳月既望，口占三绝句为随庵道兄题，七十一叟冯煦。”

陈三立（号散原）《题徐积余定林访碑后图》云：“久客恣揽胜，颇观白下山。定林独未至，筋骨笑羸孱。神往乾道贤，留题刻斓斑。放翁虽文士，刚气塞人寰。九原望王师，家祭语相关。堂堂经天义，彝伦立其间。忠爱溯诗教，群儿谤痴顽。憾不过摩挲，如睹诛逆颜。徐侯访碑图，照坐堆烟鬟。自娱十载后，仓卒亡兵间。转徙久愈恋，兴寄焉可删。重付画师笔，逋景能自还。岂徒涌岩壑，飒有精灵环。游侣一时隽，稍怜庇夷蛮。梦回杖藜地，谁伴野僧闲。妄欲挽流人，毕愿亲榛菅。豺虎日伺侧，藤幅空追攀。”刘世珩题诗有“定林苍苍蕴真宰，蜡屐寻碑几人在”；瞿鸿禨题诗有“风景依然陵谷变，伤心犹诵剑南诗”；王乃徵题诗有“江山破碎无人补，藉取丹青一塞哀”；胡嗣瑗题诗有“战舰烽烟醉眼开，曾摩题石过江来”；张仲炘（号次珊）《西河·十年前曾赋此调题徐积余定林访碑图，今重见海上，积余以图失补写索书前词，再赓此解》云：

游宴地。十年短梦愁记。荒岩片石掩幽扃，乱云四起。只今乾道几人知，茫茫沉恨天际。

看山厌，筇倦倚。玉骢柳底谁系。春城一角戍旗空，但余废垒。似闻朝士半贞元，欢情东付流水。

遁栖老我海上市。抚危阑，何处乡里。顾影却羞人世。剩长歌当哭，穷途凄对。空吊残灰溪藤里。

郑孝胥民国二年（1913）九月二十五日的日记云：“雨。题徐积余重绘《定林访碑图》卷。”其《题徐积余重绘定林访碑图》云：

金陵承平多士夫，钟山若为人所归。

此山政是老名宿，荆公放翁尝追随。

吾侪流寓亲山色，不啻老辈私相依。
摩挲题名辄继刻，一瞑岂异生同时。
兴亡忽然来见逼，山灵脱命才几希。
名流狼狈鸟兽散，海上存者真孑遗。
当时图咏谓可久，转眼灰烬空余悲。
君今再图重收拾，卷中人物殊参差。
后来观人益论世，未免变节留深讥。
何年更往待事定，聊破寂寞镌岩隈。

多年以后再图前事，当时参与访碑题咏的故交，已因世变而各具不同立场，在自居遗老、视“民国乃敌国”的郑孝胥看来，等待那些“变节”者的必是“深讥”和恶谥。题此长卷的二十余家，所署年款形式不尽相同，一般多用干支纪年；梁鼎芬、沈曾植、王潜三人仍落“宣统”年号；至于张謇，则是唯一写“民国二年”者——郑孝胥在感痛之余究竟讥刺何人，自然不言而喻[①]。

近代以来，摩崖石刻再次陷入沉寂，直到1975年10月，陆游题书石刻被发现，成为考证下定林寺遗址的重要资证。南京师范大学中文系唐圭璋教授（1901—1990）到此寻访，并有《钟山放翁题名》：“九曲老樵信卓荦，生死不渝反侵略。祖孙仰慕王荆公，两度过宁访旧踪。曾闻定林读书处，翠色葱茏映庭户。襟怀潇洒玉壶冰，携杖独游冒大雨。三绝杳然随云烟，空余崖石珍丛边。由来兴废一弹指，妙笔精光留两间。”南京师范大学中文系主任孙望教授（1912—1990）《奉和圭璋前辈钟山放翁题名之作，兼贻启华、济平两同志》有“唐公论学穷粤蕴，考古适逢淫雨天。扪崖披棘剔苍藓，细拓松麝香染孅。骏骨锋棱笔力遒，百代珍迹赖重显”之句[②]。

---

① 谷卿：《品鉴中的感伤——郑孝胥金石题咏初论》，《西泠艺丛》2021年第9期，第26、27页。

② 孙望：《孙望选集》，南京，南京师范大学出版社，2002年，第1008、1009页。

第四章 钟山巍阙

第一节　建陵迁寺：闲占白云千亩地

一、孝陵选址：世间万物各有主

许多封建帝王因笃信风水之说，十分重视陵址选择，以荫佑后人，明太祖朱元璋也不例外。朱元璋登基不久，即下诏在安徽凤阳县为其父母修建“皇陵”，占地2万余亩，于元至正二十六年（1366）始建，洪武十二年（1379）竣工。洪武二年（1369）荐号曰“英陵”，后改称“皇陵”。又在江苏盱眙县为其祖父修建“祖陵”，实际为祖父墓葬，曾祖父、高祖父衣冠冢。祖陵始建于明洪武十八年（1385），建成于明永乐十一年（1413），历时28年之久，规模宏大，气势雄伟。

为修建自己的陵寝，朱元璋更是亲率重臣赴钟山查勘选择陵址。洪武元年（1368）至五年（1372），明太祖朱元璋曾在钟山蒋山寺设广荐法会，即水陆法会。洪武九年（1376），明太祖朱元璋诏浙东僧人仲羲（仲芳天伦禅师之弟子）入南京，敕住蒋山寺。洪武十四年（1381），朱元璋最终选择钟山独龙阜作为自己的万年吉地，将原葬于此处的南朝神僧宝志和尚的宝公塔及供奉香火的蒋山寺东徙，开始营建孝陵。关于明孝陵的选址，明人笔记多有记载。据明张瀚《松窗梦语》记载，朱元璋定鼎金陵之后，把皇宫建在钟山南麓，召刘基选定其址并度地置桩。“太祖高皇帝定鼎金陵，将筑宫室于钟山之阳，召刘诚意定址。诚意度地置桩，太祖归语太后。太后曰：‘天下由汝自定，营建殿廷何取决于刘也！’乃夜往置桩所，皆更置之。明旦复召刘观，刘已知非故处，乃云：‘如此固好，但后世不免迁都耳。’后往钟山卜葬地，登览久之。太祖少憩僧人冢上，询刘曰：‘汝观穴在何所？’刘曰：‘龙蟠处即龙穴也。’太祖惊起曰：‘曾奈此何！刘曰：‘以礼遣之。’太祖谓：‘普天吾土，何以礼为！’即命开僧人冢，中以两瓮上下覆之，启上一瓮，见僧人面如生，鼻柱下垂至膝，指爪旋绕周身，结跏趺坐于中。众皆惊愕，不敢前发。太祖始拜告，遂轻举移葬于五里外。”[①]

明张岱《陶庵梦忆》也记载：“钟山上有云气，浮浮冉冉，红紫间之，人言王气，龙蜕藏焉。高皇帝与刘诚意、徐中山、汤东瓯定寝穴，各志其处，藏袖中。三人合，穴遂定。门左有孙权墓，请徙。太祖曰：‘孙权亦是好汉子，留他守门。’及开藏，下为梁志公和尚塔。真身不坏，指爪绕身数匝。军士辇之不起。太祖亲礼之，许以金棺银椁，庄田三百六十奉香火，舁灵谷寺塔之。今寺僧数千人，日食一庄田焉。陵寝定，闭外羡，人不及知。所见者门三，飨殿一，寝殿一，后山苍莽而已。”[②]

明董谷《碧里杂存》记载：“宝志公，萧梁时神僧也。余尝于鸡鸣山塔中睹其塑像，腊高貌古，筋骨皆露，俨如生人，非今之匠工所能为也。询于故老，告余曰：‘今之孝陵，即志公之瘗所也。瘗旁原有八功德水，泉脉甘美。诚意伯奏改葬之，乃见二大缶对合。启之，端坐于内，发被体，指绕腰矣。瘗既迁，而水亦随往。圣祖异焉，敕建灵谷寺，赐之庄田甚广。仍迎其像以归，建塔居之。命太常岁祭，行搢笏之礼焉。’”[③]

与明人笔记所记的明孝陵选址故事不同，明初徐一夔《敕赐灵谷寺碑》记载：“洪武九年春，浙东僧仲羲被召来为住持，前瞻宫阙，仅一里许。私自忖曰：‘王气攸聚，紫云黄雾昕夕拥护，非惟吾徒食息靡宁，亦恐圣师神灵有所未妥，且佛法以方便为先，如得近地改建，诚至幸也。’因请于上，从之。羲乃择地于朱湖洞南，则钟山之左胁也。材木未具，会上方迁太庙于阙左，弗敢以旧庙遗材他用，遂以施之。又遣亲军五万余人，徙塔附于寺。功将就绪，有为宫宅地形之学者，言其地湫隘，非京刹所宜。羲复以闻，有旨，舍其旧而新。是图拓大其规制，令可容千僧，命太师韩国公李某（李善长）择地于独龙冈之东麓，西距朱湖洞五里而近。其地中宽外敞，回峦复阜，左右相向，而方山岿然在其南，天造地设，俨然祇园之境。羲

---

① ［明］张瀚撰，盛冬铃点校：《松窗梦语》卷五“堪舆纪”条，北京，中华书局，1985年，第92、93页。

② ［明］张岱撰，马兴荣点校：《陶庵梦忆》卷一“钟山”条，上海，上海古籍出版社，1982年，第1页。

③ ［明］董谷撰：《碧里杂存》上卷“宝志公”条，北京，中华书局，1985年，第12、13页。

以图进。上若曰：‘以此奉志公为宜。’遂命中军都督府佥事李新、卫指挥佥事滕聚、卫指挥佥事袁禄、神坛署令崔安董其役。”①

据礼部尚书刘仲质在洪武十五年（1382）闰二月二十二日所撰的《迁葬宝志碑》，仲羲奏请迁寺是在洪武七年（1374），而在迁塔之前的洪武十二年（1379），在周围的石碑刻上发现有宋代“祥符”年号，说明宝公塔“数曾迁换，已亡其真矣”。洪武十四年（1381）冬，朱元璋下旨在独龙冈东麓鼎建新寺，寺成之后，“复移置塔于法堂之后，凡殿阁门庑等屋雄丽高广倍加于昔”②。朱元璋为迁建的新寺“赐额曰‘灵谷’，榜其外门曰‘第一禅林’。又赐田一百五十余顷”③，灵谷寺遂为“天下丛林之首”。朱元璋建陵迁寺，周晖《金陵琐事》认为不是宝志的失算，反而是种定数：“志公生于金陵鹰巢，朱姓者探于巢而养之。志公葬于钟山，太祖迁其地而葬之，此更是一大谶也。志公真神僧哉！”④

仲羲作为灵谷寺中兴之祖，明太祖朱元璋赐其紫衣，开堂演法，宗风大振。明太祖下敕文赞曰：“入定于大千界里，谈经于不二门中。解脱为空，清虚成性，久留心于佛教，独潜迹于禅林。去就一之，是非不染。尔仲羲居山禅伯，对月诗宗，抱不堕之慈悲，乐无穷之清净。”朱元璋亲撰《灵谷寺记》中记载了灵谷寺建成后，他亲往礼视的情景：“去将近刹余里，俄谷深处，岚霞之杪，出一浮图。又一里，既将近三门，立骑四顾，见山环水迂，禽兽之所以，果然左群山、右峻岭，北倚天之叠嶂，复穷岑以排空。诸峦布势，若堆螺髻于天边。朝鹤摩天而翅去，暮猿挽树而跳归。乔松偃蹇于崖畔，洞云射五色以霞天。此果白毫之像耶？谷灵之见耶？朕欲有谓，而恐惑人，故默是耳。今天人师有殿，诸经有阁，禅室有龛，云水有寮，

---

① ［明］徐一夔：《敕赐灵谷寺碑》，［明］徐一夔著，徐永恩校注：《始丰稿校注》卷十一《记》，杭州，浙江古籍出版社，2008年，第288页。

② ［明］刘仲质：《明洪武十五年迁葬宝志碑》，王鹏善主编：《钟山志》，南京，南京出版社，2009年，第254页。

③ 《明太祖实录》卷一百三十九。

④ ［明］周晖撰，张增泰点校：《金陵琐事》卷一“志公谶”条，南京，南京出版社，2007年，第57页。

斋有大厦，香积之所周全，庄严备具，以足朕心矣。故敕记之。”①

僧录司左觉义释来复《题钟山新寺》三首其三云：“道林大士苦谈玄，海内今居第一禅。闲占白云千亩地，近依红日九重天。赐田无役秋多粟，汲井长清夏有泉。劫石可消恩莫报，袈裟愿共祝尧年。”来复题诗两天之后，朱元璋御制和诗，来复感遇之余，再用原韵赋诗，其三云：“圣主虚心论道元，宸章特赐起枯禅。瑞浮云彩来双阙，光映奎文动九天。蒲座开函风满石，花池洗钵雨添泉。经驼白马今重到，绝胜摩腾入汉年。”

洪武十八年（1385），朱元璋又为宝志建鸡鸣寺，并造五级宝公塔于寺后山巅。据赵翼《檐曝杂记》引杨仪《明良记》云：“宝志公圹本在钟山，而今鸡鸣山有志公肉身遗像者，明太祖将以钟山为陵，并欲取灵谷寺以扩兆域，祷于志公，得签诗曰：‘世间万物各有主，一厘一毫莫乱取。英雄豪杰本天生，也须步步寻规矩。’后终以钟山为陵，启志公瘗，用两大缸合成，志公端坐其中，指甲已长绕腰三匝。遂迁之于灵谷寺，而八功德水竟带去，至今尚在灵谷寺也。后太祖常召太常不至，内侍曰：‘遣往灵谷祭志公去矣。’乃命即鸡鸣山塑像祭之。”② 其《题明太祖陵》其二云：

定鼎金陵控制遥，宅中方轨集轮镳。
千秋形胜从三国，一样江山陋六朝。
燕啄皇孙传岂误，狗烹诸将乱终消。
桥陵曾借神僧穴，易代犹闻禁采樵。

二、宸游诗兴：山清水清我亦清

钟山泉石优美，名胜众多，明太祖朱元璋君臣都爱到此寻幽探胜。至正十八年（1358），朱元璋攻取婺州，宁越府知府王显宗开郡学，聘元末明初著名的古文家

① ［明］朱元璋：《灵谷寺记》，张德信、毛佩琦主编：《洪武御制全书》，合肥，黄山书社，1995年，第202、203页。另见《御制大灵谷寺记》，参［清］甘熙编修，［清］谢元福增辑，［民国］佚名增补：《灵谷禅林志》卷一《沿革》，南京，南京出版社，2019年，第23、24页。

② ［清］赵翼撰：《檐曝杂记》卷五，北京，中华书局，1982年，第82、83页。

宋濂为五经师。次年（1359）三月，因李善长推荐，宋濂至应天府任江南儒学提举，命授太子经，寻改修起居注，常侍朱元璋左右，以备顾问。元至正二十一年（1361）二月，宋濂同刘伯温、夏允中同游钟山，写下了脍炙人口的《游钟山记》。

在《游钟山记》中，宋濂对山名之来源、半山报宁寺、太平兴国寺、下定林寺、崇禧院以及沿途所睹古迹一一介绍，并感叹道："按《地理志》，江南名山唯衡、庐、茅、蒋。蒋山固无耸拔万丈之势，其与三山并称者，盖为望秩之所宗也。晋谢尚，宋雷次宗、刘勔，齐周颙、朱应、吴苞、孔嗣之，梁阮孝绪、刘孝标，唐韦渠牟并隐于此。今求其遗迹，鸟没云散，多不知其处。唯见荛儿牧竖，跳啸于凄风残照间，徒足增人悲思。况乎人事往来，一日万变，达人大观，又何足深较。予幸与二君得放怀山水窟，一刻之乐，千金不人易也。山灵或有知，当使予游尽江南诸名山，虽老死烟霞中，有所不恨，他尚何望哉！他尚何望哉！"[①]

宋濂等饱学之士喜欢凭高怀古，朱元璋出身贫寒，刻苦自学，也喜欢作文赋诗，他曾"建大本堂，取古今图籍充其中，征四方名儒教太子诸王，分番夜直，选才俊之士充伴读。帝时时赐宴赋诗，商榷古今，评论文字无虚日。命诸儒作《钟山龙蟠赋》。置酒欢甚，自作《时雪赋》，赐东宫官"[②]。朱元璋从皇宫之中东眺钟山，有《望钟山》："叠嶂盈门实，虚看满座云。凭阑松气湿，俯扆篆烟伸。莺哢声来耳，风催馨袭人。近山佳景盛，彤殿尽良臣。"又有《望钟山白云》："钟山万叠白云浮，密锁松梢爽气流。石径雨痕苔藓绿，苍崖根底蛰龙湫。"

朱元璋常带文臣儒士到钟山游赏，诗酒唱和，有《春日钟山行》："我爱山松好，云埋常不老。几度春风吹更绿，胜似蓬瀛美三岛。石径闻蕊馨，流泉嫩春草。草青啼鸟涧边幽，玄鹤摩空来晨早。锦衣队列出山阿，饮客婆娑归更饱。山清水清我亦清，有秋足我斯民宝。"元代官至福建行省郎中，遭世乱而弃官的秦裕伯于洪武元年（1368）被征，朱元璋手书告谕："海滨民好斗，裕伯智谋之士而居此地，坚守

---

① ［明］宋濂：《游钟山记》，［明］宋濂著，黄灵庚编辑校点：《宋濂全集》卷四《记二》，北京，人民文学出版社，第 91、92 页。

② ［清］张廷玉等撰：《明史》卷一百一十五《列传第三·兴宗孝康皇帝》，北京，中华书局，1974 年，第 3549 页。

不起，恐有后悔。”秦裕伯不得已而入朝，“授侍读学士，固辞，不允。与张以宁等扈从，登钟山拥翠亭，给笔札赋诗，甚见宠待”[①]。周晖《续金陵琐事》云：“太祖登钟山，词臣扈从。拥翠亭给笔札赋诗，鲍尚䌹、朱升、张以宁、秦裕伯、单友中、李某、铁冠道人、张中并应制。”[②]朱元璋考察文臣的文采，常让他们应制写《钟山诗》，据郎瑛《七修类稿》所载：

太祖初召会稽杨廉夫见，令赋《钟山诗》，廉夫援笔立就曰：“钟山千仞楚天西，玉柱曾经御笔题。云护金陵龙虎壮，月明珠树凤凰栖。气吞江海三山小，势压乾坤五岳低。愿效华封陈敬祝，万年圣寿与天齐。”太祖曰：“此诗值一千贯。今日庶事方殷，姑赐五百贯。”过日，涂人邓伯言见，亦命赋《钟山诗》。稿既呈，中一联云：“鳌足立四极，钟山蟠一龙。”上大喜，以手拍案高诵之。邓以为怒，惊死于墀下，扶出东华门始苏。[③]

大臣作诗，朱元璋常有和诗，如《又赓易毅韵》中有“猿鹤每栖浑意乐，黄旗紫盖世兴王”；《又赓卢均泰韵》中有“几度雨余天一碧，遥岑罗列更非常”；《钟山僧寺赓单仲右韵》中有“山势崚嶒谷隐僧，六通具足势层层。鹊巢冠顶忘机处，午夜明星识已能”；《秋日钟山赓裴植韵》云：

倚苍罗列数奇峰，岩谷云生万态容。
或尔有时楼阁见，分明一体广寒宫。

朱元璋的诗歌很有“打油”的味道，与臣下的应制诗不可同日而语。官至礼部员外郎的林鸿有《春日陪车驾幸蒋山应制四首》，其一云：“钟山月晓曙苍苍，凤辇乘春到上方。驯鸟不随天仗散，昙花故落御衣香。珠林霁雪明山殿，玉涧飞泉近

---

① ［清］张廷玉等撰：《明史》卷二百八十五《列传第一百七十三·文苑一·秦裕伯》，北京，中华书局，1974 年，第 7317 页。

② ［明］周晖撰，张增泰点校：《续金陵琐事》上卷“拥翠亭应制”条，南京，南京出版社，2007 年，第 184 页。

③ ［明］郎瑛著：《七修类稿》卷十二《国事类》“杨邓钟山诗”条，北京，中华书局，1959 年，第 177 页。

苑墙。自愧才非枚乘匹，也陪巡幸沐恩光。”国子博士詹同《春日驾幸钟山应制》云：“大驾春晴临宝地，钟山老翠拥金仙。瑶花如雨三千界，紫气成龙五百年。风送香烟浮衮服，池涵树影拂青天。词臣侍从何多幸，安得诗才似涌泉。”翰林典籍孙蕡《钟山应制》云：“苍萃巍峨插昊穹，紫金突起大江东。三山避迹投鲸海，五岳齐肩拥帝宫。珠树凤鸾鸣瑞日，宝圻龙虎壮威风。万年圣寿高堪并，尝有神人祝华嵩。”右丞相汪广洋（？—1379）《题钟山胜景应制》云：“北山佳气郁葱葱，高处深藏七佛宫。松下鹇眠无客到，洞中龙出有云从。茶煎紫笋逢支遁，药炼丹砂羡葛洪。更欲蹑凫凌绝巘，扶摇大块鼓雄风。”刘基《侍宴钟山应制》云：“清和天气雨晴时，翠麦黄花夹路歧。万里玉关驰露布，九霄金阙绚云旗。龙文騕褭骖鸾辂，马乳蒲萄入羽卮。衰老自惭无补报，叨陪仪凤侍瑶池。”他们的应制诗写得规规矩矩，限制了发挥，远不如漫步钟山随心所得的诗轻快自然。如刘基《钟山作十二首》中有“白雁萧萧柿叶红，野花开尽六王宫。空余一道秦淮水，着意西流竟向东”；有“月落山空雾未开，风生咆虎响如雷。树头惊鹊相呼起，欲下还飞一百回”；有“玄武湖中草自秋，石头城下水长流。繁华过眼成今古，更与牛羊竞一丘”；有“槁叶含风弹夜弦，蟪蛄凄嗅答寒蝉。鸡鸣埭上繁华子，莫向秋霜惜盛年”，意象清丽，佳句频出，令人目不暇接。其《蒋山寺十月桃花》，也别有韵致：

王母桃花此地栽，风霜摇落为谁开？
琳宫玉座同黄土，绛蕊丹跗自绿苔。
度朔烟霞违梦想，武陵云水怨归来。
残蜂剩蝶相逢浅，黄菊芙蓉莫浪猜。

三、广荐法会：灯拥千官玉辇来

洪武三年（1370）正月十五日，朱元璋曾在钟山蒋山寺奉佛供僧，他担心别人说他“佞佛”，多次在榜文、游记中声明自己“不昧于佛”的立场，说自己奉佛“实不为己。假若为己求福，福必不至，何也？盖帝王设施，皆出臣民之力，己无勤劳之资，若以财力而求福于一己，可乎”。朱元璋认为，自古及今都有祭祀鬼神之事，但世人多有愚而贪者，“欲心浩大，遂至犯分越礼”，而不知“以敬求神，在于有礼有时”，于是他要亲自做出表率。洪武四年（1371）冬，朱元璋为元季兴兵以来因为各种原因不得正命而终者超度，为有罪愆在身的生者解冤，决定在蒋山寺举办广荐法会。十一月二十一日，朱元璋下旨说明缘由，并让各地出榜晓谕天下官民士庶，各于家门望佛遥拜，以祈忏悔，借助佛力，证成正果：

朕本农夫，自幼托身佛门，忽经大乱，不得已而从戎，今二十年矣。向与群雄并驱之时，务在操兵整队，救民于彷徨之中。今祸乱已平，天下已定，未尝朝僧暮道，妄祀鬼神，有所祀必以礼，有所祭必以时。尚虑军民身经大难，凡死者或遭兵刃，或陷水火，或迫于危急而自缢投河，或潜入山林而蛇伤虎咬，或天灾而殒灭，或因互斗而杀伤，或为国宣力而殒命，或思父母妻子因疾而亡身。凡此诸等死者，或满门灭绝，无祭无依，或虽有眷属，不能顾念，或有父母妻子，因兵流离，生者未安，死者谁为之祭？朕以己心度之，此等鬼魂，遇天阴时，莫不呻吟于风雨之间，遇晴明时，莫不悲号于星月之下。或因生前作恶，留连冥冥之中，无由自脱。又如我朝大军征讨四方，远入它境，或糇粮不继，一时手刃平民，或愚壮之军无故焚烧房舍，杀害老幼残疾，致惹重愆，有累身后。朕今因死者不得生天，恐有冤报，故作大善佛事，为死者超升，生者解冤，以此下求于佛。①

洪武四年（1371）十二月（一作十月二日），朱元璋征召江南高僧来复、清濬等十人来到京师参加广荐法会事宜。十二月十五日，御奉天殿，集公侯百官，宣谕建会之因，禁天下屠宰，自己则先行斋戒一个月。洪武五年（1372）正月十三日三鼓，朱元璋“服皮弁服，临奉天殿，群臣服朝衣左右侍，尚宝卿梁子忠启御撰章疏，识以皇帝之宝。上再拜，燎香于炉；复再拜，躬视疏已，授礼部尚书陶凯。凯捧从黄道出午门，置龙舆中，备法仗鼓吹导至蒋山。天界总持万金及蒋山主僧行容，率僧伽千人持香花出迎，万金取疏入大雄殿，用梵法从事白而焚之”。十四日，天有

① ［明］朱元璋：《御制蒋山寺广荐佛会榜文》，［清］甘熙编修、［清］谢元福增辑、［民国］佚名增补：《灵谷禅林志》卷十《杂著二·榜文》，南京，南京出版社，2019 年，第 164、165 页。

微雪，很快放晴。十五日，朱元璋服衮冕乘辇辂赴蒋山寺法会，“服皮弁服，搢玉圭，上殿面大雄氏北向立，群臣各衣法服以从”，举行佛事。乐凡七奏，初《善世曲》，再《昭信曲》，三《延慈曲》，四《法喜曲》，五《禅悦曲》，六《遍应曲》，七《善成曲》。间以悦佛之舞，“舞人十，其手各有所执，或香或灯，或珠玉明水，或青莲花冰桃暨名葅衣食之物，势皆低昂应以节”。仪式结束后，朱元璋“至望燎位，燎已”，还大殿，次解严，群臣趋出[①]。

释守仁纪此事，有《正月十五钟山书事，并简陶礼部》：“上念群灵殒劫灰，法筵亲向蒋陵开。云垂五采金仙降，灯拥千官玉辇来。旌旆影寒香旖旎，箫韶声转月徘徊。清朝盛典谁能记？白发词臣汉史才。”参加法会的释夷简以诗记录法会全过程，《斋戒》中有“玉食金盘去八珍，九重斋戒谕群臣。版图宾贡无中外，鬼录流亡有故新”；《法会赋迎驾》中有“千骑东华玉辇来，钟山浑胜妙高台。旌旗宝树重重入，楼阁香云一一开”；《奉表》中有“御手封函出紫宸，百灵效职共纷纭。尚书夜待三更漏，使者朝持五色云”；《迎佛》中有“鹫岭幢幡下界来，先令滕六净氛埃。微风不动灯如昼，明月初升乐似雷”；《礼佛》中有“天子临筵礼觉皇，衣冠陪位亦侯王。宝台高处金莲色，珠树中间玉佩光”；《送佛》中有“玉册读文传太祝，金柈捧奠出仪曹。从容望燎銮舆动，目送中天白玉毫”；又有《谕鬼》：

万方杀戮到渔樵，三日斋宫德泽饶。
朽骨又蒙周室葬，游魂不待楚人招。
千年象教来中国，一代威仪出圣朝。
惭愧山林何所报，耕桑满野甲兵销。

洪武十九年（1386）十一月，朱元璋让僧录司左觉义清濬任灵谷寺住持，并赐《山居诗》十二首，其三云：“谁谓山僧运化工，山居真个得从容。听风松底观玄鹤，玩月渊中悦白龙。烟爇地炉香一盏，嫩肥铜鼎笋三钟。叩禅若解岩前趣，皓首庞眉振祖风。”其十云：“至性从来隐碧萝，林泉深处任蹉跎。鸟啼深树笙簧语，渔放秋江橹棹歌。落魄有情知就里，从容无事见婆娑。岩前苔合初由径，门外风堆槲叶

① [明]宋濂：《蒋山广荐佛会记》，[明]宋濂著，黄灵庚编辑校点：《宋濂全集》卷五《记三》，北京，人民文学出版社，2014年，第118、119页。

多。”其十二云：“蹑云深入万重山，回首烟村远世间。初夜不闻三弄影，五更惟觉四时寒。天香馥郁盈禅悟，月色精英照影闲。比似市廛车马集，此心无事与相关。”翰林学士刘三吾有《御制赐僧清濬诗钦和十二首》，其一云：“濬公觉义义幽微，改住名山得最嵬。圣主制诗临黼座，内官传旨出彤扉。当持炉篆虔恭迓，如对龙颜咫尺威。珍重山门永为镇，中间字字总天机。”朱元璋还命清濬作和诗十二首，清濬自然是感恩戴德，极歌颂之能事，其中有：

楼台一簇已休工，宝塔中居老镜容。
云护石城如踞虎，地连钟阜似蟠龙。
紫芝产处饥堪乐，甘露流来秀所钟。
野衲安居何以报，愿同率土仰仁风。

值得一提的是，清濬不但是佛教高僧，同时还是一位地理学家、制图学家。他于元至正二十年（1360）绘制了《广舆疆里图》，洪武十二年（1379）又受命绘制皇家舆图，前后花了十多年的时间，采用东方最科学的相似墨卡托投影，及建立直角坐标网的绘图理论和技术，完成了彩绘世界地图《大明混一图》，图中标出了欧洲、非洲的地名，还绘出了非洲南端的地形。历仕正统、景泰、天顺、成化四朝，官至礼部左侍郎的叶盛，在其《水东日记》中记载：

予近见《广舆疆里》一图，其方周尺仅二尺许，东自黑龙江西海祠，南自雷、廉、特磨道站至歹滩通西，皆界为方格，大约南北九十余格，东西差少。其阴则清濬等二诗，严节一跋，因悉录之。“万里山川咫尺中，江河迢递总朝东。当时汉帝曾披此，邓禹因之立大功。沙门清濬。”“夷夏都归掌握中，眼空南北与西东。此图画就非容易，为问沙弥几日功。武林王逵。”“此图乃元至正庚子台僧清濬所画，中界方格，限地百里，大率广袤万余，其间省路府州，别以朱墨，仍书名山大川水陆限界。予喜其详备，但与今制颇异，暇日因摹一本，悉更正之，黄圈为京，朱圈为藩，朱竖为府，朱点为州，县繁而不尽列。若海岛沙漠，道里辽绝，莫可稽考者，略叙其概焉。时景泰壬申正月，嘉禾严节贵中谨识。郡邑间有仍旧名者，既不尽列，不复改也。”①

---

① ［明］叶盛撰，魏中平点校：《水东日记》卷十七“释清濬广舆疆里图”条，北京，中华书局，1980 年，第 169 页。

朱元璋又命宗泐、守仁、宏道等高僧各赋诗三首以贺清濬，宗泐贺诗其一云："圣朝重建钟山寺，此日禅翁奉诏居。云汉载瞻仙阙近，山林大启法筵初。世缘随顺心无著，静地熏修趣有余。万籁不生钟鼓寂，一堂松月夜窗虚。"守仁贺诗其一云："寒岩草木政严冬，一日春回雨露浓。安石故居遗雪竹，道林新塔倚云松。木鱼声断催朝饭，铜鼎香销起暮钟。千载奎文留秘藏，天光午夜照金容。"宏道贺诗其二云：

传得凌霄无尽灯，兰膏烈焰愈辉腾。
笺经未逊洪觉范，辅教直追嵩仲灵。
闭户遍探三藏教，入朝分录两街僧。
皇恩浩荡深如海，声价奚论十倍增。

第二节　灵谷胜境：且将诗酒赋登临

一、碑号三绝：行间奕奕生光芒

释清濬住持灵谷寺后，多次邀请刘三吾过访，因为天气晴雨不常，一直没有成行，直到第二年（1387）四月十八日，刘三吾向朱元璋请旨后，才同左春坊大学士董安常一同到灵谷寺寻访，"梅雨初霁，笋舆缓行，道出朝阳门半舍许，坡坨万松间，隐见金碧垩白，知为上方。方塘三门之前，横为丈者三十，从三之一中甬道赤梁，一登三门萦青缭白，殆天造地设，然自圣心经纶中出也。循两廊，行壁堵，缋画佛氏公案居多，名笔快人心目。前殿后堂，大都一览。次延致其芴室，松风万籁，飒然为秋"[①]。刘三吾等人还在志公塔看到了志公像，"则吴道子笔，李太白赞"，这就是赫赫有名的"三绝碑"。三绝碑世称"唐贤三绝碑"，上有唐代吴道子所画

① ［明］刘三吾：《游灵谷寺记》，［明］刘三吾撰，陈冠梅校点：《刘三吾集》卷四《记》，长沙，岳麓书社，2013年，第88页。

宝志像，颜真卿书写的李白所作《宝公赞》。南宋《景定建康志》中载建康石刻，中有“《李太白赞宝公画像》”[①]，应为此碑。

自古画过宝志像的画家众多，有与宝志同时代的张僧繇，唐代的吴道子、范琼等。宋米芾《画史》中提到，“苏轼子瞻家收吴道子画佛及侍者、志公十余人，破碎甚，而当面一手，精彩动人，点不加墨，口浅深晕成，故最如活”，“叶助，字大祐，收蜀范琼画《梁武帝写志公图》一幅”[②]。苏轼《仆曩于长安陈汉卿家见吴道子画佛，碎烂可惜，其后十余年，复见之于鲜于子骏家，则已装背完好，子骏以见遗，作诗谢之》有：“吴生画佛本天授，梦中化作飞空仙。觉来落笔不经意，神妙独到秋毫颠。我昔长安见此画，叹惜至宝空潸然。素丝断续不忍看，已作蝴蝶飞联翩。君能收拾为补缀，体质散落嗟神全。志公仿佛见刀尺，修罗天女犹雄妍。”米芾所说苏轼家藏的吴道子画，应该就是鲜于侁（字子骏）送给他的这一幅。

传说梁武帝萧衍曾命张僧繇为宝志画像，宝志用手指撕开自己的面容，露出十二面观音相，变幻莫测，让张僧繇无从下笔。此事在唐代已经流传，当时诗文中均有提及，敦煌文书（S.1624）的记录是比较早的：“因诣贤圣者僧宝意处，见供奉张僧谣（繇）邈真，和尚曰：‘可与吾写真否？’僧谣（繇）下笔。和尚或（惑）其形貌，莫能得定。僧谣（繇）变容謟言，和尚乃以爪厘（剺）面，开示十二面观音菩萨形相，僧谣（繇）乃哀求忏悔。却复本形，重归大内，且化缘毕，辞帝，归钟山入灭矣。”寒山《诗三百三首·其一九二》云：“余见僧繇性希奇，巧妙间生梁朝时。道子飘然为殊特，二公善绘手毫挥。逞画图真意气异，龙行鬼走神巍巍。饶邈虚空写尘迹，无因画得志公师。”释皎然《志公赞》中有“剺形骇俗，借缋开蒙。常携刀尺，精意谁通”；释惠远《志公赞》中有“剺破老面皮，索尽辽天价。当时误杀张僧繇，谁料如今转更遥。描不成，画不就，三个骰子抛十九”；释普信《宝公赞》中有“梁王契厚，尤多取则。妙笔僧繇，形容不得”；元稹《和乐天寻

---

① ［宋］周应合纂：《景定建康志》卷三十三《文籍志一·石刻》，南京，南京出版社，2009年，第861页。

② ［宋］米芾撰，刘世军、黄三艳校注：《画史校注》，桂林，广西师范大学出版社，2020年，第28、156页。

郭道士不遇》中有“欲请僧繇远相画，苦愁频变本形容”。

日本现存文献中，鉴真（688—763）弟子思托于延历七年（788）撰成的《延历僧录》记载，奈良大安寺僧戒明在光仁天皇宝龟年间（770—780）入唐，在金陵瞻拜傅大士的遗迹，又参访宝志的遗迹：“复礼拜志公宅，兼请得志公十一面观世音菩萨真身。还圣朝，于大安寺南塔院中堂，素影供养。”日本承和五年（838）入唐求法的日本僧人圆仁（793—864）在唐文宗开成五年（840）礼拜五台山的途中，于四月六日参访了长白山醴泉寺（位于山东省济南市章丘区），“斋后巡礼寺院，礼拜志公和尚影，在琉璃殿内安置。户柱阶砌，皆用碧石构作。宝幡奇彩，尽世珍奇，铺列殿里。志公和尚是十一面菩萨之化身，其本缘镌着碑上：和尚朱代（氏），金城人也。降灵于此长白山灭度，其后肉身不知所向，但作影像，举国敬重”[①]。圆仁入唐230多年后入宋的日本平安时代僧人成寻，记述了自己在宋熙宁五年（1072）十月二十七日，于大宋首都汴梁太平兴国寺瞻拜宝志像之事：

辰一点，梵才三藏、文慧大师共入南邻七客院，礼七宝无价塔。高二丈，造立二重阁内，钱右王所造。九重，每重造佛、菩萨、罗汉。塔左右文殊、普贤乘师子、象，云上造立，云高六尺许。造立一百年来。塔前坐梁朝志公和尚等身像，瘦黑，比丘形，着见紫袈裟衫裙。举袖见手，骨露现瘦。[②]

现在日本京都西往寺藏有一尊11世纪宝志禅师像，系以“一木雕”技法将一整块木材雕刻而成，雕像裂开的脸孔中出现观音形象，表现的正是宝志剺面的情形。日本镰仓时代建保年间的《宇治拾遗物语》收录《宝志和尚影の事》，讲述的是一个略有不同的故事：梁武帝为了客观记录宝志面容，派出了三位画师，画师们正要动笔，宝志用手指撕开额前皮肤，现出金色菩萨。其中一位画师看见十一面观音，另一位则看见圣像观音。画师们各将所见画下来呈给梁武帝，所绘自然各有不同，但此时已不知宝志身在何处。日本足利时代初期金泽称名寺熙允撰作《宝志和

① ［日］圆仁：《入唐求法巡礼行记》卷二，武汉，崇文书局，2022年，第85页。
② ［日］成寻：《参天台五台山记》卷四，武汉，崇文书局，2022年，第115页。

尚传》，写的是唐国“大宋文皇帝”欲作三身一体观音像，听闻新罗国有化身沙弥，遣使到新罗国。新罗国王寻得此沙弥，沙弥又帮他寻到形为“贱陋乞丐”的宝志和尚。宝志和尚听闻来意，让他找三名“造工”来。国王派了三名好手来，和尚就“以右手大指之爪，从眉间至額裂开”，三人中，一人见三目八臂不空羂索菩萨，一人见十一面观音自在菩萨，一人见千手千眼菩萨，只得“各图一体”[①]。

三绝碑上宝志画像的作者，有南朝梁张僧繇、唐代吴道子两种说法。元至正二十一年（1361）宋濂《游钟山记》中说：“入碑亭，碑凡数辈，中有张僧繇画大士像，李白赞，颜真卿书，世号‘三绝’。”明葛寅亮于万历三十五年（1607）刊行的《金陵梵刹志》记载：“三绝碑。唐张僧繇画大士像，李白赞，颜真卿书，为三绝。下复有赵孟頫书《志公十二时歌》。”[②]清王士禛读过宋濂游记，在自作的《游钟山灵谷寺记》中也说：“问三绝碑，亦毁于火。三绝者，张僧繇画志公像，李太白赞，颜鲁公书也。”[③]

现在的灵谷寺志公殿中、志公塔正面各有一块“三绝碑”，碑上刻宝志白描半侧立像，右肩扛着一禅杖，杖端挂有铜环、刀、尺、扇等，脚穿僧鞋，举右足前行，腰带及后襟向后摆动，飘飘然有逶迤前行之感。碑刻文字都有“吴道子画。李太白赞：水中之月，了不可取。虚空其心，寥廓无主。锦幪乌爪，独行绝侣。刀齐尺梁，扇迷陈语。丹青圣容，何住何所。颜真卿书”[④]。

志公殿及志公塔的“三绝碑”都已不是原碑，文献记载“三绝碑”曾多次被毁又重新镌刻。“三绝碑”中宝志画像两侧镌刻元赵孟頫（字子昂）所书《志公十二

---

① ［日］牧田谛亮著，索文林译：《中国近世佛教史研究》，台北，华宇出版社，1984年，第84、85页注41。

② ［明］葛寅亮撰，何孝荣点校：《金陵梵刹志》卷三《钟山灵谷寺·古迹》，天津，天津人民出版社，2007年，第88页。

③ ［清］王士禛：《游钟山灵谷寺记》，［清］王士禛著，袁世硕主编：《王士禛全集·诗文集之八·渔洋文集》卷四《记》，济南，齐鲁书社，2007年，第1570页。

④ “何住何所”，《金陵梵刹志》作“何住合所”，［明］葛寅亮撰，何孝荣点校：《金陵梵刹志》卷三《钟山灵谷寺》，天津，天津人民出版社，2007年，第127、128页。［唐］李白撰，［宋］杨齐贤集注《李白集分类补注》卷二九《志公画赞》注：“一作去住何所。”［清］严观《江宁金石记》卷二《宝志禅师像赞》作“何住何取”。

时歌》，并刻跋语云："颜鲁公尝书李谪仙赞。宝公圣师小相辞既刻石，又于碑阴小篆师《十二时歌》，妙绝当世。缘兵燹久毁。今觉义诸师重命工摹镌，但失所篆歌，委余著笔。手拙心愧，岂敢媲美于前贤耶！奉直大夫集贤学士三教弟子吴兴赵孟𫖯谨识。僧录司右觉义正禧、广安，住持文伟同立。"[1]灵谷寺的前身开善寺，宋太宗更其名为太平兴国寺，宋高宗赵构建炎年间（1127—1130）毁于兵火，绍兴年间（1131—1162）重建；宋孝宗赵昚淳熙十六年（1189）九月毁于火灾，后累年营缮，逐渐恢复旧观；宋恭宗赵㬎德祐元年（1275），元军入金陵，寺院又遭破坏。不过赵孟𫖯所说的宝公像石刻因"兵燹久毁"，出于避讳，指的可能不是元军入金陵的这一次，而是淳熙十六年（1189）那一次。又据周晖《金陵琐事》："灵谷寺有吴道子画宝志公像，李太白赞，颜真卿书。赵子昂又书《十二时歌》，世谓之'四绝碑'。"[2]赵孟𫖯去世三年后的元泰定帝泰定二年（1325），又一次遭受火灾的太平兴国寺，由当时潜邸建康的元文宗图帖睦尔出资重修。

宝公塔迁到灵谷寺后，"三绝碑"石刻又在宣德七年（1432）毁于火灾。童年时期就入灵谷寺为僧的释性嘉（法号本初），不忍石刻失传，访求数年，得到石刻的模本精品，遂"命工重摹镌，以图永传"。成化十二年（1476）二月，吏部左侍郎刘珝为作《成化重泐（三绝）碑跋》叙其事，且云："本初嘉上人，一日持宝公圣师石刻小像见示，乃唐吴道子画，李太白作赞，颜鲁公真卿书，诚为三绝。……呜呼！圣师道妙不可以名相，取避名相无以襮圣师道妙，而三大老有是作也。今上人重续名相之灯，昭圣师光明于无穷为可尚，其贤于诸比丘远矣。"释性嘉有《三绝碑歌》云：

童行入灵谷，夤缘圣师慈庇福。
食有廪兮居有屋，无以起称成惭恧。
昭代圣师尊之独，六朝感仰如化育。

---

① "觉义诸师"，《灵谷禅林志》作"北□诸师"。[清]甘熙编修，[清]谢元福增辑，[民国]佚名增补：《灵谷禅林志》卷四《旧迹·宝公菩萨十二时歌》，南京，南京出版社，2019年，第70页。

② [明]周晖撰，张增泰点校：《金陵琐事》卷三"古碑碣"条，南京，南京出版社，2007年，第102页。

道德神通皆具足，百世清风净尘俗。
唐时吴李颜之属，像赞书工重金玉。
有相无相匪拘束，砚沼笔峰春万斛。
非真是真诚难卜，水空空花归郢曲。
石刻文光夜上烛，森罗万象娱心目。
宣德壬子经回禄，星斗惄明神鬼哭。
数载模本求所蓄，命工重镌踵芳躅。
元功钟鼎人私淑，圣师光明灯再续。
丛林宜宝非碌碌，千年恩泽期均沐。

嘉靖年间（1522—1566），一代大儒、南京吏部右侍郎吕楠（1479—1542，号泾野）携同僚游灵谷寺，经大佛殿，登禅堂，“崇峻弘敞，爽人心目。而宝公石像正当其下，为吴（道）子所画，果非尘世形态。旁镌自著《十二时歌》”①。释满亲前来拿出前朝内阁首辅顾鼎臣诗作给大家欣赏，天色将晚，释可浩送众人出寺回城。释可浩嘉靖四年（1525）住持灵谷寺，于嘉靖五年（1526）对宝公塔进行了修葺。嘉靖十八年（1539），发现宝公塔又将腐圮，可浩倡议重修，“承守备太监潘公真、萧公通，先任太监陈公林纠财召众，协相新之”②。

据王士禛《游钟山灵谷寺记》，灵谷寺“毁于乙酉、丙戌间，惟无量殿、宝公塔存。……饭方丈毕，偕上人观景阳钟，礼宝公塔。予登焉，上人不能从。问三绝碑，亦毁于火。”③乙酉、丙戌间即清顺治二年（1645）、顺治三年（1646）间，此次灵谷寺被毁，三绝碑在也未能幸免。据《灵谷禅林志》记载，清乾隆十六年（1751），乾隆帝爱新觉罗·弘历南巡时驾临灵谷寺，向灵谷寺住持释法守问起三绝碑之事，法守呈上拓本，并请重新刻石。乾隆二十二年（1757）春天，弘历第二次到灵谷寺，

① ［明］吕楠：《游灵谷记》，［明］葛寅亮撰，何孝荣点校：《金陵梵刹志》卷三《钟山灵谷寺·古迹》，天津，天津人民出版社，2007 年，第 118 页。

② ［明］释可浩：《重建宝公塔记》，［清］甘熙编修、［清］谢元福增辑、［民国］佚名增补：《灵谷禅林志》卷三《建置》，南京，南京出版社，2019 年，第 55 页。

③ ［清］王士禛：《游钟山灵谷寺记》，［清］王士禛著，袁世硕主编：《王士禛全集·诗文集之八·渔洋文集》卷四《记》，济南，齐鲁书社，2007 年，第 1570 页。

“御书‘净土指南’四字，泐诸碑额”。现存的三绝碑上，在赵孟頫跋语左边，刻有释法守跋语，与《灵谷禅林志》记载略有差别，其中法守呈上拓片奏请重刻、乾隆帝御题“净土指南”的时间都在乾隆二十二年，或许故意忽略了三绝碑在顺治初年的遭遇，只提到明宣德年间（1426—1435）被毁：“灵谷寺宝志像，为吴道子手笔，唐时勒石，元代重刊。明宣德间，寺毁，碑亦遂亡。乾隆丁丑春，翠华重幸，臣僧法守觅得旧藏拓本，敬谨装潢，恭呈御览，奏允重勒。蒙恩赐题‘净土指南’四字于额，真禅林千载盛事，岂特宝志面目增辉已哉！住持臣僧法守恭纪。”释法守《乾隆丁丑春，翠华幸寺，进呈三贤碑搨本，奉旨重刊恭记》纪其事云：

来日苦无多，去日良可惜。浮生六十年，忽忽此一日。
饥餐倦即眠，何者为佛力？悟彻去来今，即是波罗密。
两度觐天颜，几世能修得？一领破袈裟，香气御炉袭。
峨峨三贤碑，劫灰几经历。一朝焕光彩，恩许重摹勒。
胜迹岂常湮，禅房留宝墨。净土指南字，煌煌圣人笔。
凤舞而龙飞，银钩兼铁画。长此大光明，不寂亦不灭。

三绝碑经释法守重新刻石后，来灵谷寺访碑者甚多，王瑗《金陵览古诗追和余石农先生原韵灵谷寺》中有“漫向高楼驰远目，摩挲三绝一低徊”；王友亮（1742—1797）《灵谷寺》中有“泡影空三绝，涛声自六时”；顾宗泰（1749—？）《游钟山记》中则说“至宝公塔礼焉，问三绝碑，已毁没矣”，可能是误记；陈文述（1771—1843）《灵谷寺吊梁高僧志公》中有“衲袍布帽留遗像，虎踞龙蟠让孝陵”。

清嘉庆十九年（1814），藏书家甘福（1768—1834，号梦六）因其母葬地未定难以安葬，斋戒向宝公祈祷，“得签有浩荡朱门之语。是夜，又得梦兆，若神示其所者。逾年，果得地葬母，其地名、山形皆符合”①。当时宝公塔崩坏已甚，甘福感于宝志默佑，倡议重修，他的好友陈周书慷慨出资相助，于嘉庆二十一年（1816）重修了宝公塔。道光七年（1827），曾管理江南十府粮道后退居江宁，有“循吏”之称的著名学者、数学家张敦仁（1754—1834，号古余），应甘福之邀，同友人游

① ［清］胡镐：《重建圣师塔记》，［清］甘熙编修、［清］谢元福增辑、［民国］佚名增补：《灵谷禅林志》卷三《建置》，南京，南京出版社，2019 年，第 56 页。

灵谷寺，其《丁亥三月朔日，甘梦六福招同方茶山体、瞿秩山曾辑、黄友兰屿、钮非石树玉灵谷寺设斋，荐萦、葆采二子随侍》中有“寺僧意殷拳，碑拓三绝纸”，同游的瞿曾辑《丁亥三月朔，甘梦六封君招同人游灵谷寺，次张古余观察韵》中有“百乳铿鲸钟，三绝揭茧纸”。同游的甘福之子甘熙（1798—1852）是后生晚辈，其《访灵谷古迹，家大人命赋，和张古余先生韵》中有“三绝被三劫，新碑匪故纸”。其实三绝碑所遭遇的远不止“三劫”而已，仅太平兴国寺、灵谷寺在南宋建炎年间（1127—1130）、淳熙十六年（1189）、德祐元年（1275）、元泰定二年（1325）、明宣德七年（1432）、清顺治二年（1645）的被毁，就有六次之多。

甘熙对三绝碑上宝志画像的作者也有考证，认为是吴道子临摹张僧繇的画作，而世人则误认为是张僧繇的原作刻石，其《三绝碑歌》中有：“有碑屹立古殿北，岿然三绝追李唐。志公神异天监代，老僧一一语我详。剺破面门现全相，画师搁笔神飞扬。僧繇自昔有真本，摹从道子技亦良。翩然刀尺与扇拂，风尘行脚何徜徉。颜平原书李白赞，行间奕奕生光芒。怪底世人相沿误，桃僵李代称萧梁。可惜世间不常有，劫火三度遭红羊。想是公名动帝释，六丁攫取归天阊。十二时歌松雪字，至今遗刻珍琳琅。”此后对三绝碑宝志像乃是吴道子所画似乎再无异议。如陈作霖《春初游灵谷寺》中就说“志公塔前三绝碑，画手写生吴道子。太白作赞鲁公书，我欲拓之苦无纸”。

值得一提的是，目前志公殿中的“三绝碑”上，在“颜真卿书”的左侧，还有四个小字“沈世枫临”，说明碑上颜真卿所书李太白《宝公赞》乃是出自沈世枫的临摹。沈世枫是清雍正八年（1730）进士，历官内阁中书、协办侍读、翰林院起居注主事、直隶大名道、四川道御史。据《清高宗实录》，乾隆十八年（1753）沈世枫由湖南按察使调任湖北布政使。乾隆二十三年（1758）四月，乾隆帝觉得，“沈世枫，材似堪用，而总不肯实心奋勉，一味模棱。但革职又觉可惜，着以道员降补”。乾隆二十六年（1761）十一月，因芜湖关乾隆二十五年（1760）短少盈余银一万七千余两，芜湖道沈世枫自愿捐补，最终赔银一万两。

沈世枫何时临颜真卿所书宝公像赞，又是何时刻碑，目前无法确定，至少清道光二十年（1840）甘熙编修的《灵谷禅林志》中录“三绝碑”上的文字内容，并无“沈世枫临”四字。或是咸丰同治年间的太平天国战争中“三绝碑”又被毁，以沈世枫原来的临书上石，也未可知。同治六年（1867），两江总督曾国藩到灵谷寺祈雨有应，在无梁殿东建龙神庙，成为今天的灵谷寺。光绪十三年（1887），两江总督曾国荃派人到灵谷寺祈雨，看到宝公塔仅存遗址，于是令清军南字营兵丁会同工匠重新修复。1903 年出版的法国传教士 Louis Gaillard（1850—1900）所撰《今昔南京——历史地理概貌》（Nankin d'alors et d'aujourd'hui）中，附有“三绝碑”拓片及碑刻释文，样式与志公殿中“三绝碑”相同，也有“沈世枫临”四字。书中附有一张 1898 年 7 月 11 日在志公祠拍摄的照片，拓片制作时间大概在同一时期。1914 年俞殿华《甲寅春假远足记》记游灵谷寺云：“寺后宝公塔为志公藏骨地，壁嵌碑，碑上绘志公像，系吴道子画、李太白赞、颜鲁公书，故世称‘三绝碑’。”他所看到的三绝碑应该是 Louis Gaillard 所拓者，但并未提到沈世枫临书的问题。

1924 年，陆依言编的《南京游览指南》出版，详载名胜、地图、交通及其他食宿游览事项，颇便游客，一再增订，1929 年就印行到了第五版。书中记灵谷寺云：“（无量殿）再北是志公塔院。院前有一宝公像碑。像是吴道子画的，并有颜真卿写的《李太白像赞》。再上石级，就是塔院。塔原有五层，后毁于兵，今改建一亭，以志纪念。”①

三绝碑的故事并没有结束。1931 年，中国国民党执行委员会决定在灵谷寺地址改建国民革命军阵亡将士公墓。当时的灵谷寺已经在兵燹中被毁，宝公塔也已不存，上边只有一个破败的六角亭中供奉着宝志像。阵亡将士公墓建设之初，将灵谷寺东迁，对供奉志公像的六角亭进行了维修，后来决定在六角亭西侧新建三间佛殿供奉宝志像，于是在 1934 年 11 月将六角亭拆除，并发掘塔基，发现了一个外椁已经腐烂的小棺、一块镌刻洪武十五年（1382）礼部尚书刘仲质所撰宝志迁葬记的石碑，还有一个石函，“乃雪川比丘可昇舍藏佛牙舍利者也，内贮陶缽一，藏佛牙舍利”②。后将小棺更换了石椁，与原石函、陶缽一同迁葬到新建的三间佛殿之后，这三间佛殿就是今天的灵谷寺志公殿。1935 年 3 月 23 日吴梅日记云：“又至灵谷寺，谒志公塔，

① ［民国］陆依言编：《南京游览指南》，南京，南京出版社，2014 年，第 21 页。

② ［民国］许朋飞撰，杨天骥书：《重修志公舍利塔碑》，王鹏善主编：《钟山志》，南京，南京出版社，2009 年，第 254 页。

方知阵亡将士墓，即志公塔院旧基，此时重度地于无梁殿后，鸠工营穴，尚未毕工。至老德旧骨，方移供云堂，俆工成入土也。（别作一石椁题曰梁宝志法师佛骨）因念孝陵迁移佛骨，至是又迁让，五百年中，两遭改窆，老佛有知，亦当感叹于沧桑之际矣。”①

1935 年 5 月 13 日，上海小报《福尔摩斯》发表的《南京灵谷寺志公和尚遗蜕再度迁葬记》称：“直至洪杨军兴，灵谷寺与志公塔，近半毁于军火。自国府奠都南京后，乃就灵谷寺遗址，建设革命阵亡将士公墓，并在志公塔原址，建设革命阵亡将士纪念塔，于是志公遗蜕，复于五月九日，在阵亡将士公墓委员会与灵谷寺僧流治和尚共同主持下，而宣告再度迁葬矣。”② 阵亡将士公墓于 1935 年 11 月完工，1937 年动工重建宝公塔，形制为八角亭式，随着抗日战争全面爆发，工程被迫中止。

1941 年，华北头号汉奸、伪华北政务委员会委员长王揖唐来到南京，“游辔莅止，见塔址虽在而土木未完，一应建设尚付阙如，有碍瞻礼，顾谓南京地方公会陶君席三：‘盍大发宏愿，俾竟全功？’”③ 陶席三即陶保晋（1875—1948），字锡三、席三，早年为省众议院议员、江宁县律师公会会长，1938 年后出任南京自治委员会会长。听了王揖唐的话，陶保晋不敢怠慢，会同伪南京市市长蔡培募款修缮，新的宝公塔于 1941 年 10 月落成并撰记立碑。宝公塔保存至今，其正前方嵌有一块“三绝碑”。与志公殿中的“三绝碑”对比，宝公塔嵌碑上的宝公像显系重绘，画像上方的文字没有“沈世枫临”四个字，自右侧的“宝公像，吴道子书”到左侧的“悉怛多般怛罗”，字体统一，显然出自同一人之手，其书写者疑为汪伪政府行政院副院长兼外交部长的褚民谊。1944 年夏，海达·莫理循应德国派驻南京日伪政府大使韦尔曼博士邀请来到南京拍摄，她拍到的灵谷寺宝公塔及塔前所嵌三绝碑，与今天并无二致。

---

① 吴梅著，王卫民校注：《吴梅全集·日记卷·下·瞿安日记卷十》，石家庄，河北教育出版社，2002 年，第 556、557 页。

② 中山陵园管理局、江苏省科普作家协会编著：《极美钟山·人文篇·墨迹风雅》，南京，江苏凤凰科学技术出版社，2024 年，第 75 页。

③ ［民国］吴廷燮撰，段松年书：《重建灵谷寺志公塔碑记》，王鹏善主编：《钟山志》，南京，南京出版社，2009 年，第 254 页。

1946 年 8 月 30 日，《中央日报》所刊曾迪公《游灵谷寺并谒陵园记》称：“既而下高塔，入松径，访所谓志公塔者，团团墓所，制杂中西，前有石碑，刊李白赞，颜真卿书，吴道子画像，所谓三绝之碑也。画像肖否吾未亲见志公，无可稽考，而题字则大似学钱南园之流，殊非鲁公体也。”曾迪公瞧不上宝公塔嵌三绝碑上临颜真卿的书法，不过他认为题字“似学钱南园”，是有一定道理的。

钱南园就是钱沣，南园是其号。钱沣为乾隆三十六年（1771）进士，改庶吉士，散馆授检讨。乾隆四十六年（1781），考选江南道监察御史。甘肃冒赈折捐事发，主事者甘肃布政使王亶望被诛，钱沣疏言陕西巡抚毕沅“瞻徇回护，不肯举发，甚非大臣居心之道”，乾隆帝诘责毕沅，降秩视三品。乾隆四十七年（1782），钱沣疏劾山东巡抚国泰、布政使于易简“吏治废弛，贪婪无餍，各州县库皆亏缺”。乾隆帝命大学士和珅、左都御史刘墉率沣往按得实，国泰、易简罪至死，和珅不能护。钱沣擢通政司参议，后迁太常寺少卿，再迁通政司副使，出督湖南学政，后坐事左授六部主事。乾隆五十八年（1793），除湖广道监察御史，“时和珅愈专政，大学士阿桂、王杰，尚书董诰、福长安与同为军机大臣，不相能，入直恒异处”。钱沣上疏言此事，乾隆帝为此申诫诸大臣，并命钱沣稽察军机处。和珅更加嫉恨钱沣，乾隆六十年（1795），钱沣积劳成疾去世，“或谓沣将劾和珅，和珅实鸩之”[①]。

乾隆一朝，朝堂上下多崇尚董其昌书法，唯有钱沣对颜真卿书法情有独钟，勤学不辍。杨守敬《学书迩言》曰：“自来学前贤者，未有不变其貌而能成家，惟钱南园沣学颜书如重规叠矩。此由人品气节，不让古人，非可袭取也。”[②]李瑞清云：“本朝学颜者，首推钱南园先生。南园繇鲁公《告身》悟入，后来功力极深，直欲直接鲁公，其笔法尤多发明，惜其年未至六十，但少变化，未别开门户耳。”[③]郑孝胥《马通伯属题姚惜抱刘石庵行楷卷子（姚卷）》云：“明人尚阁帖，香光始一变。国朝

① ［民国］赵尔巽等撰：《清史稿》卷三百二十二《列传一百九·钱沣》，北京，中华书局，1977 年，第 10799 页。

② ［清］杨守敬著，赵树鹏点校：《学书迩言》，杭州，浙江人民美术出版社，2019 年，第 39 页。

③ 李瑞清：《与何研青论书书一通》，肖鹏、曾迎三整理：《李瑞清书札》，上海，上海人民出版社，2023 年，第 23 页。

竞学董，阉然似乡愿。梦楼尤侧媚，腼作吴姬面。姬传稍劲秀，董鬼终入腕。后来有南园，纵笔绝傲岸。纷纷女郎耳，此士真好汉。”[①]

二、灵谷八景：杳然若望画图中

明代灵谷寺作为明太祖朱元璋敕建的皇家寺院，规模宏大，自大山门至梵宫长达5公里，历五里松、迎驾桥、万工池、石门洞、金刚殿、天王殿、五方殿、大法堂、律堂、宝公塔，左右法台，右为方丈、禅堂、公塾、库司等殿宇数百间，另有吴伟绘壁的画廊上百间，鼎盛时期寺僧千余人。设右觉义一人总其事，统管的大刹有栖霞寺，中刹有十一座，在城内的有铜井寺、兴善寺，城外的有观音阁、佛国寺、草堂寺、翼善寺、定林寺等，“葱蔚深秀，中宏外拱，胜甲天邑”，词客文人，争相品题，故有“灵谷八景”的名目，分别为钟阜晴云、浮图秋月、古殿钟声、苍池松影、银杏栖霞、清泉咽竹、空街应掌、曲水流觞。

“灵谷八景”第一景“钟阜晴云”，是因钟山云色朝夕多变而得名，也是明代“金陵四十景”之一。万历朝状元朱之蕃所作《金陵四十景图咏》的《钟阜晴云》云：“蟠龙夭矫溯江流，毓瑞凝祥灿未收。地拥雄图沿六代，天留王气镇千秋。迎将东旭朝光丽，映带明霞暮霭浮。定鼎卜年绵历祚，茏葱秀色绕皇州。”他的朋友南京工部尚书杜士全的和诗云：“一龙蟠据饮江流，有滃云蒸郁未收。借日光华常烂熳，随风舒卷自春秋。鼎湖势与三山壮，灵鹫晴看五色浮。应是骊颔嘘淑气，寻常氤氲绕皇州。”清初江苏按察使马逸姿《灵谷八景·钟阜晴云》云：“忽然天半见青林，薄有云衣幂碧岑。乍卷还舒看变幻，谁知出岫本无心。”清代释觉明《咏灵谷八景·钟阜晴云》云：“白昼岚烟淡霭容，杳然若望画图中。金陵第一何推尔，威势能令俯万峰。”康熙年间灵谷寺住持释德玉《咏灵谷八景·钟阜晴云》云：“崔嵬不与众山群，形势犹龙自吐云。六代御烟时叆叇，千年王气日氤氲。晴空乍展疑为雨，夜月常铺忽作雯。靡限苍松成劫焰，至今鹤唳杳无闻。”

---

① 郑孝胥著，黄坤、杨晓波校点：《海藏楼诗集》卷七，上海，上海古籍出版社，2003年，第214页。

王瑗《钟山》中有“晴云出谷浑无际，落日凝烟别有神”；甘炘（1814—1848）《游灵谷》有“钟阜晴云面面环，琳宫绀宇翠微间”；陈散原《游孝陵》云：“穿郭趋斜径，晴云片片逢。春痕新草木，岩气隐虬龙。”明初曾任应天府推官的史谨，观察钟山云色细致入微，别有心得，其《金陵八景・钟阜朝云》云：

山形高立翠芙蓉，岩际晴云万朵封。

起映朝阳成五色，化为霖雨锁千峰。

飞扬或乱松间鹤，舒卷长随洞底龙。

欲访招提无处觅，数声惟听隔林钟。

“灵谷八景”第二景为“浮图秋月”，浮图即佛塔，即宝公塔，秋月佛塔，妙境天开。马逸姿《灵谷八景・浮图秋月》云：“昏钟初断涌银蟾，影入高松见塔尖。谁赋秋声当静夜，明河耿耿欲钩帘。”清代释觉明《咏灵谷八景・浮图秋月》云：“迥然窣堵占蟠龙，千古真藏宝志公。不独青灯交皓月，白毫曾亦涌虚空。”释明辂《寄赠灵谷方丈》有“悟后花香生鼻观，定中月色过层楼。近闻宝塔多灵异，百丈毫光天际浮”；释德玉《咏灵谷八景・浮图秋月》有“毫光白昼冲银汉，灯火清宵映绿萝”；甘煦《灵谷僧寮夜坐偶成》有“明月澹相照，幽禽时一鸣”。

明清两代，前来宝公塔者依然络绎不绝。永乐朝侍讲学士周叙（1392—1452）《夏同魏冢宰、王宗伯游灵谷二首》有“皇陵迥出红云表，宝塔高陵碧汉间”；李汛《重登灵谷寺》有“灵泉幻出庞眉远，宝塔移来蜕骨深”；南京兵部尚书王廷相（1474—1544）《宝公塔四首》有“宝塔凌云飞，塔磴壁直立。惕惕不敢上，安得升天翼”；右佥都御史唐顺之（1507—1560）《赠月泉上人》有“宝地风尘绝，琳宫日月偏。雁来还绕塔，龙去尚留泉”；黄姬水《灵谷寺得虞字》有“谷暖泉声窈，峰高塔影孤”；唐珤《灵谷寺》有“泉通青嶂曲，塔隐碧云深”；乔世宁《游灵谷寺》有“风涛万树落，塔殿五云平”；金陵清凉寺释颛愚（1579—1646）《灵谷寺礼宝公塔》有“殿迴无梁如古洞，塔高摩汉并危岑。从来大圣灵多在，千载令人起道心”。礼部尚书李维祯《谒志公塔作》绝句十八首，历数宝志事迹，其十云：

毗婆尸佛早留心，妙义于今未可寻。

窣堵波前诸色相，多于十二面观音。

第十七云：

被发鬖鬖跣足行，酒肴征索世人情。
不知自有真如在，漫道狂憨佛便成。

清康熙四十七年（1708），盛宏邃游金陵，访灵谷寺得见住持晓苍和尚，“与晓公曾未谋面，一见而欢若平生”，向晓苍索观旧志，得康熙三十九年（1700）吴云重修的寺志，遂花了几个月的时间重加校雠，“代募同人，捐赀镂版”。盛宏邃《礼宝公塔》其二云：

剺面曾分十二形，个中疑幻亦疑真。
黄头谁识西来佛，沧海空归东渡人。
梁祚改移缘易石，宋廷崇奉为贞珉。
豪光忽放三千界，始信金刚不坏身。

“灵谷八景”第三景为“古殿钟声”。梁武帝诏天下寺院击钟，缘于询问宝志解救地狱中痛苦之法，宝志答称“夙生定业，不可顿灭，惟闻钟声，其苦暂息”。宝志和钟声的这一段渊源，让灵谷寺的钟声别有一番韵味。元代萨都剌《钟山晓行》有“楼阁龙云气，苍茫第几峰。长风万松雨，落月半山钟”；胡助（1278—1355）《寄陈玉林炼师》有“忽忆旧游今白发，何期再听蒋山钟”。明代祖俊《灵谷道中》有“春途多滑马，晚寺但闻钟”；南京国子监祭酒吴节《灵谷寺》有“径行同月步，辇道集苔封。僧重六时课，林深卧梵钟”；张琦（1450—1530）《游灵谷寺宗长官留别因饮于此》有“记取宗公今日别，千峰钟磬晚苍苍”；陈沂（1469—1538）《秋日游灵谷寺》有“禅阙空山里，钟声何处寻？径穿丛树杳，门积古苔深”；符验《游灵谷寺》有“策马无心惊野鹿，听钟有韵出禅林”；金大车（1491—1536）《赠冽泉富上人住持灵谷寺词》有“一声钟磬彻云霄，半夜令人发深省。石门回出钟山阳，千章松桧何苍苍”；郭登庸《游灵谷寺》有“石潭初月影，山寺暮钟声。犬吠归樵处，江舟渔火明”。

南京工部右侍郎蔡汝楠（1516—1565）《灵谷寺》云：“禅关何窈窕，春物正氛氲。檐絮兼花度，山钟带雨闻。鸟喧僧出定，树暝客离群。独向清斋卧，空令梦白云。”南京户部尚书张舜臣《游灵谷寺》有“一入招提境，钟声杂涧泉。烟霞开宝地，萝薜现诸天”；程秀民《复过灵谷柬月泉》有“扫竹看残刻，鸣钟觅去踪”；南京礼部尚书林廷机《游灵谷寺》有“过雁留寒影，疏钟咽暮声”；俞咨益《游灵谷禅林三首》有“息马祇林拂曙烟，半天钟磬晓堂禅”；礼部尚书李维桢（1547—1626）《灵谷寺》有“钟声微度坞，山色曲通林”。朱之蕃《灵谷寺》云：

万松深护法王筵，暂可探春客借眠。

一榻钟声传别院，半窗暝色散诸天。

劫灰有尽灵光在，幽谷无哗选地偏。

为剪禅关中夜烛，玄言相共涤尘缘。

“灵谷八景”第四景“苍池松影”，“苍池”指的是灵谷寺红山门前苍松翠柏环绕的万工池，因是由明太祖派万名军士挖掘而成得名。马逸姿《灵谷八景·苍池松影》云：“鉴尽人间妍与媸，至今犹说万工池。风来忽讶苍虬舞，恰是髯翁写影时。”释觉明《咏灵谷八景·苍池松影》：“锁断双溪水汇融，澄清最羡影苍松。更余良夜空云霁，月透波心起卧龙。”翰林院庶吉士顾承烈《试后同王卓人、王孚五游灵谷寺》有“云隐寺门环叠嶂，池涵松影度流霞”。释德玉《咏灵谷八景·沧池松影》云：

池凿先朝敕万工，汇归众派注其中。

难图重叠松头影，且玩涟漪水面风。

洗钵能令鱼性伏，濯缨欲使客尘空。

蛟龙变化由兹去，长渥恩波报莫穷。

“苍池松影”中的灵谷寺松树，似乎才是更受关注的主角。“灵谷深松”，为明代“金陵四十景”之一，朱之蕃《金陵四十景图咏》的《灵谷深松》云：“策杖行歌入万松，松间麋鹿共幽踪。泉流新雨添功德，响振琵琶应鼓钟。古树恩光沾黼扆，法坛灵液献山龙。炊烟晚发催归骑，犹忆岧峣紫翠峰。”杜士全和诗《灵谷深松》云：“上方台殿锁深松，幽径能潜野鹿踪。石罅自流功德水，僧鸣始识景阳钟。空阶弦调弹仙乐，古木枯鳞半老龙。往事悠悠残照里，江皋千古见群峰。”清王友亮《灵谷深松》有“斜阳倒影不到地，着眼一片秋烟浓。屹如簪笏列朝仗，翩如戈纛张军容”；张汉昭《灵谷深松》有“风摇翠影环孤塔，泉和涛声出远峰”；曹庚《灵谷深松》有“树藏江寺迷山径，声泻寒涛杂梵钟”。甘熙作《灵谷深松赋》，歌之曰：“郁郁深松气莽苍，树犹如此使人伤。兴亡阅尽千年恨，宫殿常留太古香。虫语寝园凄夜月，龙吟萧寺吊寒霜。可怜二十余陵树，漠漠寒烟满建康。”张汝南一首《江南好》云："江南好，行处入松深。花落黏衣香不断，翠横满径昼常阴。涛卷想龙吟。"执教金陵大学、江宁省立一中、钟英中学等校达三十三年的张通之（1875—1948）《灵谷深松》云：

此谷曩时有美松，八功德水满池中。

今人灌得牡丹好，每到花期一色红。

"灵谷八景"第五景"银杏栖霞"，指的是灵谷寺银杏树群，秋来叶色金黄，灿若云霞。银杏与南京颇有渊源。1960 年 4 月在南京西善桥南朝墓室中出土的"竹林七贤与荣启期"砖刻壁画，创作于东晋中晚期，画面中 8 人神态各异，席地而坐，各人之间以 10 株树木分隔，其中 5 株为银杏。东晋顾恺之的《洛神赋图》，也是以银杏为主调进行取景构图的。隋唐以来，银杏经常在诗文中被当作"礼轻情意重"的鹅毛、传递亲友情谊的鲤鱼，在李清照的笔下，还被赋予了爱情的含义。金兵南侵，李清照南渡，随担任江宁知府的丈夫赵明诚居于南京，其《瑞鹧鸪·双银杏》云："风韵雍容未甚都，尊前甘橘可为奴。谁怜流落江湖上，玉骨冰肌未肯枯。谁教并蒂连枝摘，醉后明皇倚太真。居士擘开真有意，要吟风味两家新。"刘基《次韵和新罗严上人秋日见寄》也有"银杏子成边雁到，木樨花发野莺飞"的诗句。

关于灵谷寺银杏，明太祖朱元璋封"树王"的故事最为著名。清吴云《树王记》中记载：

明高皇帝宸游灵谷，见古银杏八十二株，忽有一株中正，笑呼曰："树王。"是日，此树于绿中忽中出一枝黄色，若既封王，当衣黄然。高皇笑曰："朕无心呼尔为王，尔即受命，表其色，亦异矣。"遂取玉带挂之。是岁，生银杏，粒粒无心，而银杏肉上皆有一围带痕。帝见而又异之，曰："不违朕言，一至此乎？"于是八十二株之树在于四面，无不侧枝向之，如以下待上之礼。而树王又偏独低，有以贵下贱之情。且于秋老叶黄之天，又独出一枝特青，似教各树谨臣节者。至今每岁如是，三百余年不改，何其灵也！[①]

---

① ［清］吴云：《树王记》，［清］甘熙编修、［清］谢元福增辑、［民国］佚名增补：《灵谷禅林志》卷四《旧迹》，南京，南京出版社，2019 年，第 85、86 页。

灵谷寺银杏因为“肉上皆有一围带痕”，明代之后也被称为“玉带银杏”或“玉带白果”。清康熙年间王柭《游灵谷寺》有“银杏无心初荐实，天香有意独宜秋。山中景物随时变，木叶萧疏见石头”；曹寅《入灵谷寺》云：“马塍酹客穿陵隧，鸭脚干霄逼相轮”。“鸭脚”，就是银杏，因银杏叶形似鸭子的脚而得名。马逸姿《灵谷八景·银杏栖霞》云：“古干曾经玉带围，树头黄叶俨垂衣。晓霞更欲拖龙藻，才入林间便不飞。”释觉明《银杏栖霞》云：“久侣烟霞滋露浓，曾经玉带沐皇封。一枝顶上冠黄彩，翠树依依尚拱躬。”释德玉《咏灵谷八景·银杏栖霞》云：“秦松汉柏总称臣，银杏封王罕古今。知自冠黄疑有性，缘何结实又无心。婆娑只为烟霞癖，盘旋多因雨露深。群树四围俱侧向，终朝聆法卫禅林。”甘煦《灵谷深松赋》云：“娑罗则金丸撷紫，银杏则玉带围青。”

道光二十年（1840）甘熙应灵谷寺住持僧祖慧再修寺志《灵谷禅林志》时，八十二株银杏尚存五十余株，“在西山石涧西平桥口，围可四丈”。在八功德水旁，还有一株“挂龙松”，因明太祖朱元璋在此树下纳凉，解龙袍挂于其上而得名。洪武年间，朱元璋曾屡下御旨，命山军和寺僧栽种松竹果树。清代灵谷的特色果木还有五方殿前的娑罗树、结实的海棠、个大核小的樱桃、外香中酸的木瓜、状如虬龙的葡萄等等。

“灵谷八景”第六景“清泉咽竹”，指的就是“八功德水”，也是历代讽咏较多的钟山名胜。八功德水由来甚早，北宋江宁知府梅挚《八功德水记》云：“钟山之阳有泉，曰八功德。梁天监中，有胡僧昙隐飞锡寓止修行。有一庞眉叟相谓曰：‘予山龙也，知师渴，饮功德池，措之无难矣。’人与口灭，一沼沸成，深仅盈寻，广可倍丈。浪井不凿，醴泉无源，水旱若初，澄挠一色。厥后西僧继至，云：‘本域八池，一已眢矣。此味大较相类，岂非竭彼盈此乎？’一清、二冷、三香、四柔、五甘、六净、七不饐、八蠲疴，又其效也。”[①]《六朝事迹编类》云：

蒋山上明庆寺后，别有小岭，碧石青林，幽邃如画，世人呼为屏风岭。有高僧

① ［宋］梅挚：《八功德水记》，［清］甘熙编修、［清］谢元福增辑、［民国］佚名增补：《灵谷禅林志》卷二《山水》，南京，南京出版社，2019 年，第 32 页。

昙隐于此，忽闻丝竹之音，俄而有清泉一派，莹澈甘滑，有积年疾者服之辄愈。梁已前尝取给御厨水，俗呼为八功德水。杨修之有诗云："翠壁如屏旱不枯，一泓甘滑饮醍醐。高僧到此闻丝竹，还有金鳞对跃无。"[①]

宋仁宗天圣年间（1023—1032），以太常博士直史馆的萧贯，见访八功德水者甚多，但没有个遮风挡雨的地方，于是出资修建一座水亭，亭前建庐舍，委托僧人常驻其间，以"便民汲、息客游"。177 年后的嘉定元年（1208），枢密院编修钟将之率僚属到宝公塔祈年，饮八功德水，见萧贯所建水亭年久失修，"味灵源之甘洌，慨栋宇之湫陋，图敞而新之。鸠工度材，斫岩拓基，增卑为高"[②]，派赵师缙负责完成了水亭的修复。

王安石隐居钟山，常和友人来此盘桓，《与望之至八功德水》有"知子不哺糟，相与酌云泉"；《八功德水》有"此水遥连八功德，供人真净四威仪"；和妹婿沈季常（字道原）一起游八功德水，有《同沈道原游八功德水》：

寒云静如痴，寒日惨如戚。解鞍寒山中，共坐寒水侧。

新甘出短绠，一酌烦可涤。仰攀青青枝，木醴何所直。

八功德水旁有小庵，成为到访者题壁的好去处。王安石《题八功德水》云："欲寻阿练若，曳屐出东冈。涧谷芳菲少，春风着野桑。"又有《书八功德水庵》云："幽独若可厌，真实为可喜。见山不碍目，闻水不逆耳。翛然无所为，自得而已矣。"南宋陈序（字颜育）《题钟山八功德水庵壁》有："寒骑瘦马度山腰，目断青溪第一桥。尽是帝王陵墓处，野风荒草暝萧萧。"同游的周邦次韵云："雄压吴头控楚腰，千峰环拱冶城桥。黄旗紫盖旋归汉，古刹凄凉尚号萧。"马之纯《八功德水》有"初尝但得烦心解，再饮能令万虑空。软美轻清无限好，经中所说正相同"；苏泂《金陵杂兴·八功德水》有"八功德水饮一勺，当下令君热恼消"；曾极《金陵

---

① ［宋］张敦颐撰，张忱石点校：《六朝事迹编类》卷十一《寺院门》"明庆寺"条，北京，中华书局，2012 年，第 145 页。

② ［宋］赵师缙：《八功德水记》，［清］甘熙编修、［清］谢元福增辑、［民国］佚名增补：《灵谷禅林志》卷二《山水》，南京，南京出版社，2019 年，第 33 页。

百咏·八功德水》有“数斛供厨替八珍，穿松漱石莹心神”。元代许谦《游钟山至八功德水》有“泓泉抱何德，浊爇供一沃”。

明初朱元璋迁寺建陵，八功德水竟然从新建的宝公塔前涌出，明张瀚《松窗梦语》中说“后徙僧冢，水亦移绕其前，亦异甚矣”①。水随寺迁之后，八功德水更添传奇色彩，依然是钟山名胜，明初太常丞张羽（1333—1385）《送越上人住蒋山》有“八功德水谈空处，应有江禽入座飞”。明嘉靖年间，灵谷寺住持释可浩重修宝公塔，疏浚八功德水，有《酬上元程大尹疏浚八功德水》云：“半塞泥沙亦有年，旧时功德似空捐。引流草蔓云埋处，闻浚松根石罅边。仙露玉杯流沆瀣，天光云镜落虚圆。琴堂一片秋来月，千古清光照此泉。”吴用先《八功德水》有“圣水多灵异，香生泛沼莲。楼台三界上，松柏六朝前”。南京国子监祭酒顾起元《八功德水》云：

阿耨池中一脉分，飞流远注湿青云。

汲来试茗长廊下，酣听松涛送日曛。

清康熙年间，南巡的爱新觉罗·弘历游灵谷寺，所作《灵谷寺》有“溪光山色宛其识，钟声幡影空人心。八功德水清且泚，梵天震旦何彼此”。王友亮《钟山十六咏·八功德水》有“明初寺远移，此水谁移得。奇哉若尾随，神理妙难测。至今香积厨，大众免登陟。百筧注寒声，一瓢浮秀色”；陈文述《八功德水》有“不羡华池八功德，只求尘海亦清凉”；刘绍曾《八功德水歌》有“镜光荧荧照春昼，潺湲响答莲花漏。穴墙穿竹引清流，百筧寒声逗檐溜”；甘熙的哥哥甘煦《寻八功德水源》有“一线流石窦，五里淙寒玉。净可鉴毛发，清可蠲垢浊”。

金陵名士盛时泰（字仲交）遍访金陵泉水，选取二十八处序而赞之，为《金陵二十四泉品》，“独无一及钟山。如应潮井、一人泉、八功德水之类皆未选入”，让甘熙很不理解：“周吉甫晖《金陵琐事》补八品亦未及之，岂当时足迹未到耶？然栖霞、牛首、祈泽、衡阳，较钟山更远而皆入品题，抑又何也？”②甘熙《八功德水歌》有“潜穿竹筧曲径纡，石甃常供香积厨。地炉茗鼎烹活火，居士当分调水

① ［明］张瀚撰，盛冬铃点校：《松窗梦语》卷五“堪舆纪”条，北京，中华书局，1985年，第93页。

② ［清］甘熙撰，邓振明点校：《白下琐言》卷一，南京，南京出版社，2007年，第21页。

符。所惜仲交订泉品，遗却斯泉未详审。祈泽衡阳空浪传，冠绝金陵滋味甚”。姚永概（1866—1923）《游灵谷寺饮八功德水》有“松光泛众岭，竹影专一壑。钟杵袅余音，岚光释新缚。席荐涧蔬香，铛煮石泉活”；曾迪公《八功德水》有“圣泽无今古，松声杂管弦。欲消无限苦，试取一瓶煎”。

“灵谷八景”第七景“空街应掌”，指说法台前的琵琶街，据说在街上拍掌或踏足，声响山谷皆应。这件事，到访灵谷寺的人自然都想验证一下，众口一词，都说听到了弦丝之声。都穆《游灵谷记》云：“入门历琵琶街，人鼓掌，相应有声，若弹丝然。”王廷相（1474—1544）《琵琶街》云：“琵琶悬四丝，流音藉挥指。如何琵琶街，声在空无里。”南京兵部尚书刘龙和王廷相诗云：“琵琶属阿丝，乃不在弹指。有谷虚且灵，天真生应里。”符验《游灵谷寺》有“水回功德留云影，街应琵琶间足音”；南京兵部右侍郎王教《游灵谷》有“宝塔松楸藏曲径，空街丝竹递繁声”；南京光禄寺卿张衮《题月泉山房》有“画栋含烟巢翡翠，空街流籁响琵琶”；南京国子监丞黄居中（1562—1644）《春日游灵谷寺》有“拍手奏琵琶，清音快人耳”。王士性游灵谷寺，“过琵琶街，又拍手试之，良如弹丝云”[①]。王士禛《游钟山灵谷寺记》也说：“南为琵琶街，僧雏拊掌，隐若弦丝之音，觉众山皆响。”清顾宗泰《游钟山记》云：“南为琵琶街，履之若有声。”马逸姿《灵谷八景·空街应掌》云：“殷地谁埋凤尾槽，应弦如奏郁轮袍。客来拍手长廊下，疑傍浔阳江上舠”。释觉明《咏灵谷八景·空街应掌》云：“不假丝弦韵颇工，悄然太古寄其中。但随抚掌声声应，能使游情淡处浓。”释德玉《咏灵谷八景·空街应掌》云：

怪底琵琶地底鸣，惟凭鼓掌导空声。
山随钟号音能聚，谷以灵呼响益生。
雅俗咸堪行乐事，禅儒兼可畅幽情。
几回闻乐思韶濩，犹续高皇奏九成。

比较客观地探究“空街应掌”这件事的，还是学宗程朱、讲求“格物致知”的理学家吕柟。他同友人游灵谷寺，返回时释可浩送他们到琵琶街，“自鼓掌请听琵

① ［明］王士性撰，周振鹤点校：《五岳游草》卷三《吴游上·留都述游》，上海，上海人民出版社，2019年，第66页。

琶声，口兼呼，诸从者亦鼓掌，浩亦大笑，然实未有闻也”。吕楠于是问起，为什么在琵琶街鼓掌听不到琵琶之声，在佛殿前鼓掌却听到类似声音。可浩答曰：“空谷作声尔。”吕楠又问：“此殿以上，凡四五层。其上者，何以无此声？”可浩答不出，同游的胡廷禄、秦仪出来打圆场，他们的理解是：“山谷之声，太近亦无，太远亦无。虚实之间，远近之中，乃又夹以长廊，俯以崇台，此感彼应，气使然尔。”

“灵谷八景”的第八景为“曲水流觞”，是指将八功德水引为弯曲的“流杯渠”，置酒杯其间以为乐。“曲水”与钟山颇有渊源，据《景定建康志》记载：“曲水，晋海西公于钟山立流杯曲水，延百僚。”[①]海西公，就是晋废帝司马奕。兴宁三年（365），他的哥哥晋哀帝司马丕去世，因司马丕没有子嗣，司马奕继位为帝，第二年改元“太和”，桓温把持朝政。太和六年（371），桓温逼崇德太后褚蒜子废黜司马奕，咸安二年（372）又降封他为“海西公”。南朝宋元嘉十一年（434）三月，宋文帝刘义隆还在乐游苑设为“曲水”，禊饮于此。颜延年《应诏宴曲水作诗》有“幕帷兰甸，画流高陛。分庭荐乐，析波浮醴”。南朝梁萧子范记上巳节风俗的《家园三日赋》有“聊结新而濯故，式东流之前轨。居免上漏，树非榛栗。即无择于爽垲，曾不访于凶吉。右瞻则青溪千仞，北睹则龙盘秀出。与岁月而荒茫，同林薮之芜密”[②]。唐萧颖士《蓬池禊饮序》有“晋氏中朝，始参燕胥之乐。江右宋齐，又间以文咏，风流遂远，郁为盛集”[③]。清周宝偀《曲水》咏其事云：

当年曲水钟山麓，列坐流觞上巳辰。

一自齐梁人去后，空余花鸟六朝春。

都穆《游灵谷寺》写道：“流杯水钟，落花间浮，随杯而行至客前，则竞取以饮。虽不饮者，亦徘徊忘去。”陈应之《赠月泉上人》“有流觞曲水空尘迹，归鸟斜阳在半墩”；奚良辅《赠月泉》有“八功台上听泉声，曲水流觞酒数行”；马逸

---

① ［宋］周应合纂：《景定建康志》卷十九《山川志三·诸水》，南京，南京出版社，2009年，第468页。

② ［南朝梁］萧子范：《家园三日赋》，［唐］欧阳询撰，汪绍楹校：《艺文类聚》卷四《岁时中·三月三日·赋》，上海，上海古籍出版社，1999年第2版，第70页。

③ ［唐］萧颖士：《蓬池禊饮序》，［宋］姚铉编：《唐文粹》卷九十七《宴集十五》，［清］纪昀等编：《钦定四库全书荟要·集部》，第10页。

姿《灵谷八景·曲水流觞》云："湍流何处觅清冷，石上空存曲水形。修禊若还逢内史，肯将茧纸写兰亭。"释觉明《咏灵谷八景·曲水流觞》云："泛觞带水乐王公，近日云浮草自丛。何意圣皇南幸辇，六銮驻跸续前踪。"释德玉《咏灵谷八景·曲水流觞》云：

仿佛兰亭曲水幽，昔时豪士竞遨游。
诗惊野鸟参差和，酒满香卮次第流。
近惜荒台余落照，更嗟渠涸付残秋。
古今隆替皆如此，安用凄其对景愁。

三、长生鹿苑：敢忆深林见鹿踪

修建明孝陵之初，钟山丛林之中就有鹿栖息。洪武三十一年（1398）六月十六日设立孝陵卫，有官兵5600名，隶属亲军卫指挥使司，为十七亲军卫之一，并受南京中军都督府节制。其职责为保护陵园，每日派遣官兵巡逻，检查有无违犯禁令者。孝陵卫辖有牧马千户所等五所。董谷《碧里杂存》记载："高皇帝初作孝陵于钟山之阳，因山多鹿，禁人捕猎，而设孝陵卫于山下，特置牧马千户所，盖取义鹿马，欲其蕃息耳。所既置矣，尚虚典守之职。他日因微行至陵所，归途遇雨，偶于民家门屋下憩焉。问其何姓，曰：'董氏也。'圣意遂注，曰：'千里草，马所宜也。'即拜其人为千户，以典斯牧。至今子孙世掌所印，不得而易。墙门每坏，官府辄为之修云。"[①] 时明孝陵有鹿千头之多，脖上系有"三寸"银牌，上勒"长生"二字，故名"长生鹿"。明孝陵长生鹿在明代被严加保护，蕃息数百年，灵谷寺等处皆有鹿踪。

洪武十五年（1382）授僧录司右讲经的释守仁（？—1391）《上命赋诗三首贺清濬》中有："入山路转谷逶迤，每怪登临客到迟。拥衲懒添煨芋火，分泉频溉种莲池。静听乳鹿鸣莎草，闲看跳猿环树枝。整顿宗纲扬圣化，镜容大士笑掀眉。""前

① ［明］董谷撰：《碧里杂存》上卷"千里草"条，北京，中华书局，1985年，第5页。

七子”之一的南京户部尚书边贡（1476—1532）《蒋山次韵》中有“隔浦迥看帆窅窅，步林时听鹿呦呦”。南京刑部尚书顾璘（1476—1545）《经钟山》云：

鹿饮红泉细，猿啼翠壁重。仙云凝舜冢，王气拂秦松。

地接金椎道，山藏玉检封。鼎湖长在望，何处仰宸容？

明代孝陵管理严格，谒陵皆有定制，往来钟山者多到灵谷寺盘桓，在此处见到长生鹿的机会比较多。黄姬水《翁、康二山人招饮灵谷寺》云：“秋尽同为客，登临来鹫峰。禅宫叹灰劫，杯酒信萍逢。深谷无禽语，闲扉有鹿踪。更怜归路好，烟树夕阳重。”王士性《留都述游》云：“则又明日取途灵谷，即钟陵东麓也。入禅林行五里松下，虬枝蔽亏天日，鹿呦呦千百为群，狎客而过。”① 顾起元《游灵谷》中有“玉阶碧草无人踏，石户苍苔有鹿眠”；葛涧《灵谷寺避暑》中有“红泉鸣碧涧，苍鹿卧青丘”；朱之蕃《灵谷深松》中有“策杖行歌入万松，松间麋鹿共幽踪”；明末朱国祚《恭谒孝陵同叶进卿赋》中有“灵龟玉殿十飞九，驯鹿银牌寸有三”，并自注：“钟山鹿千百为群，有悬银牌者，高皇帝时所畜，牌约三寸。”清初王逋《蚓菴琐语》载：“明朝南京孝陵内畜鹿数千，项悬银牌，人有盗宰者，抵死。崇祯末年，余解粮到京，往游陵上，犹见银牌鹿往来林木中。”②

长生鹿和明孝陵一样，成为明遗民心中故国之情的寄托。明遗民钱澄之《金陵即事》云：“钟山依旧有云封，宫监孤忠尚荷容。报国独存千岁蜕，护陵犹守一株松。休纵废地占龙气，敢忆深林见鹿踪。方外小臣曾未到，几回落照哭秋峰。”许珌《钟山诗次杜于皇韵》中有：“崩湍坏道郁清秋，七孔桥前水不流。剩有黄花围石椁，绝无青鸟恋朱丘。经年置户园丁散，垂老司香宫监愁。只见长生荒苑鹿，月明犹带旧牌游。”黄宗羲《怀金陵旧游寄儿正谊》云：

钟山多古迹，强半入园陵。天仗曾陪入，芒鞋几断绳。

铜牌逢老鹿，落日访居僧。但说山中景，应无及废兴。

---

① ［明］王士性撰，周振鹤点校：《五岳游草》卷三《吴游上·留都述游》，上海，上海人民出版社，2019年，第66页。

② ［清］吴伟业撰，［清］程穆衡原笺，［清］杨学沆补注，张耕点校：《吴梅村诗集笺注》卷五《古近体诗九十六首·秣陵口号》注引，北京，中华书局，2020年，第283页。

明末清初兵荒马乱之际，明孝陵林木遭到破坏，长生鹿也难逃厄运，吴伟业《秣陵口号》云：

车马垂杨十字街，河桥灯火旧秦淮。
放衙非复通侯第，废圃谁知博士斋。
易饼市傍王殿瓦，换鱼江上孝陵柴。
无端射取原头鹿，收得长生苑内牌。

长生鹿脖子上的银牌，文字内容或许曾改为“永乐”二字。康熙七年（1668），方文拜谒明孝陵，其《戊申正月初四日恭谒孝陵感怀六百字》中有：“散步御河桥，明月吐松际。忽见群鹿来，触人了不忌。项下悬金牌，上镂永乐字。以手探取看，饼饵随所饲。”

据清康熙间礼部尚书张英《南巡扈从纪略》，康熙二十八年（1689），康熙帝南巡，谒祭明孝陵时，“享殿、宝城宛然无恙，松楸原鹿，咸得其所”[①]，说明明孝陵犹有鹿踪。康熙年间（1662—1722）劳之辨《眺玄武湖歌》也说：“君不见钟山陵树来樵牧，射生收得银牌鹿。”甘熙《灵谷深松赋》中有“黯黯兮花间鹿睡，萋萋兮子落鼯啼。”清代嘉庆道光年间陈文述《孝陵长生鹿银牌歌》云：

孝陵云黯万株松，叶叶冰霜树树龙。
更遣奚官豢仙鹿，芝田瑶草护春茸。
劫火灰飞陵上土，松既为薪鹿作脯。
银牌不逐玉鱼沈，流落人间泣风雨。
翠华玉辇侍昭仪，正是银牌初铸时。
一自金棺遗宝志，鼎湖云气郁参差。
秣陵王气消沉易，沧桑花月伤心事。
鹿走中原楚汉争，银牌犹勒长生字。
原庙衣冠幸未残，玉龟飞尽掖松寒。
唐陵汉寝知何限，银雁金凫一例看。

---

① ［清］张英撰：《南巡扈从纪略》，［清］张潮、杨复吉、沈楙悳等编纂：《昭代丛书》戊集续编，上海，上海古籍出版社，1990 年，第 919 页。

2020 年 7 月 3 日，中山陵园管理局在明孝陵景区梅花谷“台想昭明”东侧燕雀湖畔所建的长生鹿苑，正式面向社会开放。长生鹿苑占地面积约 5000 平方米，有梅花鹿数十头，重现了明孝陵“银牌鹿往来林中”“深林见鹿踪”这一历史景观，同时游客也可在这里体验人与自然的无障碍交流。

第三节　瑶殿清辉：千年紫气护陵园

一、速葬疑云：钟山衣冠是与非

朱元璋选择独龙阜建陵，规划的陵区范围几乎将整个钟山包括在内，围绕陵区的外郭城墙规模宏大。据《康熙江宁府志》记载：“沿山周围缭垣四十五里，王门、西红门、后红门、东西黑门、神宫监、孝陵卫环之。”[①] 而那时南京城墙长度为 33.4 公里，孝陵外郭红墙相当于京师城墙长度的三分之二，陵区面积达 3000 余公顷。

洪武十五年（1382）八月丙戌（9 月 17 日），马皇后病逝；九月己巳（10 月 30 日），朱元璋遣官祭钟山之神曰：“兹以今月庚午安葬孝慈皇后于钟山之阳，以成穆贵妃、永贵妃、汪贵妃祔，尚祈神祐，永保安宁。”九月庚午（10 月 31 日），马皇后梓宫发引，朱元璋“命所葬山陵曰孝陵”[②]。据明徐祯卿《翦胜野闻》记载，马皇后临葬之日，“大风雨，震雷电。太祖甚不乐，召僧宗泐至，谓曰：‘太后将就窀穸，汝为宣偈。’受诏应声曰：‘雨降天垂泪，雷鸣地举哀。西方诸佛子，同送马如来。’宣已，帝大悦。顷忽朗霁，遂启灵輀。诏赐宗泐白金百两”[③]。

---

① ［清］于成龙纂修：《康熙江宁府志（三）》卷二十五《陵墓》，南京，南京出版社，2011 年，第 499 页。

② 《明太祖实录》卷一百四十八。

③ ［明］徐祯卿：《翦胜野闻》，［明］邓士龙辑，许大龄、王天有主点校：《国朝典故》卷三，北京，北京大学出版社，1993 年，第 60 页。

洪武三十一年（1398）闰五月，朱元璋因辛勤劳累，最终病倒。“上素少疾，及疾作，临朝决事如故。皇太孙侍汤药甚谨，亲扶掖，虽秽亵必躬以进。深夜侍卫或寝，呼太孙即位，目不交睫，形至骨立。大渐，谕曰：‘燕王不可不虑。’齐泰受顾命。”① 闰五月乙酉（6 月 24 日），朱元璋病逝于西宫。

朱元璋临终遗诏：“朕膺天命三十有一年，忧危积心，日勤不怠，务有益于民。奈起自寒微，无古人之博知，好善恶恶，不及远矣。今得万物自然之理，其奚哀念之有。皇太孙允炆仁明孝友，天下归心，宜登大位。内外文武臣僚同心辅政，以安吾民。丧祭仪物，毋用金玉。孝陵山川因其故，毋改作。天下臣民，哭临三日，皆释服，毋妨嫁娶。诸王临国中，毋至京师。诸不在令中者，推此令从事。”② 辛卯（6 月 30 日），皇太孙朱允炆即皇帝位，葬明太祖于孝陵。

朱元璋自驾崩到入葬，只有短短的七天时间，而嘉靖年间学者吴朴《龙飞纪略》中有“逾七月而葬”之说。清康熙朝刑部尚书徐乾学认为：“建文守礼之主，不应葬太祖若是之速，吴氏所纪是也。”③ 明人朱国祯《皇明大政记》则对“太祖崩七日而葬”的合理性，做出如下解释：“皇之葬，《吾学编》明书‘辛卯皇太孙即位，是日葬孝陵’，而它书多不敢及，疑之也，嫌其太速，事理有不尽然者，于是有六月初一之说。大即位，必先告几筵，以明授受继体之正。建文即位，实在三十一年闰五月十六辛卯日，去高皇崩仅七日，即于是日完葬事，故燕王移檄亦有此句，且指以为罪，则葬之的据甚明。而秘史云葬在庚寅，是即位前一日。果尔，建文当受命于地下。而发引各门下葬，并初虞致祭，不啻数坛，尚称皇太孙，宁有大葬无嗣皇帝主祭之理？故即位而葬，同日并举，皆高皇遗命，正以速葬削诸藩入临觊望之心。建文宁敢自为迟速？然自来葬速，未有如高皇者。忧深虑远，何所不至。虽成败大数，胸中了了，而人谋合当如此，悉为料理，此正圣人心肠作用，可示嫡孙，

① ［明］谈迁撰，张宗祥校点：《国榷》卷十，北京，中华书局，1958 年，第 783 页。

② ［清］张廷玉等撰：《明史》卷三《本纪第三·太祖三》，北京，中华书局，1974 年，第 55 页。

③ ［清］徐乾学撰：《读礼通考》卷九十三《葬考十二·山陵六》，［清］纪昀等编：《四库全书·经部四·礼类二》，第 4 页。

不可示它人者。”谈迁《国榷》亦云：“高皇帝宾天，七日即葬，以方中俱备也。其止诸王会葬，遂为永制，而让皇独见责于天下，何也？”[①]建文帝朱允炆欲为祖父行三年之丧，“以遭革除，丧葬之制皆不传”[②]。

朱元璋遗诏中有“诸王临国中，毋至京师”的嘱咐，严禁分封在外的诸王子回京师奔丧，此举乃维护大明王朝新老政权平稳交接的防御性措施。自长子朱标英年早逝后，在皇位的人选上，朱元璋本可以“兄终弟及”之制立朱标之弟为皇太子，但最终决定立朱标之子朱允炆为皇太孙。朱元璋临终前，担心朱允炆继承皇位后，会发生诸王入京篡位之事，故遗诏要各地藩王留在各自封地，禁止来京师奔丧。更有“以速葬削诸藩入临觊望之心”。在后事中，朱元璋灵柩停放七日就迅速入葬，从而引起燕王朱棣不满，称遗诏是建文帝朝臣伪造，并以此为借口，打着“清君侧”之名，发动“靖难之役”，篡夺皇位。

燕王朱棣闻讯父皇驾崩，即带兵赴京奔丧。到达淮安之际，嗣皇帝朱允炆派人带了朱元璋遗诏，令朱棣返回自己的封国。朱棣大怒，仍强行前往，其情形《建文皇帝遗迹》里记载详细：“三十一年丁丑秋七月十二日，太祖高皇帝崩。遗命燕王不许渡江进香，除朝廷大事许令藩臣赍表，毋得擅自离国。时诸王子皆得赴京奔丧吊泣，惟王于中途闻此而止，王大怒，欲令进舟，见江口设兵以阻，遂不果。道衍进曰：‘大王以至孝渡江，奈何有违治命，反为不孝也。惟愿殿下养成龙虎之威，他日风云感会，羽翼高举，则大江投鞭可断也，今日何得屑屑于此哉？’王深然其意，遂返国，日与道衍谋画帐中，共图大举。”[③]谈迁《国榷》记载：“燕王入临，将至淮安，兵部左侍郎齐泰言于上，急敕还。”[④]《朝鲜李朝实录》则记载了一个从辽东逃回来的军士的话：“燕王欲祭太祖高皇帝，率师如京，新皇帝许令单骑入城。

① ［明］谈迁著，张宗祥校点：《国榷》卷十一，北京，中华书局，1958年，第788页。

② ［清］张廷玉等撰：《明史》卷五十八《志第三十四·礼十二》，北京，中华书局，1974年，第1446页。

③ ［明］佚名：《建文皇帝遗迹》，［明］邓士龙辑，许大龄、王天有主点校：《国朝典故》卷十九，北京，北京大学出版社，1993年，第331、332页。

④ ［明］谈迁著，张宗祥校点：《国榷》卷十一，北京，中华书局，1958年，第787页。

燕王乃还，兴师，以尽逐君侧之恶为名。”[①]可知燕王闻知父皇死讯，率师赴京奔丧。嗣皇帝朱允炆见状即设兵把守长江，朱棣遂不敢贸然前进。朱允炆准其单骑进京，朱棣又怕自投罗网，因而听从道衍和尚所言，带兵返回北平。

朱元璋迅速下葬，也让关于朱元璋丧葬和葬于何处，产生了众多异说或传说。南京民间至今流传着“十三个城门同时出棺材”的传说，讲的是朱元璋出殡那一天，大开南京十三座城门，同样的仪仗，同样的棺材，同时抬出城外，谁也不知道朱元璋遗体到底在哪口棺材里面，更不知道葬在何处。据说如此故布疑阵，是朱元璋自知杀戮太重，生怕有人报复破坏他的灵柩，于是遗命建文帝如此安排。

自清代以来，又有朱元璋葬在南京朝天宫或北京万岁山的传说。对于朱元璋葬在朝天宫的说法，许多明遗民持否认态度，阎尔梅（1603—1662）《谒钟山孝陵》有“咄咄江山一旦崩，朝天宫穴亦难凭”。朱应昌（1604—1666）《孝陵行》有“或言此陵实疑冢，高后独自据牛眠。朝天宫中万岁殿，真穴点自周颠仙。此实谬妄俗所信，齐东野语何足传。曹瞒奸智后世笑，开国圣祖岂其然”。王棠《燕在阁知新录》也说：“俗说朝天宫是明太祖葬处，此讹言也。帝王大度，断不如是。”[②]清翰林院编修杨绳武《游钟山拜孝陵》有“钟山疑冢人传说，朝天宫下藏真穴。其事禁秘世莫知，其语荒唐应屏绝”。不过，他们的否认并不能阻止传说的继续流传。清乾隆年间全祖望（1705—1755）《从朝天宫谒孝陵》云：

钟阜衣冠是与非，朝天弓剑更传疑。
难寻玉匣珠襦地，但见神功圣德碑。
开国谅无惭汉祖，嗣孙底是学曹丕。
当年可笑山陵使，乱命何人为弼违。

全祖望在诗注中指出，世传朱元璋葬在朝天宫而不是明孝陵，而朱允炆为先人制作疑冢，是学曹操之子曹丕。据清道光年间甘熙所撰《白下琐言》记载，朝天宫

---

① 吴晗辑：《朝鲜李朝实录中的中国史料》上编卷一《定宗恭靖王实录》，北京，中华书局，1980 年，第 150 页。

② ［清］王棠撰：《燕在阁知新录》卷十九“疑冢”条，清华大学图书馆藏清康熙五十六年（1717）刻本，第 11 页。

在宋代时为天庆观，元代时为玄妙观，后来又改称永寿宫，明初才赐“朝天宫”额，成为朝臣练习朝贺礼仪的地方，世传朝天宫的三清殿下就是明太祖真正的下葬之处。

朱元璋葬在燕京万岁山的说法，可见于清赵执信（1662—1744）的《万岁殿》一诗。明代末年，曾有闻孝陵夜哭的说法，一般看作是大明国祚将尽的异兆，赵执信此诗批评朱元璋诸多举措，并认为明孝陵夜晚传来的是马皇后的哭声，因为太祖北葬万岁山，她只有独卧金棺：

明祖手持一杯酒，布衣刘季真吾友。
我云心迹类曹瞒，权略雄猜相后先。
请看疑冢七十二，漳水江波同可怜。
后来孝陵传夜哭，应缘马后悲孤独。
金川祸变起儿孙，万古伤心一杀戮。
咫尺神灵知未知，但夸宝训能昭垂。
貂珰凶焰污天地，守府诸郎强半痴。
功臣冤惨相随尽，此事差堪轶隆准。
酷刑大杖塞殿廷，总向皮场摹粉本。
煤山万寿耸峥嵘，犹是因依万岁名。
蛟龙作始终蚯蚓，深计何曾到后生。
腹心手足归司礼，气节文章养何士。
金棺无主隐寒灰，亚圣岩岩自崇祀。
裼裘公子笑口开，量尔原非万乘才。

考察诸多传说后，甘熙在《白下琐言》中进行了比较中肯的论断，他指出，“（明太祖）崩葬孝陵，见诸正史，以当时情事而论，相度地势，起造山陵，动帑数百万，经画十数年，岂第为马后而计？且建文仁孝，又安忍以太祖遗骸置诸渺不可知之域？群臣岂绝无目击其事者？万岁山在燕京，其时方以会葬不从，兴师靖难，焉有奉移梓宫，不远数千里而往之事？赵说更不足信。或又云太祖遗命，然身起田间，得统自正，纵猜忌与汉高等，而究非曹瞒奸窃之流，亦何庸效其伎俩为哉？千古之疑可以决矣”[①]。

① ［清］甘熙撰，邓振明点校：《白下琐言》卷四，南京，南京出版社，2007年，第67页。

1998 年 12 月，在南京市文物局、中山陵园管理局的领导下，由南京市文物研究所主持，与江苏省地震工程研究院合作，对明孝陵地下玄宫进行了考古勘探，应用精密磁测技术、GPS 定位系统等手段，根据物理磁场原理，通过探测地下介质（土、石、砂及人工物质）磁场的空间分布特征，对形成的空间磁力线分布图像的不同进行分析。根据探测结果，明孝陵地宫位于独龙阜下数十米处，保存完好，地宫建筑面积 4000 多平方米，几乎是已经发掘的明神宗朱翊钧（万历帝）定陵地宫面积的三倍。明楼东侧宝城城墙下，有一条宽 5 米—6 米、长度达 120 米的隧道直通宝顶中心，推测是地宫墓道，即地下宫殿的入口。墓道偏于宝城一侧的做法，起因尚不可知。这种制度一直影响着明代后来帝陵的规制，北京明十三陵中定陵墓道入口便是偏向左侧，与明孝陵墓道正好相反，但都避免把墓道开在方城及宝城中轴线上，却是共同遵循的法则。根据定陵地宫由前后左右中五座殿宇组成、全部用条石砌筑、拱券式无梁柱的规制推测，其所仿效的明孝陵地宫设计应该也遵循了“事死如事生”的营造理念，地宫内部空间设置为主次分明的几个殿堂。明孝陵大金门顶部用石材仿造木建筑结构的形制，地宫殿堂中可能也仿照地面建筑凿刻出脊、枋、梁、檐、瓦、额枋等古建筑构件。陵寝主人朱元璋及马皇后的灵柩应该就停放在地宫主要殿堂中，并陈设祭祀用品，同时设一大缸，缸内盛香油，设灯捻，名曰“万年灯”。

二、朝天女户：愁绝西宫殉葬人

朱元璋临终遗诏“丧祭仪物，毋用金玉。孝陵山川，因其故，勿改作”。可对于自己的妃嫔，却享尽其用，“责殉诸妃”，令所有妃嫔为他殉葬。废弃千百年的活人殉葬制度，明初再次复活。早在殷代，奴隶主贵族死后，要用大批奴隶为其殉葬。秦汉时期，人殉制犹存，秦始皇死后也杀宫人殉葬。秦汉以后，殉葬之风有所收敛，往往代之以木俑、陶俑。到了明代初年，人殉之风死灰复燃。洪武二十八年（1395），朱元璋次子秦王朱樉死后，即以两名王妃殉葬。洪武三十一年（1398），朱元璋死后以 40 名妃嫔殉葬。据《大明会典》记载：“孝陵四十妃嫔，惟二妃葬陵之东西，余俱从葬。”[①]《万历野获编》亦云：“太祖孝陵，凡妃嫔四十人，俱身殉从葬，

① 《大明会典》卷九十《陵坟等祀·陵寝》。

仅二人葬陵之东西，盖洪武中先殁者。”[①] 殉葬妃嫔中，有不少曾为朱元璋生儿育女，这就比秦始皇以不生子女的宫人殉葬的做法更为残酷。

《明书（罪惟录）》提到的殉葬孝陵的嫔妃有3位，分别是李贤妃、李淑妃、翁妃，殉葬的美人数量不明。李贤妃是扬州卫指挥之女，据说出生时有“白气亘天之异”。她“事上有礼，抚下有恩，遇事有断”，被朱元璋称为“班婕妤之流”，委以管理后宫之任。她的两个哥哥也被提拔为金吾指挥，与锦衣卫同掌诏狱。燕王曾试图通过宫人结纳李贤妃，请她帮助自己谋求储君之位，被李贤妃回绝。洪武三十一年（1398），朱元璋病重，对李贤妃说：“若朝夕左右，已逾一纪，今日其出晤尔兄，少敦同气之谊。”李贤妃明白，朱元璋是担心他死后自己会干涉朝政，于是毅然上吊而死，结果“上为大恸，殉葬孝陵”[②]。

明张萱《西园闻见录》记李贤妃事迹及殉葬缘由，和《明书》互有详略，值得一提的是讲到李贤妃因受宠，进位为“淑妃”，为李淑妃。这位李淑妃要和《明史》中提到的李杰之女区分开来。《西园闻见录》云：

初，李贤妃有宠于上，遂进淑妃。上时以难事访，妃条析皆出人意表，上喜曰：“班婕妤之流也。”有请妃赞建储之事者，妃谢曰：“妾备位嫔，所任者浣濯庖厨之责，储位大事，非妾所知。”闻者益贤之。时上疾革，召其兄金吾指挥，赐宴便殿，谓妃曰：“汝事朕逾一纪，朝夕左右，宣力多矣。汝其出见二兄，少敦同气之谊。”妃泣拜曰：“妾知之矣，死即死耳，见兄何为？”遂自经。上抚尸大恸，谓其兄曰：“朕非不念汝妹贤明，虑他日有武后之祸，抑情为之，勿以朕为薄德也。”二兄泣谢而退。及晏驾，以妃殉葬。[③]

---

① ［明］沈德符撰：《万历野获编》卷三《宫闱》“英宗敬妃丧礼”条，北京，中华书局，1959年，第80页。

② ［清］查继佐撰：《明书（罪惟录）》列传卷二《皇后列传·马皇后（诸妃美人附）》，济南，齐鲁书社，2014年，第1226、1227页。

③ ［明］张萱撰：《西园闻见录》卷三《闺范》，哈佛燕京学社校印本，1940年，第25a页。

据查继佐《明书》所载，翁妃是元代大臣翁吉氏后人，14 岁入宫，很受朱元璋宠幸。洪武三十一年（1398），翁妃 24 岁，和“李淑妃”一同侍奉病中的朱元璋。朱元璋问两位嫔妃：“能久侍朕乎？”二人不明白朱元璋的意思，满口答应，结果也被赐白练自尽后殉葬。朱元璋临死时，诸位美人都主动申请殉葬，但在朱元璋驾崩之后纷纷反悔，掌宫者坚持，不能欺皇帝于地下，结果诸美人也逃脱不了殉葬的命运。只有宝庆公主的母亲张美人，因为公主只有 4 岁，虽然也和众人一样请求殉葬，朱元璋没有答应，最终活了下来。

明人谈迁《国榷》中载录有 20 位朱元璋后妃的名单，她们并未全都为朱元璋殉葬，但灵位全部供奉在孝陵享殿内。《南京太常寺志》记载了嫔妃灵位摆放位置及其所生诸子：“孝陵祀太祖高皇帝、高皇后马氏，左一位淑妃李氏，生懿文太子、秦愍王、晋恭王；左二位皇妃，生楚王、鲁王、代王、郢王、齐王、蜀王、谷王、唐王、伊王、潭王；左三位皇贵妃，生湘献王、肃王、韩王、沈王；左四位皇贵人，生辽王；左五位皇美人，生宁王、安王；右一位碽妃，生成祖文皇帝。”①

关于陪葬妃嫔具体人数，《大明会典》说有四十妃嫔。崇祯十六年（1643）七月十五日张岱亲临孝陵参加中元节祭祀，目睹享殿中妃嫔灵位为“四十六席”。郑晓《今言》则记载：“太祖陵不知祔葬几妃。今陵祭旁列四十六案，或坐或否，大抵皆妃嫔也。”② 张岱和郑晓所说的 46 个灵位与《大明会典》中所述 40 位妃嫔从葬存在差异，哪一数据更为准确，具体都是哪些人，还有待考证。

毛奇龄《胜朝彤史拾遗记》载：“初，太祖以四十六妃陪葬孝陵，其中所殉，惟宫人十数人。洪武三十一年七月，建文帝以张凤、李衡、赵福、张弼、汪宾、孙瑞、王斌、杨忠、林良、李成、张敏、刘政由锦衣卫所试百户、散骑带刀舍人，进为本所千、百户，其官皆世袭。以诸人皆西宫殉葬宫人父兄，世所称朝天女户者也。”③ 说明殉葬宫人的父兄得以在朝廷锦衣卫供职，建文帝提升了这些为朱元璋殉葬宫女

① ［清］徐乾学撰：《读礼通考》卷九十三《葬考十二・山陵六》，［清］纪昀等编：《四库全书・经部四・礼类二》，第 5 页。

② ［明］郑晓撰，李致忠点校：《今言》卷二，北京，中华书局，1984 年，第 73 页。

③ ［清］毛奇龄撰：《胜朝彤史拾遗记》卷二，北京，中华书局，1991 年，第 22 页。

的父兄所任职务，并允许世袭。世人称之为“太祖朝天女户”。明成祖朱棣篡位后，废除建文帝号，仍以洪武纪元，试图抹去建文四年历史，但对建文帝时形成的“太祖朝天女户”依旧保留。王世贞《弇山堂别集》载：“高皇帝殉葬宫人，系建文中追封，不可考。独有所谓张凤、李衡、赵福、张璧（弼）、汪宾者，初以锦衣卫所试百户散骑带刀舍人，进为本所千户百户。永乐初议革建文升授官员。上曰：‘他每这几家都是好职事，不动。通调孝陵卫带俸世袭。’至今人谓之太祖朝‘天女户’。”[①]

至于殉葬妃嫔宫人以何种方式赐死，明室正史不录。《朝鲜李朝实录》中记下北京明成祖长陵殉葬的实情：“及帝之崩，宫人殉葬者三十余人。当死之日，皆饷之于庭，饷辍，俱引升堂，哭声震殿阁。堂上置小木床，使立其上，挂绳围于其上，以头纳其中。遂去其床，皆雉经而死。”[②]其中有个朝鲜选献的韩妃，尽管是明成祖生前最宠爱的妃子，也不能幸免。临终前她对守候在身边的乳母连声呼唤：“娘，吾去！娘，吾去！……”话声未落，便被太监撤去木床，一命呜呼。

朱元璋重新开启的殉葬之制为他的后世子孙继承，明成祖朱棣死后殉葬嫔妃宫人达三十余人，此后的明仁宗、宣宗也分别以五妃、十嫔殉葬。皇族诸王也有效仿者，正统四年（1439），周王朱有燉死后，就有王妃巩氏、施氏等六名妻妾殉葬。直到天顺八年（1464），明英宗朱祁镇临终时召见皇太子朱见深，留下遗言：“用人殉葬，我不忍也，此事宜自我止，后世子孙勿复为。”[③]明代嫔妃殉葬制度至此才最终废止。

明代到孝陵拜谒者，多是王公大臣、在朝官员，为尊者讳，未见提及“朝天女户”者。清代之后的谒陵者，感叹“朝天女户”遭遇的人开始多起来。姚鼐（1732—1815）《过明孝陵》有“银海竟从僧易地，石床空令女朝天”，陈蔚《谒孝陵》有“朝天有女户，会葬少诸王”；陈蔚从子陈坚《孝陵》有“朝天女户承恩重，愁绝西宫殉葬人”；陈文述（1771—1843）《朝天女》云：“墓门未可比长门，灯暗鱼

---

① [明]王世贞撰，魏连科点校：《弇山堂别集》卷十五《皇明异典述十》“殉葬宫妃之典”条，北京，中华书局，1985年，第273页。

② 吴晗辑：《朝鲜李朝实录中的中国史料》上编卷四《世宗庄宪大王实录一》，北京，中华书局，1980年，第320、321页。

③ [清]徐乾学撰：《读礼通考》卷八十五《葬考四·殉葬》，[清]纪昀等编：《四库全书·经部四·礼类二》，第26页。

膏白日昏。铜辇几曾甘晓梦，玉钩何处吊芳魂。青山阴隧悲埋艳，白露园林泣奉恩。太息嬴秦留旧事，泉台终古此衔冤。”关赓麟（1880—1962）《明孝陵》云：

佳气皇城近石头，朝天女户几家留。

拾柴斜日人归去，闲杀荒陵砺角牛。

自洪武以来，“孝陵、长陵、献陵、景陵、裕陵、茂陵，凡陪葬诸妃，岁时俱祭享于殿前；有别葬诸妃，俱遣内官行礼”。嘉靖时则归并祭享之。“先是，从葬诸妃，岁时俱享于殿内；其别葬者，俱遣内官祭以牲醴。嘉靖十七年始命并入各陵，从祭祾恩殿之两旁，以红纸牌书曰：‘大明某宗皇帝第几妃之位。’祭毕焚之。隆庆六年改造木位，刻列名号，置各陵永远从祀”[①]。

据张岱《陶庵梦忆》，明崇祯十六年（1643），他曾亲睹孝陵中元（七月十五日）祭祀的情景：“壬午七月，朱兆宣簿太常，中元祭期，岱观之。飨殿深穆，暖阁去殿三尺，黄龙幔幔之。列二交椅，褥以黄锦孔雀翎，织正面龙，甚华重。席地以毡，走其上必去舄轻趾。稍咳，内侍辄叱曰：‘莫惊驾！’近阁下一座，稍前为硕妃，是成祖生母。成祖生，孝慈皇后妊为己子，事甚秘。再下东西列四十六席，或坐或否。祭品极简陋，朱红木簋、木壶、木樽，甚粗朴。簋中肉止三片，粉一铗，黍数粒，东瓜汤一瓯而已。暖阁上一几，陈小铜炉一，小箸瓶二，栝棬二。下一大几，陈太牢一，少牢 ·而已。他祭或不同，岱所见如是。先祭一日，太常官属开牺牲所中门，导以鼓乐旗帜，牛羊自出，龙袱盖之，至宰割所，以四索缚牛蹄。太常官属至，牛正面立，太常官属朝牲揖，揖未起而牛头已入燖所。燖已，舁至飨殿。次日五鼓，魏国至，主祀，太常官属不随班，侍立飨殿上。祀毕，牛羊已臭腐不堪闻矣。平常日进二膳，亦魏国陪祀，日必至云。”[②]

三、渊澄珠朗：普渡明太祖长卷

洪武三十一年（1398）朱元璋去世，皇太孙朱允炆即位，年号“建文”。朱允

---

① 《大明会典》卷九十《陵坟等祀·陵寝》。

② ［明］张岱撰，马兴荣点校：《陶庵梦忆》卷一“钟山”条，上海，上海古籍出版社，1982年，第1、2页。

炆与齐泰、黄子澄等密议削藩。以燕王朱棣势大难图，故先后削夺周、代、岷、湘、齐诸王，令工部侍郎张昺为北平布政使，都指挥使谢贵、张信掌北平都指挥使司，另以都督宋忠、徐凯、耿瓛屯兵开平、临清、山海关一带，并调检燕府护卫军士。建文元年（1399）六月，齐泰将燕使邓庸下狱审讯，具得朱棣将举兵反状，乃发兵逮燕府官属，并密敕张信逮捕朱棣。张信本是朱棣旧部，此时遂降朱棣。七月，朱棣以计擒杀张昺、谢贵，并命燕府护卫指挥张玉、朱能率兵乘夜攻夺北平九门，遂据北平。后以尊祖训、诛“奸臣”齐泰、黄子澄，为国“靖难”之名，誓师出征。建文四年（1402），燕师渡江下镇江，直逼南京。谷王朱橞与李景隆开金川门降，南京城陷，宫中火起，朱允炆不知所踪。朱棣在南京登基，改元“永乐”。

明成祖朱棣登基前特意躬谒孝陵。据《明太宗实录》记载，建文四年（1402）六月庚申，朱棣率军驻龙潭，“顾望钟山，怆然下泪。诸将曰：‘今祸难垂定，何以悲为？’上曰：‘吾往日渡江，即入京见吾亲。为奸恶所祸，不渡此江数年。今至此，吾亲安在？瞻望钟山，仰怀陵寝，是以悲耳。’言已，益泣不止。诸将皆泣”[①]。谷应泰《明史纪事本末》里揭示了燕王朱棣谒陵与入城的先后顺序：“（六月）丁卯，诸将上表劝进，戊辰，诸王上表劝进，燕王再辞。诸王群臣顿首固请，燕王乃命驾。将入城，学士杨荣迎驾，前曰：‘殿下先入城耶？先谒孝陵耶？’燕王悟，遂谒孝陵，毕，入城。”[②]《明史》载：“（六月）己巳，王谒孝陵。群臣备法驾，奉宝玺，迎呼万岁。王乘辇，诣奉天殿即皇帝位。”[③]

朱棣在登基后的数年里多次躬谒孝陵。永乐元年（1403）五月丙戌，明太祖朱元璋忌日，朱棣率诸王在奉先殿祭毕，率百官躬诣孝陵致祭[④]。永乐二年（1404）五月己酉，锦衣卫奏：“明日上诣孝陵，请具法驾。”朱棣曰：“不用，但以骑士数人前导。”并对侍臣讲：“明日皇考忌日，正属感慕之时，何用法驾！非为辟除

① 《明太宗实录》卷九下。

② ［清］谷应泰撰：《明史纪事本末》卷十六《燕王起兵》，北京，中华书局，1977年，第272、273页。

③ ［清］张廷玉等撰：《明史》卷五《本纪第五·成祖一》，北京，中华书局，1974年，第75页。

④ 《明太宗实录》卷二十上。

道路，则前导骑士亦不可用。”[①] 永乐十一年（1413）二月甲子，朱棣巡狩北京，临行前“告天地、宗庙、社稷，辞孝陵”[②]。永乐十四年（1416）十月癸未，车驾至京师，“躬谒孝陵”[③]。永乐十五年（1417）三月辛亥，“以巡狩北京，告天地、宗庙、社稷，辞孝陵”[④]。

永乐五年（1407）二月，朱棣还命哈立麻在钟山灵谷寺为明太祖朱元璋和马皇后建普度大斋以资福。哈立麻（1384—1415）是藏传佛教嘎玛噶举教派黑帽系第五世活佛，本名却贝桑波，朱棣即位之初就派司礼少监侯显、僧智光带诏书到西藏约请哈立麻进京。永乐四年（1406）十二月二十四日，哈立麻一行抵达南京，第二天得到朱棣在华盖殿的宴请款待。

哈立麻的普度大斋进行了七七四十九天，非常成功，朱棣“躬自行香，于是卿云、甘露、青鸟、白象之属，连日毕见。帝大悦，侍臣多献赋颂”，赐给哈立麻金银宝钞、彩币马匹，其间封哈立麻为“万行具足十方最胜圆觉妙智慧善普应佑国演教如来大宝法王西天大善自在佛”，领天下释教，简称“大宝法王”，赐玉印，印文为“如来大宝法王之印”。“如来”译成藏文意为“得银协巴”，此后人们都称他为得银协巴，其本名却贝桑波反而鲜为人知。七月二十二日，朱棣命哈立麻在山西五台山建大斋资荐大行皇后。永乐六年（1408）四月，哈立麻辞归，一路游方教化回到楚布寺，于永乐十三年（1415）圆寂，终年32岁。

关于建普度大斋之事，当时士大夫颇有微词，如明代姚福《青溪暇笔》记载：

永乐初，尝遣使往天竺，（迎）真僧来京，号大宝法王，居灵谷寺，颇著灵异，谓之神通。教人念“唵嘛呢叭咪吽”，于是信者昼夜念之。时翰林侍读李继鼎笑曰：“若彼既有神通，当通中国语，何为待译者而后知乎？且其所谓‘唵嘛呢叭咪吽’云者，乃云‘俺把你哄’也，人不之悟耳！”福按：《宋史》，元昊擅西夏，自称

---

① 《明太宗实录》卷三十一。

② 《明太宗实录》卷一百三十七。

③ 《明太宗实录》卷一百八十一。

④ 《明太宗实录》卷一百八十六。

“兀卒”，宋人亦有“兀卒”近“吾祖”之说。以是而论，继鼎之言，不为过也。[①]

朱棣显然对此事非常重视，明顾起元《客座赘语》记载：

永乐中，上征尚师哈立麻于西番，寻命同灌顶大国师哈思巴啰等于灵谷寺建大斋，为高皇帝后资福，又命于山西五台寺资度仁孝皇后。哈立麻颇善法事，工咒术，其两会俱有佛光、庆云、金莲花、狮子瑞像之异。而上所自著《灵谷寺塔影记》，二日之内凡现七影，其色或黄、或青，流丹炫紫，绀绿间施，锦绣错综。若琉璃映彻，水晶洞明；若琥珀光，若珊瑚色；若玛瑙砗磲，文彩晃耀。若渊澄而珠朗，若山辉而玉润。若丹砂聚鼎，若空青出穴。若凤羽之陆离，若龙章之焱灼。若蜺旌孔盖之飘摇，金支翠旗之掩映；若景星庆云之炳焕，紫芝瑶草之斓斑。若阳燧之迎太阳，方诸之透明水。若日出而霞彩丽也，雨霁而虹光吐也，岩空而电影掣也，闪烁荡漾，神动光溢。虽极丹青之巧，莫能图其万一；言语形容，莫能状其万一。至于铃索撞摇，宝轮层叠，霤瓦之鳞比，阑槛之纵横，玲珑疏透，一一可数。人之行走舞蹈，所服衣色，各随见于光中，若鸟雀冲过，树动花飞，悉皆可见。而天花雨虚，悠扬交舞，大者如杯，小者如钱。夫以二祖之神武戡乱，而独于善世法门第一禅林、大报恩寺表章构造，务极工力，其必有独契圣心，不可思议者矣。[②]

朱棣命画工将普度大斋之事绘制成巨幅长卷，包括绘图49幅，配文字描绘了法事中的二十二天每天出现的各种瑞像，共配22段文字，均以汉文、藏文、蒙古文、回鹘文、波斯文五种文字书写。如二月十三日题记云：“慧光二道，一达孝陵，一达皇城，复有五色圆光环于坛殿及如来所居宝楼。旋见天花飞达斋幄，风日和畅，瑞雪继下。晚有宝光自塔殿起，光中见塔影。有僧赤脚，貌甚奇古，身披百衲，左手提衣，右手携履，步行如飞。人见其状异，随而视之，至于佛殿前，倏忽不见。

---

① [明]姚福撰：《青溪暇笔》，北京，中华书局，1991年，第19页。

② [明]顾起元撰，谭棣华、陆稼禾点校：《客座赘语》卷二“佛会道场”条，北京，中华书局，1987年，第37、38页。

遍求之不得，少焉，见于云端。”此图名为《普渡明太祖长卷图》，又称《噶玛巴为明太祖荐福图》，绢布质地，长4968厘米、宽66厘米，现藏西藏博物馆。此图“给观瞻者带来视觉效果上的巨大冲击，似乎还要超过《五体清文鉴》和各种纪功碑等通常习见的清代合璧文献，并且这件稀世奇珍所展现的永乐帝的磅礴胸怀和为君气度，恐怕也不输于任何一位清代帝王”[①]。

朱棣还在灵谷寺建大宝法王殿及说法台，甘熙《白下琐言》记载：

灵谷寺有大宝法王殿及说法台，明永乐间建。成祖封番僧哈立麻为大宝法王西天大善自在佛，授以玉印。其时，又有番僧灌顶大法师哈思巴啰，俱召赴灵谷，建荐高皇帝后，见诸《野获编》。灵谷旧志阙而未详，陋矣。陈退庵《秣陵集》有《说法台诗》，谓“在孝陵卫东北”，而不知即在寺中也。[②]

朱棣在位期间有两件大事具有深远意义，一件大事是镌刻了西藏历史上第一部西藏文大藏经的木刻版，即后人所谓的“永乐版甘珠尔”，流通于汉、藏、蒙古三地，推动了藏传佛教的传播；另一件大事就是邀请哈立麻来朝，在灵谷寺建普度大斋。“哈立麻上师主持的这场荐福普度大斋是明成祖为改变其篡位者形象而导演的一场成功的政治‘秀’，是他为导入藏传佛教以强化皇帝权力而作的一场宣言式的国家级仪轨。而通过这场被后人称为‘南京奇迹’的典礼的举行，藏传佛教也终于从元末以来受人诅咒的困境中走出，重又堂而皇之地开始在中原汉地广泛传播。”[③]明成祖通过这次活动维护了政权稳定，其后在第五世噶玛巴的影响下，西藏政教势力领袖纷纷进京朝觐，从而有效继承和取代了元朝对西藏地区的主权管辖，维护了国家统一，促进了经济文化交流，增进了民族感情。

---

① 钟焓：《简析明帝国的内亚性：以与清朝的类比为中心》，《中国史研究动态》2016年第5期，第40页。

② ［清］甘熙撰，邓振明点校：《白下琐言》卷五，南京，南京出版社，2007年，第86页。

③ 沈卫荣：《大元史与新清史》，上海，上海古籍出版社，2019年，第152、153页。

四、山川献奇：圣德有碑高百尺

永乐年间（1403—1424），孝陵局部补建工程仍在进行。即位之初，朱棣就计划在孝陵为父亲朱元璋制作大明孝陵神功圣德碑，并为了开采制碑石材颇费周章。永乐二年（1404），终于在幕府山寻得碑身石材，在访龟趺石材时，于龙潭山获石龟，并于龟下得龟趺石材，此石龟被进献于朝廷，群臣以为祯祥，称之为“神龟”，纷纷制文以颂德，各显其能。周晖《续金陵琐事》引邹济所献诗序云：“永乐二年冬十月，幕府山阳访碑石，高广中度，寻于龙潭山麓，斫山求趺，既而神龟呈露，昂首曳尾，介文玄苍，形质天成，匪由磨琢。乃于龟下遂得趺材，适与碑称。”①姚广孝《神龟颂》序亦云：“（大明太祖高皇帝）洪武三十一年陟遐以来，至今永乐二年，已及七祀。今上皇帝陛下，为继体之君，受命膺箓，思念太祖神功圣德，夙夜靡宁，欲立碑孝陵，而未得其石，乃召石工四出寻采，而不有获。一日，工至龙潭。俄遇一石，长阔数丈，镢土深三丈，未见其根。偶于石罅中，得一石龟，仅盈尺，隆脊而昂首，蟠尾而藏足，其灵光烨烨射人，工获之而进焉。上大悦，择日于奉天门赐文武群臣观看。群臣莫不欣忭称贺，实为希世之大宝也。”②

杨士奇《神龟赋》序有：“洪惟皇帝陛下，自临御以来，一循太祖圣神文武钦明启运俊德成功统天大孝高皇帝旧章，以治教天下。重惟高皇帝起布衣，定大业，五十余年之间，圣德神功，如天地之广大，日月之著明，四时之变通，宜树碑孝陵，刊示万世。乃命有司采贞石。臣工趋事，大小毕力，既得石幕府山之阳，而碑之跗未得也。复求诸龙潭山麓，发地得石龟，其修逾咫，崇半于修，宛然类跗之状。又下得巨石，光润坚厚，修广之度式称跗制。执事之臣谛观骇异，谓如有神相之者。遂奉龟以献，诏群臣观焉。群臣忻跃称赞，以为神龟也。天锡之祥，古所罕有。臣窃惟祯祥之臻，皆有所因。周之武王，圣人也，孔子称其达孝曰：孝者，善继人之志，

① ［明］周晖撰，张增泰点校：《续金陵琐事》上卷“神龟诗”条，南京，南京出版社，2007年，第198页。

② ［明］姚广孝：《神龟赋》，［明］姚广孝著，栾贵明编：《姚广孝集》卷二十四《逃虚子文集新辑》，北京，商务印书馆，2016年，第290页。

善述人之事也。惟陛下圣孝与武王同一，继述之勤，神龟之祥，职此之因，宜有赋咏，见诸后世。”① 梁潜《神龟赋》亦云：“永乐二年十月，皇上思惟太祖高皇帝成功盛德，将纪功孝陵，以告万世。既得碑，求趺未获。获神龟，乃并得趺焉。”②

唐文凤《宝石神龟赋》有：“惟我皇上继志述事，膺命承符，神器有归，皇图克绍。御宝历之初，念创业之不易，思缵绪之攸难，爰命词臣纂修《实录》，敬上尊号，所以极采辑之劳，竭褒崇之美，犹未足以致圣孝也。惟孝陵之御碑未立，特发玉音，敕翰林撰文，谕工部选工，相择碑材于紫金山之阴龙潭之地。斧锥效力，琢凿山骨。取材既具，复取碑趺，而得巨石，大与材称。赑屃以高，万夫奏功。于石罅见一宝石，其色苍绀，形类神龟，圆径尺余，首昂而前顾，尾妥而左蟠，足缩而肘露，背隆而甲伏。虽倕般之巧，不能致也。况兹浑然天成，不假雕锼，岂非天地储精，山川献奇，而致祯祥，以彰圣孝也。孝陵卫监工指挥臣某，敬捧以进。皇上若曰：‘朕惟皇考之德所感召，天地神祇所默相，故兹瑞呈现，以对扬皇考之休命，以慰朕继嗣丕烈之心也。’宣文武群臣百官于奉天门拜观，莫不欣跃。”③

金幼孜《神龟颂》序云：“洪惟太祖皇帝，功德之隆，如天地之大，亘万世而莫及。皇上缵承丕绪，思述神功，纪于穹碑。爰命工取石于龙潭山之阳。久之，惟碑趺未得。乃掘地三丈许，忽得石龟。隆然若蹲，形体之似，宛若生成。九畴参错，有自然之文。匠石惊愕，以为神异，遂奉以献于大廷。有诏俾臣民观之，莫不欢欣骇跃，咸曰：‘皇上仁孝感孚，故上天昭示景贶。虽神禹洛书之呈，未足拟伦。’臣幸依日月之光，重沐雨露之泽，睹兹盛美，喜不自胜。”④

或许是龙潭山所获石材不够高大，永乐三年（1405），朱棣又下令在城东的阳

---

① ［明］杨士奇撰：《东里续集》卷四十四《碑颂赋表》，［清］纪昀等编：《四库全书·集部六·别集类五·明》，第 23b、23a 页。

② ［明］梁潜撰：《泊庵集》卷一《应制》，［清］纪昀等编：《四库全书·集部六·别集类五·明》，第 10a 页。

③ ［明］唐文凤撰：《梧冈集》卷十《颂疏箴书》，［清］纪昀等编：《四库全书·集部六·别集类五·明》，第 3b、4a 页。

④ ［明］金幼孜撰：《金文靖集》卷六《赋赞颂》，［清］纪昀等编：《四库全书·集部六·别集类五·明》，第 32a、32b 页。

山开采石材，这就是今天南京江宁汤山镇的“阳山碑材”。翰林学士胡广曾同解缙、金幼孜曾前往阳山查看碑材的开采与雕刻情况。胡广《游阳山记》云：“永乐三年秋八月，皇帝因建碑孝陵，斫石于都城东北之阳山，得良材焉。其长十四丈有奇，阔不及长者三之一，厚丈二尺。色黝泽如漆，无疵璺。”[①]其所述建碑“良材”当指阳山三石中之碑身石材。据说当时采石的工匠须每人每天交验打下的石碴三斗三升，不能完成者一律处死。且采石中伤死、病死、累死于山麓的人更是难以计数，因而阳山脚下形成了一处专门埋葬死去劳工的所在，是为“坟头村”。甘熙《白下琐言》云：“麒麟门外坟头地方，道旁有大碑一段横卧于地，长五丈许，阔一丈，碑头作盘龙形，未凿成。土人于碑上曝稻，可容三十余石。相传明初所遗，将以备孝陵用者，盖当时因笨重难运，故置之耳。明胡广有《游阳山记》言碑石事。观此而明祖之好大喜功可知矣。”[②]其中“明祖”似为“成祖”之误。清代诗人袁枚辞官后侨居江宁，在阳山地区博采民谣，曾写《洪武大石碑歌》以咏碑材：“青龙山前石一方，弓尺量之十丈长，两头未截空中央。旁有赑屃形更大，直斩奇峰为一座，欲负不负身尚卧。相传高皇开创气概雄，欲移此碑陵寝中。大书功德告祖宗，压倒唐汉惊羲农。碑如长剑青天倚，十万骆驼拉不起。诏书切责下欧刀，工匠虞衡井中死。芟刈群雄笞八荒，一拳顽石敢如此。周颠仙人大笑来，天威到此几穷哉。但赦青山留太朴，胜扶赤子上春台。丁丁从此停开凿，夜深无复山灵哭。牧竖宵眠五十牛，村氓昼晒三千谷。材大由来世莫收，此碑千载空悠悠。昭陵石马无能战，汉代铜仙泪不流。吁嗟乎！君不见，项王拔、始皇鞭，山石何尝不可迁？威风一过如轻烟。”

阳山碑材本是朱棣为了制作大明孝陵神功圣德碑而开凿，终因当时技术条件无法搬运到明孝陵而弃用，后来选用幕府山、龙潭山所获碑与龟趺石材还是另有开采，不得而知。顾起元《客座赘语》云：“永乐三年秋，于阳山采石为孝陵碑。石长十四丈，阔三之二，厚一丈二尺，黝泽如漆。学士胡公广有《游阳山本业寺记》。而詹事邹公济有记乃云：二年冬，于幕府山阳访碑石，高广中度，寻于龙潭山麓，

---

① [明]胡广：《游阳山记》，[明]程敏政编：《明文衡》卷三十三《记》，[清]纪昀等编：《钦定四库全书荟要·集部》，第9b、10a页。

② [清]甘熙撰，邓振明点校：《白下琐言》卷三，南京，南京出版社，2007年，第42页。

凿石求趺。既而神龟呈露，昂首曳尾，介文玄苍，乃于龟下遂得趺材，适与碑称。与胡公《记》异，不知前碑材后竟用否？石龟今藏孝陵殿中，有木平台，上安二御座，乃朱红圈椅，前一朱红案，案左一红匣，贮龟于中，长可尺余，首昂，身形略似而已，右以一空匣配之。邹记言‘宜藏于太庙’，今人遂谓太庙中有神龟，误矣。”① 大明孝陵神功圣德碑碑文落款为“永乐十一年九月十八日孝子嗣皇帝棣谨述”，可知永乐十一年（1413）大明孝陵神功圣德碑刻石竣工。大明孝陵神功圣德碑及碑亭，是孝陵工程的最后一项建筑，永乐十一年为孝陵工程竣工年份，整个陵墓建造工程历经洪武、建文、永乐三朝，前后延续凡30多年。程敏政《谒孝陵恭赋》云：

蟠龙山上柏层层，寝殿巍然紫气腾。
神武尚占霜令肃，睿容如见日华升。
万年成法尊周典，一代兴王祖舜陵。
圣德有碑高百尺，虹光终夕照崚嶒。

大明孝陵神功圣德碑在明英宗时期经过一次重建。据《明英宗实录》记载，宣德十年（1435）十月壬寅，明英宗朱祁镇“闻孝陵神功圣德碑损裂，令中官阮简同翰林院侍书程南云往同南京守备襄城伯李隆，少保户部尚书黄福等，督工匠重建之”②。正统元年（1436）五月乙未，“以建孝陵神功圣德碑工毕，赏管领官各绢一匹、苏二斤。工匠各绵布一匹、胡椒一斤”③。陆深《下陵》云：

片月青山外，遥灯绿树中。马蹄知熟路，人语杂回风。
台殿参差出，冠裳仿佛同。穹碑犹入望，挥涕忆神功。

由于多年的风雨侵蚀，大明孝陵神功圣德碑碑身、碑座上已有多处裂纹，碑刻碑文字迹趋于模糊。依据碑亭遗存结构，结合北京长陵碑亭资料，可推断大明孝陵神功圣德碑亭应为重檐歇山顶，覆黄色琉璃瓦。为了防止侵蚀日益加重，经国家文物局批准，2012年，中山陵园管理局对神功圣德碑亭进行了加顶保护。

---

① ［明］顾起元撰，谭棣华、陆稼禾点校：《客座赘语》卷三“孝陵碑石”条，北京，中华书局，1987年，第85、86页。

② 《明英宗实录》卷十。

③ 《明英宗实录》卷十七。

五、武宗南游：岂为扬州花月来

朱棣之后的明朝皇帝中，直到明武宗朱厚照才有躬祭孝陵的记录。朱厚照是明孝宗朱祐樘的长子，虽然天资聪颖，即位后却不留心政事，颇好玩乐，热心于骑射武勇之事，曾亲自提督坐营官操练，执金鼓演练四镇兵卒。从正德十二年（1517）八月开始，朱厚照屡次微服出京，开始只在昌平、居庸关一带活动，后来到了张家口、大同，一去几个月，遇上太皇太后驾崩，他才无奈返京。处理完丧事，他再次离宫，走得更远，在榆林、绥德、太原等地游历，流连忘返。朱厚照出游，自称“总督军务、威武大将军、太师、镇国公朱寿”，对内翦除司礼监掌印太监刘瑾，对外抗击蒙古军取得“应州大捷”，在晋陕之地饱览边地风光后意犹未尽，还想去游历江南。许多廷臣上疏谏诤，他或是置之不理，或是将言事之人下狱甚至施以廷杖。正德十四年（1519）六月，宁王朱宸濠发动叛乱，让朱厚照找到了南游的理由。七月，他亲自挂帅，御驾南征，没想到刚走到河北涿州，就得到了叛乱被平定的捷报，平叛的功臣就是大儒王守仁（号阳明）。

正德十一年（1516），王守仁被兵部尚书王琼举荐为都察院左佥都御史，巡抚南、赣、汀、漳等地，前后仅用了一年时间，便平定了漳州、大帽山、横水、桶冈等处的民变。正德十四年（1519），福建兵变，王守仁奉命于六月初九从江西出发前去勘查，十五日刚到丰城，便得到了宁王朱宸濠叛乱的报告。宁王受封南昌，久怀野心，后见异志被朝廷所知，遂以得太后密旨“起兵监国”为名，举兵叛乱。王守仁赶往福建时，随从不多，闻变后仓促之间不能调集兵力平叛，所以急欲返回江西。当时南风正盛，王守仁要乘船南返吉安。可船家听说了朱宸濠已派出千人前来擒拿王守仁的消息，不敢犯险，便以逆流无风为借口，不肯开船。王守仁在舟中以誓死报国祷告，不一会儿竟北风大作。见船家还不肯发船，王守仁拔剑削掉他的耳朵，迫其开船。薄暮时分，王守仁暗中找到一条渔船，微服乘坐离开，派一名手下穿戴了自己的衣冠留在原来的船上。朱宸濠兵士果然追及此船，可惜王守仁早已金蝉脱壳，于夜间到达了临江。

临江知府戴德孺得知王守仁前来，大喜过望，请其入城调度。王守仁分析朱宸濠的用兵，上策是出其不意，直趋京师，中策是直取南京，下策是据江西省城。为防朱宸濠出兵攻两京，王守仁故布疑阵，他先让人扮作间谍，假称是奉朝廷密旨先知宁王将反，已令两广、湖、襄都御史及两京兵部出兵埋伏在各处要害，专等宁王兵到便予以袭杀。然后又找来几个伶人，每人赏数百两白银安顿家人，派他们到所谓的伏兵之处去报告发兵的日期，并将公文缝在他们衣服的棉絮中。这些伶人出发时，王守仁又捉来伪太师李士实的家属，押到船尾，故意让他们知道伶人带公文赴伏兵之所的事情。然后王守仁假装发怒，命人把李士实家属拉到岸上处斩，然后故意将其放走，好让他们向朱宸濠报告。朱宸濠果然很快捉到了伶人，并从他们的衣服棉絮中搜出了公文。朱宸濠以为朝廷早有伏兵，所以迟疑不敢发兵，这就为王守仁调度各部兵马准备对付宁王腾出了时间。

不久，朱宸濠发现自己上了王守仁的当，立即发兵攻取南康、九江，并在七月初二，留心腹带兵万余守南昌，自己引兵攻打安庆。王守仁本来按兵不动，此时率军直捣南昌，并在七月二十日攻下了这座宁王叛乱基地。朱宸濠撤安庆之围回救南昌，王守仁出兵邀击。七月二十六日，火攻朱宸濠战船，一举将其俘获。这样，前后只用了几十天时间，王守仁便平息了宁王的叛乱，保证了南京的安全。

得到平叛捷报，朱厚照并未中止南巡，而是封锁消息，在这年十二月抵达南京。到南京后，朱厚照正月谒孝陵，八月辞陵并举行献俘仪式，自南京起驾北返，当夜在龙江起航。徐学聚《国朝典汇》记录了武宗南巡的情况：“（武宗正德十四年）八月，下诏南征，大学士梁储、蒋冕扈从。时都御史王守仁擒宸濠捷音犹未至京，江彬等各逞所见，献擒宸濠之策。上亦欲假亲征南游。太监张忠等见钱宁、臧贤事败，又欲因此邀功。上出师，驻跸良乡，守仁捷音至。奏入，上令遣回，待至南京另奏。梁储、蒋冕以宸濠就擒，江西已宁，屡请回銮，不听。……十二月丙戌，至南京。丁亥，祭南京太庙。”[①] 谭希思《明大政纂要》云：“正德十五年庚辰春正月庚寅朔，上在南京，谒孝陵，文武群臣于奉天门行遥贺礼。”王世贞《弇山堂别集》也载有配合谒陵的相关活动：“（正德）十五年春正月庚寅朔，谒孝陵。丁酉，上迎春于南京，备诸剧戏如宣府。戊午传旨，执太监毕真、刘瑯、刘璟，都指挥廖鹏、齐佐、

---

① ［明］徐学聚撰：《国朝典汇》卷十四《朝端大政·巡幸》，台北，台湾学生书局，1965年，第341、342页。

王准，都督同知王献等下锦衣狱，坐通谋宸濠及朱宁党也。六月丁巳朔，后数日幸牛首山，宿焉，诸军夜惊，左右皆不知上所在，大扰，久之乃定。闰八月壬辰，上诣孝陵辞。癸巳，受江西俘。丁酉，旋跸，发龙江。”①

朱厚照在南京的活动,正史记载不多,但从时人诗歌中可窥见一二。顾璘(1476—1545）有《武皇南巡旧京歌》十七首，第八首云：“青龙山北接飞猱，白鹭洲东射海鳌。不为芳春浪行幸，寝园聊待荐含桃。”一面说朱厚照射猎游乐，一面又缘饰说出游也是采摘鲜果用于明孝陵祭祀。第九首云：“金陵千古帝王州，高庙衣冠月出游。传语三边貔虎士，莫须喧近凤凰楼。”这是告诫随行将士不要在孝陵附近喧哗。第十一首为朱厚照辩护，不过非常无力：“射虎南山黑雾摧，斩鲸东海白波回。吾皇一出清天下，岂为扬州花月来。”

薛蕙有《皇帝行幸南京歌》十首，其五云：“忆昔高皇定鼎年，钟山龙驭已登迁。八叶神孙因耀武，衮衣亲得拜陵前。”其七叙朱厚照游秦淮云：“淮水南边是狭邪，蛾眉临水折江花。日暮龙舟泊何处，玉床抛在五侯家。”其十叙朱厚照流连金陵不肯回京：“三月江南莺乱啼，江边桃叶映春堤。不是行宫淹北上，金陵花月使人迷。”工部主事蒋山卿正德十四年（1519）以谏阻朱厚照南巡被杖，贬为南京前府都办，等朱厚照驾临金陵谒孝陵时，照例要颂扬一番，其《上谒孝陵》云：“銮舆朝下五云中，崇树园茔汉祀隆。陵色千年看王气，戎衣一定对神功。盘空楼阁春含雾，绕殿旌幢昼满风。圣代即今新孝理，丰基应自感宸衷。”黄佐更是赞颂朱厚照有朱元璋的风采，其《凯歌词》十首其四云：“孝陵松柏贴青霄，凤辇龙旗久寂寥。百岁遗黎应感叹，神孙英武似先朝。”

朱厚照还准备将朱宸濠放回鄱阳湖，自己重新捉拿一次，被参赞机务的南京兵部尚书乔宇（号白岩）等人劝阻。顾璘《平宁藩后上乔司马》颂圣中有婉讽，叙武宗南巡事甚详：“太行西横天下脊，降神昭代生乔公。突如大岳起中域，培塿琐细安能同。又如巨壑动千顷，澄鉴品类含光融。今之留都古丰镐，九庙翼翼崇玄宫。周南节钺帝所授，文武韬略雄江东。羊祜绥怀亘千里，萧何填抚熙群工。石城钟阜

① ［明］王世贞撰，魏连科点校：《弇山堂别集》卷六十六《巡幸考》，北京，中华书局，1985 年，第 1240、1241 页。

倍生色，龙虎吐气长葱葱。去年刘濞逞凶犷，乌合群盗持刀弓。出门北望色沮丧，髑髅已属提携中。亚夫高卧足不动，兵符飞羽须臾通。上游屹张掎角势，诸道兢奋勤王功。舳舻百艘竟崩溃，烈焰一举鲸波红。我皇英年孝且武，金戈铁甲临元戎。乔公泣血扣马首，小丑讵足劳皇躬。献俘受馘大礼毕，跪捧翠华回六龙。三军凯还伐金鼓，声动海宇连穹窿。明堂奏颂朝贡入，解泽下沛苏疲癃。勒功且立会稽石，铸鼎直尽荆山铜。云台功臣谁第一，国论共闻归发踪。侯王圭璧行照耀，山河带砺何终穷。璘也都门老宾客，十年江海嗟飘蓬。喜闻乡国再安堵，遥逐父老歌清风。但愿天子寿考亿万岁，置公左右开宸聪。刍荛之言无少蒙，永绝前日忧忡忡。”

明武宗之后谒孝陵的帝王，是在南京建立南明政权的福王朱由崧，即弘光帝。据文震亨《福王登极实录》记载：“恭闻监国自福邸至淮也，南都文武大臣及科道诸臣方集议拥立之事，佥谓以亲、以贤、以序，即当推奉为臣民主。……诸臣恭谒陵庙，告非常大变，恸哭；乃告推奉监国之议，议协，参赞机务兵部尚书史可法至浦口，具启迎驾于淮安；礼部司务官赍南都百官公启，迎驾于仪真。渡江，泊燕子矶，百官郊迎，命以王礼见。……次日，为五月朔戊子。从水西门启驾，由城外至孝陵，乘马，导引官请从东门御路入。监国逊避，从西门至飨殿。祭告礼毕，即向懿文太子陵园驻瞻良久。”[①] 又据钱海岳《南明史》载，崇祯十七年（1644）五月戊子朔，朱由崧“乘马自三山门环城而东，谒孝陵。从臣请自东门御路入，王逊避，自西门入，至享殿，祭告陨泣。礼毕，次谒东陵。自朝阳门入东华门，徒谒奉先殿，出西华门，驻内守备府。先一日，有两黄星夹日而趋，是日钟山五色云见”[②]。

六、奔走王臣：万岁云开享殿门

古人认为：“凡治人之道，莫急于礼；礼有五经，莫重于祭。”[③] 为了维护传

---

① ［明］文震亨撰：《福王登极实录》，南京，南京出版社，2022 年，第 13、14 页。

② 钱海岳：《南明史》（第二册）卷一《本纪第一·安宗》，北京，中华书局，2016 年，第 2 页。

③ ［清］孙希旦撰：《礼记集解》卷四十七《祭统第二十五》，北京，中华书局，2024 年第 2 版，第 1557 页。

统社会的统治秩序，中国历朝都制定各种祭祀礼制。据谈迁《国榷》记载，建文四年（1402）四月丁卯，“立钟山祠祭署，设奉祠、祠丞各一”[①]。祠祭署隶属南京太常寺，专管山陵祭祀，每年准礼部咨，预行南京太常寺等衙门，各以时致祭。永乐九年（1411）十二月丙辰，改钟山祠祭署为孝陵祠祭署。建文初期，规定孝陵每年“圣旦、正旦、孟冬、两忌辰”祭祀，为五小祭，只以“酒果行香”；“清明、中元、冬至”祭祀，以“太牢致祭”，为三大祭。据《大明会典》记载：“凡孝陵奉祀，专敕勋戚大臣一员行礼。遇忌辰，不用祝文，惟用酒果奠献。万寿圣节及元旦等节俱同。惟清明、中元、冬至三大祭，祝版内恭书御名，遣奉祀官进殿行礼，文武百官列班陪祀。”[②]万历年间孝陵五小祭、三大祭时节变为：元旦、清明、夏至三大祭，中元、孟冬、两忌辰、圣旦五小祭。每年八祭中，少了冬至，多了夏至。孝陵四时常祀主祀者二忌辰也不例外。每至祭祀日，朝廷特遣勋旧大臣一员行礼，多为驸马都尉、魏国公等皇亲国戚，南京各衙门文武官俱陪祭，临期不到的，由监礼官参究。祭祀时如发生差错或失仪，则要视其情节轻重予以处罚。据《明宪宗实录》，成化二年（1466）十一月己丑，南京礼科给事中唐盛等奏：“南京文武衙门郎中戴春、指挥李辉等三百二十二员，于孟冬祭孝陵不来陪祀。”刑部奏请令南京法司查问如律。从之[③]。

明朝谒陵制度严格，各亲王自封藩国进入南京，俱须谒陵。据《大明会典》记载，弘治十七年（1504）明文规定，到南京赴任或路过官员，必须先谒孝陵，离开南京时还要辞陵，违者参究。为了规范和掌握谒陵官员行为，隆庆三年（1569）还规定：“辞谒孝陵官员，先期赴南京鸿胪寺报名，定差序班二员赞礼。行礼以黎明为期。如有不到及失仪者，听赞礼官纠举，呈报本部，季终类参罚治。”[④]万历元年（1573）四月甲子，申饬南京各衙门官：“孝陵行礼，遵照《会典》仪注，毋得怠玩疏略。”[⑤]

---

① [明]谈迁撰，张宗祥校点：《国榷》卷十一，北京，中华书局，1958年，第798页。

② 《大明会典》卷一百一十七《南京礼部》“祠祭清吏司”条。

③ 《明宪宗实录》卷三十六。

④ 《大明会典》卷一百一十七《南京礼部》“祠祭清吏司”条。

⑤ 《明神宗实录》卷十二。

历朝官员祭谒孝陵，所撰诗文甚多。永乐年间，预修《永乐大典》的李昌祺（1376—1452）《孝陵秋日陪祀，简彭赞礼永年》云：“钟山欲晓色苍苍，小辇轻舆出建章。苑鹿不惊仙仗过，潭龙故喷御泉香。重城隐雾留残月，高树含风送早凉。惟有祠官最清贵，时来导驾沐恩光。”《四月十八日鹤驾再幸钟山，余与大理寺丞邹公师颜、户部郎中林公和、杨公端、员外郎张公宾旸、石公坚联骑从小径行，憩松阴候驾有作》云：“万亩松阴一径开，象王此地有楼台。春残好树惊花尽，风度和銮识驾来。香篆半销僧定久，钟声欲断鹤飞回。空门景物多清赏，未解朝衣愧不才。”景泰初年授南京工部虞衡主事的刘昌《谒孝陵》有“五更月照沧江树，万岁云开享殿门”；南京吏部尚书倪岳（1444—1501）《谒孝陵有作，用子美昭陵韵》有“山陵今窅漠，寝殿故霏微。蝼蚁空瞻拜，神龙仰奋飞”。“茶陵诗派”核心人物李东阳《南京谒孝陵有述》有“风历归真统，龙山绕旧宫”；《重谒孝陵有述》云：

龙虎诸山会，车书万国同。星躔环斗极，王气绕江东。

地涌神宫出，桥分御水通。丹炉晨隐雾，石马夜嘶风。

日月无私照，乾坤仰圣功。十年瞻望地，云树郁葱葱。

大儒罗钦顺《孝陵行香喜晴用前韵》有“遥钟隐隐报新晴，陵树苍苍接禁城。灯火重门千骑出，陂池流水乱蛙鸣”；边贡《中元陪祀孝陵》有“千溪环合万虫吟，陵邑秋回碧草深。香度石坛云晻霭，钟流山殿气阴森”；严嵩《元旦孝陵陪祀》云：“玉殿中峰里，烟开雪树春。盘乌栖露静，涧鹿向人驯。弓剑陵园閟，旒衣岁日陈。万年周鼎地，奔走备王臣。”黄佐《陵祀次韵刘侍御见寄》有“四塞云山随远近，二仪风雨自阴晴。金支掩映蛟龙色，玉殿苍凉燕雀声”。

王问《恭谒孝陵》中赞颂朱元璋，有“皇祖仗黄钺，奋起逐天狼。腥风一以荡，功烈冠百王”；黎民表《清明日谒孝陵》云：“燎烟午夜彻明楼，玉佩追趋拜委裘。白水河山留帝宅，苍梧云气想宸游。松枝下拂金铺暝，涧道深还碧殿流。谁羡大风思猛士，万年丰芑戴诒谋。”杨巍《谒孝陵》有“王气深钟阜，天威肃暮秋”；王世贞《恭谒孝陵有述》有“紫气昼夜腾，祥云霭千变。恍惚列圣朝，趋跄百僚见”；于慎行《恭谒孝陵有述十四韵》有“胜地盘龙虎，高丘下凤凰。石麟秋作雨，铁马汗为霜”；徐渭《恭谒孝陵》云：

二百年来一老生，白头落魄到西京。

疲驴狭路愁官长，破帽青衫拜孝陵。
亭长一抔终马上，桥山万岁始龙迎。
当时事业难身遇，凭仗中官说与听。

汤显祖《迁祠部拜孝陵》云：“寝署三年外，祠郎初报闻。臣心似江水，长绕孝陵云。”陈邦瞻《元日上孝陵回署试笔》有“万户春光融镐洛，千年紫气护陵园”；顾起元《钟山望孝陵》有“丹楼高阙拱，碧瓦修茎抗。松杉郁绵亘，风云莽排荡。翠华俨神仪，象卫肃天仗”；郑明选《清明日上孝陵》有“人间留石兽，地下想金凫。谷暗春泉响，松高晓月孤”；刘宗周《恭谒孝陵有述》有“俯仰千官祝，蒸尝万祀需。小臣衔命至，何以效微躯”。范景文《恭谒孝陵》有“风雷久护存灵瑞，日月同华想圣容”；《恭谒孝陵有述》有“光气照松楸，万年紫气现”。

七、风水政治：卧碑禁约烦圣谕

明代皇家陵寝是皇家列祖列宗安魂祀祭之所，也是皇朝“龙脉”，对它们的保护是为了尊祖敬宗，也是为后世打算，以保证千秋万代、国祚绵长。为了保护皇家陵寝，明代规定了严格的陵禁条款，违犯者会受到各种严厉惩罚。据《大明会典》载，“凡擅入太庙门及山陵兆域门者，杖一百；太社门，杖九十；未过门限者，各减一等。守卫官故纵者，各与犯人同罪，失觉察者减三等”①；“凡谋反（谓谋危社稷）及大逆（谓谋毁宗庙、山陵及宫阙），但共谋者，不分首从，皆凌迟处死”②；“凡盗大祀神祇御用祭器、帷帐等物，及盗飨荐玉帛、牲牢、馔具之属者，皆斩（谓在殿内，及已至祭所而盗者）。其未进神御，及营造未成，若已奉祭讫之物，及其余官物，皆杖一百，徒三年。若计赃重于本罪者，各加盗罪一等（谓监守、常人盗者，各加监守、常人盗罪一等），并刺字”③；“凡盗陵园内树木者，皆杖一百，徒三年”④；

---

① 《大明会典》卷一百六十六《刑部八·律例七·宫卫》“太庙门擅入”条。
② 《大明会典》卷一百六十八《刑部十·律例九·贼盗》“谋反大逆”条。
③ 《大明会典》卷一百六十八《刑部十·律例九·贼盗》“盗大祀神御物”条。
④ 《大明会典》卷一百六十八《刑部十·律例九·贼盗》“盗园陵树木”条。

“若于山陵兆域内失火者，杖八十，徒二年。延烧林木者，杖一百，流二千里”[①]。

有明一代，多有因触犯明孝陵而被处罚乃至处死者。永乐七年（1409）九月丁酉，“东宫禁青龙山采石，以工部司吏江如海言山近孝陵”[②]。正统六年（1441）四月癸酉，因得丰城侯李贤、参赞机务兵部右侍郎徐琦奏“神宫监种菜军人周游子等首称，监工官安招、李真保擅领军匠伐孝陵山后旧种柏树二十余株，作棚私用。又挖马鞍山下大树三株，周围见根。又伐山前大松树一株，作猪槽”，明英宗朱祁镇敕令南京守备太监刘宁、罗智、唐观、袁诚同李贤、徐琦调查清楚。四月乙卯，明英宗敕南京守备丰城侯李贤等曰：“所奏周游子等首安招等不法事情既实，敕至，即将周游子等释之。今已敕神宫监太监徐亮等，自后孝陵山内凡有枯树可用者，务须报知尔等及太监刘宁等，公同看过，方许照例取用，仍具数以闻。敢有违例擅取用者，必罪不恕。”[③]

据《明英宗实录》记载，景泰七年（1456）八月乙卯，“南京三法司奏：‘孝陵卫余丁张亚苟知孝陵山后多古坟，纠合本卫余丁朱亚和等二十人，越陵墙掘开一坟，获银首饰二两余，各分入己。又见陵后古井，恐潜赀物，竭其水以淘之。亚苟为首，当绞；亚和等当赎罪着役。今遇恩例应释。’诏曰：‘此系护卫祖宗陵寝人，却敢发坟淘井为盗，情犯深重，难以常律处之，亚苟依律绞，亚和等杖一百，发边卫充军。’”[④]弘治年间，南京广洋卫指挥同知石文通奏南京守备太监蒋琮“开掘聚宝山，有伤皇陵王气，及殴死商人，占役军匠，侵夺官地，私造马船诸罪”[⑤]，蒋琮被逮问。弘治七年（1494）九月己丑，狱具，明孝宗朱祐樘曰：“蒋琮掘断聚宝山脉，打死人命，违法多端，本当处死，姑宥之，发孝陵充净军种菜。”[⑥]正德元年（1506），周玺上奏明武宗的《论诛太监李兴伐木石疏》中也提到，南京守备

---

① 《大明会典》卷一百七十《刑部十二·律例十一·杂犯》“失火”条。

② ［明］谈迁撰，张宗祥校点：《国榷》卷十四，北京，中华书局，1958年，第1030页。

③ 《明英宗实录》卷七十八。

④ 《明英宗实录》卷二百六十九。

⑤ 《明孝宗实录》卷八十八。

⑥ 《明孝宗实录》卷九十二。

太监蒋忠（即蒋琮）“于孝陵南二十余里山，平开一路，私便行走”，事发之后，明孝宗“以孝陵案山，有伤龙脉，恐致宗室有损”定其罪[①]。嘉靖八年（1529）七月戊午，“时有发孝陵旁古墓者，南京科道官以闻。上谕刑部曰：‘陵寝禁山，何乃不谨巡护，纵人樵采，以致掘发古冢！其命南京法司逮问守护指挥，并巡山巡捕守把内外官校。若宜缉捕及掩埋者，南京礼部会官看议以闻。’于是，刑部参劾南京守备魏国公徐鹏举、南和伯方寿祥、南京兵部尚书王宪。上责鹏举、寿祥对状，以宪任事未久贳之”[②]。《明穆宗实录》记载，隆庆三年（1569）十二月甲子，“南京神宫监太监王成采以盗伐孝陵树木论斩”[③]。

南京官员也曾利用明孝陵“龙脉”地位保护地方利益。万历二十七年（1599）六月丁未，“榷采肆出，江南纷扰。应天巡抚陈惟芝乞停矿税，疏六上，不报。至是，绘图《孝陵风水》争之。疏曰：‘东南为财赋重区，民劳而鱼赭。臣抚兹三年，忧深杼轴。近大江南北，所在开凿，臣初惧貂珰横恣以厉民也，及相山川形势，匪厉民，并以厉国。钟阜紫金山，高皇帝卧弓剑之地，二百余年，王气钟焉，山之祖也。其牛渚、石柱、龙眠、瓜步，绵亘五六百里，皆紫金之枝也，枝凿则伤根。谨恭绘《孝陵风水图》，细注源流。’上览图，即日报罢。”[④]

明代中早期国力强盛，陵禁条例得到严格执行；明中叶以后，国势衰微，南京又远离京师，孝陵保护日渐松懈。明崇祯年间，内忧外患不断，崇祯皇帝从风水上找到了原因，派人保护龙脉，是为“风水救国”。崇祯十四年（1641）四月二十五日辰时，明思宗朱由检召集成国公朱纯臣，恭顺侯吴惟英，新乐侯刘文炳，驸马都尉万炜、巩永固，宣平伯卫时春，礼部尚书林欲楫，侍郎王锡衮、蒋德璟等臣僚到中极殿，商议明孝陵守备维护问题。礼部右侍郎蒋德璟奏称：“孝陵在钟山，古称龙蟠虎踞之地，最为形胜。其龙脉从茅山来，历燕岗、武岐、华山白云峰、龙泉庵

---

① ［明］周玺撰：《垂光集》，［清］纪昀等编：《四库全书·史部六·诏令奏议类二·奏议之属》，第34b、35b页。

② 《明世宗实录》卷一百三。

③ 《明穆宗实录》卷四十。

④ 《明神宗实录》卷三百三十六。

一带，至陵可九十里。祖制附陵二十里内禁例甚严。今新开诸窑，若碍龙脉，自当严禁。只是愚民无知，以前似不必究。臣又见宗室举人朱统鑛曾有疏，言孝陵水口关砂诸处，亦有私取红石，并陵后龙潭一带皆当查看。又前岁有泾县全大功疏言泗州祖陵、凤阳皇陵二处，亦当照管。”商议的结果，是朱由检命成国公朱纯臣、新乐侯刘文炳、礼部尚书林欲楫三人“特往南京孝陵，会同奉祀及守备、神宫监、礼部、礼科察勘附陵三十里及龙脉经行处，并左、右砂水，俱不许开石烧灰。凡新添窑房，悉行拆毁。树木桩楂或宜移去，或宜栽补，俱详察便宜行。至泗州祖陵、凤阳皇陵，一并踏勘，如有势豪大姓把持，立行参奏治罪”[①]。

崇祯十四年（1641）五月，朱由检敕谕南京神宫监，在明孝陵下马坊树立禁约碑，鉴于“年久迹湮，法弛人玩，或过陵不敬，或翦伐树株，或开窑烧造，或采取土石，因而凿伤龙脉，妨碍风水。巡缉官军，足迹不到。晨昏洒扫，视为虚文”，重申禁例，“勒之碑石，以垂永久。今后大小官员军民人等，敢有仍前不法，故违明禁者，即据实指参，按律处以极刑，决不轻贷”[②]。

崇祯皇帝的“风水救国”不但表现为对自家风水的保护，还表现为对敌人风水的破坏。明末因满人克取辽东，明朝廷疑为金代陵寝气旺所致（努尔哈赤以“大金”为国号，史称“后金”），所以派人将北京大房山金代帝陵后的地脉掘断；又因皇太极于崇祯二年（1629）举兵入犯关内时，曾派王、贝勒、大臣去祭房山的金太祖、世宗皇陵，明人便又派人将陵前的石柱等拆毁，并改建了关帝庙，以求镇压风水。后来，当李自成领导的起义军势如破竹，官军一路溃败之时，崇祯皇帝就派人到陕西米脂去平毁了李自成家的祖坟，想通过破坏其风水遏制李自成的攻势。起义军也不含糊，与李自成一起东下的张献忠打到凤阳后，便烧毁了明太祖朱元璋父母的陵寝明皇陵。李自成攻入北京后，又烧毁了明武宗康陵、明穆宗昭陵和明神宗定陵。后来崇祯帝自缢煤山，李自成兵败身死，也给了风水先生宣传的口实。

---

① ［明］蒋德璟：《中极殿召对赐宴侍坐议察勘南京孝陵事恭记》，［明］蒋德璟著，粘良图点校：《悫书》卷二，北京，商务印书馆，2018 年，第 1—3 页。

② 孝陵博物馆编著：《明孝陵碑刻》，扬州，广陵书社，2006 年，第 119 页。

第四节　易代悲歌：人寰尚有遗民在

一、洪承畴：一朝伐尽孝陵松

明孝陵建陵之初便采取严密的守缮措施，防守、巡视、监督都有定制，作为皇权象征、政治圣地，层层设防，常人步履难至，很少遭到人为破坏，陵寝建筑维修及时，陵区树木长势良好。崇祯十年（1637）修孝陵时统计，“凡树万有二千九百五十七株，删枯树五百八十六株”[①]。明朝末年，因管理松懈，尤其在战乱之中，明孝陵受人为损坏的情况较为突出。据张岱《石匮书后集》，崇祯十五年（1642），朱由检命成国公朱纯臣、浙江提学副使王应华修孝陵及泗州、凤阳祖陵，他们在此过程中将明孝陵“三百年枯木大至数十围者，发掘殆尽”[②]。当时所谓“识者”认为，这不免伤地脉、泄王气。清刘献廷《广阳杂记》记此事稍异，看法与张岱却差不太多：“崇祯季年，有言孝陵朽木甚多，恐致火灾，有旨搜芟孝陵朽木。内官因之斩伐无忌，数百年乔木，尽罹斧斤，孝陵杉板，沿街贱售矣。而百姓遂有皇帝伐卖祖宗坟树之语，不祥莫大焉。”[③]

实际上，明孝陵树木的滥伐和破坏并不止于内官和百姓。明末诗僧、贤首宗一代宗师释读彻的《金陵怀古》云：“石头城下水淙淙，水绕江关合抱龙。六代萧条黄叶寺，五更风雨白门钟。凤凰已去台边树，燕子仍飞矶上峰。抔土当年谁敢盗？一朝伐尽孝陵松。”这“一朝伐尽孝陵松”的罪魁祸首，就是原大明蓟辽总督、在松锦战役中兵败被俘后降清的洪承畴（号亨九）。

清顺治二年（1645）五月，豫亲王多铎率清军占领金陵，改明南京为江宁府。

---

① ［清］谈迁撰，罗仲辉、胡明校点校：《枣林杂俎·和集·丛赘》“孝陵树”条，北京，中华书局，2006年，第625页。

② ［清］张岱撰：《石匮书后集》卷一《烈皇帝本纪》，上海，上海古籍出版社，2008年，第429页。

③ ［清］刘献廷撰，汪北平、夏志和点校：《广阳杂记》卷一，北京，中华书局，1957年，第41页。

顺治二年（1645）闰六月十三日，清廷任命内院大学士太子太保、兵部尚书兼都察院右副都御史洪承畴以原官总督军务，招抚江南各省地方，给“招抚南方总督军务大学士”关防，八月到达江南，开府于江宁府治东北，在明朝西平侯沐英的黔宁王府东侧。江宁驻防本只有满、蒙而无汉军，但红衣炮须由汉军操纵，故有汉军驻扎江宁，顺治三年（1646）起由镶黄旗汉军提督张大猷统辖。

在清初郑与侨《郑确庵遗稿》的《客途纪异》中，苍雪南来的诗被记到了蜀僧寂然的名下，诗注中说：“孝陵松柏蔚然，乙酉五月以后，兵民竞为斩伐，一城尽为炊具，香烟缭绕云端，一夜大火，焚毁一空。（眉批：洪亨九与满兵提督张大猷并马行，张指孝陵曰：汝家好皇帝，当出示禁樵疏。洪出示数千言，无一句是禁止之词，良心死尽。）邓孕槐，福建孝廉，鼎革后，以御使巡视上江，出示云：前朝故冢，安得复称曰陵，谓孝陵也。”吴伟业（1609—1671）《秣陵口号》有“易饼市傍王殿瓦，换鱼江上孝陵柴”。

在清初文字狱中被掘尸地下、挫骨扬灰的诗人李驎，在其《读大涤子谒陵诗》诗注中，指出是洪承畴纵兵砍伐明孝陵林木：“香枫曾树蒋山隈，凭吊何堪剩石苔。衰老百年心独结，风沙万里眼难开。爰居避地飞无牖（处），精卫余身去不回。细把新诗吟一过，翻教旧恨满怀来。（香枫，庵名，洪经略伐山时，荫木俱尽，有老僧乞留枫一树，结茅其下，与陵相望。）”[①]

据徐树丕《识小录》，为洪承畴出主意砍伐孝陵树木的，却是另一个降臣陈之遴。陈之遴是浙江海宁人，海宁陈氏自明代就是江南望族。陈之遴的祖父陈与相官至贵州左布政使，父亲陈祖苞官至顺天巡抚，他更于崇祯十年（1637）高中榜眼，任翰林院编修。崇祯十一年（1638）冬，清军攻破长城，兵至衡水一带，其父陈祖苞时以右副都御史巡抚顺天，在清军进犯之时，因“守备不周，坐失城池”被捕入狱。陈之遴多方营救未果，在探知朝廷不会宽大处理的情况下，居然将毒药带入狱中，致父于死命。崇祯皇帝大怒，将陈之遴革职拿问，永不叙用。顺治二年（1645），陈之遴降清，授秘书院侍读学士。他北上就职时，“先献策于洪承畴，纵满兵伐尽

---

① ［清］李驎撰：《虬峰文集》卷九，北京图书馆善本部藏清康熙庚辰刻本。

孝陵松柏以坏明朝气脉，云再不中兴”[①]。更有甚者，陈之遴“说承畴以掘孝陵，当泄尽明朝秀气”，不过洪承畴没有完全听他的，“承畴但听人伐松柏而不遽发掘，可谓犹有心之人”[②]。

明末学者王夫之《永历实录》也认为，明孝陵树木被砍伐是洪承畴的责任。南明永历三年（1649），永历帝朱由榔派遣司礼监太监李国辅“剃发变服”，秘密前往南京拜谒明孝陵。李国辅完成使命后向永历帝汇报，他到南京后，买了香烛币帛，趁夜登钟山谒陵，发现明孝陵殿宇墙垣毁坏严重，茅茨丛生，所幸陵宫宝顶保存完好，“梓宫宴安”。钟山当时树木荒疏，李国辅在城内找当地人询问缘由，得知南京陷落后，清军充斥，四处打柴砍草，但没人敢动明孝陵林木。“后洪承畴来经略江南，见陵树菁葱，怫然遽怒，遂榜示居民，令樵采为薪。悬榜三月，民无应者。承畴益恚，骂曰：‘大清兵入北都，未尝令居民伐陵树，不三日间诸山皆芟刈无余。江南蛮子，已出榜令伐，而三月不伤一木，何愚騃至此！’因复榜令诸门，非伐钟山树者，不许通樵苏。城中几至绝炊烟，都民不得已乃往伐，呜咽震山谷。今一片童山，无尺株矣”[③]。

李国辅说都人被迫才去明孝陵伐树，似有美化的成分。据清初李天根《爝火录》记载，南京陷落时，“秣陵人争往孝陵伐木”，灵谷寺主僧印公对伐木之人大呼：“我君虽出，犹有高皇帝在天之灵，吾与若受荫于兹三百年，安可遽忘其恩泽乎？”没人理会他。灵谷寺一位僧人看不过去，奋身冲入人群中夺伐木者斧锯，却被打死。名僧函可埋葬了这位僧人，并以诗哭之：“一身殉陵木，国难见孤僧。便与埋松下，千年护祖陵。”后来，原给事中倪函庆向豫亲王都铎求告，都铎才下令禁止人们到钟山采伐。可惜洪承畴受清廷之命经略江南来到南京后，又取消了多铎所颁禁令。这次，有守陵马太监的侄子马二挺身而出，多方护卫，扑杀伐木之人，最后以马二

---

① ［清］徐树丕撰：《识小录》卷二，《笔记小说大观》第 40 编第 3 册，台北，新兴书局，1985 年，第 316 页。

② ［清］徐树丕撰：《识小录》卷二，《笔记小说大观》第 40 编第 3 册，台北，新兴书局，1985 年，第 679 页。

③ ［明］王夫之：《永历实录》卷二十五《宦者列传》，［明］王夫之：《船山全书》第十一册，长沙，岳麓书社，2011 年第 2 版，第 548、549 页。

抵命告终[1]。

城中许多人家用被砍伐的孝陵树木当柴火烧，名士顾梦游却拒绝烧这种“孝陵柴”。顾梦游为南京人，出生在官宦之家，善行草书，平生任侠好义，与黄道周、龚鼎孳、周亮工、冒襄、张风等相往来。顾梦游入清不仕，其友人名僧函可曾住在他家，写了一部纪述南明福王小朝廷覆灭的私史。事发，函可被抓去审问盘讯。事将连及顾梦游，而他面不改色，口无悔词。后来，由于函可的坚贞不屈，口无二词，他才幸免于难。顾梦游不治产业，有二顷洲田在江滨，后多漂没，地方官吏上门索取租税，他只有变卖书籍家产相偿。顺治三年（1646）秋天，满街是买“孝陵柴”的人，唯独顾梦游不肯买，有人问他原因，他拒绝回答。没过多久，南京城门因事封闭不通，顾梦游家没有柴火，他就把房屋柱子拆下来烧饭。方文《过钟山下》云：“钟山千万树，底事一朝无？斩伐霜根尽，凄凉玉殿孤。何人荐苹藻，牧马任兵徒。犹有遗黎在，吞声泣向隅。”等到康熙十九年（1680）春，魏世傚拜谒孝陵时，看到的景象已经是“环陵四望，山高阔而无树”了。

二、顾炎武：神灵长护孝陵图

明末清初，南京钟山孝陵、北京天寿山明帝王陵成为明遗民寄托旧有政治认同和前朝记忆的符号，从而被赋予了与新王朝的统治秩序隐然对抗的意味。只是迫于当时形势，专程到明孝陵拜谒的遗民毕竟不多，能够来的也大多只能偶尔为之，如复社巨子、曾为史可法幕僚的阎尔梅《谒钟山孝陵》其一云：“石像摧残缀野藤，鹿狐蛇蟒迹崚嶒。樵夫见我徘徊久，放担前来恸不胜。”其二云：“朔望谁司寝殿灯，中官一介老为僧。窥余行礼丹墀下，讶道多年得未曾。”王翃《孝陵》中有“臣也草野人，不易窥圣域。艰难入都来，未敢忘一谒”。钱澄之未能亲谒，有《金陵即事》云：“钟山依旧有云封，宫监孤忠尚荷容。报国独存千岁蜕，护陵犹守一株松。休纵废地占龙气，敢忆深林见鹿踪。方外小臣曾未到，几回落照哭秋峰。”明亡后和张煌

---

① ［清］李天根撰，仓修良、魏得良校点：《爝火录》卷十，杭州，浙江古籍出版社，1986年，第471页。

言等拥戴鲁王，并联合郑成功抗击清军的张名振，曾于1654年率战船数百攻镇江，泊于金山，挥泪题《登金山遥祭孝陵》云：

十年横澥一孤臣，佳气钟山望里真。

鹑首义旗方出楚，燕云羽檄已通闽。

王师桴鼓心肝噎，父老壶浆涕泪亲。

南望孝陵兵缟素，会看大纛祃龙津。

作为明遗民的代表，顾炎武（1613—1682）心系故国，又近在南京，祭谒孝陵就成为他“以创巨痛深之蕴，诉之九渊，冀后之人有因以喻其心”的悲怆之举了。顺治年间，他几度卜居南京，曾经七谒孝陵。顺治十六年（1659）至康熙十六年（1677）的18年间，他又六谒天寿山诸陵，其中后四次都专程到崇祯墓祭拜。

顾炎武《昌平山水记》以对昌平山水地理概况介绍作为落脚点，较为系统地介绍了明十三陵，是明遗民对天寿山明诸陵最早的全面记载。康熙年间谭吉璁的《肃松录》，也对天寿山诸陵有所介绍，而主要记载了崇祯皇帝的入葬之事。崇祯皇帝自缢煤山后，李自成命人将其和皇后周氏葬于田贵妃之墓，但府库无钱可出，是昌平州吏目赵一桂与好义之士孙繁祉等10人捐钱雇夫安葬了崇祯皇帝和周皇后。

清人入主中原后，将这座葬有崇祯帝后的田贵妃陵命名为“思陵”，并改葬崇祯帝后，营建地上园寝建筑。顾炎武拒绝接受“思陵”的提法，认为崇祯的墓只可称为“攒宫”。他在《昌平山水记》中说：“昔宋之南渡，会稽诸陵皆曰‘攒宫’，实陵而名不以陵。春秋之法，君弑，贼不讨不书‘葬’，实葬而名未葬。今之言‘陵’者，名也；未葬者，实也，实未葬而名葬，臣子之义所不敢出也，故从其实而书之也。”①认为循名必责实，明朝的国耻未雪、君父之仇未报，因此，崇祯帝虽葬于田妃墓中，但却不能称“葬”，墓也不能称“陵”。至于顺治皇帝祭奠崇祯帝，顾炎武《再谒天寿山陵》说“空劳牲醴陈，微寘神岂食？仁言人所欣，甘言人所惑。小修此陵园，大屑我社稷”，认为其不过是蛊惑人心的小恩小惠而已。

顺治八年（1651）春，顾炎武侨居南京钟山（蒋山），初谒孝陵，变姓名为“蒋

① ［清］顾炎武撰，方笑一校点：《昌平山水记》卷上，［清］顾炎武撰，华东师范大学古籍研究所整理：《顾炎武全集》第4册，上海，上海古籍出版社，2011年，第607、608页。

山佣”，以明孝陵的守陵奴自居。二月谒孝陵，赶上大雨，在门外行礼而去，其《恭谒孝陵》中自叙经历，有“干戈逾六载，雨露接三春。患难形容改，艰危胆气真”之句。顾炎武14岁为诸生，以“行己有耻”“博学于文”为学问宗旨，屡试不中，遂弃绝科举帖括之学，遍览历代史乘、郡县志书、文集、章奏，辑录其中有关农田、水利、矿产、交通等记载，兼以地理沿革的材料，开始撰述《天下郡国利病书》《肇域志》。清兵入关后，顾炎武暂居语濂泾，投入南明朝廷，任兵部司务。顺治二年（1645）五月，顾炎武取道镇江赴南京就职。尚未到达，南京已为清兵攻占，弘光帝朱由崧被俘。江南各地抗清义军纷起，顾炎武和挚友归庄、吴其沆投笔从戎，参加了以佥都御史王永柞为首的一支义军。随着松江、嘉定相继陷落，顾炎武潜回昆山守城拒敌。不数日昆山失守，顾炎武生母何氏右臂被清兵砍断，两个弟弟被杀，顾炎武本人则因城破之前已往语濂泾而侥幸得免。九天后，常熟陷落，顾炎武嗣母王氏闻变，绝食殉国，临终遗言：“我虽妇人，身受国恩，与国俱亡，义也。汝无为异国臣子，无负世世国恩，无忘先祖遗训，则吾可以瞑于地下。”[①]顾炎武践行嗣母遗命，奔走于各股抗清力量之间，意图纠合各地义军伺机而动，一再受挫后决计北游，以结纳各地抗清志士，考察北中国山川形势，徐图复明大业。

顺治十年（1653）二月，顾炎武再谒孝陵，仍未能进入殿门，有《再谒孝陵》云“再陟神垧下，还经禁岭隈。精灵终浩荡，王气自崔嵬。突兀明楼峙，呀庨御殿开。彤云浮苑起，碧巘到宫回。鼎叶周家卜，符占汉代灾。苍松长化石，黑土乍成灰。城阙春生草，江山夜起雷。兴王龙虎地，命世鄂申才。瞻拜魂犹惕，低徊思转哀。上陵余旧曲，何日许追陪？”谒陵时，还到灵谷寺瞻仰明太祖画像，有《恭谒高皇帝御容于灵谷寺》云：

肃步投禅寺，焚香展御容。人间垂法象，天宇出真龙。

隆准符高帝，虬须轶太宗。扫除开八表，荡涤翦群凶。

① [清]顾炎武撰，刘永翔校点：《亭林诗文集·亭林文集》卷七《先妣王硕人行状》，[清]顾炎武撰，华东师范大学古籍研究所整理：《顾炎武全集》第21册，上海，上海古籍出版社，2011年，第228页。

大化乘陶冶，元功赖发踪。本支书胙德，臣辟记勋庸。

遗像荒山守，尘函古刹供。神灵千载后，运会百年重。

痛迫西周灭，愁深朔漠烽。万方多蹙蹙，薄海日喁喁。

臣籍东吴产，皇恩累叶封。天颜仍左顾，国难一趋从。

飘泊心情苦，来瞻拜跪恭。异时司隶在，可许下臣逢。

顺治十年（1653）十月，顾炎武在前孝陵卫百户束带玉陪同下三谒孝陵，终于得入殿门，特意绘《孝陵图》。在《孝陵图》诗序中，他回顾历次谒陵经历，说明了绘制《孝陵图》的必要性："十月戊子，又谒，乃得趋入殿门，徘徊瞻视，鞠躬而登殿上。中官奉帝后神牌二，其后盖小屋数楹，皆黄瓦，非昔制矣。升甬道，恭视明楼宝城；出门，周览故斋宫祠署遗址。牧骑充斥，不便携笔砚，同行者故陵卫百户束带玉稍为指示，退而作图。念山陵一代典故，以革除之事，《实录》《会典》并无纪述；当先朝时，又为禁地，非陵官不得入焉，其官于陵者，非中贵则武弁，又不能通谙国制，以故其传鲜矣。今既不尽知，知亦不能尽图，而其录于图者且不尽有，恐天下之人同此心而不获至者多也，故写而传之。"①

《孝陵图》诗中，对陵寝主要建筑及功能、神道石刻、陵宫布局等做了介绍，并说"何代无厄灾，神圣莫能度。幸兹寝园存，皇天永呵护。奄人宿其中，无乃致亵污。陵卫多官军，残毁法不捕。伐木复撤亭，上触天地怒。雷震樵夫死，梁压陵贼仆。乃信高庙灵，却立生畏怖。若夫本卫官，衣食久遗蠹。及今尽流冗，存两千百户。下国有虮臣，一年再奔赴。低徊持寸管，能作西京赋。尚虑耳目褊，流传有错误。相逢虞子大，独记陵木数。未得对东巡，空山论掌故"。《孝陵图》完成后，顾炎武曾给隐居于金陵凤门卢龙山的朱应昌（1604—1666）观看。朱应昌《顾炎武恭绘〈孝陵图〉见示拜瞻有作》云：

蚩尤旗摇地轴裂，鼎湖龙逝攀髯绝。

此图不是墨写成，淋漓一幅啼鹃血。

---

① ［清］顾炎武撰，刘永翔校点：《亭林诗文集·亭林诗集》卷二，［清］顾炎武撰，华东师范大学古籍研究所整理：《顾炎武全集》第21册，上海，上海古籍出版社，2011年，第361页。

黄旗紫盖运岂穷，一马浮江事已空。

万户千门斜照里，伤心谁绘建康宫？

顾炎武友人戴笠（字耘野）《赠顾宁人》云："十年仰止玉山隅，闻道移家近帝都。涕泪独陈天宝事，神灵长护孝陵图。著书岁月供迟暮，许国肝肠叹绝无。自晦不妨居庑下，海天相讯有吾徒。"《孝陵图》后由辑《明遗民诗》的卓尔堪收藏，卓尔堪谒明孝陵时曾携图对展，其《谒神烈山陵》云："贞珉卓立镂奎章，至德真堪迈宋唐。重译使经勤作礼，中涓人易重司香。像瞻龙准神先肃，图挈鹰扬笔最详。缕举神铛缘目击，至今山谷凛光铓。"明朝末代靖江王朱亨嘉之子、清初画家石涛曾临摹《孝陵图》一幅，清中叶"岭南四家"之一的黄锦芳（号药房）在石涛摹本上题诗云："亭林诗本系于图，诗在图亡孰与摹？都赖残僧写堂寝，如同处士拜榛芜。蜿蜒云气山千叠，黯淡烟光树几株。樵采久闻申厉禁，墨痕空复认模糊。"

顺治十一年（1654），顾炎武卜居于钟山之阳，作《侨居神烈山下》："典得山南半亩居，偶因行药到郊墟。依稀玉座浮云里，落莫金茎淡日初。塔葬属支城外土，营屯塞马殿中庐。犹余伯玉当年事，每过陵宫一下车。"

顺治十二年（1655）元旦，顾炎武四谒孝陵，此时距明朝灭亡已倏忽十年。顾炎武《元旦陵下作》云："十载逢元旦，朝陵有一臣。山川通御气，即物到王春。阙下樵苏尽，江东战伐新。相看园殿切，鹄立几萦神。是日称三始，何时见国初。风云终日有，兵火十年余。甲子轩庭历，春秋孔壁书。幸来京兆里，得近帝皇居。"其后，过常熟唐市，访陈璧，以所作《孝陵图》示之。陈璧《顾宁人自孝陵来作孝陵图兼示诸忠义传赋赠二律》中有"冬青常为亲藩痛，饭麦尤深皇祖哀""我有归来三载泪，寄君五拜洒陵前"等句，可见谒陵一抒故国之恸是当时遗民的普遍心态。

顺治十三年（1656）闰五月十日明太祖忌日，顾炎武遵陈璧之嘱五谒孝陵，洒泪陵前。其《闰五月十日恭诣孝陵》云："忌日仍逢闰，星躔近一周。空山传御幄，茀路想行驺。寝殿神衣出，祠官玉斝收。蒸尝凭绝坞，鼗磬托荒陬。薄海哀思结，遗臣涕泪稠。礼应求草野，心可对玄幽。寥落存王事，依稀奉月游。尚余歌颂在，长此侑春秋。"

顺治十四年（1657）正月，他第六次谒陵，有《元日》云："晨兴自江上，逾岭走钟山。肃然至殿门，双扉护重关。初日照宫阙，隐映城郭间。空山寂无人，独来拜榛莹。流转虽不居，咫尺犹天颜。喜会牧马收，冈峦乍清闲。岁序一更新，阳风动人寰。伫期龙虎气，得与春光还。复想在宥初，苍生愿重攀。”顾炎武最后一次谒明孝陵是在顺治十七年（1660），此前他的活动重心已在转向北方，这年重返南京，遂第七次谒孝陵。守陵太监和山中僧人见他每年都前来瞻拜，不免感到奇怪，如顾炎武《重谒孝陵》所言：“旧识中官及老僧，相看多怪往来曾。问君何事三千里，春谒长陵秋孝陵。”顾炎武谒陵时，偶尔也能遇到前来拜谒的往日友朋，其《王处士自松江来，拜陵毕，遂往芜湖》云：“宵来骑白马，蹑电向钟山。忽遇穷途伴，相将一哭还。君来犹五月，不逐秦淮节。携手宿荒郊，行吟对宫阙。此去到芜湖，山光似旧无。若经巡幸地，为我少踟蹰。”

康熙十年（1671），帝师熊赐履欲引荐他协修《明史》，顾炎武答以“果有此举，不为介推之逃，则为屈原之死”，断然拒绝与清廷合作。康熙十九年（1680），68岁的顾炎武犹以“孤忠未死之人”自命，毕其一生，对故国的记忆与思念未尝稍减[①]。

三、屈大均：天风吹泪孝陵边

与顾炎武一样数谒孝陵的，还有著名学者、诗人屈大均。屈大均（1630—1696），字翁山，号莱圃，广东广州府番禺县人，与陈恭尹、梁佩兰并称“岭南三大家”。清顺治五年（1648），屈大均参加反清斗争，失败后削发为僧，在番禺海云寺出家，名其居所为“死庵”。顺治十三年（1656），以化缘为名开始云游四海，到南京、北京、扬州、汉阳、西安等地瞻仰故国旧迹，结交抗清志士、文化名流，历三十余年。南京作为太祖陵寝所在和故国的象征，自然是他情有所钟之地，曾多次游历。

顺治十六年（1659），屈大均来到南京，与反清志士魏耕成为莫逆之交，频繁往来山阴，策划反清行动。魏耕以蜡丸裹书致郑成功，请郑成功从海道攻取南京。郑成功率水陆军十余万与浙东张煌言部溯长江而上，连克镇江、瓜洲等地，乘胜包

① 吴润凯：《谒明孝陵：萧条异代不同悲》，《书屋》2007年第6期，第40、41页。

围南京城，却在占据优势的情况下被清军击败，部队损失近半，退回厦门。郑成功所部曾对孝陵建筑有所毁伤，康熙十九年（1680）魏世傚有《孝陵恭谒记》云：“殿壁黄赤所墁，新旧参之。殿柱三十有六，去地二尺许皆为刀斫伤，或折柱木三分之二。殿两旁多贮马粮……游人更相谓曰：‘以兵刃伤殿柱者非他人，岁己亥，郑氏兵至，不识楠木，而以为异香也，遂斫削而去。’”①

郑成功兵败后，屈大均与魏耕等人避祸于浙江山阴祁理孙、祁班孙兄弟家中。魏耕、屈大均等人力图再举，被人告密，魏耕遇难，屈大均脱险逃往桐庐，祁班孙被捕遣戍东北。在南京期间，屈大均曾住钟山灵谷寺，所作诗歌许多与孝陵有关，如《灵谷探梅》三首，其一云：“往日园陵畔，千株闲白云。芳馨灵谷寺，灌溉羽林军。乱点钟山翠，争衔麋鹿群。高皇多手泽，如雪日氤氲。”其二云：“见说钟山麓，当年万树斜。谁将辽海雪，来折汉陵花。冷月含边笛，阴风散暮鸦。数枝当辇路，不忍吐瑶华。”其三云：“几树傍朝阳，犹承日月光。白头宫监在，攀折荐高皇。上苑樱桃尽，华林苜蓿长。春风空有意，先到独龙冈。”《灵谷寺》云：

往日出门去，萧森十里松。梅花因太祖，香水自神龙。

烟雨宫城暗，莓苔辇路封。兴亡无限恨，消得一声钟。

近人金天翮《与郑苏堪先生论诗书》云：“天翮于三百年诗人服膺亭林、翁山，谓其歌有思，其哭有怀，其拨乱反正之心，则犹《春秋》《骚》《雅》之遗意也。”②屈大均的笔下，明遗民那无可挽回的家国之悲与无能为力的郁闷悲愤相交织，流露出壮志未酬的苍凉底色，不愧为诗坛巨擘。其《钟山》有“千秋龙虎归真主，六代烟花送狡童。岁岁貂珰驰传至，樱桃春荐思无穷”，《望钟山》有“依然虎踞复龙盘，一片钟山日夕看”“日日江皋望紫烟，天风吹泪孝陵边”。《秣陵》云：“牛首开天阙，龙岗抱帝宫。六朝春草里，万井落花中。访旧乌衣少，听歌玉树空。如何亡国恨，尽在大江东！”《望钟山》云：

一脉茅山至，苍苍烟雾浓。神宫开六代，王气出中峰。

---

① ［清］魏士傚：《孝陵恭谒记》，［清］林时益编：《宁都三魏集·魏昭士文集》卷六《记》，清道光二十五年（1845）宁都谢庭绶绂园书塾重刊本，第3、4页。

② 钱仲联主编：《清诗纪事（二）·明遗民卷》，南京，江苏古籍出版社，1987年，第850页。

万古君臣始，九天楼殿重。卧碑当辇路，春草未曾封。

顺治十七年（1660），距离南明弘光政权覆灭已有15年，想到弘光政权君臣骄奢淫逸致败，使恢复无望，屈大均感慨万千，在南京写下了《白门秋望》："龙盘虎踞是钟山，鸣镝谁叫入汉关。岂为深宫歌玉树，遂令高庙失金环。台城日落栖乌怨，淮水风高战马闲。愁见卢龙秋草外，名王千里射雕还。"

到南京后，屈大均曾三谒孝陵及懿文太子东陵，其《孝陵恭谒记》记录孝陵、东陵遗迹颇详，可资考证。其中提到孝陵正在遭受毁坏的情形，尤其可叹："出通济门，从天坛旧址，沿钟山南麓以行。山向背不一，双峰骈开，状如天阙。东首龙蟠之势，西首虎踞之形，古所谓金陵山也。最秀丽者屏风岭，次则桂岭，多紫、青、黄、碧之气，日凡数十变。旧有松数十万株，苍翠阴森，与岩石云林相蔽亏，皆六朝古物，今弥望无一存矣。孝陵在中峰下，自朝阳门入，东行至下马坊，有碑曰'神烈山'，肃皇帝之所封树，以与天寿山并称二岳，而为万年之形胜者也。又有卧碑一，圣谕存焉，为烈皇帝所立。……东陵故有门、殿各一重，今亦亡矣。黄土一丘，蒙茏荒草，谁复有过而吊之者？臣大均自至陪京，尝三谒孝陵，以及东陵，匍匐阶墀，与二三宫监相向而哭。松楸已尽，御气虚无，仿佛神灵其犹未远也耶。有牧马蕃儿方斫殿柱，柱上金龙鳞爪半欲摧残。臣大均与以多钱，拜之而求免。呜呼！尚忍言哉！亦尚忍而不言哉。"[①]

屈大均与许多在南京的明遗民如方文等交往颇多。方文（1612—1669），字尔止，号嵞山，安徽桐城人。其祖父方学渐开桐城讲学之风，从兄方孔炤为万历进士，从侄子方以智（方孔炤之子）为崇祯进士、"明末四公子"之一，叔侄同学达14年之久。方文虽未中举为官，却早有诗名，与陈子龙、顾梦游、吴伟业等人相唱和。卓尔堪《明遗民诗》称方文"性不能容物，常以气凌人，有以诗投者，必曲为改削"。方文《期刘藜先游蒋山》云："十载钟山下，山陵恨未登。白头宫监在，碧瓦护持能。闻尔旧相识，吾徒得所凭。秋晴期一往，策蹇意飞腾。"

康熙七年（1668）正月初四，方文同友人朱茂昉共谒孝陵，作《戊申正月初四

① ［清］屈大均：《孝陵恭谒记》，［清］屈大均撰：《翁山文外》卷一《记》，民国九年（1920）吴兴刘氏嘉业堂刊本，第1—3页。

日恭谒孝陵感怀六百字》，此时的孝陵，已是游人随意可到之所：“开正第四朝，策蹇出通济。直指朝阳门，陵寝须臾至。延颈望钟山，万松失苍翠。虽有翁仲石，冠剑已破碎。犹喜享殿存，黄瓦幸未毁。中间楠木柱，斧凿痕如织。宝城虽坚固，龙楼已凌替。守陵仍有官，乃荷新朝赐。独惜白头监，仅供洒扫事。樵苏那得禁，闲人任游戏。方春风日和，屐舄杂车骑。儿辈皆懵懵，父老或歔欷。”三百年前的这一天，朱元璋登基，建立明朝。方文想起，明崇祯末年，从兄方孔炤官尚宝司兼摄太常寺，可以携子弟参加孝陵祭祀，方文和从侄方以智才得以陪同参加了明孝陵秋祭，当时的情景历历在目：“散步御河桥，明月吐松际。忽见群鹿来，触人了不忌。项下悬金牌，上镂永乐字。以手探取看，饼饵随所饲。鸡鸣钟鼓动，千官立阶次。拜舞各分行，咫尺凛天威。野臣行殿中，屏息观礼器。”孝陵长生鹿颈悬银牌字为“长生”，诗中说“上镂永乐字”，不知是不是误记。改朝换代，天崩地解，当时在位者贪恋富贵者多，服义守节者少，前来拜谒孝陵更是凤毛麟角，想来着实可伤：

江南成土崩，勿复有防备。皇都且不保，皇陵复谁庇？
松柏斩为薪，麋鹿射作胾。遂令燕雀湖，荒残似边地。
在佐百君子，鲜不恋富贵。一二草莽臣，稍知顾名义。
戢影岩穴中，饿死亦不悔。每逢履端日，仰天必长喟。
矧兹戊申年，安能免悲涕。所以谒孝陵，问人少同志。

屈大均有《奉题方尔止〈戊申年正月初四日恭谒孝陵感怀〉诗后》云：

亦有春秋在，书王未敢传。可怜正月泪，重洒戊申年。
白发陪宫使，青山拂御筵。威灵空想像，拜手玉衣前。

康熙十二年（1673），屈大均赴桂参与平西王吴三桂反清斗争，不久就洞悉了吴三桂借反清之名而行争霸割据之实的用心，遂托病辞职返回广东。次年屈大均停止反清活动，移志于对广东文献、方物、掌故的收集编纂。他不顾清廷的禁令，撰写了《皇明四朝成仁录》，颂扬明末清初的抗清志士功绩。

康熙十九年（1680）春天，避地南京的屈大均在雨花台之北、木末亭之南，筑了一个衣冠冢，自题为“南海屈大均衣冠之冢”。康熙三十五年（1696）六月二十七日，屈大均在家乡病逝，遗书曰：“吾死后，以幅巾、深衣、大带、方舄成殓，大带书碣‘明之遗民’！”在屈大均去世32年后，即雍正六年（1728），湖南曾静因屡试不第，遂对朝廷产生怨恨之情，私下罗列了清世宗胤禛“十大罪状”，密谋起兵反清。曾静被抓后，按照清世宗的要求写了悔罪颂圣的《归仁录》。清世宗结合曾静口供及《归仁录》，合成《大义觉迷录》一书，颁发全国所有学校，以正视听。

雍正八年（1730），时任广东惠来县学教谕的屈大均之子屈明洪，在读到《大义觉迷录》中“广东屈温山先生”时，以“温山”与屈大均之字“翁山”相仿佛，疑即其父。胆小怕事的屈明洪主动到广州府自首。广东巡抚傅泰查阅《翁山文外》《翁山诗外》等书，果然“多有悖逆之词，隐藏抑郁不平之气”，于是上奏朝廷，将屈明洪及其二子流放福建，并焚毁屈大均诗文著作。

乾隆三十九年（1774）九月，广东南海县、番禺县查到书肆中有售屈大均《广东新语》，又在其族人屈稔浈家中发现《翁山文外》三本，屈稔浈供出族兄屈昭泗家中也有此书，番禺县童生沈士成还缴出《翁山诗外》一种。十月间，两广总督李侍尧连上两份奏折，建议“屈稔浈、屈昭泗系屈大均同族，应比伊大逆子孙及同居之人皆斩律拟斩立决，《文外》四本粘签封固进呈，其余三本系属残缺不全，存俟烧毁”。清高宗弘历降下谕旨，免治屈稔浈、屈昭泗之罪，只将其书销毁，以鼓励各地主动呈献违碍之书。

十一月，清高宗在翻阅屈大均的诗文时，发现有雨花台葬衣冠之事，不由怒火中烧：“此等悖逆遗秽岂可任其留存？”谕令两江总督高晋到雨花台确访屈大均衣冠冢，“速为刨毁，毋使逆迹久留”。高晋密札委派江宁藩司闵鹗元亲赴雨花台寻访。闵鹗元“先委明妥教官以购访碑版为名，传集多识旧闻之绅士，并问雨花台附近僧寺、道院密加访问”，又将雨花台附近“所有坟冢碑记及仆卧残碑逐一洗刷查验，分别标识”，最终没有找到屈大均衣冠冢的踪迹！高晋不放心，亲自出马，再次搜寻多日，同样一无所获，只得据实上报朝廷。乾隆四十年（1775）初，清高宗批阅：“既无其事，可以已耳。”三月，广东巡抚德保再次上奏，主张将番禺县思贤村的屈大均墓刨毁，“仍锉其尸，以快人心、以申国法”。清高宗已淡化此事，批示道：“亦不必矣。”①

---

① 上海书店出版社编：《清代文字狱档》（增订本）第二辑《屈大均诗文及雨花台衣冠冢案（乾隆三十九年十月至四十年三月）》，上海，上海书店出版社，2011年，第129—140页。

世事无常，如屈大均《念奴娇·秣陵吊古》所言：

萧条如此，更何须，苦忆江南佳丽。花柳何曾迷六代，只为春光能醉。玉笛风朝，金笳霜夕，吹得天憔悴。秦淮波浅，忍含如许清泪。

任尔燕子无情，飞归旧国，又怎忘兴替。虎踞龙蟠那得久，莫又苍苍王气。灵谷梅花，蒋山松树，未识何年岁。石人犹在，问君多少能记？

第五章 风雨苍黄

第一节　銮舆屡诣：保护遗规崇胜国

一、世祖遣谒：昭帝王功业之隆

清朝建立后，为巩固其统治，缓和民族矛盾，清政府采取各种怀柔政策，多次派遣官员祭谒明孝陵，清圣祖、清高宗甚至亲自前往明孝陵行礼拜谒。

顺治元年（1644）五月癸未，摄政和硕睿亲王多尔衮遣大学士冯铨祭故明太祖及诸帝，祭文曰："兹者流寇李自成，颠覆明室，国祚已终。予驱除逆寇，定鼎燕都。惟明乘一代之运，以有天下，历数转移，如四时递禅，非独有明为然，乃天地之定数也。至于宗庙之主，迁置别所，自古以来，厥有成例。第念曾为一代天下主，罔宜轻亵。兹以移置之故，遣官祀告，迁于别所。"① 顺治二年（1645）三月甲申，"礼部奏言：'三月初三日，例应祭历代帝王。按：故明洪武初年立庙，将元世祖入庙享祀，而辽金各帝皆不与焉。但稽大辽，则宋曾纳贡，大金，则宋曾称侄，当日宋之天下，辽、金分统南北之天下也。今帝王庙祀，似不得独遗，应将辽太祖并功臣耶律曷鲁，金太祖、金世宗并功臣完颜粘没罕、完颜干离不，俱入庙享祀。元世祖之有天下，功因太祖，未有世祖入庙，而可遗太祖者。则元世祖之上，乃应追崇元太祖一位。其功臣木华黎、伯颜，应从祀焉。至明太祖，并功臣徐达、刘基，各宜增入，照次享祀，以昭帝王功业之隆，用彰皇上追崇往哲至意。'从之"。② 朱元璋被列入"历代帝王"，其神牌被移入历代帝王庙，明孝陵被降格为"历代帝王陵寝"群落中的四十分之一。经过这样一番"历史化"和"再符号化"的编排，明太祖及其陵寝曾经的现实政治功能被淡化乃至弃置，"成为受到当下皇权支配的

① 《清世祖实录》卷五。

② 《清世祖实录》卷十五。

一个历史文化符号”[①]。

顺治二年(1645)五月二十七日，豫亲王多铎谒明陵。顺治四年(1647)正月庚戌，“漕运总督王文奎坐擅免荒田租赋，及渎请故明陵寝祀典，革职，下刑部议罪”[②]。顺治十七年（1660）九月二十五日，顺治帝命礼部每年春秋两次由太常寺差官员致祭明陵和历代帝王陵。

二、圣祖亲谒：御书治隆唐宋碑

清圣祖玄烨即康熙帝曾六次南巡，其中五次亲自拜谒明孝陵。康熙七年(1668)，“诏故明宗室子孙众多，有窜伏山林者，悉归田里，姓氏皆复旧。盖明既鼎革，天潢贵胄转徙流亡，无不改姓自晦”[③]。这年四月，还有旨祭祀孝陵，许百姓纵观，叶方嘉《戊申四月，奉旨祭孝陵，都人士皆得纵观此盛典，敬赋一章》云：“火德移三统，桥山峙一隅。风云空想像，日月自驰驱。异代明禋歇，兴朝礼数殊。禁臣来上苑，宝册出天都。拜起烦冠剑，纷陈用史巫。大庖盈簠簋，雅乐饬笙竽。忆昔规模远，安知运会徂。守衢熊虎立，当殿鬼神趋。勋置萧曹从，亲将鲁卫俱。朝光浮玉雁，夜气识金凫。请隧犹闻昔，藏钩忽去吴。烧痕残鸟道，草色隐龟趺。月出非原庙，春游半鼎湖。牧儿常顾盼，野老独踟蹰。复见千官集，欣闻万姓呼。白头宫监在，肸蠁托灵符。”

康熙二十二年（1683），陕西平凉府盗发韩康王、定王二冢，法司按律拟罪。康熙帝以发掘前代帝王陵墓，特令加等，“因谕历代帝王陵，应加守冢人户，下九卿杂议；并禁称‘故明’‘废陵’等语。圣谕云：‘凡云废者，必如高煦等有罪废为庶人，然后可。彼生为藩王，谁废之耶？’”[④]

---

① 李恭忠：《康熙帝与明孝陵：关于族群征服和王朝更替的记忆重构》，《南京大学学报(哲学·人文科学·社会科学)》，2014 年第 2 期，第 127 页。

② 《清世祖实录》卷三十。

③ 徐珂编撰：《清稗类钞·姓名类》“圣祖诏赐朱姓复旧”条，北京，中华书局，1984 年，第 2141 页。

④ [清]王士禛撰，靳斯仁点校：《池北偶谈》卷一《谈故》“发陵”条，北京，中华书局，1982 年，第 21 页。

康熙二十三年（1684）十月，康熙帝第一次南巡。十月二十五日，有谕旨云："明太祖系一代开创令主，功德并隆。今朕省方，将至江宁，其陵寝在钟山地方，应行致祭。着内阁、礼部、太常寺会议具奏。钦此。"诸衙门议奏："皇上途经江宁，致祭明太祖陵，此系千古未有之盛典，允宜举行。应令该地方官预备祭品，遣官读文致祭。"康熙帝御批"依议"。遂于二十九日，拟出祭文，进呈御览。清圣祖阅后特谕："明太祖乃前代帝王，祭文中理应抬写。钦此。"

十一月初一日，康熙帝驾至江宁。初二日早，遣内阁学士席尔达赴明孝陵致祭。御制祝文曰："自古历代帝王，继天立极，功德并隆，治统道统，昭垂奕世。朕君临海宇，运会升平，轸念民生，省方问俗。途经白下，凭眺钟山，缅忆前徽，兴言往烈，园陵入望，瞻封树之依然；史册可征，企芳规之俨在。仪章式举，殷礼聿称，敬遣专官，代陈牲帛。爰申禋祀之诚，用着景行之志，冀神爽其不昧，降云车以格歆。"旋谕："明太祖陵虽经遣官致祭，朕今既至江宁，欲亲往拜奠，着议奏。"内阁、礼部议覆奏。是日，康熙帝亲至明孝陵，过明故宫，慨然久之，御制《过金陵论》。谕扈从诸臣皆于明孝陵门外下马。由甬道旁行，至享殿前，谕诸臣随后行礼班行，务宜整肃。康熙帝行三跪九叩礼，复至宝城前，奠酒三爵。完毕，仍由甬道旁行。至二门外，谕大学士明珠、总督王新命："明太祖陵寝，历经年世，幸本朝加意护守，郁然无恙。朕躬诣奠祭，典数优崇。今车驾将旋，图善其后，尔等可传谕守陵太监及陵户，朝夕敬慎，巡视罔辍，洒扫维勤，毋令附近民人旗丁恣行蹂践。其在陵守视人等，特加赏赉，以示恩恤、彰劝厉焉。"大学士明珠、总督王新命传谕，内监及陵户人等叩头称谢。清圣祖还谕禁樵采，令督府地方官严加巡察。

十一月初三日，康熙帝特谕江南江西总督、江苏巡抚："明太祖天资英武，敷政仁明，芟刈群雄，混一区宇，肇造基业，功德并隆。其陵寝在钟山之麓，系江宁所属地方，向已有旨，令有司各官春秋致祭，严禁樵采，并设有守陵人户朝夕巡视，但为日已久，不无废弛。今朕省方江宁，亲诣拜奠，见墙垣倾圮，林木凋残，皆系无知民人不遵约束，恣肆作践，往来行走，殊违法纪。嗣后尔等督令地方各官不时巡察，务俾守陵人役用心防护，勿致附近旗丁、居民仍前践踏，所有春秋二祭，亦必虔洁举行，以副朕崇重古帝王陵寝至意。"[①] 两江总督王新命将康熙帝躬谒明孝

① 《清圣祖实录》卷一百一十七。

陵纪事刻石，这方纪事碑现存于明孝陵碑殿东北侧。张玉书《圣驾诣明太祖陵颂》（有序）赞康熙帝“大圣人行事迥绝今古”，颂词有“惟我国恩，岁祀有常。翠华至止，明禋肃戒。万乘执谦，敛容致拜。于以酹之，清酤玉罍。自堂徂寝，顾瞻徘徊。丸丸松柏，樵苏宜屏。爰召守臣，天语申儆。式涤芜废，戒遏践蹂。灵爽是栖，维护必周。猗欤圣仁，加礼异代。至德如天，神人并戴。粤讨坟索，古莫与京”[①]。

还有明遗民对康熙帝谒陵之事赞赏有加，如林璐就在《皇帝躬祀孝陵记》中“感仰盛事，为千古未有”，叹曰：“前代天子致祭帝王庙，犹命官摄事。至历代陵寝，遣官享祀，间一举行。未有如皇帝之谦冲，优礼胜国，恩至渥也。”他还认为，明亡后孝陵无人看护，康熙帝谒陵前状况是“环陵四望，郁葱佳气，山童材尽，种蔬菜于隧道，积马矢于朝门。守陵老监，目击身危，徒与泥中翁仲，潦倒于寒烟蔓草垂四十年”，多亏康熙帝亲谒孝陵，谕命保护，才让孝陵免了被盗之虞。明朝灭亡，似乎也不能怪罪清廷，因为自有天数，“崇祯十七年，孝陵夜哭，兴亡之数，明祖神灵知之久矣”。

林璐为明末诸生，入清不仕，他还回忆起旧日曾见南京国子监官员从孝陵临摹来的朱元璋画像，“状貌如天神，望之增怖”，并曾作诗云：“花月春江事已非，秦淮流水冷鱼矶。孝陵有泪怜青盖，天阙无星护紫微。半岁神孙新甸服，百年遗老话垂衣。画图省识真龙准，风雨灵旗鲎孰依。”又云：

虎踞南朝形胜同，降幡多在大江东。
风云长啸三山外，日月空悬四极中。
异代真龙夸黑子，当时逐鹿几重瞳。
汉家陵寝曾磨剑，好把沧桑问画工。

康熙二十八年（1689）二月甲子，康熙帝第二次南巡时诣明太祖陵，命诸臣皆于牌楼前下马，“进前殿行礼。复至陵前，奠酒毕，赐守陵人白金百两”[②]。

康熙三十八年（1699）春正月，康熙帝惦念淮扬水患，下诏南巡，这是他第三次南巡。二月，车驾临淮境，亲履河堤，周览形势，以修筑方略指授河臣。夏四月

---

① ［清］张玉书：《圣驾诣明太祖陵颂》，［清］张玉书撰：《张文贞集》卷一，［清］纪昀等编：《四库全书·集部七·别集类六·国朝》，第 15b—17b 页。

② 《清圣祖实录》卷一百三十九。

己酉，车驾入江宁，军民数百万夹道欢迎，颂声载道。庚戌，传谕内阁："明洪武为一代创业之君，朕前南巡二次，俱特行祭祀，并亲至陵寝礼奠。今巡幸至此，当仍往亲祭。着大学士等议奏。钦此。"大学士伊桑阿、阿兰泰议奏："前者乘舆，两幸江宁，已亲至明孝陵酹酒，兼遣大臣致祭。今请专命大臣，不必更烦车驾。"奏入，得旨："洪武乃英雄奋起建功立业之主，不可与他君并，朕当躬行致祭。其祭文着撰拟进览。"遂比照翰林院撰进祭文，康熙帝御览改定后颁发太常寺。祭文曰："惟帝天赐勇智，奋起布衣，统一寰区，周详制作，鸿谟伟烈，前代莫伦。朕曩岁时巡，躬修醑荐，景其遗辙，不囿成规。兹因阅视河防，省方南迈，园林如故，睇松柏以兴思；功德犹存，稽典章而可范。溯怀弥切，祭奠重申，灵其鉴兹，尚期歆享。"

壬子，遣兵部尚书兼管太常寺事席尔达诣明太祖陵，天明致祭。康熙帝即以是日率诸王往孝陵宝城前祭拜，奠酒三爵。第二天御书"治隆唐宋"四字，遣侍卫马武、海青等捧示诸臣曰："此御笔为明陵题殿额者，明日早，命直郡王、诚郡王率大学士伊桑阿、阿兰泰、张玉书同往行礼，安奉殿内。"张玉书奏曰："自古帝王，未闻躬祀前代陵寝者。圣驾三至明太祖陵，亲行礼奠，兹又特书殿额，以示优隆，盛德懿典，允光千古。且'治隆唐宋'四字，于明太祖极为确切。一经宸翰褒题，而史书遂有定论，臣等不胜欣仰之至。"是日，又传谕曰："朕昨往奠洪武陵寝，见墙垣复多倾圮，可交与江苏巡抚宋荦、织造郎中曹寅会同修理。朕御书'治隆唐宋'四大字，交与织造曹寅制匾悬置殿上，并行勒石，以垂永久。钦此。"乙卯黎明，两郡王率大学士及巡抚等，具仪恭捧御书匾额，安奉明陵殿内，行礼而退。

五月二十六日，曹寅上奏折云："前月恭膺恩旨，命臣寅监修明陵。钦此钦遵。自署总督臣陶岱到省，会同巡抚臣宋荦、臣寅，以及在省大小官员踏勘，现在估计工料，遴委江防同知臣丁易管工，公议于官吏俸工银两内动支修补。因暑月雨水连绵，难以兴工，俟秋凉即便择日兴修。其颁赐御书，用垂永久，候修补将竣，即便制扁勒石，此皆皇上远迈上古之善政。除署总督臣陶岱、巡抚臣宋荦，会同臣寅具红本奏陈外，臣寅系家奴，理合先将会议情由，具折奏闻。"康熙帝朱批："知道了。"[①]

---

① 故宫博物院明清档案部编：《关于江宁织造曹家档案史料》，北京，中华书局，1975年，第13、14页。

曹寅（1658—1712）的曾祖曹世选、祖父曹振彦原为明朝辽东军官，在明天启元年（1621）努尔哈赤攻占沈阳、辽阳时被俘归顺后金，编入汉军正白旗包衣，隶属多尔衮。顺治八年（1651），多尔衮的正白旗被顺治帝收归己管，曹家成为内务府旗鼓佐领下包衣，即皇帝家奴。康熙二年（1663），曹振彦之子曹玺任江宁织造。曹玺之妻孙氏曾为康熙帝保姆，曹玺之子曹寅做过康熙帝的“伴当”，曹家深得康熙帝信赖。康熙三十一年（1692），曹寅由苏州织造改任江宁织造，任职长达21年，并四次兼巡盐政，与担任苏州织造的李煦一起成为康熙帝在江南最宠信的家奴和耳目。康熙帝对他们的宠信远超其他地方大员，将江宁、苏州、杭州三织造的任期改为不限任期，授予关防敕书，让他们可与督抚平起平坐，明确规定：“织造系钦差之官，与地方官员虽无统属，论其体制，不特地方交涉事件各官不得牵制，即平时来往文移，亦不容以藐视……嗣后织造与督抚相见，仍照先前举行宾主礼，文移俱用咨。”[①]

康熙中后期，康熙帝令曹寅、李煦以奏折的形式将江南地区的吏治民情以及各色人等的动向秘密上报。他们所上奏折，既有地方晴雨农情、市况粮价，也有访查得知的官绅隐私、民众起事等重大问题。曹寅自幼受汉学熏陶，爱好文学艺术，除诗、词、赋、戏曲外，还善书法，懂绘画，喜收藏，精鉴赏，通佛理，涉道教，至于茶、酒、卜筮、歌舞伎艺，无不通晓。曹寅与包括一些遗民隐士在内的江南文人唱和往来，建立友谊，加以笼络，对江南遗民文士转变立场，逐渐与清廷合作，起到了重要的推动作用。康熙帝南巡，除首次南巡时因曹玺病故、曹寅尚未接任，驻跸于江宁将军署，后来皆以江宁织造府为行宫。曹寅去世后，其子曹颙接任江宁织造，两年后病逝。曹颙无子，康熙五十四年（1715），康熙帝亲自主持将曹寅之侄曹頫过继给曹寅为嗣。雍正帝胤禛即位后，曹家恩宠不再，曹頫终被革职抄家。曹頫之子曹霑（曹雪芹）经历家族的巨大变故后，创作出文学巨著《红楼梦》，使江宁织造在后世家喻户晓[②]。

---

① 《总馆内务府现行则例》卷二《广储司》，彭泽益编：《中国近代手工业史资料》，北京，中华书局，1962年，第75页。

② 南京市地方志编纂委员会办公室编，夏维中、张铁宝、王刚等著：《南京通史·清代卷》，南京，南京出版社，2014年，第81—86页。

齐周华《金陵述游》认为，康熙帝三谒孝陵，对前朝“相待不薄”。此后明孝陵游人日众，齐周华一行此次到明孝陵，同行者各敛香钱给守陵太监，守陵太监遂捧出明太祖遗像，悬于享殿之内，率众行九叩礼。细看太祖遗像，“其颜如龙，颔如虎，河目凤眉，微须隆准，面具七十二痣，不威自畏。倘相遇于稠人旅肆中，虽非希夷，亦知紫微星不可对坐也”。不过此画虽风格高古，但墨气平庸，齐周华怀疑其为后人摹仿之作，盗其真而存其伪：“不然，帝王家无事不精，况内廷画苑，名手纷纷，岂有描写御容而妄委俗子者乎？”①

康熙四十二年（1703）春二月辛丑，康熙帝第四次南巡至上元县，驻跸吉祥街行宫，派遣大学士马齐祭明孝陵。自此次南巡开始的三次南巡，相隔均只有一年时间，与以节省民力著称的康熙帝的行事似乎相悖，这或许与皇太子胤礽及亲太子的南方派的策动有关。康熙南巡以及皇太子、皇子的勒取，造成江南（包括内务府织造衙门）巨额亏空，康熙四十四年（1705）第五次南巡前，两江总督阿山欲借备办南巡名义，加征钱粮耗银三分，各郡都惧服唯唯，只有江宁知府陈鹏年反对。阿山借故罪之，赖张英及曹寅力谏，陈鹏年才得以免罪。余廷瓒《陈恪勤公鹏年行状》云：“乙酉，下诏南巡，制府阿三（山）议益耗羡为供张，公坚持不可，且曰：‘事苟上闻，得罪滋大。’制府怏怏，寝其议，然心则欲抉去公矣。未几，车驾驻江宁，行宫规制颇草创，欲抉去之者即藉是激怒侍从左右，阴以陷公。圣祖心知公，不为动，会致政大学士张英来朝，奏称公贤，而织造使曹寅亦免冠叩头为公请良久，至血被额，阶有声，竟得解。”②

康熙四十四年（1705）夏四月乙酉，康熙帝第五次南巡至江宁，驻跸吉祥街行宫。丙戌，遣尚书徐潮祭明孝陵。己丑，谕领侍卫内大臣等曰：“回銮时，朕诣明太祖陵行礼。”大学士马齐奏曰：“皇上已经遣官致祭明太祖陵，祈停亲诣行礼。”得旨：“洪武素称贤主，前者巡幸，未获躬赴陵前，今当亲诣行礼。”庚寅，车驾

---

① ［清］齐周华撰，周采泉、金敏点校：《名山藏副本》上卷《游记·金陵述游》，上海，上海古籍出版社，1987 年，第 78 页。

② ［清］余廷瓒：《陈恪勤公鹏年行状》，［清］钱仪吉编，王兴康、占旭东整理：《碑传集》卷七十五《河臣上·陈鹏年》，上海，上海人民出版社，2023 年，第 2715 页。

启行，亲谒明孝陵，“导引官引向中门，上命自东角门入，曰：‘此非尔等导引有失，特朕之敬心耳。’既入，率诸皇子及大臣侍卫等行礼”[①]。

康熙四十五年（1706）正月，阿山又奏请开捐纳以兴溜淮套工程，并促请康熙帝南巡，蠲免钱粮，以弥补亏空。康熙帝深知阿山借开河工之名，行捐纳之实，明确表示：“至捐纳之事，大非善举，断不可行。”[②]陈鹏年的持正对阿山加征耗银是一大障碍，是年二月，阿山劾陈鹏年不将圣训供设吉地，而以妓馆供奉，是大不敬。刑部等拟立斩。康熙帝知阿山之意，只将陈鹏年革职免罪，来京修书。这一年因康熙帝坚持未能南巡，但朝中亲太子派并未就此罢休。十二月，皇太子的坚定支持者武英殿大学士马齐多次恳请康熙帝南巡，均被拒绝，九卿、詹事、科、道又赴乾清门奏请，康熙帝只得勉从所奏。

康熙四十六年（1707）正月二十二日，康熙帝在皇太子胤礽等陪同下，开始了第六次也是他一生中最后一次南巡。二月二十日在清口登陆，发现溜淮套地势甚高，开挖新河工程艰巨，挖成了也不能直达清口，当然也不能泄高家堰堤下涨水，溜淮套工程完全是个骗局。此时阿山已内调刑部尚书，康熙帝回京后就将其革职了[③]。三月，康熙帝南巡至上元县，驻跸吉祥街行宫。庚申，遣大学士马齐祭明孝陵。辛酉，谕大学士等曰：“朕欲于明日往谒明太祖陵。”大学士等奏曰：“皇上前此临幸江南，明太祖陵或遣官致祭，或遣皇子致祭，亦有皇上亲行灌奠之时，又重新庙貌，专人看守，自古加厚前朝，未见如此者，今皇上又欲往谒，臣等以为太过。况此行已遣大臣致祭。天气骤热，不必亲劳圣躬往谒。”康熙帝谕曰：“天气骤热，何足计耶，朕必亲往。”壬戌，康熙帝“诣明太祖陵，乘步辇由东石桥至大门，下辇，由东门升殿。行礼毕，回行宫”[④]。

明孝陵的异常变化均为清朝廷所关注，康熙四十七年（1708）夏，明孝陵宝顶

---

① 《清圣祖实录》卷二百二十。

② 中国第一历史档案馆编：《康熙起居注》第二册，北京，中华书局，1984年，第1934页。

③ 林乾：《清代法律与清代政治》，北京，生活·读书·新知三联书店，2014年，第345—348页。

④ 《清圣祖实录》卷二百二十九。

局部地面出现塌陷，世说纷纭。五月二十五日，曹寅奏折禀告康熙帝："江宁洪武陵冢上西北角梧桐树下塌陷一窟，口面有五尺余寸，深约两丈余，下视如井。臣念洪武陵有御赐碑额，太监看守，因民间讹言冢已塌下，臣随往勘验，离地宫尚远十五丈余，毫不相关，原系当先培填之土不坚，日久值雨冲塌，水流宝城之外。当有地方该管官员，即命陵户挑土填平。恐谣言流播，讹传失实，有廑宸衷，合先奏闻。"康熙帝在奏折上朱批："知道了。此事奏闻的是，尔再打听，还有甚么闲话，写折来奏。"①

康熙帝对明孝陵塌陷之事非常担心，因为当地百姓既可把这一现象解释为明朝气数已尽，也可能解释为上天对康熙帝不满。这种担心，影响到了他对朱三太子一案的处理。朱三太子名朱慈焕，在兄弟中排行第四。真正的太子为崇祯帝第二子，于顺治十二年（1655）被以捏造罪（即伪称明室太子）处死。之后，反清人士便以朱三太子的名义相号召，康熙十二年（1673）发生了第一起以朱三太子为名的造反。而真正的朱慈焕与这些毫无关联，清军进入北京时他只有 9 岁，先逃到河南，被人收留，以农耕为生。随后到了南方，一度出家为僧。后来，一个赏识其文才的人把女儿许配给他，他还有一个妾，生有六子三女。康熙四十四年（1705），朱慈焕到宁波，化名为张老先生。康熙四十五年（1706），他被控从事邪术、征集军队，三个儿子和一个孙子被捕，妻女儿媳自杀。朱慈焕逃到山东，化名王士元。康熙四十七年（1708），被俘的造反首领张念一招认了朱三太子行踪，75 岁的朱慈焕被捕，锁押到北京，受刑部审判。

早在康熙三十八年（1699）南巡谒明孝陵时，康熙帝便谕大学士等曰："朕今日往明太祖陵寝致奠，见其圮毁已甚，皆由专司无人。朕意欲访察明代后裔，授以职衔，俾其世守祀事。古者夏殷之后，周封之于杞、宋。即今本朝四十八旗蒙古，亦皆元之子孙。朕仍沛恩施，依然抚育。明之后世，应酌授一官，俾司陵寝。俟回都日，尔等与九卿会议具奏。"② 半年之后，大学士等奏"明亡已久，子孙湮没无闻，

---

① 故宫博物院明清档案部编：《关于江宁织造曹家档案史料》，北京，中华书局，1975 年，第 52 页。

② 《清圣祖实录》卷一百九十三。

今虽查访，亦难得实”，查访明代后裔之事遂搁置下来。此次朱三太子现身，康熙帝完全有理由选择实践前诺，授以官职，俾守明陵。结果，五月底康熙帝接到曹寅关于明孝陵塌陷的奏折，六月，刑部就以朱慈焕“虽无谋反之事，未尝无谋反之心”，论其全家“俱拟立斩”，康熙帝准奏。当时掌控三法司的刑部汉尚书王掞、满左都御史舒辂、汉大理寺卿劳之辨都是皇太子胤礽党羽，刑部如此判决，当是出于皇太子胤礽的意旨，他要清除这个汉族的皇位觊觎者，“而康熙之所以牺牲这个无辜者，则是为了减轻他对明室复辟的担忧”①。

虽然做出判决，但一直迁延而未执行，其间发生的事件颇多。七月十五日，曹寅再次具折上奏：“本月十二日，臣家人赍报明陵折子回南，伏蒙御批：此事奏闻的是，尔再打听，还有甚么闲话，写折来奏。钦此钦遵。该臣细访得彼时民间讹称，洪武冢陷下深广十余丈，扬州、镇江各处传闻略同。有疑看守不谨，盗发岁久致陷者，有说明朝气数已尽天陷者，有疑前明初起工程不坚者。小人之谈，纷纷不一。臣随回省往看，陷处甚小，不过二丈余，实因日久土松所致，并无他故。且离冢甚远，毫无关碍。随令守陵人役，将宝城开放三日，许百姓纵观，咸知讹谬，至今寂然，遂无异说。随后已经填平，打扫完净。”康熙帝朱批：“知道了。”②

七月十八日，康熙帝离开热河去狩猎场。九月初四，康熙帝在热河行宫宣布废黜胤礽皇太子；回京后，于十八日将此事祭告天地、太庙、社稷。十月，废黜胤礽一事处理方毕，康熙帝即令诛灭朱慈焕全家，“则玄烨之心昭然若揭。胤礽狂易，鬼物附身，玄烨既然将此联系到天不祚清；而明亡七十五年之后，‘朱三太子’却屡扑屡起，虽历经屠灭，崇祯之子居然犹存，玄烨岂能不怀疑天不绝明？唯将朱慈焕一家连根诛灭，或许才能挽回天意。为了大清国祚久远，玄烨也就不惜冒天下之大不韪，势在必行。他在明太祖陵前三跪九叩时说的话，自然也被抛到九霄云外”。另外，“崇祯之子能久经劫难而长存，本朝太子岂能就此了结”，结果废黜太子仅

① ［美］吴秀良著，张震久、吴伯娅、董建中译：《通往权力之路：康熙和他的继承人》，北京，社会科学文献出版社，2021 年，第 134—138 页。

② 故宫博物院明清档案部编：《关于江宁织造曹家档案史料》，北京，中华书局，1975 年，第 57、58 页。

两个月，康熙帝就让胤礽重出，不到半年就正式重新册立，胤礽再次登上了皇太子的宝座[①]。九龙夺嫡，皇太子胤礽最终再次被废出局，最后的赢家是四阿哥胤禛，即后来的清世宗、雍正帝。

三、世宗赐侯：远法隆古盛德事

雍正元年（1723）九月乙未，雍正帝谕大学士等："朕近于圣祖仁皇帝所遗书笥中，检得未经颁发谕旨一道。以明太祖崛起布衣，统一方夏，经文纬武，为汉唐宋诸君之所未及，其后嗣亦未有如前代荒淫暴虐亡国之迹。欲大廓成例，访其支派一人，量授官职，以奉春秋陈荐，仍令世袭。朕伏读之下，仰见我圣祖仁皇帝海涵天覆，大度深仁，远迈百王，超轶万古。朕思史载东楼，诗歌白马，商周以来，无不推恩前代，后世类多疑忌，以致历代之君，宗祀殄绝。朕仰体圣祖如天之心，远法隆古盛德之事，谨将圣祖所贻谕旨颁发，访求明太祖支派子姓一人，量授职衔，俾之承袭，以奉春秋祭享。但恐有明迄今，年代久远，或有奸徒假冒，致生事端，尔内阁大学士，即会同廷臣，详明妥议，以副圣祖仁皇帝宽仁矜恤之至意。"[②]

雍正二年（1724）二月丙辰，"礼部等衙门奏言：'圣祖仁皇帝以明太祖宗祀沦绝，访求支派一人，授之官爵，恪奉烝尝。我皇上继志存恤，特申前谕。臣等谨按明太祖之子，封藩者十二人，迄今三百余年，子姓虽繁，无从考证。查得厢白旗朱文元，系明太祖第十三子代简王之后。明崇祯时，简王后裔代王，为洪承畴监军于松山。我太宗文皇帝时，代王与伊侄文元，同被俘获，遂归我朝，曾蒙圣祖仁皇帝召见，亲询宗系。今原任内阁侍读学士朱汝锠之子众关保等，俱文元之孙也。文元于顺治年间，曾奏明往大同，取其宗族来京。今见任直隶正定府知府朱之琏一支是也。请于此一支内，查取谱牒，吏部拣选引见，择用一人。随饬礼部差官，同伊告祭明太祖陵，及昌平十三陵，以承祀事。仍令回京居住。嗣后每年春秋二季，令

---

① 姚念慈：《康熙盛世与帝王心术：评"自古得天下之正莫如我朝"》，北京，生活·读书·新知三联书店，2015年，第133—142页。

② 《清世宗实录》卷十一。

其呈明前往。’从之”[1]。

雍正帝《明太祖并十三陵祭文》云：“国家善政覃敷，鸿恩遍浃，而殊礼更施于胜国，优秩特加于后人。废绝之祀复兴，妥侑之灵有托。隆规锡庆，奕祀承休。仰惟圣祖仁皇帝至德同天，深仁溥地，万几之暇，眷念前猷。谓有明太祖创业维勤，宅心克广，经文纬武，英略盖于九州。酌古准今，制作隆于一代。逮于继世，虽无暴虐之君，爰及末年，每值灾荒之运。因贼徒之蜂起，致国祚之潜移。我朝戡定寰区，屡加恩泽。禁樵苏而设护，诣陵寝而荐馨。然而胄裔寖微，春秋阙祀。皇情感恻，每眷遗徽。宸翰留贻，将行旷典。朕上承先志，命考宗支，以明太祖第十三子代简王之后，恩赐阿思罕尼哈番朱廷楸之嫡孙朱之琏授为一等侯。列五等之班，备三恪之典。俾传世爵，以奉烝尝。载焕仪章，用伸祭告。於戏，崇阶厚禄，我国家特沛夫殊恩，濡露降霜，帝子孙永承其禋祀。尚其歆格，鉴此荣施。”

政绩尚可、颇有民望的正定知府朱之琏被封为一等侯，准予世袭，族内人丁入正白旗，奉明孝陵春秋祀事，其每年春秋二祭“呈明前往”，却不着明服、不行明朔、不用明礼。雍正七年（1729）三月甲寅，雍正帝谕内阁：“明太祖陵，在江宁，昔我圣祖仁皇帝屡次南巡，皆亲临祭奠，礼数加隆。着江南总督，转饬有司，加意防护。其明代十二陵之在昌平州者，自本朝定鼎以来，即设立太监陵户，给以地亩，令其虔修禋祀，禁止樵采。圣祖仁皇帝屡颁谕旨，严行申饬。着该督，转饬昌平州知州、昌平营参将，差委人员，时加巡视，务令地境之内，清净整齐。倘陵户或有不敷，即着该督酌量增添。其南北二处陵寝，防护无误之处，亦着该督抚等，于每年岁底，册报工部汇奏。”[2]雍正九年（1731）覆准：“江宁明太祖陵寝，戟门、围墙、朝房、廊庑、宝城等处，均有坍塌，委官勘估，即于藩库存公项内动拨兴修。”[3]雍正八年（1730），朱之琏去世。乾隆十四年（1749）八月，追赠一等延恩侯。

---

① 《清世宗实录》卷十六。

② 《清世宗实录》卷七十九。

③ 《钦定大清会典则例》卷一百三十七。

四、高宗南巡：绍承家法礼前王

清高宗弘历（即乾隆帝）在位期间，也仿效祖父康熙帝，进行了六次南巡，均躬行拜谒明孝陵。与康熙帝南巡重在笼络江南人心、体察江南民生民情、视察河务相比，乾隆帝的南巡虽也有治河、绥服江南社会等目的，却增添了更多游玩巡幸色彩。乾隆十五年（1750）十月辛巳，礼部奏："明春南巡江浙，跸路所经禹陵、明太祖陵，应否亲诣，或遣官行礼之处，请旨。"得旨："朕亲诣行礼。"[①] 十一月，礼部奏："明春皇上南巡，亲祭禹陵、明太祖陵，请照十三年东巡，亲祭少昊金天氏陵，行二跪六叩礼。"得旨："行三跪九叩礼。"[②]

乾隆十六年（1751）正月，乾隆帝第一次南巡。三月乙卯，"遣官祭晋臣卞壶祠，宋臣曹彬庙，明臣徐达墓、常遇春墓、方孝孺等祠，并故两江总督于成龙、傅腊塔祠。赐卞壶祠匾，曰'典午孤忠'；曹彬庙，曰'仁者有勇'；徐达墓，曰'元勋伟略'；常遇春墓，曰'勇动风云'；方孝孺等祠，曰'浩气同扶'"[③]。据《金陵通纪》记载："皇帝恭奉皇太后銮舆，初次南巡入江宁府。（三月）辛酉，驻跸上元。壬戌，谒明孝陵。途经明故宫，御制七律一章。俄至陵奠酒，敕禁樵采。御题额曰：'开基定制。'联曰：'戡乱安民，得统正还符汉祖；立纲陈纪，遗模远更胜唐宗。'复作七律一章。"诗云："金陵莅止为巡方，展谒龙蟠奠桂浆。保护遗规崇胜国，绍承家法礼前王。开基洵是过唐宋，继叶无能鉴夏商。形胜不须矜壮丽，惟天佑德慎周防。"乾隆帝此题诗碑现立于明孝陵碑殿"治隆唐宋"碑西侧。礼部侍郎沈德潜有《恭和御制谒明太祖陵元韵》云：

銮辂巡行应八方，钟山展谒奠椒浆。
钦承家法高千古，敬礼前朝重一王。
僭乱削平兴礼乐，政刑苛察杂申商。
龙蟠虎踞空形胜，厚德由来是巨防。

---

① 《清高宗实录》卷三百七十四。

② 《清高宗实录》卷三百七十七。

③ 《清高宗实录》卷三百八十五。

乾隆帝并谕曰："朕省方问俗，巡幸江宁，钟山之麓，明太祖陵在焉。皇祖圣祖仁皇帝南巡时，念其为一代创业之君，銮舆屡诣，旷典光昭。朕于驻跸，诘朝即命驾前往，躬申奠谒。念本朝受命以来，百有余年，胜国故陵，寝殿依然，松楸无恙，皆我祖宗盛德保全之所致也。可令该督抚饬地方官加意保护，其附近陵地，毋许樵牧往来，致滋践踏，并晓谕各陵户知之。"[1]

乾隆二十二年（1757）春，乾隆帝恭奉皇太后銮舆第二次南巡。三月戊申，"遣官祭明太祖陵，晋臣卞壸祠，宋臣曹彬祠，明臣徐达墓、常遇春墓、方孝孺等祠，并故两江总督于成龙祠、傅腊塔祠"[2]。己酉，移跸江宁，庚戌，亲谒明孝陵奠酒。祭文云："惟帝英姿首出，雄略如神。起濠、泗而乘时，丕建安民之策。奠寰瀛而垂统，聿彰创制之模。治定功成，修人纪而澄吏治。礼明乐备，崇正学而礼耆儒。仰茂绩之流传，式焕鸿名于史册。揽故宫之典物，长昭灵爽于园陵。朕载莅南邦，钦承祖训，亲临钟阜，躬奠樽醪。殿宇常新，缅胜国开基之烈。松楸勿翦，见我朝列圣之仁。秩祀既将，溯怀弥切。灵其昭鉴，歆此明禋。"

乾隆二十七年（1762）春，乾隆帝恭奉皇太后銮舆第三次南巡。三月庚戌，"遣官祭明太祖陵，并遣官至晋臣卞壸祠，宋臣曹彬祠，明臣徐达墓、常遇春墓、李文忠祠、方孝孺等祠，拈香奠酒"[3]。己未，亲谒明孝陵，作七律一首："嬗谢都关天运乘，攘除非自本朝兴。代为翦逆当方革，岂是因危致允升。常禁里民阑采木，还教卫户谨巡陵。省方近抚前王迹，殷鉴惟怀惕倍增。"乾隆帝此题诗碑现立于明孝陵碑殿"治隆唐宋"碑东侧，题诗所表达的主旨，和清初统治者反复晓谕臣民的说辞如出一辙，都是说清朝大军南下入主中原，不是夺取了明朝政权，而是从李自成手中夺得江山，是为明朝报仇。乾隆帝指出，虽然明朝开国皇帝朱元璋治理国家的历史功绩超过唐宗宋祖，但其后世皇帝则多昏庸无能之辈，不能以夏桀、商纣为鉴，更不知道统治天下在德而不在险，以至于最终江山不保，清朝要吸取明亡的教训，倍加警惕。

乾隆三十年（1765）春闰二月，乾隆帝恭奉皇太后銮舆第四次南巡。壬午，亲

---

① 《清高宗实录》卷三百八十五。

② 《清高宗实录》卷五百三十五。

③ 《清高宗实录》卷六百五十七。

谒明孝陵奠酒，作《谒明太祖陵》七律一首："崛起何嫌本做僧，汉高同杰又多能。每当巡省临华里，必致勤虔谒孝陵。一代规模颇称树，百年礼乐未遑兴。独怜复古非通变，翻使燕兵衅可乘。"乾隆帝认为："太祖以建文为太孙及分封诸子，岂非欲复古而翻以致祸？使择贤而即立成祖，且不分封，岂有靖难之事哉？"

乾隆四十五年（1780）春三月，乾隆帝第五次南巡。甲辰，遣官祭明太祖陵，晋臣卞壸祠，宋臣曹彬祠，明臣徐达墓、常遇春墓、李文忠墓、方孝孺等祠，故两江总督于成龙祠、傅腊塔祠。丙午，亲谒明孝陵奠酒，作《题明陵口号》："佳城三里近都城，举眼可瞻檐与楹。彼子孙如无心可，有心叹彼若为情。"清高宗对明孝陵选在距离都城如此之近，尤其是在皇宫之中举头可见的位置，表示很不理解，并且对明太祖迁寺建陵也略有微词，其《题灵谷寺》云：

龙蟠因独据，象教以重迁。莫辨兴国迹，却殊开善缘。

昔新今复旧，空是色非禅。小憩凭舆去，钟声林外传。

乾隆四十九年（1784）闰三月，乾隆帝第六次南巡。壬戌，抵达江宁府，遣官祭明太祖及明臣徐达墓、常遇春墓、李文忠墓、方孝孺等祠，谕曰："礼部奏诣明太祖陵仪注，三奠酒，每奠行一叩礼等语。前代陵寝，于经过时，亲诣拈香，自应较本朝陵寝仪节有别。然朕加隆前代，礼数从优。昨经过曲阜，亲诣少昊陵、孔林，皆行二跪六叩礼。嗣后遇亲诣前代陵寝拈香，俱照此行礼，不必奠酒。着为令。"甲子，亲谒明孝陵奠酒，作《题明陵用庚子韵》："金川不守景隆城，叩马壮哉御史楹。先谒陵乎先即位，杨荣却异姓连情。"这一次游灵谷寺，明确表达了对明太祖迁寺建陵的不满，其《灵谷寺》云："建陵故迁寺，儒释典俱违。儒固乖忠恕，释仍有是非。旧名殊杳杳，新景自依依。暂向匡床坐，那看花雨霏。"

乾隆帝的六次南巡，奢靡程度远超康熙帝，仅修建的行宫便达30多处。乾隆帝表面上反对南巡的铺张奢华，实际上却陶醉其中，特别是江南万民归顺、欢声雷动的壮观场景，更给予这位以异族"蛮夷"身份入主华夏之地的君主以心理上的自我满足感[①]。乾隆帝对曲意逢迎的江南地方官奖励有加，大事铺陈的两江总督尹继

① 杨念群：《何处是"江南"：清朝正统观的确立与士林精神世界的变异》，北京，生活·读书·新知三联书店，2010年，第218页。

善得以四督江南，而在乾隆帝首次南巡时误以为皇帝真的崇尚节俭，下令取缔各类彩棚经坛的两江总督黄廷桂则被调离江南。自乾隆后期起，清朝国势转衰，很快就陷入了内外交困之中。此后的清代帝王再也无力进行耗费巨大的南巡活动，使得乾隆帝的南巡“盛典”成为历史的绝唱。

嘉庆二年（1797）五月乙巳，“修明孝陵”[①]。道光十五年（1835），两江总督陶澍上《请修理上元县境内明陵折子》。太平天国时期，明孝陵所在的钟山区域恰为战场，地面建筑损坏严重。同治三年（1864）七月己酉，清穆宗爱新觉罗·载淳（即同治帝）“谕内阁：‘江宁前明太祖陵寝，本朝每岁春秋致祭，并于江宁地方官内专委一人修理倾圮，设有陵户加意防护，所以敬礼前代者极为优渥。咸丰三年贼匪窜陷江宁，曾据向荣奏称，明陵享殿被焚。前因逆焰鸱张，未获以时展祀，缅怀前朝陵庙，良用恻然。现在红旗奏捷，攻拔名城，地方已臻底定，而兵燹之余，庙貌倾坏，若非重加缮治，殊不足以肃禋祀而昭优礼。着派曾国荃前往明太祖孝陵致祭，其有应行修葺之处，着曾国藩一面查明情形迅速奏闻，一面督饬地方官酌量兴修，务令完固整齐，用副隆礼胜朝有加无已至意。’寻奏：‘遵查明陵毁伤过甚，修理维艰，拟俟修城挑河各工完竣，再行筹办。’报闻。”[②]

根据同治帝谕旨，两江总督曾国藩多次函给金陵善后总局，要求查勘孝陵损坏情况，制定维修方案，尽快覆奏。曾国藩三次发函后，金陵善后总局经派员实地勘估，上报“应需物料、工食各项价值，约计需银贰拾余万”。对于修复孝陵需银20余万两的报价，清政府财政无力筹款支付，曾国藩遂复函金陵善后总局，责成其将估价“大加删减”。此后，孝陵维修项目大为简化，只由金陵善后工程局对陵寝若干建筑实施局部维修，除同治四年（1865）开工维修外，同治八年（1869）和同治十二年（1873）均有维修记录。

---

① 《清仁宗实录》卷十七。

② 《清穆宗实录》卷一百九。

第二节　革故鼎新：江山一统都新定

一、演义宣传：洪秀全谒陵真相

1934年，王焕镳编撰的《明孝陵志》由南京钟山书局印行，采用直排铅印线装出版，封面书名由国学大师章炳麟先生题写，扉页书名由佛学大师欧阳渐先生题写，卷首是柳诒徵先生撰写的序言，后列明太祖高皇帝像、明太祖高皇后像、《金陵梵刹志》中明凌大德绘“孝陵与灵谷寺”图、节印参谋本部陆地总局原图“孝陵与孙陵”图、陆地测量总局航空测量队摄明孝陵航拍照片、顾葆康先生摄明孝陵风景照片等插图计40余幅。全书共7卷，分别为卷一形胜，卷二规制，卷三丧葬，卷四谒祭，卷五守缮，卷六灾异，卷七艺文。

在勘测调查的基础上，王焕镳先生编撰《明孝陵志》时，更锐意穷搜相关资料，采辑范围涵盖《明史》《明实录》《明会典》《国榷》《明通鉴》《肇域志》《清一统志》《康熙江宁府志》《嘉庆江宁府志》《同治上江两县志》，以及晚清档案、明清人笔记、文集等近200种书籍，称得上是前无古人。所以柳诒徵先生在序言中称赞这本书“事实赅著，文约义丰，洵国史、方志之别子，而为前贤之所未有也”[①]。

《明孝陵志》的写作用的是古文，简洁文雅，要言不烦，十分耐读，每段正文的后边列出辑录的参考资料原文，往往短短一句话的记述或议论，就有成百上千字的原始史料来说明。早在大学时代，王焕镳的古文写作就得到了吴梅先生的赏识。吴梅先生是著名的全能曲家，早年受蔡元培之聘任北京大学教授，讲授“古乐曲”，首次将吹笛、唱曲、订谱、制曲带入高等学校课堂，为我国高等学校开设戏曲课之始，后南下任东南大学教授，成就后进甚众。吴梅先生曾说道：“余及门中唐生圭璋之词，卢生冀野之曲，王生驾吾之文，皆可传世行后，得此亦足自豪矣。”这里的王生驾吾，就是王焕镳。一九三五年五月初六日吴梅日记云：“王生焕镳新作《孝

---

① ［民国］王焕镳撰：《明孝陵志》，南京，南京出版社，2013年，第257页。

陵志》，走价赠我一册。书分形胜、规制、丧葬、谒祭、守缮、灾异、艺文七目。以自作文为纲，分注各书为目，详略得宜，洵佳构也。”①

《明孝陵志》卷七《艺文》便收录了许多传世诗文，成为考察明孝陵保护措施、祭祀制度、历史变迁的宝贵资料。其中有一篇出自《太平天国文钞》的洪秀全《祭明太祖陵寝文》，颇为引人注目。在这篇祭文中，洪秀全自称“不肖子孙”，奉明太祖为“吾皇”，太平天国“定鼎金陵”是“依吾皇遗烈”。为了“体吾皇之心，与天下付托之重”，洪秀全还誓言北征清廷，“驱除异族，还我神州”，解民倒悬。这篇祭文辞气激昂，煞有介事，其实却是出自小说家的拟撰，并非事实，这还要从清末以来太平天国与洪秀全的形象塑造说起。

晚清以来的中国历史进程中，涌现出各种政治立场不同的团体，太平天国恐怕是其中评价分歧最多的一段历史。在清朝统治者眼中，太平天国是“长毛”“发逆”；在清末以孙中山为首的革命党眼中，这一洪秀全创建的政体是一场伟大的民族革命。孙中山的革命密友宫崎寅藏曾经问过孙中山这样一个问题：“先生中国革命思想胚胎于何时？”孙回答说：“革命思想之成熟固予长大后事，然革命之最初动机，则予在幼年时代与乡关宿老谈话时已起。宿老者谁？太平天国军中残败之老英雄是也。”② 黄兴与孙中山似乎也有相似的思想历程。1912 年，黄兴曾经与人谈及：“我革命的动机，是在少时阅读太平天国杂史而起。”③ 孙中山、黄兴所处的时代既与太平天国相去不远，他们成长的广东、湖南一带又是太平天国的主要活动地区，因此其早期革命思想肇端于太平天国是再自然不过的事情。

在 1903 年前后，早期革命党人开始宣扬太平天国的民族革命性质。比如孙中山先生曾倡言：“夫汉人失国二百六十年于兹矣，图恢复之举不止一次，最彰彰在

---

① 吴梅著，王卫民校注：《吴梅全集·日记卷·下·瞿安日记卷十一》，石家庄，河北教育出版社，2002 年，第 569 页。

② ［民国］孙中山：《与宫崎寅藏的谈话》，广东省社会科学院历史研究室、中国社会科学院近代史研究所中华民国史研究室、中山大学历史系孙中山研究室编：《孙中山全集》第一卷，北京，中华书局，2011 年第 3 版，第 622 页。

③ ［民国］黄兴：《与李贻燕等的谈话》，湖南省社会科学院编：《黄兴集》，北京，中华书局，2011 年，第 211 页。

人耳目者莫如洪秀全之事。”[①] 将清朝的建立称为“汉人失国”，将洪秀全太平天国之事称为恢复汉人天下，太平天国的民族革命由此定性，并逐渐将朱元璋覆灭蒙元、洪秀全力图灭清、孙中山之革命编织成一脉相承的民族革命脉络。清末革命党人也开始遵循这一脉络进行反清宣传。早期辛亥元老刘成禺的《太平天国战史》记述了洪秀全谒孝陵：

时天王已据金陵……建号太平天国，称明代世嗣。首谒明太祖陵墓，举行大祀典仪式。其祝词曰：“不肖子孙洪秀全，得光复我大明先帝南部疆土，登极南京，规模一遵洪武初年祖制。”……立洪武木主，每月率百官将士一祭。[②]

这一故事并非完全出自刘成禺的杜撰，早在咸丰三年（1853），天地会伪托洪秀全所作的《奉天承运皇帝诏》中就说过：“朕太祖高皇帝以布衣取天下，削平祸乱，统一寰区……朕以天潢嫡派，为中外所推，招集忠良后裔，起事粤西……兹以二月朔日抵南京应天府，祇谒祖陵。”[③] 因清末革命党人将朱元璋、洪秀全视为其民族革命的两大先驱，自然很乐于相信洪秀全拜谒明太祖陵的故事，刘成禺遂据此敷衍成文。此后的《清史稿·洪秀全传》也延续了这一说法，称咸丰三年（1853）洪秀全攻入金陵后，“群上颂称明代后嗣，首谒明太祖陵，举行祀典”[④]。

需要指出的是，尊崇明洪武帝，反清复明，主要是在清代的天地会和三合会等秘密会社中盛行的，洪秀全对此则并不接受。他曾对天地会的各种弱点有中肯的批评，对追随者说：“我虽未尝加入三合会，但常闻其宗旨在‘反清复明’。此种主

---

① 广东省社会科学院历史研究室、中国社会科学院近代史研究所中华民国史研究室、中山大学历史系孙中山研究室编：《孙中山全集》第一卷，北京，中华书局，2011 年第 3 版，第 234 页。

② ［民国］汉公（刘成禺）：《太平天国战史》前编，转引自刘浦江：《太平天国史观的历史语境结构——兼论国民党与洪杨、曾杨之间的复杂纠葛》,《近代史研究》2014 年第 2 期，第 86 页。

③ ［清］佚名：《粤匪杂录》，中国国家图书馆藏民国抄本，第 1 册，第 49a、49b 页。

④ ［民国］赵尔巽等撰：《清史稿》卷四百七十五《列传二百六十二·洪秀全》，北京，中华书局，1977 年，第 12867 页。

张，在康熙年间该会初创时，果然不错的；但如今已过去二百年，我们可以仍说反清，但不可再说复明了。”[①] 洪秀全认为“复明”不合时宜，还指出了天地会的一些恶习，如拜魔鬼邪神、入会要钱、烦琐的仪式和誓词等[②]。

人们常引洪秀全这首七律来说明他对明太祖朱元璋的崇拜：“近世烟氛大不同，知天有意启英雄。神州被陷从难陷，上帝当崇毕竟崇。明主敲诗曾咏菊，汉皇置酒尚歌风。古来事业由人做，黑雾收残一鉴中。”刘邦和朱元璋都出身平民，他们揭竿而起，最后建立了国祚绵延数百年的新王朝。尤其朱元璋击败群雄，登基称帝时年已 40 岁，他喜欢自比为秋之菊花，有《咏菊花》云：“百花发时我不发，我若发时都吓杀。要与西风战一场，遍身穿就黄金甲。”作此诗之际，洪秀全 36 岁，三年后他攻入南京城之际，已近 40 岁。不过，洪秀全这首诗不过是通过写汉、明两朝开国之君来自抒政治抱负，大旨仍是要奉上帝旨意行事的，而这一事业与明太祖自然不同。

在洪秀全祭谒朱元璋这一创造性的故事流播的过程中，助力最大的是黄世仲（黄小配）所做《洪秀全演义》，又名《太平天国演义》《洪杨豪侠全集》。黄世仲于 1905 年加入同盟会，是最早追随孙中山革命的先辈之一，他在同盟会中主要从事宣传工作，是著名的报界人士。此书创作于 1906 年，是黄世仲最负盛名的作品，出版以后风行海内外，乃至于南洋、美洲各地的华侨也几乎家喻户晓。根据作者自序，这本书“皆洪氏一朝之实录，即以传汉族之光荣”，但其实际上是为了服务于当时革命和反满事业的历史文学创作。阿英的评价一语中的：“书中竭力宣扬民族思想，并有章太炎的叙文；与史实尽多不符，在当时却是很重要的政治宣传读物。”[③]

正是在《洪秀全演义》第二十五回“李秀成平定南康城　杨秀清败走武昌府”中，讲到太平军攻占金陵城后，洪秀全“迁李秀成为地官丞相，陈玉成、李世贤

---

① ［瑞典］韩山文原著，简又文译：《太平天国起义记》，台北，台湾学生书局，1973 年，第 27 页。

② 蔡少卿：《中国近代会党史研究》（增订版），北京，中国人民大学出版社，2009 年，第 131、132 页。

③ 阿英编：《晚清文学丛钞·小说三卷》“叙例”，北京，中华书局，1960 年，第 1 页。

皆为副丞相。余外进秩有差，于是修明故宫殿为王宫，首谒明太祖寝陵而祭之曰：‘不肖子孙洪秀全，率领皇汉天国百官，谨祭于吾皇之灵曰：昔以汉族不幸，皇纲覆坠。乱臣贼子，皆引虎迎狼，以危中国，遂使大地陆沉，中原板荡；朝堂之地，行省之间，非复吾有，异族因得以盘踞，灵秀之胄，杂以膻腥，种族沦亡，二百年矣。不肖秀全，自惟凉薄，不及早除异类，慰我先灵，今借吾皇在天之灵，默为呵护，群臣用命，百姓归心，东南各省，次第收复。谨依吾皇遗烈，定鼎金陵，不肖秀全，何敢居功。自以体吾皇之用心与天下付托之重，东南既定，指日北征，驱除异族，还我神州，上慰吾皇在天之灵，下解百姓倒悬之急，秀全等不敢不勉也。敢告。’”①

这篇流传甚广的洪秀全《祭明太祖陵寝文》，1931 年被收录入《太平天国诗文钞》，王焕镳先生据以收入《明孝陵志》。或许是查证到原文出处，1934 年的《太平天国诗文钞》修订本，已将此文删去②。

二、光复中华：大好乾坤付战尘

清朝末年，许多反清志士来到钟山，拜谒明孝陵，借以抒发反对清朝统治的革命义愤，其中就有著名书法家、诗人于右任。光绪二十九年（1903），于右任应乡试，中第十名举人。同年底，三原知县满人德锐密报陕甘总督升允，指控于右任刚刚出版的《半哭半笑楼诗草》讥讽时政，是革命党。升允获报，立即以“逆竖昌言革命，大逆不道”的罪名奏报朝廷。1904 年，清廷下诏，革于右任举人，严加通缉，“无论行抵何处，命获立即正法”。密旨电达西安时，于右任正驰往河南开封赴试。幸有朋友星夜驱驰，通报消息，于右任随即逃离开封，化名逃往上海，并在舟次南京时专程到孝陵拜谒，有《孝陵》诗云：“虎口余生亦自矜，天留铁汉卜将兴。短

① [清] 黄小配：《洪秀全演义》，上海，上海古籍出版社，1981 年，第 193、194 页。
② 参考刘浦江：《正统与华夷：中国传统政治文化研究》，北京，中华书局，2017 年，第 205—208 页。

衣散发三千里，亡命南来哭孝陵。”[①]

1910年秋，参与创立南社的高旭、何亚君（子亚希）同游金陵，高旭《将抵金陵作》有“八代兴亡都阅尽，太无聊赖是钟山”；《偕亚君小憩孝陵茶肆，慨然成章》有“青山故国千年恨，黄菊他乡九日心”；《谒孝陵》有“荒烟蔓草愁心魂，结伴来吊前王坟。铜驼埋没苍苔剥，石马凄凉夕照昏。长江飞渡来何早？六朝尽是伤心稿。江山犹是景全非，残砖剩瓦年年少”。何亚君《谒孝陵》其一云：“胡尘漠漠景苍凉，遮避长空日月光。惆怅满腔亡国恨，旌旗何日奏鹰扬！”其二云：“扫荡胡元唱凯旋，奇勋盖世册书传。中原此日成亡国，江表雄风尚宛然。”

山阳（今淮安）人周实（1885—1911）为光绪秀才、南社社员，就学于南京两江师范学校，武昌起义时回乡与阮式共谋响应，宣布光复，被山阳县令所诱杀。在南京时所作《重九偕吹万，天梅，平庵，哲夫，凤、石诸子过明故宫、谒孝陵有作》其一云：“中原豪杰可怜虫，一局枯棋到此终。马鬣虚存樵牧禁，蛩声如吊帝王宫。松楸抱恨依残日，禾黍伤心赋变风。谁识停车无限意，高怀苦忆蒋山佣。”

清末以来，人们逐渐将元明鼎革视为一场伟大的民族革命。以孙中山为代表的革命党人，从一开始就以“光复中华”相号召，把明太祖朱元璋作为他们的精神偶像。1893年，孙中山与陆皓东、郑士良在广州广雅书局聚会，首次提出要建立以“驱除鞑虏、恢复中华”为宗旨的革命团体；1894年兴中会成立，誓词即为“驱除鞑虏，恢复中华，创立合众政府”；1903年，孙中山在日本东京创办青山军事学校时，提出了“驱除鞑虏，恢复中华，创立民国，平均地权”的口号；1905年中国同盟会成立，即以这十六个字作为誓词，形成了中国资产阶级民族民主革命的纲领。在同盟会机关报《民报》的发刊词中，又将十六字归结为民族、民权、民生三民主义。以上这些口号和纲领，显然是受到朱元璋《谕中原檄》“驱除胡虏，恢复中华”的启示和影响。

孙中山多次强调明太祖统一天下的民族革命意义，早在创立兴中会以前，他就将朱元璋、洪秀全尊为历史上的民族革命英雄。1906年《民报》第五号卷首同时

① 季伏昆主编：《金陵诗文鉴赏》，南京，南京出版社，1998年，第741、742页。

刊载了朱元璋、洪秀全、孙中山三人像，题为“中国大民族革命伟人肖像”，朱元璋成为革命派的重要精神支柱。在1906年的《中国同盟会革命方略》中，孙中山指出：“惟前代革命如有明及太平天国，只以驱除光复自任，此外无所转移。”[①] 在1913年的《在东京中国留学生欢迎会的演说》中他说道：“迨至明朝，驱逐元胡，创种族革命。”[②] 孙中山对明太祖开创种族革命的强调，给后人留下了深刻的影响。

1911年，武昌革命爆发，当时驻守南京的有江南提督张勋、江宁将军铁良、两江总督张人骏，还有两江兵备处总办徐绍桢编练的南洋新军第九镇（师）。张勋等人对同情革命的徐绍桢很不放心，欲以武力缴下九镇全部枪械。10月23日，革命党人范鸿仙、柏文蔚潜来军中，动员徐绍桢反正。张勋等似有所觉，下令南京戒严，大肆搜捕革命党人，并令狮子山、北极阁等炮台对准九镇各标、营，要对九镇进行搜查。为免过激生事，10月30日，九镇开发出城，进驻秣陵关。

11月7日，汉口突然传来革命军失利的消息，徐绍桢决定攻打南京，终因仓促起事弹药告罄而失败，退往镇江。徐绍桢亲赴上海求援。11月中旬，沪、苏、浙、淞、镇等组成江浙联军共一万四千余人（有说近两万人），公推徐绍桢为总司令，于22日分头出击南京，经过三昼夜激战，占领了城外各阵地。11月30日，联军发起了攻打南京最惨烈的一仗，沪军一部及镇军分头从紫金山北坡和主峰两个方向强攻天堡城，遭受清军强大火力阻遏，伤亡很大。关键时刻浙军敢死队来援，各路联军踏雪冒死发起总攻，镇军管代杨韵珂身中数十弹，临终仍高喊：“不夺此要塞，不要收敛我尸！”蒋同超与镇军攻占天堡城的同时，得到消息称以浙军朱瑞为首的部队也进抵孝陵卫，即将与清军展开激烈的争夺战，即作《闻民军抵孝陵卫作》云：“石马西风唤不膺，故明宫阙渺觚棱。石头终见降幡出，十万貔貅上孝陵。”联军全力强攻，终于在12月1日黎明时分攻下天堡城。镇军首领林述庆《破天堡城马

---

① ［民国］孙中山：《中国同盟会革命方略》，广东省社会科学院历史研究室、中国社会科学院近代史研究所中华民国史研究室、中山大学历史系孙中山研究室编：《孙中山全集》第一卷，北京，中华书局，2011年第3版，第313页。

② ［民国］孙中山：《在东京中国留学生欢迎会的演说》，中国社会科学院近代史研究所中华民国史研究室、中山大学历史系孙中山研究室、广东省社会科学院研究室编：《孙中山全集》第三卷，北京，中华书局，2011年第3版，第23页。

上口占》云：

大好乾坤付战尘，六朝风月伴吟身。
依依无恙钟山树，应认江南旧主人。

联军居高临下，强大的炮火直轰南京城。眼见大势已去，张人骏、铁良及张勋等相继狼狈逃离了南京城，清军残部出太平门向革命军投降，南京遂告光复。南社发起人、曾参与策划上海光复的同盟会会员庞树柏（1884—1916）《谒浙军攻克金陵阵亡将士之墓，作歌吊之》云："大旗猎猎角声起，天保城头阵云紫。十万联军孰最强，越士独多为国死。冒锋犯弩功非轻，士不惜死民乃生。虏渠披猖黑夜走，金陵既下东南平。事平先帅舆骨返，扬烈昭忠务其本。丰碑大书姓氏香，新茔高比湖山稳。吾闻于越有武风，卧薪尝胆气逾雄。惟我三吴耻文弱，即今剑术皆将穷。伤时怀旧泪频洒，万事人间变桑海。死者居然好下场，青燐碧血千年在。君不见，莫愁湖畔草离离，鸺鹠叫月狐兔窥。朔骑纵横若风雨，一抔几亦遭颠危。又不见，雨花台下剩战迹，白骨如山久狼藉。一样捐躯号国殇，但不逢时更谁惜。吁嗟乎！六朝山色尚苍苍，十里明湖春水长。两地英魂招不得，空余过客吊斜阳。"

三、宅是旧都：大纛鸣笳谒孝陵

1911年10月10日武昌起义后，各省纷纷响应。12月25日，孙中山从海外归国。12月29日，光复各省代表在南京筹组中华民国临时政府，孙中山被推为临时大总统。1912年1月1日，孙中山在南京宣誓就职，宣告中华民国临时政府成立。1月28日成立临时参议院，代行议会职权。3月，孙中山主持制定《中华民国临时约法》。1912年2月12日，清帝宣布退位。同年2月13日，南北议和达成，孙中山向临时参议院请辞临时大总统。2月15日，孙中山亲自率领临时政府文武官员赴明孝陵，祭奠明太祖朱元璋。随同参加祭祀典礼的要员有参议院议长林森、副议长王正廷、外交部总长王宠惠、教育部总长蔡元培、内政部次长居正、交通部次长于右任、实业部次长马君武等。上午11时，孙中山等乘坐马车抵达明孝陵，随行军士数万人，致祭仪式隆重，通往享殿的甬道两侧排列着陆海军仪仗队和军乐队，台基上站满了胸前佩戴白花的军政人员，各国领事到场观礼。

孙中山发表了一篇祭文，将清室告退、民国统一，以及自己的“奉身引退”，一并祝告于明太祖灵前。文曰：“中华民国元年二月十五日辛酉，临时总统孙文，谨昭告于明太祖开天行道、肇纪立极、大圣至神、仁文义武、俊德成功高皇帝之灵曰：呜呼！国家外患，振古有闻，赵宋末造，代于蒙古，神州陆沉，几及百年。我高皇帝应时崛起，廓清中土，日月重光，河山再造，光复大义，昭示来兹。不幸季世俶扰，国力罢疲，满清乘间入据中夏，嗟我邦人诸父兄弟，迭起迭碚，至于二百六十有八年。呜呼！我高皇帝时怨时恫，亦二百六十有八年也。岁在辛亥八月，武汉军兴，建立民国。义声所播，天下响应，越八十有七日，既光复十有七省，国民公议，立临时政府于南京，文以薄德，被推为临时总统。瞻顾西北，未尽昭苏，负疚在躬，尚无以对我高皇帝在天之灵。迩者以全国军人之同心，士大夫之正议，卒使清室幡然悔悟，于本月十二日宣告退位，从此中华民国完全统一，邦人诸友享自由之幸福，永永无已，实维我高皇帝光复大义，有以牖启后人，成兹鸿业。文与全国同胞，至于今日，始敢告无罪于我高皇帝，敬于文奉身引退之前，代表国民，贡其欢欣鼓舞之公意，惟我高皇帝实鉴临之。敬告。”①

孙中山恭谒时还宣读了一篇谒陵文：

维有明失祀之二百六十有七年，中华民国始建。越四十有二日，清帝退位，共和巩立，民国统一，永无僭乱。越三日，国民公仆、临时大总统孙文，谨率国务卿士、文武将吏祇谒大明太祖高皇帝之陵而祝以文曰：

昔宋政不纲，辽元乘运，扰乱中夏，神人共愤。惟我太祖，奋起草野，攘除奸凶，光复旧物，十有二年，遂定大业，禹域清明，污涤膻绝。盖中夏见制于边境小夷者数矣，其驱除光复之勋，未有能及太祖之伟硕者也。后世子孙不肖，不能缀厥武，委政小人，为犹不远，卵翼东胡，坐滋强大，因缘盗乱，入据神京。凭肆淫威，宰制赤县，山川被其瑕秽，人民供其刀砧。虽义士逸民跋涉岭海，冀拯冠裳之沉沦，

① [民国]孙中山：《祭明太祖文》，中国社会科学院近代史研究所中华民国史研究室、中山大学历史系孙中山研究室、广东省社会科学院历史研究室编：《孙中山全集》第二卷，北京，中华书局，2011年第3版，第99页。“满清”一词为原文所有，下同。

续祚胤于一线，前仆后起，相继不绝。而天未悔祸，人谋无权，徒使历史编末添一伤心旧事而已。自时厥后，法令益严，罪罟益密。嗟我汉人，有重足倾耳、钳口结舌以葆性命不给。而又假借名教，盗窃仁义，锢蔽天下，使无异志。帝制之计既周且备，将藉奸术，长保不义。然而张曾画策于密室，林清猋起于京畿，张李倡教于川陇，洪杨发迹于金田，虽义旗不免终蹶，亦足以见人心之祈向矣。降及近世，真理昌明，民族民权，盎然人心。加以虏氛不竞，强敌四陵，不宝我土，富以其邻。国人虽不肖，犹是神明之胄，岂能忍此终古，以忝先人之灵乎？于是俊杰之士飙发云起，东南厥始发难，吴樾震以一击，徐锡麟注弹丸于满酋之腹，熊成基举烽燧于大江之涘，以及萍乡之役、镇南关之役、最近北京暗杀之役、羊城起义之役，屡起屡蹶，再接再厉，天下为之昭苏，虏廷为之色悸，蕴酿蝉蜕，以成兹盛。武汉首义，天人合同，四方向风，海隅景从，遂定长江，奄有河淮。北方既协，携手归来，虏廷震惧，莫知所为，奉兹大柄，还我国人，五大民族，一体无猜。呜呼休哉！非我太祖在天之灵，何以及此？昔尝闻之，夷狄之运不过百年，满清历年乃倍而三，非天无常，事会则然。共和之制，亚东首出，事兼创造，时异迟速。求仁得仁，焉用怨讟。又闻在昔救时之士，尝跻斯丘，勖励军志，俯仰山川，欷歔流涕。昔之所悲，今也则乐。郁郁金陵，龙蟠虎踞，宅是旧都，海宁无吪。有旆肃肃，有旅振振，我民来斯，言告厥成。乔木高城，后先有辉，长仰先型，以式来昆。伏维尚飨。[①]

参加谒陵者除政府官员外悉为军人。外交部总长王宠惠指出：“孙大总统于参院选举大总统之日，率文武谒陵，实另有崇高之用心。和议告成，国父提议辞职，推荐袁世凯为临时大总统。选举之日，命所部赴明孝陵，谓将行祭告礼。宠惠不知用意所在，从容请曰：‘今日为参议院决推选之期，大总统或须出席，请以他日祭告何如？’总统则云：‘我正因此，命全师而出也。今日之事，闻军中有持异议者，恐于选举之时有所表示，其意不愿我辞职，又不满于袁世凯也。若此案不通过，人

① ［民国］孙中山：《谒明太祖陵文》，中国社会科学院近代史研究所中华民国史研究室、中山大学历史系孙中山研究室、广东省社会科学院历史研究室编：《孙中山全集》第二卷，北京，中华书局，2011 年第 3 版，第 100、101 页。

必疑我嗾使军队维持个人地位，故特举行祭告，移师城外，使勿预选事也。’其广阔之胸怀，仁让之风度，有如此者！”

参加谒陵的内政部次长居正记述了筹划谒陵的经过：“清晨，文武百官在总统府集合，黄总长趋前，启请大总统登舆，参军御马，胡秘书长陪乘，黄总长则紧随乘舆之后，以次乘车骑马，经明故宫、出朝阳门，夹道欢呼，声震屋瓦，循四方城陵前御道，抵拱桥下车。大总统徐徐步入，至前殿更衣少息后，穿内殿、进甬道、上高陵。乐声大作，海陆军大炮齐鸣。行礼如仪之后，大总统述明太祖之丰功伟烈，勖勉同志。指点陵殿之倾圮处，以时修建。并命求朱太祖之后，复其祀田。礼成返总统府；黄总长领导，依次请安而退。”[①]

孙中山在祭罢明孝陵回城路上，看到不少田苗被人马践踏，便令内务部照数赔偿农民。内务部在第二天就发出通告：“内务部示：昨奉大总统令，凡为谒陵时被车马及军队一路践损之田苗，准由地主到本部呈报，核明实情，照数赔偿，仰见大总统嘉惠国民无微不至，合行出示晓谕吾国民一体知照。”

临时参议院议员丘逢甲（1864—1912）《谒明孝陵》其一云：“郁郁钟山紫气腾，中华民族此重兴。江山一统都新定，大纛鸣笳谒孝陵。”其二云：“如君早解共和义，五百年来国尚存。万世从今真一系，炎黄华胄主中原。”其三云：“将军北伐逐胡雏，并告徐常地下知。破帽残衫遗老在，喜教重见汉威仪。”其四云：“汉兵到处虏如崩，万马黄河哓蹴冰。直扫幽燕捣辽沈，昌平再告十三陵。”民国初年任苏州高等法院检察庭长的叶玉森（1878—1939）《孙大总统谒明孝陵礼成感赋》云：

萧萧百骑出郊坰，夹道欢雷拜旗星。
近卫血花千古碧，环陵烟草一时青。
大风歌罢天龙笑，明月飞来石马醒。
荡虏功成三奠酒，狮儿毕竟是宁馨。

此后的明孝陵，政治意味逐渐淡化，成为东郊风景名胜，吸引着越来越多的人到此发思古之幽情。在清朝官武昌盐法道，入民国后寓居扬州的陈重庆（1845—

① 罗福惠、萧怡编：《居正文集》上册《专集·梅川日记》“祭明孝陵”条，武汉，华中师范大学出版社，1989年，第85页。

1928）《望孝陵往谒不果》云：“王气余钟阜，行人指孝陵。定都雄虎踞，革命兆龙兴。翁仲石无语，桥山泪满膺。功臣十庙尽，废塔说神僧。”民初任安徽省政务长的裴景福（1854—1926）《谒明孝陵》有“终古江山余王气，至今龙虎閟幽宫”。康有为（1858—1927）《游明故宫及明孝陵、秦淮旧板桥》云：“夕阳老柳板桥楼，颓尽明宫落瓦秋。虎踞龙盘犹有梦，摩娑翁仲立螭头。”

清代曾任三江师范学堂总教习的陈三立（1853—1937，号散原），1914年《雨霁游孝陵》云：“雨余山气交，屯云作培塿。驱车越荒城，独寻兵戈后。陂陀满新冢，疏邪拱秃柳。驰道卧修蛇，缘脊踏其首。”1919年《始春初台望钟山余雪》云：“余雪冠岩峦，高高水上看。笳音切云起，人语落溪残。钓稳鱼痕长，晴完雁背宽。引春文石径，梅气自生寒。”1919年《游孝陵》云：“穿郭趋斜径，晴云片片逢。春痕新草木，岩气隐虬龙。残甓同遗玺，孤亭到晚钟。古愁收载去，仕女莫相从。”清代曾任湖北自强学堂提调的程颂万（1865—1932）《孝陵》云：

夕阳陵户两三家，江表年年望翠华。

玉座苔荒人曝麦，金坛树冷鸟衔花。

台城此日无归燕，故国当时有斗蛇。

龙虎销沉三百载，只今惟见暮啼鸦。

曾任吴佩孚秘书长的杨圻（1875—1941）《鸡鸣埭望孝陵墓》云：“废殿秋山里，穿云一径斜。夕阳燃暮岭，江色浸寒鸦。烟水能千古，兴亡只几家？乌啼香积散，新月上袈裟。”陈衡恪（1876—1923，字师曾）《明太祖陵》有“龙盘虎踞今何世？凤咤鸾嗟未死心”。曾任同盟会江苏支部部长的南社社员张农（1877—1927）《明孝陵》云：“驱车远谒孝陵巅，山色宜人柳袅烟。日月翻新光汉族，无知松柏亦争妍。”胡汉民（1879—1936）《和协之明孝陵观樱》云：“郁郁崇陵帝与师，寻芳人到独哦诗。海棠开后樱花笑，社雨归来燕子痴。禾黍故宫思往事，葑菲下国采何时。廿年前共瀛洲住，蜡屐开尊岁有期。”连横（1878—1936）《谒明孝陵》云：

汉高唐太皆无赖，皇觉寺僧亦异人。

天下英雄争割据，中原父老痛沉沦。

亡秦一剑风云会，破虏千秋日月新。

郁郁钟山王气尽，国权今已属斯民。

第三节　中山伟陵：钟阜龙蟠映带长

一、乞此一抔土：尚留灵爽奠中原

1912年3月10日，已经辞去临时大总统之职的孙中山与儿子孙科、秘书胡汉民、侍从长郭汉章等人到紫金山行猎。《民国日报》1925年3月16日的一篇报道文章提及孙中山当年对左右说的一番话："待我他日辞世后，愿向国民乞此一抔土，以安置躯壳尔。"关于此事，1926年出版的《孙中山轶事集》记载：

中山先生当民元之初，在南京任第一任临时大总统时，曾与参军某游览紫金山，甚爱该处形胜，当语某参军云："安得结庐此地，以息余年。"某参军当谓："总统如有所欲，安得不遂。"先生谓："我身安有休息之时，候他日逝世，当向国民乞此一块土，以安置躯壳耳。"①

三四十年后，郭汉章回忆当年游猎时的情形："走到现在中山先生墓穴的地方，中山先生四面一看，指着对面遥远的方山和环绕着前面的秦淮河对我们说：'你们看这里的地势比明孝陵还要好，有山有水，气象雄伟，我真不懂当初明太祖为什么不葬在这里？'胡汉民说：'这里真比明孝陵好，拿风水来说，前有照，后有靠，左右有沙环抱，前面又秦淮河环绕着，真是一方大好的墓地。'我虽然不懂地理，听到中山先生和胡汉民谈得头头是道，我也觉得这个地方是一座好墓地。中山先生接着带笑说：'我将来死后葬在这里，那就好极了。'胡汉民笑着说：'先生怎么想到这个上面来？'我也觉得心里很难过。"②

---

① 三民公司编纂：《孙中山轶事集》，上海，三民公司，1926年，第196页。

② 郭汉章：《南京临时大总统府三月见闻录》，中国人民政治协商会议全国委员会文史资料研究委员会主编：《辛亥革命回忆录》第六集，北京，中国文史出版社，2012年第2版，第262页。

1925年3月11日，孙中山临终前一天，遗言明确提出要葬在紫金山：“约十时，吴稚晖、李石曾、于右任等于客厅偏室之南室，贴一治丧主任办事处条，以决一切。十一时，吴手书一纸，略谓‘总理遗嘱须保存遗体，已由哲生（科字）与协和院商定……又先生遗嘱葬于南京紫金山’。纸贴于招待大厅。黄膺白曰：‘最好葬于景山。’精卫曰：‘吾初意亦如是，惟先生之遗嘱如是，殆示当年南京改革未彻底之意耳。’”孙中山弥留之际的这一选择充满深意，它与明孝陵所凝聚的历史文化内涵之间有一定关联，孙中山的理念和追求又超越了朱元璋的境界。正如傅四维挽联所云：“泉路若逢明太祖，谈至元亡清覆，功业相同，君主民权，公私各异。”朱元璋只知民族主义，孙中山则兼图民权、民生两主义。

基于类似考虑，中山陵墓室位于海拔158米处，高度超过南京历代陵墓，比明孝陵还高90多米。南京是孙中山生命记忆的凝结、人生意义的象征和未竟期望的寄托，选择葬在南京钟山，为国人留下一个强烈的信号，时时提醒他们继续努力，以完成自己生前未竟之功[①]。孙中山在北京逝世后，遗体暂厝北京西山碧云寺，遵照孙中山先生的遗愿，北京治丧活动结束后，即着手在紫金山兴建中山陵。

葬事筹备处认识到，“先生之陵墓为人群之公物……不特为民族史上之伟大永久纪念，即在中国之文化与美术上亦有其不朽之价值”。因此，中山陵的设计方案“纯取公开态度”“合海内外美术专家之心思才力以计划此空前之建筑”，举办面向国内外的公开竞赛，征集最佳的陵墓和祭堂设计方案，于1925年5月15日在《申报》《民国日报》《广州民国日报》等处刊登启事。其间共收到国内外应征图案40多种，葬事筹备委员会组织评判委员会，评判委员由葬事筹备委员和孙中山家属代表组成，另特邀四位评判顾问，即南洋大学校长、中国工程学会副会长凌鸿勋，德国建筑师朴士，中国画家王一亭，雕刻家李金发。1925年9月20日最终评出获奖图案，吕彦直获头奖，范文照获二奖，杨锡宗获三奖[②]。王一亭认为吕彦直的图案“墓在祭

① 李恭忠：《中山陵：一个现代政治符号的诞生》，北京，生活·读书·新知三联书店，2019年，第194—201页。

② 孙中山先生葬事筹备处：《孙中山葬事筹备及陵墓图案征求经过》，南京市档案馆、中山陵园管理处：《中山陵档案史料选编》，南京，江苏古籍出版社，1986年，第15页。

堂后合于中国观念”，建筑朴实坚固，“形势及气魄极似中山先生之气概及精神”[1]；朴士认为其与评判要点“极能合格”；凌鸿勋认为其“全体结构简朴浑厚，最适合于陵墓之性质及地势之情形，且全部平面作钟形，尤有木铎警世之想。祭堂与停柩处布置极佳，光线尚足，祭堂外观形式甚美”[2]。只有李金发认为图案“较少夺目之处”，建议将其评为二奖。

吕彦直（1894—1929）童年丧父，9岁随姐姐赴巴黎，后回北京上中学。1913年，他从清华中学这所美国庚子赔款返还资助的留美预备学校毕业，进入康奈尔大学深造。1918年12月获得学士学位后，他前往纽约在茂飞的事务所任绘图员两年。1921年初回到中国，就职于茂飞在上海的事务所；同年加入过养默、黄锡霖开设的东南建筑公司，不久在上海开设彦记建筑事务所。

吕彦直借鉴了西方一些著名建筑物的设计手法，他最初想模仿巴黎恩瓦立德教堂的拿破仑墓来设计中山陵，后来改变想法，在按照中国风格来设计时，依然保留了一个下沉的墓圹，与纽约格兰特墓和巴黎拿破仑墓一样。祭堂的设计，模仿了林肯纪念堂的空间构图，祭堂的矩形平面和双列柱廊即反映了这个著名建筑典范的影响。祭堂内四周墙上镌刻孙中山遗嘱文字的做法，也模仿了林肯纪念堂内镌刻葛底斯堡演讲及其他演讲词的做法。得知葬事筹备处决定定制一座孙中山坐像后，吕彦直1928年明确提出，“孙氏铜像，安放祭堂内，与华盛顿林肯祭堂相似”。吕彦直设计的祭堂正立面为重檐，矗立于低平的方形基座上。水平方向，祭堂立面为古典主义的“三段式”构图，左右对称，两个各有一个突出的墩台，中轴线的四柱廊庑之后为三扇拱形门，与巴黎大凯旋门一样，形成一几何上的正方形。祭堂的中间部分——三扇拱门和重檐顶——构成一个矩形，宽高比例为3∶5，两边部分各占五分之一的比例。他设计的石柱牌坊高宽比例为2∶3，与佛罗伦萨的巴齐礼拜堂这一文艺复兴时期的经典作品一样。2∶3和3∶5这两种比例，都在斐波那契数列

① 王一亭：《王一亭关于陵墓图案评判报告》，南京市档案馆、中山陵园管理处：《中山陵档案史料选编》，南京，江苏古籍出版社，1986年，第157页。

② 凌鸿勋：《凌鸿勋关于陵墓图案评判报告》，南京市档案馆、中山陵园管理处：《中山陵档案史料选编》，南京，江苏古籍出版社，1986年，第161页。

之中，与正方形一样，都是西方古典式建筑所偏爱的理想比例。为赋予祭堂外观“中国古式”，吕彦直采用了坡檐、曲面屋顶、斗拱等传统装饰母题。为了突出祭堂规模或高度，吕彦直的设计借鉴罗马凯旋门传统，总体构图与凯尔西和克瑞设计的华盛顿泛美联盟大厦尤其相似，后者是 1907 年竞赛的获奖作品，也是 20 世纪初美国最著名的建筑之一[①]。

中山陵于1926年1月动工，1929年春主体工程建成，全部工程至1931年底完工。1927 年 4 月 12 日，国民党在蒋介石主持下开始全面清党，国民党左派人士柳亚子被迫亡命日本。翌年四月，国内局势稳定，柳亚子归国并在4月26日谒中山陵，有《谒中山陵寝》二绝句，其一云：“沧海龙归雾气昏，尚留灵爽奠中原。扪心欲诉年时事，孽子孤臣泪暗吞。”其二云：“承平歌颂吾何与，地老天荒证此情。不奏通天台下表，岂关才谢沈初明？”

1928 年 8 月 6 日，柳亚子以中央监察委员身份再赴南京，出席国民党第二届五中全会，再谒中山陵，有《重谒中山陵寝，恭纪一律》云“白虎金精剑气开，招邀俊侣又重来。旷观马列三千界，掩迹华拿第一才。六代江山供屏障，三民义理岂沉霾？焄蒿肃穆神灵在，敢效兰成赋大哀”，认为孙中山的思想与马克思列宁主义相通，他的功绩超过了华盛顿、拿破仑。诗中以“白虎金精”指马列主义及西方先哲思想，如他早年《放歌》中所歌颂的“卢梭第一人，铜像巍天阊。《民约》创鸿著，大义军民昌”；在《空言》等诗中写到的“孔、佛、耶、回付一嗤”，“独拜弥天马克斯（思）”，并无哀伤吁叹，充满鼓舞人心的豪情。

二、中山纪念林：树木十年待栋梁

中国民间自古有在宅旁村边植树的习俗，并在庙宇祠堂院落栽种樟、柏，在坟茔墓地栽种松、柏，以志纪念。植树纪念逝者是中华民族的历史传统，《白虎通》引《含文嘉》纬文云：“天子坟高三仞，树以松。诸侯半之，树以柏。大夫八尺，

---

① 赖德霖：《民国礼制建筑与中山纪念》，北京，中国建筑工业出版社，2012 年，第 132—138 页。

树以栾。士四尺，树以槐。庶人无坟，树以杨柳。”[①]《左传》载哀公十一年（前484）伍子胥遗言云：“树吾墓槚，槚可材也。吴其亡乎！三年，其始若矣。盈必毁，天之道也。”[②]据《晋书》记载，孝子许孜于父母墓地“列植松柏亘五六里”[③]。孙中山先生最早倡导植树造林，在1893年的《上李鸿章书》中，他就提出“急兴农学，讲求树畜，速其长植，倍其繁衍”[④]，以强国家。

虽然植树风俗自古广为流传，但“植树节”在中国的出现则与一个外国传教士有关，他就是裴义理。裴义理（Joseph Bailie，1860—1935），又译为培黎，出生于英国北爱尔兰的一个基督教家庭，获贝尔法斯特（Belfast）大学文学学士学位后赴美攻读神学，毕业后为美国美北长老会传教士。清光绪十六年（1890），受美北长老会委托来华，就职于苏州长老会，布道之暇发起拒毒会，进行拒毒宣传，招来旅华西侨的不满和同事的孤立、排斥，于1899年愤而离职，改就京师大学堂英文教习。结识翰林孙友善，开始学习中国文化与古典哲学。1900年八国联军侵入北平，裴义理从事赈济灾民工作，并应聘到人寿保险公司工作。

宣统二年（1910），裴义理应金陵大学之聘担任算学教习。民国元年（1912），裴义理倡议垦荒造林，安置因长江水患而流落南京的灾民以工代赈，并联合江苏、安徽士绅，发起组织义农会，孙中山支持并第一个在发起书上签名。政府拨出太平门外钟山北麓及青龙山荒山4000亩，任其自领，以谋生计。义农会又得到唐绍仪、黄兴、黎元洪、程德全、袁世凯等30人的签名支持，定名为“华洋义赈会”[⑤]。1912年5月，政府设立了农林部，下设山林司主管全国林业行政，规划造林护林。

---

① ［清］陈立撰，吴则虞点校：《白虎通疏证》卷十一《崩薨·坟墓》，北京，中华书局，1994年，第559页。

② 杨伯峻编著：《春秋左传注》（修订本），北京，中华书局，1990年第2版，第1665页。

③ ［唐］房玄龄等撰：《晋书》卷八十八《列传第五十八·孝友·许孜》，北京，中华书局，1974年，第2279页。

④ ［民国］孙中山：《上李鸿章书》，广东省社会科学院历史研究室、中国社会科学院近代史研究所中华民国史研究室、中山大学历史系孙中山研究室编：《孙中山全集》第一卷，北京，中华书局，2011年第3版，第11页。

⑤ 南京市政协文史资料委员会：《中山陵园史录》，南京，南京出版社，1989年，第5、6页。

1914 年 11 月，颁布了六章三十二条的“森林法”。

1914 年，金陵大学在裴义理倡议下创办农科，目标是“培养农事指导员”，任命裴义理为农科科长。1915 年，金陵大学采纳菲律宾农林业局局长阿汉的建议，在北洋政府农商部和上海林务筹款委员会等多方支持下，在农科基础上增设林科，裴义理任林科科长。1916 年，农、林两科合并，改称农林科，裴义理继续任科长，并于秋天辞职返美，不久再次来华。1930 年，农林科改组为农学院，成为中国最早的四年制大学农林教育机构。1925 年，由农林科建立独立的金大农学院（今南京大学西大楼），后为纪念裴义理创办农林科的功绩，该楼题名“裴义理堂”。

1914年，义农会在紫金山垦殖造林初具规模，种植的50多万株树木大部分成活。由于清明节时扫墓人群缺乏保护意识，无意的破坏又使已成活的大批苗木遭到损毁，裴义理十分沮丧。1915 年清明节，裴义理乘火车从南京赴上海，途经常州奔牛镇时，看到扫墓者多在坟头及墓旁遍插柳枝，受到启发，想到可把插进坟墓的折断的柳枝，代以真正的树苗，把这一天变成植树节。抵达上海后，裴义理即向农商部长张謇的秘书韩安写信，提出设立清明日为中国植树节的建议。同年 7 月，北洋政府农商部所呈《拟定清明为植树节请以申令宣示全国俾资遵守文》获袁世凯批准，于 1916 年清明开始实行①。1916 年，江苏省林务专员金其照、第一农校校长过探先开始筹备在南京建立江苏省第一造林场。到 1926 年，在明孝陵四方城一带开辟苗圃 600 亩，并在小红山、紫霞洞南及明孝陵以西栽植黑松、马尾松，在明孝陵石象路以北植刺槐、白杨、麻栎，共计造林 1500 余亩，每年出苗 500 万株以上。1920 年冬，高燮游造林场，有《南京第一造林场在明孝陵前，庚申十一月十四日偕鹓雏游之》云：

言寻钟阜石城边，棫朴菁莪意自贤。
树木十年待栋梁，依山长日起风烟。
荒原石马愁王气，夕照寒鸦点暮天。
剩有襟期寄寥廓，抚今吊古两茫然。

① 汪东明主编：《明孝陵新志》，南京，南京出版社，2023 年，第 177、178 页。

孙中山的《建国方略》中提出了在中国北部和中部大规模进行植树造林的设想，规划了中国林业发展的蓝图。1924 年，孙中山在广州演讲时指出：“我们研究防止水灾与旱灾的根本方法，都是要造森林，要造全国大规模的森林。”[①]1925 年 4 月，北京各学术团体就开始“组织种种永久纪念”，于清明日植树节开始建造中山林，并希望每年如此，逐步推广，以“成为伟大之森林”。同时，广东大学农科院在该院栽植“中山纪念林”，省署特发出布告进行保护，这是栽植中山纪念林的最早倡议与行动。这些建议与实践，促使国民政府将建造中山纪念林纳入植树节活动，借以拓展实践坐标中植树节的空间意义[②]。

1928 年 3 月 1 日，国民党中执会议决，总理逝世纪念日各地应举行植树活动，以提倡植树造林，次日通电各省政府：“当次海宇澄清，国基大定，益切追念国父之诚……每岁三月十二日，全国各地一致举行植树典礼，以为全国造中山林之提倡，务期蔚成大观，昭布五极。”1928 年 3 月 12 日，孙中山先生逝世三周年纪念日，国民政府在中山门外举行了盛大的植树活动。国民政府代表李烈钧发表演讲说：“植树之利益，一方面可以培养材木，一方面可以调节气候，与富源极有关系。兹就欧美各国言之，如瑞士、如美国等，均有国林、省林、地方林之设。……先总理所订之实业计划内，亦详言造林之益，曾主张在中国北部及中部建造林场，以辟富源。本党同人因奉行总理遗训，所以今日在首都建林，并命名为中山林，以示纪念总理，勉励本党同志继续努力之意。此事为总理计划之一，其他计划尚多，凡属同志，均应负起责任。”国民政府将中山陵附近所植树木正式命名为“中山林”，次年规定各地“以所植之林辟为中山纪念林”。

鉴于孙中山先生生前对裴义理创办义农会在紫金山垦殖造林的支持，经陈嵘教授建议，国民政府于 1928 年 4 月 7 日通令全国，“嗣后旧历清明植树节，应改为总理逝世纪念植树式，所有植树节，应即废止。清明节各机关照常办公，其本年有于清明节补行植树者听之”。1929 年 2 月 9 日，国民政府农矿部正式

---

① 林红：《漫话植树节》，《内蒙古林业》1981 年第 3 期，第 29 页。

② 陈蕴茜：《崇拜与记忆：孙中山符号的建构与传播》，南京，南京大学出版社，2009 年，第 258—273 页。

颁布《总理逝世纪念植树式各省植树暂行条例》，事实上确立了新的植树节，每逢3月12日举行集体植树活动，由此在全国推广开来。1929年，总理陵园委员会还建造了“总理陵园纪念植物园”。在江苏省立第一造林场场长傅焕光苦心经营下，钟山造林与陵园绿化得以迅速发展。到1932年，陵园共造林植树6 263 034株，主要造林树种有马尾松、黑松及少量赤松、栎类、枫香、乌桕、黄连木、槭类、榉树、榆树等，种植11 588株行道树，种竹子4 140株。在钟山西北麓王家湾等地栽植柳杉、杉木等树木。在西马腰北部营造马尾松及刺槐林。此外在钟山南麓还营造了200多亩经济林（果园）。果园于1929年春开始建设，经历年扩充，1933年面积达200余亩。果园分东、西二所，东果园位于小红山官邸之东，面积约60亩；西果园位于石象路南部，面积约120亩。另石榴园一所，位于奉安纪念馆东北，面积约40亩，所栽果树以桃、石榴等为主。截至1936年，陵园植树造林8 469 815株，成活6 419 490株，加上野生树木3 300 000株及原残留林木394 247株，钟山共计有林木10 013 937株，另有竹5 140株。钟山丹巘青嶂，略复旧观，中山陵园树木繁盛，松柏四季常青，成为中山精神永生的象征空间。

国民党政权垮台后，“总理忌辰纪念日”淡出人们视野，而3月12日的植树节，却成功穿越时间隧道，至今仍与人们的生活相关。1979年2月，第五届全国人大常委会第六次会议做出决定，再次明确每年的3月12日为全国的植树节。中华人民共和国成立后，在紫金山进行全面绿化造林，如今紫金山森林面积达2300多公顷，森林覆盖率达76.8%，并于2004年3月1日正式挂牌成为国家森林公园。

三、功烈纪唐尧：人间正道是沧桑

中山陵尚处于建设阶段，国民党当局即已开始集体谒陵活动。1929年5月下旬，孙中山遗体运往南京，6月1日安葬中山陵。6月2日至4日，陵墓开放三天，供人瞻仰。9月，陵园管理当局颁布《谒陵规则》，规定中山陵祭堂开放时间：3月至10月，每天上午八时至下午五时；11月至次年2月，每日上午九时至下午四时。墓室开放时间为1月1日、3月12日、5月5日、6月1日、10月10日和11月

12日[①]。1月1日是孙中山在南京就任临时大总统的日子，5月5日是孙中山1921年在广州宣誓就任非常大总统的日子，10月10日是1911年辛亥革命武昌起义的纪念日，三个日子均为“国庆日”。其余三天，3月12日是孙中山逝世纪念日，6月1日是孙中山遗体安葬中山陵纪念日，11月12日是孙中山诞辰纪念日。后来，墓室开放日又增加了4月2日、5月26日及每一个星期日，4月2日是孙中山灵柩移往碧云寺的日子，5月26日是孙中山灵柩从碧云寺移出的日子。

国民党统治时期，高层集体参谒中山陵是寻常活动，各级、各地党政军警机关和学校、社会团体自行组织的不定期的集体参谒活动更加频繁，且往往夹杂着休闲、观光因素。经由日常生活的循环往复，中山陵所承载的政治内涵逐渐嵌入日常生活，沉淀为一种集体记忆，乃至一种文化传统。1930年，于右任（1879—1964）在中山陵有《赠林子超先生》云：“黄花岗上万花黄，粤海曾偕吊国殇。今日同君作陵户，紫金山畔看朝阳。”《民国报》主笔林学衡（1897—1941）《诗白偕游后湖，湖水已枯，遂谒中山陵感赋》云：“有山无水负嘉招，却对斜阳梦六朝。翠竹数竿禽百啭，可怜鹏鷃只逍遥。”早年留学日本，曾在华西大学教授政法的陈国常《谒中山陵》云：“遗训谆谆述苦衷，关心革命未成功。特书墓表垂终古，天下为公即大同。”胡汉民《黄右昌出示谒中山陵近作并赠其大父〈雪竹楼诗稿〉，即题其后》有“饱看翰墨酣嬉处，都在纲常节义间。今日公孙诗可续，故知肠胃绕钟山”；《次和协之〈环陵路观桃花书感〉二首》有“如此风光宜共醉，几人书卷解忘归”。曾在武昌起义时任龟山炮兵指挥的程潜（1882—1968）《初春谒陵》云：

钟山起陵园，功烈纪唐尧。清旦欣淑候，肃驾趋东郊。
层台俯阜峦，高冢仰岧峣。华表峻而安，磴道迢且遥。
大江如可引，群峰俨来朝。长林蔚苍翠，佳气贯斗杓。
悠悠郁情抱，慓慓怀春膏。神灵若对越，敢惮登陟劳。

第二次国内革命战争时期，红色革命根据地集中在黄河和长江中下游，蒋介石实行的军事“围剿”血染中原大地，而国民政府各派势力钩心斗角、纷争不断。

---

① 南京市档案馆、中山陵园管理处编：《中山陵档案史料选编》，南京，江苏古籍出版社，1986年，第415页。

1931 年 12 月，蒋介石宣布下野。1932 年初，林森出任国民政府主席，孙中山之子孙科出任行政院长。孙科一无军权、二无财权，自感独力难支，呼吁蒋介石、汪精卫、胡汉民赴南京共同维持，到中山陵前去哭陵。直到 1 月 21 日，蒋、汪才勉强进京，而胡汉民仍声明“暂不北上入京”。1 月 23 日，鲁迅先生感于当时政局，为日本友人高良富子夫人题写了一首七绝《无题》：

血沃中原肥劲草，寒凝大地发春华。

英雄多故谋夫病，泪洒崇陵噪暮鸦。

每当国有大事时，民众也会通过谒陵的方式来表达自身的情绪与诉求。1936 年 3 月 10 日，南京 4 万名中学生举行大规模的谒陵活动。早晨 7 时起，各路学生分头出发，到中山陵集合。学生们在陵墓前历数“九一八”以来当局奉行不抵抗政策所致的丧权辱国情形，有人大声发问：“对起对不起孙中山先生的在天之灵啊？”“我们痛心不痛心啊？”于是，“对不起”“痛心”之声排山倒海，震撼大地。

1935 年 11 月 12 日至 22 日，国民党第五次全国代表大会在南京召开。续范亭将军时任西安绥靖公署驻甘肃行署参谋长、陆军新编第一军中将总参议，作为老国民党员和西北地区代表参加了这次会议。蒋介石在讲话中提出了“和平”“牺牲”的原则：“和平未到完全绝望时刻，决不放弃和平，牺牲未到最后关头，决不轻言牺牲。”但蒋又声称，若到了和平绝望的时期与牺牲的最后关头，则“当听命党国，下最后之决心”。

“九一八”以来，续范亭呼吁抗日，和者寥寥，这次会议，达官贵人云集，续范亭继续呼吁，依然无人响应。续范亭说：“大丈夫流血不流泪，只有用热血才能把这些败类冲到人类行列之外！”1935 年 12 月 26 日，他在中山陵灵堂前用一把匕首剖腹，昏死过去，被友人送到医院抢救得活。在他衣服里发现了两首《绝命诗》，其一云：“赤膊条条任去留，丈夫于世何所求？窃恐民气摧残尽，愿将身躯易自由。”其二云：“谒陵我心悲，哭陵我无泪。瞻拜总理陵，寸寸肝肠碎。战死无将军，可耻此为最。腼颜事仇敌，瓦全安足贵？”除这两首外，《续范亭诗集》还收有《绝命诗》三首，有“宇宙谁为贵？大地我独尊。无畏精神在，身死国犹存”；又有“灭却虚荣气，斩删儿女情。涤除尘垢洁，为世作牺牲”。

1936 年，续范亭到西安，亲历张、杨“兵谏”，于 1937 年初以杨虎城代表的身份回山西推动抗日救亡。全面抗战爆发后，任第二战区民族革命战争战地总动员委员会主任委员。1939 年秋，续范亭在骑兵司令赵承绶主持的机密军事会议上听到阎锡山反共战争的布置后，立即中途逃席，骑马到八路军 358 旅旅部报信，又组织自己的暂一师拦阻晋绥军，保卫了晋西北根据地。事变后，续范亭任总指挥的山西新军完全由共产党领导，他本人又兼任了八路军晋绥军区副司令员。1941 年夏天，续范亭病情加重，到延安休养，1947 年病逝，毛泽东挽词云：

为民族解放，为阶级翻身，事业垂成，公胡遽死！

有云水襟怀，有松柏气节，典型顿失，人尽含悲！

1937 年，侵华日军轰炸南京，开岭南画派先河的陈树人（1884—1948）《连月寇机轰炸国都，殆无宁晷，休沐日乘风雨薄游陵园》云：“肃杀江山入晦昏，游乘风雨更消魂。何时共遂澄清愿，尽逐虾夷出国门。”《双十节与翼凌游陵园即景口占》云：“且逢佳节勉娱神，便策孤筇拨冷云。恰喜四山丛桂好，能于风雨发浓芬。”抗战期间，陈树人辗转各地为抗日募捐，并开展写生创作，主要居于重庆，每当元旦，都要遥拜中山陵，其 1939 年《元旦遥拜总理陵》云：“胡氛万里锁松楸，还失先灵颜□酬。罪孽吾徒知极重，桥山弓剑尚存不？”1943 年《元旦遥拜总理敬赋》云：“虽然在疚五年余，遥拜今朝气尚舒。一事九京堪告慰，不平条约已消除。”曾任《扫荡报》特派战地记者的王斯琴 1940 年曾谒中山陵，有《庚辰春冒雨谒中山陵》云：

层峦犹见郁苍苍，钟阜龙蟠映带长。

一举正期搴赵帜，万方未靖失昆冈。

陵迁谷变山河异，地转天回日月光。

白首重来堪破涕，任他寒雨湿衣裳。

抗战胜利，还都南京，曾迪公 1946 年 8 月有《游灵谷寺并谒陵园记》记中山陵云：“陵墓雄峙明孝陵与灵谷寺之中，赤日当空，同游诸人沿马路步行，至音乐台集华表下，已多怀倦意，余独与周、史、秦诸君前往，一申展谒之敬。白石台阶，约十余台，计四百余级，夹于两旁绿荫中，如张素练百幅，直挂山腰。行人上下如蚁如蟹，蜿蜒不辍。初经碑庐，巨碑金字，如苍松劲竹，知为谭组庵先生书。再历一堂，榜示谒陵仪节，三休而后达灵堂；中坐总理白石遗像，四壁均刊总理墨宝及谭公书；寝门深掩，闻须定时开放，游人至此莫不录然谨严，余致最敬礼后，巡行灵堂一周而出。天生圣人以康中国，救斯民于水火之中，以入民主大同之域，岂一代兴国之英及一时踞起之雄，可得比类哉！兹山因陵墓而愈张，建筑亦古朴而庄严，虽沦于东夷盘踞者八年，仅铜炉被炸有裂痕，大体尚少摧毁，岂非感人之深，使敌国丑类亦不敢轻于肆侮耶！久立华表浓阴下，斜视灵谷纪念塔及横疏诸山皆在足下，寓目之观，尤为寥廓。”曾迪公还有《谒总理陵》云：

圣质天聪万世雄，百年归息此山中。
澄清封建开民国，刊定横流配禹功。
金瓯那可重分踞，世界何时更大同？
敬向幽宫三敬祝，请消兵甲趁秋风。

1949 年 1 月 16 日，蒋介石由参谋总长顾祝同、京沪警备总司令汤恩伯、首都卫戍总司令张耀明陪同，在中山陵园检阅驻防京畿的装甲部队及南京市宪兵警察等单位，随后率领受阅官兵集体谒陵，五天后宣布下野，没有来得及去中山陵“辞行”便匆匆离开南京[①]。4 月 22 日晚，解放军遵照毛泽东和朱德的《向全国进军的命令》的要求，在东起江苏江阴，西迄江西湖口的千里长江上，分三路强行渡江。4 月 23 日下午四点半，国民党空军最后一架飞机由队长毛尚贞驾驶，在紫金山上空盘旋一周，以示向中山陵告别，然后撤离南京。当夜，解放军占领南京。毛泽东听到消息后，欣然写下了《七律·人民解放军占领南京》：

钟山风雨起苍黄，百万雄师过大江。
虎踞龙盘今胜昔，天翻地覆慨而慷。
宜将剩勇追穷寇，不可沽名学霸王。
天若有情天亦老，人间正道是沧桑。

① 刘维开：《蒋介石的 1949：从下野到再起》，太原，山西人民出版社，2013 年，第 48 页。

参考文献

[汉]司马迁撰，[南朝宋]裴骃集解，[唐]司马贞索引，[唐]张守节正义：《史记》，北京，中华书局，1959年。

[汉]班固撰，[唐]颜师古注：《汉书》，北京，中华书局，1962年。

[汉]崔寔撰，孙启治校注：《政论校注》，北京，中华书局，2012年。

[汉]王符著，[清]汪继培笺，彭铎校正：《潜夫论笺校正》，北京，中华书局，1985年。

[晋]陈寿撰，[南朝宋]裴松之注：《三国志》，北京，中华书局，1982年第2版。

[晋]干宝撰，李剑国辑校：《搜神记辑校》，北京，中华书局，2019年。

[南朝宋]陶潜撰，李剑国辑校：《搜神后记辑校》，北京，中华书局，2019年。

[南朝宋]刘敬叔撰，范宁校点：《异苑》，北京，中华书局，1996年。

[南朝宋]刘义庆撰，郑晚晴辑注：《幽明录》，北京，文化艺术出版社，1988年。

[南朝宋]范晔撰，[唐]李贤等注：《后汉书》，北京，中华书局，1965年。

[南朝梁]沈约撰：《宋书》，北京，中华书局，1974年。

[南朝梁]萧子显撰：《南齐书》，北京，中华书局，1974年。

[南朝梁]释僧祐撰，苏晋仁、萧炼子点校：《出三藏记集》，北京，中华书局，1995年。

[南朝梁]刘勰著，周振甫注：《文心雕龙注》，北京，人民文学出版社，1983年第2版。

[南朝梁]刘勰著，[清]黄叔琳注，李详补注，杨明照校注拾遗：《增订文心雕龙校注》，北京，中华书局，2012年。

[南朝梁]萧统著，俞绍初校注：《昭明太子集校注》，郑州，中州古籍出版社，2001年。

[南朝梁]萧统编，[唐]李善注：《文选》，上海，上海古籍出版社，1986年。

[南朝梁]萧统编，[唐]李善、吕延济、刘良、张铣、吕向、李周翰注：《六臣注文选》，北京，中华书局，2012年。

[南朝梁]释宝唱撰，王孺童校注：《比丘尼传校注》，上海，上海古籍出版社，2022年。
[南朝梁]钟嵘著，曹旭集注：《诗品集注》，上海，上海古籍出版社，1994年。
[南朝梁]释慧皎撰，汤用彤校注，汤一玄整理：《高僧传》，北京，中华书局，1992年。
[南朝梁]吴均撰，王根林校点：《续齐谐记》，上海，上海古籍出版社，2012年。
[隋]灌顶：《隋天台智者大师别传》，可潜辑校：《天台智者大师行迹资料集》，北京，社会科学文献出版社，2017年。
[唐]令狐德棻等撰：《周书》，北京，中华书局，1971年。
[唐]房玄龄等撰：《晋书》，北京，中华书局，1974年。
[唐]魏征等撰：《隋书》，北京，中华书局，1973年。
[唐]李延寿撰：《南史》，北京，中华书局，1975年。
[唐]姚思廉撰：《梁书》，北京，中华书局，1973年。
[唐]姚思廉撰：《陈书》，北京，中华书局，1972年。
[唐]欧阳询撰，汪绍楹校：《艺文类聚》，上海，上海古籍出版社，1992年第2版。
[唐]段成式撰，曹中孚校点：《酉阳杂俎》，上海，上海古籍出版社，2012年。
[唐]王勃著，[清]蒋清翊注，汪贤度校点：《王子安集注》，上海，上海古籍出版社，1995年。
[唐]杨炯撰，祝尚书笺注：《杨炯集笺注》，北京，中华书局，2024年第2版。
[唐]韦绚撰，陶敏、陶红雨校注：《刘宾客嘉话录》，北京，中华书局，2019年。
[唐]杜佑撰，王文锦、王永兴、刘俊文、徐庭云、谢方点校：《通典》，北京，中华书局，2016年。
[唐]李吉甫撰，贺次君点校：《元和郡县图志》，北京，中华书局，1983年。
[唐]颜真卿撰：《颜鲁公文集》，北京，中国书店，2018年。
[唐]权德舆撰，郭广伟校点：《权德舆诗文集》，上海，上海古籍出版社，2008年。
[唐]李绰：《尚书故实》，北京，中华书局，1985年。
[唐]柳宗元：《柳河东集》，上海，上海古籍出版社，2008年。
[唐]刘知幾撰，[清]浦起龙通释，吕思勉评，李永圻、张耕华导读整理：《史通》，上海，上海古籍出版社，2008年。
[唐]释道宣撰：《宋思溪藏本广弘明集》，北京，国家图书馆出版社，2018年。
[唐]道宣撰，苏小华校注：《续高僧传校注》，上海，上海古籍出版社，2021年。

[唐]许嵩撰，张学锋、陆帅整理：《建康实录》，南京，南京出版社，2020年。
[后晋]刘昫等撰：《旧唐书》，北京，中华书局，1975年。
[宋]马令撰，濮小南点校：《南唐书》，南京，南京出版社，2010年。
[宋]徐铉撰，李振中校注：《徐铉集校注》，北京，中华书局，2016年。
[宋]张方平撰：《乐全集》，[清]纪昀等编：《四库全书·集部三·别集类二·宋》。
[宋]李昉等撰：《太平御览》，北京，中华书局，1960年。
[宋]李昉等编：《文苑英华》，北京，中华书局，1966年。
[宋]乐史撰，王文楚等点校：《太平寰宇记》，北京，中华书局，2007年。
[宋]道原撰，尚之煜点校：《景德传灯录》，北京，中华书局，2022年。
[宋]郭若虚著，俞剑华注释：《图画见闻志》，南京，江苏凤凰美术出版社，2007年。
[宋]欧阳修、宋祁撰：《新唐书》，北京，中华书局，1975年。
[宋]姚铉编：《唐文粹》，[清]纪昀等编：《钦定四库全书荟要·集部》。
[宋]周敦颐著，陈克明点校：《周敦颐集》，北京，中华书局，2009年第2版。
[宋]司马光编著，[元]胡三省音注：《资治通鉴》，北京，中华书局，1956年。
[宋]王安石撰，聂安福等整理：《临川先生文集》，上海，复旦大学出版社，2016年。
[宋]王安石撰，李之亮笺注：《王荆公文集笺注》，成都，巴蜀书社，2005年。
[宋]王安石撰，[清]翁长森重订：《荆公金陵诗钞》，南京，南京出版社，2024年。
[宋]詹大和等撰，戎默、苏贤整理：《王安石全集附录》，上海，复旦大学出版社，2016年。
[宋]苏轼撰，[明]茅维编，孔凡礼点校：《苏轼文集》，北京，中华书局，1986年。
[宋]王辟之撰，吕友仁点校：《渑水燕谈录》，北京，中华书局，1981年。
[宋]惠洪著，吕有祥点校：《禅林僧宝传》，郑州，中州古籍出版社，2014年。
[宋]惠洪撰，李保民校点：《冷斋夜话》，上海，上海古籍出版社，2012年。
[宋]沈括著，施适校点：《梦溪笔谈》，上海，上海古籍出版社，2015年。
[宋]黄庭坚著，刘琳、李勇先、王蓉贵点校：《黄庭坚全集》，北京，中华书局，2021年。
[宋]李之仪撰：《姑溪居士前集》，[清]纪昀等编：《四库全书·集部三·别集类二·宋》。
[宋]米芾撰，刘世军、黄三艳校注：《画史校注》，桂林，广西师范大学出版社，2020年。
[宋]陆佃撰：《陶山集》，北京，中华书局，1985年。
[宋]周煇撰，秦克校点：《清波杂志》，上海，上海古籍出版社，2012年。
[宋]赵令畤撰，孔凡礼点校：《侯鲭录》，北京，中华书局，2022年。

[宋] 郑文宝撰，邹劲风点校：《江表志》，南京，南京出版社，2022 年。
[宋] 叶梦得撰，逯铭昕校注：《石林诗话校注》，北京，人民文学出版社，2011 年。
[宋] 叶梦得撰：《建康集》，[清] 纪昀等编：《四库全书 · 集部四 · 别集类三 · 宋》。
[宋] 叶梦得撰：《岩下放言》，[清] 纪昀等编：《四库全书 · 子部十 · 杂家类三 · 杂说之属》。
[宋] 朱翌撰：《猗觉寮杂记》，[清] 纪昀等编：《四库全书 · 子部十 · 杂家类二 · 杂考之属》。
[宋] 李曾伯撰：《可斋杂稿》，[清] 纪昀等编：《四库全书 · 集部四 · 别集类三 · 宋》。
[宋] 周紫芝撰：《太仓稊米集》，[清] 纪昀等编：《四库全书 · 集部四 · 别集类三 · 宋》。
[宋] 胡仔纂集，廖德明校点：《苕溪渔隐丛话》，北京，人民文学出版社，1962 年。
[宋] 阮阅编，周本淳校点：《诗话总龟前集》，北京，人民文学出版社，1987 年。
[宋] 阮阅编，周本淳校点：《诗话总龟后集》，北京，人民文学出版社，1987 年。
[宋] 龙衮撰：《江南野史》，南京，南京出版社，2011 年。
[宋] 周应合纂：《景定建康志》，南京，南京出版社，2009 年。
[宋] 周必大撰，王瑞来校证：《周必大集校证》，上海，上海古籍出版社，2020 年。
[宋] 陆游著，朱迎平笺校：《渭南文集笺校》，上海，上海古籍出版社，2022 年。
[宋] 陆游撰，胡阿祥、胡箫白点校：《南唐书》，南京，南京出版社，2010 年。
[宋] 陆游撰，李剑雄、刘德权点校：《老学庵笔记》，北京，中华书局，1979 年。
[宋] 陆游著，钱锡生笺注：《入蜀记》，西安，陕西师范大学出版总社，2024 年。
[宋] 阙名撰：《钓矶立谈》，[清] 纪昀等编：《四库全书 · 史部九 · 载记类》。
[宋] 佚名撰，邹劲风点校：《钓矶立谈》，南京，南京出版社，2022 年。
[宋] 文莹撰，郑世刚、杨立扬点校：《湘山野录》，北京，中华书局，1984 年。
[宋] 文莹撰，郑世刚、杨立扬点校：《玉壶清话》，北京，中华书局，1984 年。
[宋] 晁公武撰，孙猛校证：《郡斋读书志校证》，上海，上海古籍出版社，2011 年。
[宋] 张敦颐撰，张忱石点校：《六朝事迹编类》，北京，中华书局，2012 年。
[宋] 朱熹著，郭齐、尹波编注：《朱熹文集编年评注》，福州，福建人民出版社，2019 年。
[宋] 黎靖德编，王星贤点校：《朱子语类》，北京，中华书局，1986 年。
[宋] 杨时撰，林海权校理：《杨时集》，北京，中华书局，2018 年。
[宋] 吴垧撰：《五总志》，[清] 纪昀等编：《四库全书 · 子部十 · 杂家类三 · 杂说之属》。

[宋]朱弁撰，孔凡礼点校：《曲洧旧闻》，北京，中华书局，2002年。
[宋]邵博撰，刘德权、李剑雄点校：《邵氏闻见后录》，北京，中华书局，1983年。
[宋]徐度撰，尚成校点：《却扫编》，上海，上海古籍出版社，2012年。
[宋]陈振孙著，徐小蛮、顾美华点校：《直斋书录解题》，上海，上海古籍出版社，1987年。
[宋]张邦基撰，孔凡礼点校：《墨庄漫录》，北京，中华书局，2002年。
[宋]赵与旹著，齐治平点校：《宾退录》，北京，中华书局，2021年。
[宋]佚名撰，林宗毛点校，曹旭审定：《宣和画谱》，上海，上海书画出版社，2023年。
[宋]志磐撰，释道法校注：《佛祖统纪校注》，上海，上海古籍出版社，2012年。
[宋]周文璞撰：《方泉诗集》，[清]纪昀等编：《四库全书·集部四·别集类三·宋》。
[南宋]释祖琇撰，杨权整理：《隆兴佛教编年通论》，广州，广东人民出版社，2020年。
[南宋]陈善撰，袁向彤点校：《扪虱新话》，济南，山东人民出版社，2018年。
[元]脱脱等撰：《宋史》，北京，中华书局，1977年。
[元]虞集撰：《道园学古录》，[清]纪昀等编：《四库全书·集部五·别集类四·元》。
[元]孔克齐撰，高林广、曹慧民、王一格校笺：《至正直记校笺》，上海，上海古籍出版社，2022年。
[元]张铉纂修，王会豪、郭建强、吴艳、付天星、胡尧、梁欣校点：《至正金陵新志》，成都，四川大学出版社，2009年。
[明]陶宗仪等编：《说郛三种》，上海，上海古籍出版社，2012年。
[明]俞本撰，李新峰笺证：《纪事录笺证》，北京，中华书局，2015年。
[明]刘三吾撰，陈冠梅校点：《刘三吾集》，长沙，岳麓书社，2013年。
[明]徐一夔等撰：《明集礼》，[清]纪昀等编：《四库全书·史部》。
[明]徐一夔著，徐永恩校注：《始丰稿校注》，杭州，浙江古籍出版社，2008年。
[明]张以宁著，游友基整理：《翠屏集》，扬州，广陵书社，2016年。
[明]杨士奇撰：《东里续集》，[清]纪昀等编：《四库全书·集部六·别集类五·明》。
[明]徐学聚撰：《国朝典汇》，台北，台湾学生书局，1965年。
[明]王樵撰：《方麓集》，[清]纪昀等编：《四库全书·集部六·别集类五·明》。
[明]周玺撰：《垂光集》，[清]纪昀等编：《四库全书·史部六·诏令奏议类二·奏议之属》。
[明]闻人诠等修：《南畿志》，明嘉靖间刊本影印本，台北，成文出版社有限公司，1987年。

[明]宋濂著，黄灵庚编辑点校：《宋濂全集》，北京，人民文学出版社，2014年。
[明]王祎撰：《青岩丛录》，上海，上海古籍出版社，2011年。
[明]姚广孝著，栾贵明编：《姚广孝集》，北京，商务印书馆，2016年。
[明]杨士奇撰：《东里续集》，[清]纪昀等编：《四库全书·集部六·别集类五·明》。
[明]梁潜撰：《泊庵集》，[清]纪昀等编：《四库全书·集部六·别集类五·明》。
[明]唐文凤撰：《梧冈集》，[清]纪昀等编：《四库全书·集部六·别集类五·明》。
[明]金幼孜撰：《金文靖集》，[清]纪昀等编：《四库全书·集部六·别集类五·明》。
[明]刘宣编辑，[明]郭忠校正，赵治中点校，丽水市档案馆整理：《明成化〈处州府志〉》，北京，方志出版社，2020年。
[明]葛寅亮撰，何孝荣点校：《金陵梵刹志》，天津，天津人民出版社，2007年。
[明]程三省修，[明]李登等纂：《万历上元县志》，南京，南京出版社，2010年。
[明]郎瑛著：《七修类稿》，北京，中华书局，1959年。
[明]沈德符撰：《万历野获编》，北京，中华书局，1959年。
[明]张瀚撰，盛冬铃点校：《松窗梦语》，北京，中华书局，1985年。
[明]程敏政编：《明文衡》，[清]纪昀等编：《钦定四库全书荟要·集部》。
[明]董谷撰：《碧里杂存》，北京，中华书局，1985年。
[明]叶盛撰，魏中平点校：《水东日记》，北京，中华书局，1980年。
[明]邓士龙辑，许大龄、王天有主点校：《国朝典故》，北京，北京大学出版社，1993年。
[明]姚福撰：《青溪暇笔》，北京，中华书局，1991年。
[明]王士性撰，周振鹤点校：《五岳游草》，上海，上海人民出版社，2019年。
[明]顾起元撰，谭棣华、陆稼禾点校：《客座赘语》，北京，中华书局，1987年。
[明]葛寅亮撰，何孝荣点校：《金陵梵刹志》，天津，天津人民出版社，2007年。
[明]周晖撰，张增泰点校：《金陵琐事；续金陵琐事；二续金陵琐事》，南京，南京出版社，2007年。
[明]张萱撰：《西园闻见录》，哈佛燕京学社校印本，1940年。
[明]李东阳等撰，申时行等重修：《大明会典》，扬州，广陵书社，2007年。
[明]王世贞撰，魏连科点校：《弇山堂别集》，北京，中华书局，1985年。
[明]郑晓撰，李致忠点校：《今言》，北京，中华书局，1984年。
[明]张溥著，陆岩军校笺：《七录斋记校笺》，北京，中华书局，2023年。

[明]蒋德璟著，粘良图点校：《悫书》，北京，商务印书馆，2018年。

[明]王夫之：《船山全书》，长沙，岳麓书社，2011年第2版。

[明]张岱撰，马兴荣点校：《陶庵梦忆》，上海，上海古籍出版社，1982年。

[明]谈迁撰，张宗祥校点：《国榷》，北京，中华书局，1958年。

[清]谈迁撰，罗仲辉、胡明校点校：《枣林杂俎》，北京，中华书局，2006年。

[清]张岱撰：《石匮书后集》，上海，上海古籍出版社，2008年。

[清]王夫之：《读通鉴论》，北京，中华书局，1975年。

[清]顾炎武著，陈垣校注：《日知录校注》，合肥，安徽大学出版社，2007年。

[清]顾炎武撰，华东师范大学古籍研究所整理：《顾炎武全集》，上海，上海古籍出版社，2011年。

[清]屈大均撰：《翁山文外》，民国九年（1920）吴兴刘氏嘉业堂刊本。

[清]吴伟业撰，[清]程穆衡原笺，[清]杨学沆补注，张耕点校：《吴梅村诗集笺注》，北京，中华书局，2020年。

[清]查继佐撰：《明书（罪惟录）》，济南，齐鲁书社，2014年。

[清]谷应泰撰：《明史纪事本末》，北京，中华书局，1977年。

[清]李天根撰，仓修良、魏得良校点：《爝火录》，杭州，浙江古籍出版社，1986年。

[清]张潮、杨复吉、沈楙悳等编纂：《昭代丛书》，上海，上海古籍出版社，1990年。

[清]刘献廷撰，汪北平、夏志和点校：《广阳杂记》，北京，中华书局，1957年。

[清]徐树丕撰：《识小录》，《笔记小说大观》第40编第3册，台北，新兴书局，1985年。

[清]李驎撰：《虬峰文集》，北京图书馆善本部藏清康熙庚辰刻本。

[清]张玉书撰：《张文贞集》，[清]纪昀等编：《四库全书·集部七·别集类六·国朝》。

[清]于成龙纂修：《康熙江宁府志》，南京，南京出版社，2011年。

[清]林时益编：《宁都三魏集》，清道光二十五年（1845）宁都谢庭绶绂园书塾重刊本。

[清]徐乾学撰：《读礼通考》，[清]纪昀等编：《四库全书·经部四·礼类二》。

[清]毛奇龄撰：《胜朝彤史拾遗记》，北京，中华书局，1991年。

[清]王棠撰：《燕在阁知新录》，清华大学图书馆藏清康熙五十六年（1717）刻本。

[清]齐周华撰，周采泉、金敏点校：《名山藏副本》，上海，上海古籍出版社，1987年。

[清]钱仪吉编，王兴康、占旭东整理：《碑传集》，上海，上海人民出版社，2023年。

[清]王士禛著，袁世硕主编：《王士禛全集》，济南，齐鲁书社，2007年。

[清]王士禛撰，靳斯仁点校：《池北偶谈》，北京，中华书局，1982年。

[清]佚名：《济公全传》，广州，花城出版社，1983年。

[清]孙诒让撰，王文锦、陈玉霞点校：《周礼正义》，北京，中华书局，1987年。

[清]孙诒让撰，孙启治点校：《墨子间诂》，北京，中华书局，2001年。

[清]赵翼撰：《檐曝杂记》，北京，中华书局，1982年。

[清]张廷玉等撰：《明史》，北京，中华书局，1974年。

[清]许梿评选，[清]黎经诰笺注，曹明纲点校：《六朝文絜》，上海，上海古籍出版社，2020年。

[清]甘熙编修，[清]谢元福增辑，[民国]佚名增补：《灵谷禅林志》，南京，南京出版社，2019年。

[清]甘熙撰，邓振明点校：《白下琐言》，南京，南京出版社，2007年。

[清]皮锡瑞撰，盛冬铃、陈抗点校：《今文尚书考证》，北京，中华书局，1989年。

[清]孙希旦撰：《礼记集解》，北京，中华书局，2024年第2版。

[清]钱大昕撰，吕友仁校点：《潜研堂集》，上海，上海古籍出版社，2009年。

[清]钱大昕纂，颜春峰、王凤娇点校：《恒言录》，北京，中华书局，2019年。

[清]何文焕辑：《历代诗话》，北京，中华书局，2004年第2版。

[清]龚自珍著：《龚自珍全集》，上海，上海人民出版社，1975年。

[清]章学诚撰，叶瑛校注：《文史通义校注》，北京，中华书局，2014年。

[清]章学诚著，王重民通解，傅杰导读，田映曦补注：《校雠通义通解》，上海，上海古籍出版社，2009年。

[清]蔡上翔：《王荆公年谱考略》，上海，上海人民出版社，1973年。

[清]杨守敬著，赵树鹏点校：《学书迩言》，杭州，浙江人民美术出版社，2019年。

[清]佚名：《粤匪杂录》，中国国家图书馆藏民国抄本。

[清]黄小配：《洪秀全演义》，上海，上海古籍出版社，1981年。

[清]陈立撰，吴则虞点校：《白虎通疏证》，北京，中华书局，1994年。

[清]金鳌撰，朱兰霞、邓振明、濮小南点校：《金陵待征录》，南京，南京出版社，2009。

[清]缪荃孙：《艺风堂文集》，北京，朝华出版社，2017年。

[民国]赵尔巽等撰：《清史稿》，北京，中华书局，1977年。

[民国]王焕镳撰：《明孝陵志》，南京，南京出版社，2013年。

中国文心雕龙学会编：《文心雕龙研究》第7辑，保定，河北大学出版社，2007年。
南京大学博物馆编著，程章灿、张学锋、童岭解说：《南朝气韵：六朝石刻碑帖讲演录》，南京，凤凰出版社，2022年。
台湾中华文化总会、王寿南编，王德毅等著：《中国历代思想家·宋明》，北京，九州出版社，2011年。
线装书局影印：《钞本明实录（全二十八册）》，北京，线装书局，2005年。
“中研院”历史语言研究所校印，黄彰健校勘：《明实录（附校勘记）》，北京，中华书局，2016年。
明孝陵博物馆编著：《明孝陵碑刻》，扬州，广陵书社，2006年。
南京市地方志编纂委员会办公室编，夏维中、张铁宝、王刚等著：《南京通史·清代卷》，南京，南京出版社，2014年。
中华书局影印：《清实录》，北京，中华书局，1985年。
上海书店出版社编：《清代文字狱档》（增订本），上海，上海书店出版社，2011年。
中国第一历史档案馆编：《康熙起居注》，北京，中华书局，1984年。
故宫博物院明清档案部编：《关于江宁织造曹家档案史料》，北京，中华书局，1975年。
宿松县地方志办公室编：《（道光）宿松县志：清道光八年版点校本》，合肥，黄山书社，2011年。
南京市档案馆、中山陵园管理处编：《中山陵档案史料选编》，南京，江苏古籍出版社，1986年。
广东省社会科学院历史研究室、中国社会科学院近代史研究所中华民国史研究室、中山大学历史系孙中山研究室编：《孙中山全集》，北京，中华书局，2011年第3版。
三民公司编纂：《孙中山轶事集》，上海，三民公司，1926年。
中国人民政治协商会议全国委员会文史资料研究委员会主编：《辛亥革命回忆录》第六集，北京，中国文史出版社，2012年第2版。
湖南省社会科学院编：《黄兴集》，北京，中华书局，2011年。
南京市江宁区政协教卫文体和文史委编：《江宁春秋》第13辑，南京，南京出版社，2013年。

中山陵园管理局、江苏省科普作家协会编著：《极美钟山》，南京，江苏凤凰科学技术出版社，2024 年。
杨伯峻编著：《春秋左传注》(修订本)，北京，中华书局，1990 年第 2 版。
程树德撰，程俊英、蒋见元点校：《论语集解》，北京，中华书局，1990 年。
曾振宇、江曦主编，邵妍整理：《孝经集解（外二种）》，上海，上海古籍出版社，2021 年。
黎翔凤撰，梁运华整理：《管子校注》，北京，中华书局，2004 年。
逯钦立：《先秦汉魏晋南北朝诗》，北京，中华书局，1983 年。
刘文典撰，冯逸、乔华点校：《淮南鸿烈集解》，北京，中华书局，1989 年。
黄晖撰：《论衡校释》，北京，中华书局，1990 年。
王明撰：《抱朴子内篇校释》，北京，中华书局，2023 年第 3 版。
刘淑芬：《六朝的城市与社会》，南京，南京大学出版社，2021 年。
卢海鸣：《六朝都城》，南京，南京出版社，2002 年。
胡宝国：《将无同：中古史研究论文集》，北京，中华书局，2020 年。
魏斌：《“山中”的六朝史》，北京，生活·读书·新知三联书店，2019 年。
骆鸿凯：《文选学》，北京，知识产权出版社，2012 年。
王立群：《现代〈文选〉学史》，北京，中国社会科学出版社，2003 年。
周贞亮撰，王庆元、刘以刚点校：《文选学讲义》，武汉，崇文书局，2024 年。
黄侃：《文心雕龙札记》，上海，上海古籍出版社，2000 年。
王元化：《文心雕龙讲疏》，上海，上海古籍出版社，1992 年。
吴中胜：《〈文心雕龙〉的诗性智慧研究》，北京，人民出版社，2024 年。
傅璇琮主编：《唐才子传校笺》，北京，中华书局，1990 年。
杜文玉：《南唐春秋》，西安，陕西师范大学出版总社，2023 年。
何寄澎：《北宋的古文运动》，上海，上海古籍出版社，2011 年。
罗昌繁：《北宋党争与石刻》，北京，中华书局，2024 年
邓广铭：《北宋政治改革家王安石》，北京，生活·读书·新知三联书店，2017 年。
刘成国：《王安石年谱长编》，北京，中华书局，2018 年。
崔铭：《王安石传》，天津，天津人民出版社，2021 年。
王水照、朱刚：《苏轼评传》，武汉，长江文艺出版社，2019 年。
朱刚：《苏轼十讲》，上海，上海三联书店，2019 年。

李一冰：《苏东坡新传》，台北，联经出版社，2016年。

郑永晓：《黄庭坚年谱新编》，北京，社会科学院文献出版社，1997年。

向世陵：《理气性心之间——宋明理学的分系与四系》，北京，人民出版社，2008年。

余英时：《宋明理学与政治文化》，长春，吉林出版集团有限责任公司，2008年。

俞剑华注译：《宣和画谱》，南京，江苏凤凰美术出版社，2007年。

沈卫荣：《大元史与新清史》，上海，上海古籍出版社，2019年。

张德信、毛佩琦主编：《洪武御制全书》，合肥，黄山书社，1995年。

吴晗辑：《朝鲜李朝实录中的中国史料》，北京，中华书局，1980年。

汪东明主编：《明孝陵新志》，南京，南京出版社，2023年。

徐儒宗编校整理：《罗洪先集》，南京，凤凰出版社，2007年。

钱海岳：《南明史》，北京，中华书局，2016年。

林乾：《清代法律与清代政治》，北京，生活·读书·新知三联书店，2014年。

姚念慈：《康熙盛世与帝王心术：评"自古得天下之正莫如我朝"》，北京，生活·读书·新知三联书店，2015年。

钱仲联主编：《清诗纪事》，南京，江苏古籍出版社，1987年。

徐珂编撰：《清稗类钞》，北京，中华书局，1984年。

朱良志辑注：《石涛诗文集》，北京，北京大学出版社，2017年。

阿英编：《晚清文学丛钞·小说三卷》，北京，中华书局，1960年。

杨念群：《何处是"江南"：清朝正统观的确立与士林精神世界的变异》，北京，生活·读书·新知三联书店，2010年。

彭泽益编：《中国近代手工业史资料》，北京，中华书局，1962年。

蔡少卿：《中国近代会党史研究》（增订版），北京，中国人民大学出版社，2009年。

陈蕴茜：《崇拜与记忆：孙中山符号的建构与传播》，南京，南京大学出版社，2009年。

李恭忠：《中山陵：一个现代政治符号的诞生》，北京，生活·读书·新知三联书店，2019年。

赖德霖：《民国礼制建筑与中山纪念》，北京，中国建筑工业出版社，2012年。

黄进兴：《优入圣域：权力、信仰与正当性》（修订版），北京，中华书局，2010年。

肖鹏、曾迎三整理：《李瑞清书札》，上海，上海人民出版社，2023年。

鲁迅：《鲁迅全集》，北京，人民文学出版社，2005年。

狄葆贤著，段春旭整理：《平等阁诗话》，南京，凤凰出版社，2015 年。

陈永正笺校：《梁鼎芬诗词笺校》，广州，广东人民出版社，2023 年。

沈曾植著，许全胜整理：《沈曾植书信集》，北京，中华书局，2021 年。

郑孝胥著，黄坤、杨晓波校点：《海藏楼诗集》，上海，上海古籍出版社，2003 年。

蒋瑞藻撰，蒋逸人整理：《小说考证》，杭州，浙江古籍出版社，2016 年。

钱静方：《小说丛考》，上海，古典文学出版社，1957 年。

陈寅恪：《陈寅恪集》，北京，生活·读书·新知三联书店，2001 年。

罗福惠、萧怡编：《居正文集》，武汉，华中师范大学出版社，1989 年。

范旭仑、牟晓朋整理：《谭献日记》，北京，中华书局，2013 年。

李明勋、尤世玮主编：《张謇日记》，上海，上海辞书出版社，2017 年。

张謇著，徐乃为校点：《张謇诗集》，上海，上海古籍出版社，2014 年。

刘维开：《蒋介石的 1949：从下野到再起》，太原，山西人民出版社，2013 年。

钱锺书：《管锥编》，北京，中华书局，1986 年第 2 版。

陆依言编：《南京游览指南》，南京，南京出版社，2014 年。

朱庭祜、李学清、郑厚怀、汤克成、袁见齐、孙鼐撰：《南京市及江宁县地质报告》，南京，南京出版社，2024 年。

杨宽：《中国古代陵寝制度史研究》，上海，上海人民出版社，2016 年。

黄景略、叶学明：《中国历代帝王陵墓》，北京，商务印书馆，1998 年。

朱偰：《金陵古迹图考》，北京，中华书局，2006 年。

顾颉主编：《堪舆集成》，重庆，重庆出版社，1994 年。

周文铮、王振驹、钟琳、李乃龙注译：《地理正宗》，南宁，广西民族出版社，1993 年。

何晓昕：《风水探源》，南京，东南大学出版社，1990 年。

刘沛林：《风水——中国人的环境观》，上海，生活·读书·新知上海三联书店，1995 年。

高友谦：《中国风水》，北京，中华华侨出版公司，1992 年。

亢亮、亢羽编著：《风水与建筑》，天津，百花文艺出版社，1999 年。

王其亨主编：《风水理论研究》，天津，天津大学出版社，2005 年。

妙摩、慧度：《中国风水术》，北京，中国文联出版公司，1993 年。

黄裳：《金陵五记》，北京，商务印书馆，2017 年。

贺云翱主编：《长江文化论丛》（第八辑），南京，南京大学出版社，2012 年。

杨新华主编：《金陵佛寺大观》，北京，方志出版社，2003年。

石峻：《石峻文存》，北京，华夏出版社，2006年。

褚赣生：《梦占》，香港，中华书局（香港）有限公司，2000年第2版。

程章灿：《旧时燕：文学之都的传奇》，南京，南京大学出版社，2021年。

程章灿：《山围故国：旧闻新语读南京》，南京，南京大学出版社，2019年。

薛冰：《烟水气与帝王州：南京人文史》，北京，九州出版社，2024年。

刘浦江：《正统与华夷：中国传统政治文化研究》，北京，中华书局，2017年。

季伏昆主编：《金陵诗文鉴赏》，南京，南京出版社，1998年。

王鹏善主编：《钟山志》，南京，南京出版社，2009年。

孙望：《孙望选集》，南京，南京师范大学出版社，2002年。

[美]倪雅梅著，杨简茹译：《中正之笔——颜真卿书法与宋代文人政治》，南京，江苏人民出版社，2018年。

[美]吴秀良著，张震久、吴伯娅、董建中译：《通往权力之路：康熙和他的继承人》，北京，社会科学文献出版社，2021年。

[法]列维·布留尔著，丁由译：《原始思维》，北京，商务印书馆，1981年。

[奥]弗洛伊德著，高觉敷译：《精神分析引论》，北京，商务印书馆，1986年。

[瑞典]韩山文原著，简又文译：《太平天国起义记》，台北，台湾学生书局，1973年。

[日]圆仁：《入唐求法巡礼行记》，武汉，崇文书局，2022年。

[日]成寻：《参天台五台山记》，武汉，崇文书局，2022年。

[日]牧田谛亮著，索文林译：《中国近世佛教史研究》，台北，华宇出版社，1984年。

[日]吉川忠夫、麦谷邦夫编，朱越利译：《真诰校注》，北京，中国社会科学出版社，2006年。

[日]吉川忠夫著，王启发译：《六朝精神史研究》，南京，江苏人民出版社，2010年。

[日]土田健次郎著，朱刚译：《道学之形成》，上海，上海古籍出版社，2010年。

[日]内山精也著，朱刚等译：《传媒与真相：苏轼及其周围士大夫的文学》，上海，上海古籍出版社，2013年。

[日]内山精也著，朱刚、张淘、刘静、益西拉姆译：《庙堂与江湖——宋代诗学的空间》，上海，复旦大学出版社，2019年。

[日]三浦国雄著，李若愚、张博译：《王安石：立于浊流之人》，上海，上海人民出版社，

2021 年。

林红：《漫话植树节》，《内蒙古林业》1981 年第 3 期。
曹道衡：《〈北山移文〉新证》，《古籍研究》1997 年第 2 期。
肖永明：《荆公新学的两个发展阶段及其理论特点》，《湖南大学学报》（社会科学版）2000 年第 1 期。
刘巍：《紫金山六朝祭坛遗存考证与原状研究》，东南大学建筑历史与理论专业硕士论文，2002 年。
南京市文物研究所、中山陵园管理局文物处、南京大学历史系考古专业：《南京钟山南朝坛类建筑遗存一号坛发掘简报》，《文物》2003 年第 7 期。
张学锋：《论南京钟山南朝坛类建筑遗存的性质》，《文物》2006 年第 4 期。
王志高：《梁昭明太子陵墓考》，《东南文化》2006 年第 4 期。
张戬炜：《刘𫗭与晋陵》，《常州工学院学报》2007 年第 4 期。
吴润凯：《谒明孝陵：萧条异代不同悲》，《书屋》2007 年第 6 期。
刘浦江：《太平天国史观的历史语境结构——兼论国民党与洪杨、曾杨之间的复杂纠葛》，《近代史研究》2014 年第 2 期。
李恭忠:《康熙帝与明孝陵: 关于族群征服和王朝更替的记忆重构》,《南京大学学报（哲学・人文科学・社会科学）》2014 年第 2 期。
许志强:《昭明太子陵今何在: 南京狮子冲南朝大墓考古》,《大众考古》2016 年第 11 期。
钟焓：《简析明帝国的内亚性：以与清朝的类比为中心》，《中国史研究动态》2016 年第 5 期。
王群韬：《钟山三教会宗堂考述》，《江苏地方志》2018 年第 5 期。
胡大雷:《中大通三年的太子之争与“宫体”登场》,《徐州师范大学学报》2020 年第 5 期。
谷卿：《品鉴中的感伤——郑孝胥金石题咏初论》，《西泠艺丛》2021 年第 9 期。

后 记

巍巍钟山，名胜繁多，钟山文脉，积淀深厚。六朝时期以来，建康作为都城，官私藏书丰富，南北精英荟萃，文化繁荣昌盛、绚烂夺目，儒、玄、释、道等各种思潮风起云涌，文学艺术蓬勃发展。都城人士、文人墨客，莫不喜爱东郊山水，或临青溪而吟哦，或登钟山而赋诗。千百年来，钟山吐纳风云，饱经沧桑，史料丰富，人文荟萃，早已成为闻名海内外的旅游胜地。

为全面梳理钟山文化资源，赓续钟山文脉，2023 年中山陵园管理局在筹划建设“钟山文学馆”的同时，即启动了《钟山文脉》的写作工作，成立编纂领导小组，局长汪东明任组长，副局长廖锦汉具体分管，明孝陵博物馆王广勇、刘江峰承担写作任务。写作过程中，我们参考钟山风景区历年来推出的文化图书，并充分吸收学界有关钟山文化的最新研究成果，如刘淑芬《六朝的城市与社会》对“钟山文化区”的精彩解析、魏斌《“山中”的六朝史》对钟山道馆隐舍园墅的细密考证、朱刚《苏轼十讲》对王安石与苏轼交谊的深入考察、汪东明《明孝陵新志》对明孝陵历史变迁的详尽记述、李恭忠《中山陵：一个现代政治符号的诞生》对中山陵政治文化意涵的全面阐释等等。

《钟山文脉》全书正文共分五章，其中第一章《钟山龙盘》、第二章《六朝梦忆》、第三章《唐宋遗响》由王广勇撰写，共 18 万字；第四章《钟山巍阙》、第五章《风雨苍黄》由刘江峰撰写，共 13 万字。汪东明局长欣然撰写了《序言》，王广勇整理了《参考文献》并对全书进行统稿。插图照片近百张，由梅宁、贲放、黄昱东拍摄。刘江峰题写了书名。

特别感谢南京大学中国思想家研究中心常务副主任、明史研究中心主任、历史学院博士生导师、中国明史学会副会长夏维中，南京大学历史学院博士生导师、中国史学会历史地理研究会副会长、中国魏晋南北朝史学会荣誉副会长胡阿祥，南京大学文学院副院长、博士生导师、中国俗文学学会副会长、江苏省红楼梦学会会长苗怀明，南京出版社原社长、南京学研究会会长卢海鸣，江苏省美学学会空间美学研究所所长、南京观筑历史建筑文化研究院院长陈卫新，南京市文化遗产保护研究院院长龚巨平审阅书稿并提出了许多宝贵的建议与要求。《钟山文脉》编写过程中，汪东明局长、廖锦汉副局长从发凡起例到篇章安排、史料运用都提出了关键的指导意见，并多次召开写作工作专题会，确保写作工作有序推进。南京出版社原社长卢海鸣与责任编辑潘珂的专业审读对书稿的质量提升帮助很大。中山陵园管理局办公室程岩，明孝陵博物馆王韦、臧卓美、成才、姚梦媛校对书稿并提出了重要的修改意见。在《钟山文脉》即将付梓之际，对以上全体同仁、师友一并深表谢忱！

《钟山文脉》编委会

2025 年 6 月